사례로 익히는 실전 코칭

핵심역량부터 자격인증까지

사례로 익히는 실전 코칭

핵심역량부터 자격인증까지

초판1쇄 발행 2023년 4월 25일
초판2쇄 발행 2023년 10월 10일

지은이 | 임현희 · 최현정
교정교열 | 정난진
펴낸이 | 이찬규
펴낸곳 | 북코리아
등록번호 | 제03-01240호
주소 | 13209 경기도 성남시 중원구 사기막골로 45번길 14
우림2차 A동 1007호
전화 | 02-704-7840
팩스 | 02-704-7848
이메일 | ibookorea@naver.com
홈페이지 | www.북코리아.kr
ISBN | 978-89-6324-362-7 (03320)

값 20,000원

임현희 · 최현정 지음

사례로 익히는 실전 코칭

핵심역량부터 자격인증까지

북코리아

먼저 읽고 추천합니다

구자호 코치
『그룹코칭 워크북』 저자,
PCC

일대일 코칭의 블랙박스가 열렸다. 이제 막 시작하는 코치들에게는 물론 자신의 코칭을 성찰하고 성장하기를 원하는 코치들을 위해서 두 코치의 소중하고 빛나는 경험의 보석상자가 펼쳐졌다. 이 책을 읽는 코치에게 자신만의 노하우와 스타일을 만들어가는 출발점이 되기를 기대한다.

김대형 코치
소통과연결 코칭연구소 대표,
KSC

코치인증준비반과 코치인증심사위원으로 십수 년 활동하면서, ICF에 비해 한국코치협회의 핵심역량에 관한 책이 없는 것이 늘 아쉬웠다. 그 아쉬움을 해결해준 사례 중심의 코칭 가이드북이 나왔다. 코치 자격증을 준비하는 분들이 필독서로 볼 만한, 내비게이션이 되어줄 좋은 책이다. 자격증을 가진 분들도 읽으며 핵심역량의 안목을 키울 수 있겠다. 이 책의 도움을 받을 많은 분들의 미소 짓는 모습이 그려진다.

김상임 코치
블루밍경영연구소 대표,
MCC

코칭에 입문했는데 갑자기 망망대해에서 길을 잃어버린 느낌이 든다면 이 책을 열어보기 바란다! 코치로서의 역량, 코칭 프로세스, 실제 사례 등 코칭을 정말 잘해보고 싶은 여러분께 등대와 같은 역할을 해줄 필독서이다.

김영헌 코치
한국코치협회 회장

이 책은 한국코치협회(KCA)의 코칭역량모델에 기초하여 코칭의 실제를 쉽게 익힐 수 있는 매우 의미 있고 유익한 내용을 다루고 있다. 코칭의 실제를 낱낱이 들여다보는 동시에 전체 코칭대화의 큰 흐름을 자연스럽게 연결하고 체화하는 데 큰 도움이 될 것이라는 저자의 의견에 전적으로 공감한다. 이 책을 통해 실전으로 강해지는 코치로 성장할 수 있으리라 믿는다. 한국코치협회 코치님들께 일독을 권한다!

박정영 코치
CiT코칭연구소 대표,
KSC/MCC

코치들은 종종 코칭을 블랙박스라고 한다. 문제가 있을 때만 열어본다는 블랙박스. 그래서 코칭이 어떻게 진행되는지 볼 수 있는 기회를 찾기 어렵다. 이 책은 이러한 코치들의 답답함을 시원하게 풀어주고, 코칭 현장에서 코칭대화를 어떻게 전개해나가야 하는지에 대한 구체적인 예시도 담고 있다. 전문코치라면 옆에 가까이 두고 보고, 또 보고 싶은 책이다!

석진오 코치
한국멘탈코칭센터 수석코치,
KSC/MCC

저자는 "실전 코칭 책이 아쉬웠다"는 말로 시작한다. 이제는 코칭의 핵심 역량 및 프로세스, 주제별 코칭, 인증코치 실기시험 준비를 눈으로 보고, 귀로 듣고, 몸으로 느끼듯이 숙달해갈 수 있게 됐다. 86개의 예시와 사례가 그것을 말해준다. 무엇보다 이 책의 가장 큰 매력은 코칭 숙달을 아주 가볍게 시작할 수 있다는 것이다. 더불어 실전에서 어려움에 부딪칠 때마다 먼저 손이 가는 책이 될 것이다.

이한주 코치
국민대 경영대학원 겸임교수,
『그룹코칭』 공저자,
PCC

세상에는 두 종류의 코칭 책이 있다. 코칭에 대해 말하는 책과 코칭을 보여주는 책이다. 이 책은 실제 코칭을 보여주는 책이다. 살아있는 사례 속에서 '나라면 이때 어떻게 반응할까?'를 생각하며 읽는다면 수십 시간 코칭 경험 이상의 성장을 얻을 수 있다.

임기용 코치
한국코치협회 이사,
KSC

이 책은 실제 코칭대화를 바탕으로 코치에게 필요한 역량과 스킬을 설명하고 있어서 코칭을 처음 배우는 사람들에게 매우 유용하다. 코칭 입문서로 강력하게 추천한다.

최동하 코치
단국대 경영대학원 협상코칭 주임교수,
KSC

학교와 기업에서 코치를 양성하다 보면 코칭대화가 일상의 대화와 달라 어려워하는 분들을 많이 본다. 대화는 생각의 산물인데, 코칭 철학에 기반한 사고의 전환이 그만큼 어렵다는 의미이다. 이 책은 코칭대화에 올바른 방향을 제시하는 안내서다. 사례가 풍부해서 읽는 것만으로도 코칭 실습을 하고 있는 것 같은 효과가 있을 것이다.

황현호 코치
국제코치훈련원 원장,
KSC/MCC

놀랍다. 새롭게 발표한 코칭 (신)역량을 이렇게 구체적으로 설명해주고 있다니! 그뿐 아니다. 코칭 프로세스와 실전 코칭 주제를 풀어가는 방법과 자격시험 준비요령까지. 이 책은 모든 코치의 실전 코칭 핸드북이다. 필독을 권한다.

김두석 팀장
종근당건강

최근 비즈니스 현장을 비롯해 가정이나 스포츠, 교육 현장에서 인생 스킬, 코칭을 배우려는 사람이 많아지고 있다. 좀 더 '자연스럽게' 코칭 스킬을 사용하고 싶으신 분들이나 '실전'과 같은 경험을 해보고 싶은 분들께 이 책에 제시된 다양한 '사례'는 더할 나위 없이 좋은 연습 도구가 될 것이다. 더 많은 독자들이 이 책과 함께 좋은 영향력을 끼칠 수 있기를 응원한다.

김운경 Joanne Kim
스타벅스 코리아

한 페이지도 허투루 넘길 수 없었다. 코칭에 대한 꼬리에 꼬리를 무는 물음표들로 인해 유리상자 안에서 홀로 헤매고 있는 나를 들여다보고 있는 것은 아닌지 의심이 들 정도로 훅 들어왔다. 바로 지금, 코칭의 출발점에서 고민하고 있는 분들에게 추천드린다.

김정아 차장
두산경영연구원

코칭은 다른 프로그램과 달리 HRD 실무자가 관여할 수 있는 부분이 제한적이라 답답한 적이 많았다. 이 책은 코칭 프로그램을 도입하고, 프로세스를 설계할 때 참고할 수 있는 유익한 내용과 사례가 담겨 있어 HRD 실무자 입장에서 큰 도움이 되었다. 그뿐만 아니라, 코칭의 실제를 다양한 사례를 통해 들여다볼 수 있어 사내 코치로서 핵심역량을 기를 수 있도록 도움을 주는 책이다. 여러모로 유익하고 흥미롭다!

김혜윤 매니저
SK플래닛

평가제도 및 직원경험 등에 있어 HR 패러다임의 변화로 이제 리더십과 코칭은 불가분의 관계가 되었다. 리더의 코칭스킬 체득을 위한 교육 프로그램을 하다 보면 실제 적용이 어렵다는 리더가 많다. 이 책은 코칭대화 속 실제적인 연결 사례들을 풍부하게 담고 있어 리더와 코치뿐 아니라 주체적인 삶을 살길 원하는 분들에게 권하고 싶다.

손가연 책임
LX MDI

기업교육 담당자이자 코칭을 공부하는 초보 코치로서 기본에 충실하면서도 실전에 강한 코칭 책이 절실했는데, 이제야 그런 책을 만나게 됐다. 특히, 실제 코칭 장면을 들여다보는 것처럼 정리된 스크립트는 그대로 코칭에 활용해도 될 정도로 현실적이다. 코칭에 입문하는 사람부터 숙련된 코치까지, 코칭 실력을 한 단계 업그레이드하고 싶은 사람들에게 꼭 추천하고 싶다.

송민우 수석
삼성반도체

코칭이 끝날 때마다 느껴온 아쉬움의 질문, '난 코칭다운 코칭을 했는가?' 이 질문에 대한 해답을 이 책에서 찾았다. 체계적인 이론으로 무장한 프로세스와 구체적 사례가 덧입혀져 코칭다움의 열매를 맺는다.

안상일 프로
삼성인력개발원

코칭에 관심은 있지만 어떻게 시작해야 할지 몰라서 고민 중이라면 고민하지 말고 이 책부터 보는 것을 추천한다. 코치로서 갖춰야 할 역량, 코칭 프로세스, 그리고 전문 코치들이 들려주는 다양한 사례들을 통해 코칭에 대한 궁금증을 쉽고 빠르게 해결할 수 있다. 코칭 세계로 입문을 원하는가? 이 책 한 권이면 충분하다.

최원설 부장
한국수력원자력

이 책은 코칭 상황에서 발생하는 여러 가지 대화 상황들을 코칭의 기본 철학과 프로세스 중심으로 심도 있게 정리한 지침서이다. 저자들의 경험과 성찰에서 나온 코치의 참모습도 느껴진다. 학습 차원에서 보면 코칭대화법에 대한 인식-내재화-실천이 가능한 구성이다. HRD 영역에서 코칭 확산에 크게 기여할 것으로 본다.

최인선 책임
LG전자

코칭이 가장 활발하게 일어나는 곳 중의 하나는 바로 기업 내 비지니스가 진행되는 현장이다. 외부 전문코치의 도움을 받아 자신의 리더십을 코칭 받는 형태도 있지만, 궁극적으로 지향하는 모습은 리더들이 코칭 철학을 바탕으로 일상 속에서 팀원들과 코칭형 대화를 나누며 그들의 성공과 성장을 지원하는 파트너가 되어주는 것이다. 책에 소개된 코칭대화의 사례가 우리 리더들과 코칭을 배우고자 하는 사내 코치들에게 많은 도움을 줄 것이다.

최희경 책임
LG인화원

코칭에 대한 학습을 하고 나서도 막상 코칭을 하려면 막막한 경우가 많다. 이 책은 코칭대화가 어떻게 진행되는지, 코치로서 무엇을 준비해야 할지 알게 해준다. 스크립트 기반의 코칭대화 사례가 많이 포함되어 있기에 코칭 장면에 있는 듯한 느낌을 받으면서 코칭 역량과 프로세스를 실질적이고 자연스럽게 익힐 수 있는 좋은 기회가 될 것이다.

허 성 파트장
삼성물산 리조트부문

실제 코칭대화가 어떻게 진행되고, 일반대화와 코칭대화는 어떻게 다른지 친절하게 알려주는 책이 많지 않아 아쉬웠는데, 이 책이 그런 갈증을 시원하게 풀어준다. 내가 인증코치를 준비할 때 이 책을 만났더라면 준비 시간은 절반으로 줄이고, 자신감은 두 배로 키워 시험을 치를 수 있었을 것이다.

현호섭 상무
KT

코칭 리더십을 실천하는 기업의 리더들이 코칭에 필요한 역량과 스킬을 한눈에 보고 익힐 수 있어 매우 유익한 내용이다. 기업 현장에도 적용하여 코칭 리더십의 기업문화가 튼튼하게 세워지길 기대한다.

프롤로그

코치는 실전으로 강해진다

실전 코칭 책이 아쉬웠다

코칭이 대중에게 널리 알려지면서 코칭을 배우고자 하는 사람들도 늘고 있다. 저자들 역시 코칭의 매력에 푹 빠져서 전문코치의 길을 가고 있지만, 코치로서 성장하는 과정은 결코 쉽지 않았다(물론 지금도 고군분투하며 성장 중이다). 유료로 하는 코칭은 물론이고 훈련을 위한 코칭에서도 고객이 가져온 주제를 어떻게 풀어야 할지, 고객의 말에 대한 최적의 반응은 뭘지 고민이 되었다. 무엇보다 실전에서 코칭을 잘하도록 도와주는 책이 있었으면 했다.

1년여 기간 버디코칭을 해온 저자들은 코치가 되기 위한 성장통을 나누며 어떻게 하면 코칭 실력을 효과적으로 높일 수 있을지 진지하게 고민했다. 그리고 코칭의 형식과 내용을 실전 상황에 제대로 활용할 수 있도록 사례를 통해 학습하는 책을 쓰기로 의기투합했다.

이런 분들에게 도움을 드리고 싶다

- 코칭 역량을 구체적인 사례로 공부하고 싶다.
- 코칭대화모델을 자연스럽게 사용하고 싶다.
- 여러 상황에서 코칭을 풀어가는 다양한 대안을 배우고 싶다.
- 일반 고객과 실제 코칭을 어떻게 해야 할지 알고 싶다.
- 인증코치(KAC, KPC) 자격 수준을 알고 준비하고 싶다.
- 역량부터 시험, 실전까지 한 권의 책으로 공부하고 싶다.
- 기업에 코칭을 도입하고 싶은데, 코칭대화가 실제로 어떻게 진행되는지를 알고 싶다.

그래서 이런 것을 담았다

이 책은 코칭의 기본 역량과 프로세스가 실전 코칭대화에서 어떻게 구현되는지를 86개의 예시와 사례로 담아냈다.

1장은 코치에게 기본과 핵심이 되는 코칭 역량을 한국코치협회(KCA)의 코칭역량모델에 기초하여 다루었다. KCA의 코칭역량모델은 '코치다움'과 '코칭다움'의 역량군으로 구성되어 있다. 존재와 존재의 만남인 코칭에서 코치다움은 정말 중요하지만, 이 책은 코칭을 어떻게 할 것이냐에 집중하므로 '코칭다움'의 4개 역량을 다루었다. 코칭다움의 4개 역량의 20개 핵심요소가 대화로 어떻게 표현되는지를 사례와 함께 제시했다. 코칭 역량을 내재함으로써 코칭에 대한 기초를 탄탄하게 세울 수 있을 것으로 기대한다.

2장은 코칭 프로세스(대화모델)에 관해 정리했다. 코칭은 목적과 방향이 있는 대화이며, 효과적인 코칭을 위해 코칭대화모델을 사용한다. 몇 가지 코칭대화모델의 예, 코칭 프로세스 각 단계에서의 핵심적인 내용, 그리고 다회기 프로세스를 사례와 함께 다루었다.

1장과 2장을 거치며 코칭 기본 역량과 코칭 프로세스의 두 축을 정비한 독자는 3장에서 '주제별 코칭 사례'를 만나게 된다. 고객이 자주 가져오는 코칭 주제 및 저자들이 고민했던 이슈를 5개 영역으로 분류하여 15개 주제에 대한 코칭대화를 담았다. 코칭다움의 역량과 코칭대화모델이 통합적으로 연결되어 코칭의 시작부터 끝까지 전체 대화가 어떻게 흘러가는가를 보여준다. 실제 고객과 더 자연스럽고 효과적인 코칭대화를 하고 싶은 코치들에게 도움이 될 것으로 믿는다.

마지막 4장에는 인증코치 실기시험(KAC, KPC) 사례를 담았다. 코치인증시험은 전문적으로 코칭을 하려면 거쳐야 하는 필수 관문이고, 시험을 앞둔 수험생 입장에서는 부담도 상당하다. 2023년 3월 1일자로 개정된 심사기준에 맞추어 실제로 코칭이 어떻게 구현되는지 사례를 실었다. 자신의 코칭을 심사기준표를 활용해 연습하다 보면 시험 준비에 실제적인 도움이 될 것이다.

실전 코칭에 필요한 역량, 프로세스, 코칭스킬을 풍성한 사례에 녹여내려 했다. 블랙박스 같은 코칭의 실제를 구석구석 들여다보는 동시에 전체 코칭대화의 큰 흐름을 자연스럽게 연결하고 체화하는 데 도움이 될 것으로 믿는다.

이 책을 이렇게 활용하시기를 권한다

코칭은 일반 대화에서 자주 쓰지 않는 말을 사용하는 상대 중심의 대화다. 새로운 언어와 같아서 노출과 연습이 필요하다. 새로운 언어를 배울 때 그 언어를 사용하는 장면에 많이 노출되면 빨리 배우게 되듯 코칭하는 장면을 많이 접하고 응용하면 성장과 확장에 도움이 된다. 이 책에 담긴 코칭 장면을 간접 경험으로 접하고, 코치와 고객의 대화를 문자화한 스크립트를 핵심을 짚어 읽다 보면 코칭 샤워를 하는 것 같은 효과를 맛볼 수 있을 것이다.

말은 글과 달리 휘발성이 강하다. 휘발하는 대화를 활자로 잡아놓은 스크립트는 목소리의 속도, 톤, 뉘앙스 등을 담기에는 한계가 있지만, 집중적으로 분석하거나 반복적으로 학습하기에 용이하다. 또한 같은 상황에서 자신의 코칭을 시뮬레이션하는 방식으로 비교 및 응용하며 파워풀한 학습 도구로 활용할 수 있다.

고객이 가지고 오는 이슈를 풀어나가는 방식은 코치마다 매우 다양하다. 하나의 정답만 존재하는 것이 아니기에 유사한 이슈에 대해 다른 코치들의 접근 방식을 경험하는 것은 유연하고 창의적인 코칭의 자원이 된다. 책에서 제시하는 다양한 코칭 주제를 "내가 코치라면 어떻게 할까?"라는 관점으로 성찰하면서 읽는다면 더욱 효과적일 것이다.

이 책을 읽으며 유의할 점도 있다. 책에서 소개한 코칭은 저자들의 코칭 경험과 역량에 기반하여 작성한 것일 뿐 결코 정답이 아니다. 동일한 주제, 비슷한 상황에서도 다양한 방식으로 훨씬 더 창의적이고 영감 있게 코칭이 진행될 수 있다. 개방적인 관점으로 읽어주시기를 바란다.

코칭 이슈는 고객에게서 나온다. 비슷해 보이는 주제, 상황이라도 '지금 내 앞에 있는 고객'은 그 사람만의 맥락, 서사, 감정을 갖고 있다. 이 책의 사례들은 코칭의 폭을 넓히는 대안으로 학습하면 좋겠다.

저자들이 코칭 수련과 실전 코칭을 하며 고민했던 것을 담아내고자 한 이 책이 독자분께 조금이라도 도움이 되었으면 한다.

> 이 책에 소개한 사례는 실제 고객과의 코칭대화, 가상의 코칭대화, 셀프 코칭대화를 기반으로 쓰였다. 실제 고객 사례의 경우 고객의 허락을 받았고, 일부 사례에서는 고객의 말을 다듬고 축약했다.

CONTENTS

CONTENTS

CONTENTS

1장.

코칭다움의 역량

1장에는 '코칭다움'의 4개 역량 아래 20개의 핵심요소에 관한 구체적인 설명과 사례를 담았다. 코칭다움의 역량을 더욱 깊이 있게 이해하고, 자신의 것으로 내재화하는 데 도움이 되기를 바란다.

1장 코칭다움의 역량을 읽기 전에 한국코치협회(KCA)가 제정한 코칭역량모델을 먼저 살펴보면 이 장을 이해하는 데 도움이 될 것이다.

KCA의 코칭역량체계는 역량군 – 역량 – 핵심요소 – 행동지표로 구성되어 있다. 역량군은 '코치다움'과 '코칭다움' 2개로 나뉜다. '코치다움'이 코칭을 하는 존재인 코치가 지향해야 할 방향이라면, '코칭다움'은 고객과 만나는 코칭 상황에서 코칭을 어떻게 해야 할지를 담은 지침이라 할 수 있다.

이 책은 실전 코칭 장면에 집중하므로 '코칭다움'을 다루지만, 다음의 KCA 코칭역량모델을 보고 전체 윤곽을 이해한 후 각 역량별 핵심요소를 하나씩 살펴보자.

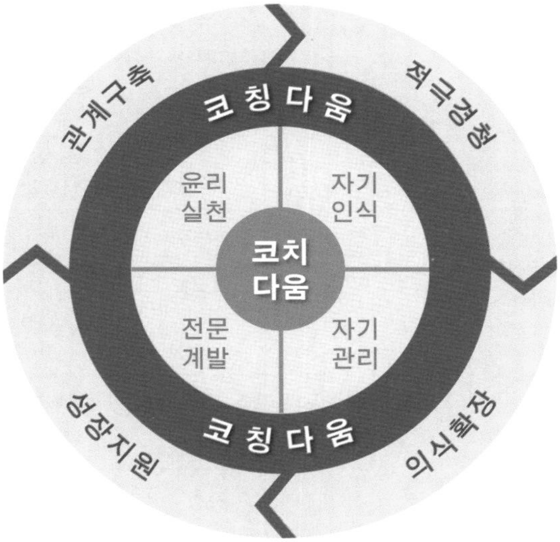

KCA 코칭역량모델

(출처: 한국코치협회)

코치다움	코칭다움
코치로서 개인의 삶과 코칭 현장에서 코칭 윤리를 실천하며, 자기인식과 자기관리를 바탕으로 전문 계발을 해나가는 것	코칭 현장에서 고객과 관계를 구축하고, 적극 경청과 의식 확장을 통해 고객의 성장을 지원하는 것

KCA 코칭 역량 □ 코치다움

역량	정의	핵심요소	행동지표
1. 윤리 실천	(사)한국코치협회에서 규정한 기본 윤리, 코칭에 대한 윤리, 직무에 대한 윤리, 고객에 대한 윤리를 준수하고 실천한다.	1. 기본 윤리	1. 코치는 기본 윤리를 준수하고 실천한다.
		2. 코칭에 대한 윤리	2. 코치는 코칭에 대한 윤리를 준수하고 실천한다.
		3. 직무에 대한 윤리	3. 코치는 직무에 대한 윤리를 준수하고 실천한다.
		4. 고객에 대한 윤리	4. 코치는 고객에 대한 윤리를 준수하고 실천한다.
2. 자기 인식	현재 상황에 대한 민감성을 유지하고 직관 및 성찰과 자기 평가를 통해 코치 자신의 존재감을 인식한다.	1. 상황 민감성 유지	1. 지금 여기의 생각, 감정, 욕구에 집중한다.
			2. 생각, 감정, 욕구가 발생하는 배경과 이유를 감각적으로 알아차린다.
		2. 직관과 성찰	3. 직관과 성찰을 통해 자신의 생각, 감정, 욕구가 미치는 영향을 인식한다.
		3. 자기 평가	4. 자신의 특성, 강약점, 가정과 전제, 관점을 평가하고 수용한다.
		4. 존재감 인식	5. 자신의 존재를 인식하고 신뢰한다.
3. 자기 관리	신체적, 정신적, 정서적 안정 및 개방적, 긍정적, 중립적 태도를 유지하며 언행을 일치시킨다.	1. 신체적, 정신적, 정서적 안정	1. 코치는 코칭을 시작하기 전에 신체적, 정신적, 정서적 안정을 유지한다.
			2. 코치는 다양한 코칭 상황에서 침착하게 대처한다.
		2. 개방적, 긍정적, 중립적 태도	3. 코치는 솔직하고 개방적인 태도를 유지한다.
			4. 코치는 긍정적인 태도를 유지한다.
			5. 코치는 고객의 기준과 패턴에 대한 판단을 유보하고 중립적인 태도를 유지한다.
		3. 언행일치	6. 코치는 말과 행동을 일치시킨다.
4. 전문 계발	코칭 합의와 과정 관리 및 성과 관리를 하고 코칭에 필요한 관련 지식, 기술, 태도 등의 전문 역량을 계발한다.	1. 코칭 합의	1. 고객에게 코칭을 제안하고 협의한다.
			2. 고객과 코칭 계약을 하고, 코칭 동의와 코칭 목표를 합의한다.
		2. 과정 관리	3. 코칭 과정 전체를 관리하고 이해관계자를 포함한 고객과 소통한다.
		3. 성과 관리	4. 고객과 합의한 코칭 주제와 목표에 대한 성과를 관리한다.
		4. 전문 역량 계발	5. 코칭에 필요한 관련 지식, 기술, 태도 등의 전문 역량을 계발한다.

KCA 코칭 역량 - 코칭다움

역량	정의	핵심요소	행동지표
5. 관계 구축	고객과의 수평적 파트너십을 기반으로 신뢰감과 안전감을 형성하며 고객의 존재를 인정하고 진솔함과 호기심을 유지한다.	1. 수평적 파트너십	1. 코치는 고객을 수평적인 관계로 인정하며 대한다.
		2. 신뢰감과 안전감	2. 고객과 라포를 형성하여 안전한 코칭 환경을 유지한다.
			3. 고객에게 긍정 반응, 인정, 칭찬, 지지, 격려 등의 언어를 사용한다.
		3. 존재 인정	4. 고객의 특성, 정체성, 스타일, 언어와 행동 패턴을 알아주고 코칭에 적용한다.
		4. 진솔함	5. 코치는 고객에게 자신의 생각, 느낌, 감정, 알지 못함, 취약성 등을 솔직하게 드러낸다.
		5. 호기심	6. 코치는 고객의 주제와 존재에 대해서 관심과 호기심을 유지한다.
6. 적극 경청	고객이 말한 것과 말하지 않은 것을 맥락적으로 이해하고 반영 및 공감하며, 고객 스스로 자신의 생각, 감정, 욕구, 의도를 표현하도록 돕는다.	1. 맥락적 이해	1. 고객이 말한 것과 말하지 않은 것을 맥락적으로 헤아려 듣고 표현한다.
		2. 반영	2. 눈 맞추기, 고개 끄덕이기, 동작 따라 하기, 어조 높낮이와 속도 맞추기, 추임새 등을 하면서 경청한다.
			3. 고객의 말을 재진술, 요약하거나 직면하도록 돕는다.
		3. 공감	4. 고객의 생각이나 감정을 이해하며, 이해한 것을 고객에게 표현한다.
			5. 고객의 의도나 욕구를 이해하며, 이해한 것을 고객에게 표현한다.
		4. 고객의 표현 지원	6. 고객이 자신의 생각, 감정, 의도, 욕구를 표현하도록 돕는다.
7. 의식 확장	질문, 기법 및 도구를 활용하여 고객의 의미 확장과 구체화, 통찰, 관점 전환과 재구성, 가능성 확대를 돕는다.	1. 질문	1. 긍정적, 중립적 언어로 개방적 질문을 한다.
		2. 기법과 도구 활용	2. 고객의 상황과 특성에 따라 침묵, 은유, 비유 등 다양한 기법과 도구를 활용한다
		3. 의미 확장과 구체화	3. 고객의 말에서 의미를 확장하도록 돕는다.
			4. 고객의 말을 구체화하거나 명료화하도록 돕는다.

역량	정의	핵심요소	행동지표
		4. 통찰	5. 고객이 알아차림이나 통찰을 하도록 돕는다.
		5. 관점 전환과 재구성	6. 고객이 관점을 전환하거나 재구성하도록 돕는다.
		6. 가능성 확대	7. 고객의 상황, 경험, 사고, 가치, 욕구, 신념, 정체성 등의 탐색을 통해 가능성 확대를 돕는다.
8. 성장 지원	고객의 학습과 통찰을 정체성과 통합하고, 자율성과 책임을 고취한다. 고객의 행동 전환을 지원하고, 실행 결과를 피드백하며 변화와 성장을 축하한다.	1. 정체성과의 통합 지원	1. 고객의 학습과 통찰을 자신의 가치관 및 정체성과 통합하도록 지원한다.
		2. 자율성과 책임 고취	2. 고객이 행동 설계 및 실행을 자율적이고 주도적으로 하도록 고취한다.
		3. 행동 전환 지원	3. 고객이 실행 계획을 실천할 수 있는 후원 환경을 만들도록 지원한다.
			4. 고객이 행동 전환을 지속하도록 지지하고 격려한다.
		4. 피드백	5. 고객이 실행한 결과를 성찰하도록 돕고, 차기 실행에 반영하도록 지원한다.
		5. 변화와 성장 축하	6. 고객의 변화와 성장을 축하한다.

출처: 한국코치협회, 「KCA코칭역량모델 및 해설집_20220520」, KCA 자격인증 공지사항 게시글(2022.7.5).

1.
관계 구축

고객과의 수평적 파트너십을 기반으로 신뢰감과 안전감을 형성하며, 고객의 존재를 인정하고 진솔함과 호기심을 유지한다.

(1) 수평적 파트너십

KCA 코칭역량모델 해설 - 핵심요소 및 행동지표 설명

수평적 파트너십

코치는 고객을 수평적인 관계로 인정하며 대한다.
코치가 고객을 상하관계가 아닌 수평적 존재로 인정하며 대하는 것으로, 상호 이익 증대를 목적으로 상하관계가 아닌 동반자적인 계약 관계를 말한다. 코치는 코칭 세션 중 일방적이고 지시적인 태도가 아닌 고객을 수평적인 관계로서 존재를 인정하며, 중요한 결정 시 고객이 선택하고 결정하도록 요청한다. 지시나 명령, 단정 언어, 컨설팅이나 가르치려는 태도, 충고나 훈계하는 언어사용을 지양한다.

코치와 고객은 코치가 가르치는 위치에 있거나, 고객의 비위를 맞추거나 하는 상하관계가 아니다. 코칭은 고객을 위해서만도 아니고, 코치의 이익을 위해 이용하는 것도 아닌, 상호 이익 증대를 목적으로 하는 동반자적 계약관계 위에서 이루어진다.

코치는 고객이 자신에게 맞는 해답을 찾을 능력이 있고, 무한한 가능성과 문제를 해결할 수 있는 풍부한 자원을 가지고 있다는 것을 믿고 코칭을 한다. 코치인 나도 완전하지 않고, 내 의견은 많은 의견 중 하나일 뿐임을 인정한다면 지시, 명령, 단정, 티칭, 충고 같은 실수로부터 자유로워질 것이다.

코치: 지난 OT 때 코칭에 관해 말씀드렸지만, 우리 함께 정말 좋은 파트너로서 의미 있는 대화를 만들어가길 원합니다. 그렇게 우리 대화를 시작해볼까요?

고객: 네, 좋습니다!

코치: 어떤 것에 대해 이야기하고 싶으세요?

고객: 제가 요즘 일이 너무 많아요…. 그래서 일단 잠을 너무 못 자고 있고요. 친구를 만나거나 취미생활 같은 건 꿈도 못 꾸죠. 건강이 중요한데 건강에 신경도 못 쓰고 있어요. 이렇게 살아도 되나 싶습니다.

코치: 아이고, 일이 진짜 많으신가 봐요. 기본적인 수면조차 챙기지 못하신다니 너무 안타깝네요. 이런 상황에 무엇에 집중해서 이야기하시면 도움이 될까요?

여기서 건강이 '중요'하다는 표현에 대해 만약 "그럼 오늘 건강에 대해 이야기하고 싶으신가요?"라고 한다면 위험하다(나는 그렇게 해서 망친 경험이 있다). 고객이 생각이 다르거나 정리가 더 필요한데 코치가 단정하듯 말하면 고객의 심기가 불편해지고 코칭이 꼬인다. 혹여 딱 맞아서 빠르게 핵심으로 들어갈 수도 있지만, 보통은 고객이 좀 더 자신을 탐구하고 원하는 주제를 찾아가는 여정이 필요하다. 무엇에 집중할지, 어떤 주제나 목표로 대화할지, 어떤 계획을 세울지 '중요한 결정 시 고객이 선택하도록 요청'해야 한다.

코치: 오늘 어떤 것에 대해 이야기하고 싶으세요?

고객: 제 일에 대한 자신감에 대해 이야기하고 싶어요.

코치: 자신감요?

고객: 제가 힘들어서 그런지 뭔가를 자꾸 놓치고 '더 이상 못하겠다'는 생각이 드는데, 이런 걸 떨칠 힘이 나서 이번 주에 할 일들을 제대로 할 수 있으면 좋겠어요.

코치: 네, 떨치고 힘을 내려는 의지가 있으시네요.

고객: 네, 이번 주까지 정해진 일을 해내고, 그다음에는 일을 덜 방법을 찾아야겠어요. 그러려면 저를 추슬러야 해서요.

코치: 네, 정말 그렇게 되시길 바라요. 그럼, 오늘 우리 대화가 효과적으로 이루어져서 끝날 때쯤 어떤 것을 얻으면 만족스러우실까요?

고객: '난 할 수 있어' 하는 자신감이 생기면서 마음에 여유가 생겨서 '내게 이런 자원이 있고, 이 시간 동안 이렇게 준비하면 되겠다' 하고, 중요하고 꼭 필요한 일부터 추려서 할 수 있는 그런 상태를 만들고 싶어요.

코치: 네, 우리 코칭대화 동안 바라보고 갈 목표를 간단히 정리해봐주시겠어요?

고객: 자신감을 찾아 전략을 만들 여유가 생기는 상태가 되면 좋겠어요.

코치: 그런데 '전략'이란 무엇을 위한 전략일까요?

고객: 일단은 이번 주에 할 일요.

코치: 네, 그럼 이 시간엔 어떤 것에 집중할까요? 자신감 찾기? 자신감으로 전략까지 만들기?

고객: 아, 자신감을 얻고 싶어요.

코치: 그렇군요. 오늘 대화에서 자신감 얻기에 집중해서 함께 이야기하면 좋을까요?

고객: 네, 좋아요.

고객 자신이 정말 원하는 것을 이야기하도록 하고, 코치가 고객의 말과 감정을 그대로 인정하고 수용하면 고객은 수평적인 파트너십을 느낄 수 있다. 존중과 파트너십을 위해서는 고객의 말을 코치가 쓸 때 단어도 바꾸지 않는 것이 좋다. 서로 다른 개념과 공유되지 않은 지레짐작은 온전한 파트너십에 걸림돌이 된다. 고객이 말하는 중요한 단어와 생각을 되물어 공유하고, 못 알아들었거나 불확실할 때는 그냥 넘어가지 말고 확인하자.

코치: 오늘 이렇게 자신감에 대한 이야기를 나누었는데, 대화를 통해 새롭게 인식한 것을 좀 나눠주시겠어요?

고객: 네, 자신감이 없다는 게 저에 대한 불신뿐 아니라 제가 가진 것에 대한 인정과 감사가 없었기 때문이라는 걸 깨달았어요. 찾아보니 잘한 것과 인정받은 게 많았어요. 한편으론 감정에 대한 처리도 필요하고요.

코치: 네, 그런 성찰을 바탕으로 전략을 만들 만한 자신감을 보면 어떻게 보이세요?

고객: 할 수 있다는 마음이 많이 올라왔어요. 이미 성공한 경험도 있고, 해놓은 것도 있으니까요. 감정에 대해서는 좀 확신이 안 서는데, 코치님이라면 이런 경우 어떻게 다스릴지 얘기 좀 해주시겠어요?

코치: 음… 제 경험도 있겠지만 상황이 다를 수도 있어서요. 먼저 고객님의 이야기를 듣고 필요하다면 함께 얘기 나누면 어떨까요?

고객: 아, 그러죠. 좋아요.

코치: 지금 제일 크게 느껴지는 감정은 뭔가요?

『TRAIN 심화』(국제코치훈련원, 2011)에서는 고객에게 정리하게 하는 시점에 "코칭에서 '깨달은 것'이나 '배운 것'이 있다면 나눠주시겠어요?" 하는 질문은 지양하라고 한다. 마치 코치가 깨닫게 하거나 배우게 해주었다는 뉘앙스를 풍길 수 있기 때문이다. '새롭게 인식한 것', '정리된 것', '유익한 것'과 같이 파트너십을 해치지 않는 다양한 질문을 사용하길 권한다.

고객이 코치에게 의견을 묻거나 도움을 청하는 경우가 있다. 그럴 때 코치가 바로 "이렇게 해보세요", "그럴 땐 이게 낫죠", "제 경험으로는…"과 같이 반응하게 되면 지시, 컨설팅, 가르치기, 충고, 훈계로 빠지거나 고객이 주도적으로 생각하는 것을 방해하면서 수평적 파트너십에도 좋지 않다.

고객이 도움을 청할 때도 고객의 생각과 자원을 불러일으키는 게 우선이다. "제 방법도 있지만, 먼저 고객님의 생각을 듣고 싶어요", "고객님의 경험과 자원을 모아 생각을 나눈 후에 필요하다면 제 생각을 나중에 말씀드리면 어떨까요?"와 같이 말이다.

(2) 신뢰감과 안전감

KCA 코칭역량모델 해설 - 핵심요소 및 행동지표 설명

신뢰감과 안전감

고객과 라포를 형성하여 안전한 코칭 환경을 유지한다.

코치가 고객 중심의 코칭 관계를 만들어가기 위해서는 신뢰감과 안전감이 바탕을 이루어야 한다. 라포 형성은 코칭 관계의 핵심이며, 코칭의 모든 단계에서 활용되는 것으로 고객과의 관계를 맺고 유지하는 데 기초가 되는 중요한 코칭 기술이다. 코치는 라포를 통해 코칭 세션 중 고객에게 신뢰감과 안전감을 주어 최적의 코칭 환경을 조성하여야 한다. 라포 형성을 위해 공감, 반영, 인정, 칭찬 등의 기법을 사용한다.

고객에게 긍정 반응, 인정, 칭찬, 지지, 격려 등의 언어를 사용한다.

코치는 고객과의 관계에서 믿는 마음과 편안하며 위험하지 않다는 느낌을 들게 하여야 한다. 이를 위해 코치는 고객에게 긍정 반응, 인정, 칭찬, 지지, 격려, 신뢰 등의 언어를 상황에 맞게 사용하여야 한다. 코치는 고객에게 지지와 공감, 관심을 보여주어야 하며, 코칭 세션 중 고객에게 집중하고 관찰하며 적절한 반응을 유지하여야 한다. 그렇지만 상대와 비교하는 언어, 판단, 비평, 강요, 당연시하는 언어 사용은 지양해야 한다.

구글이 높은 성과를 내는 팀을 내부적으로 분석한 결과, 가장 뛰어난 팀은 심리적 안전감이 높은 팀이었다. 그리고 심리적 안전감은 신뢰로부터 시작된다(에릭 슈미트, 2020). 코칭은 고객과 코치가 한 팀이 되는 것이다.

고객의 신뢰감은 코치에 대해 믿는 마음이고, 안전감은 자신이 말하는 것에 대한 편안함이다. 고객 입장에서 볼 때 '이 코치는 정직하고 전문성이 있는 사람이구나. 내가 판단 받거나 내 비밀이 떠벌려지지 않겠구나. 나를 존중하는구나' 하는 믿음과 안전감이 바탕이 되어야 이야기를 깊이, 편안히 할 수 있다.

코칭은 첫 회기 코칭 전부터 시작된다. 코치 자격증과 프로필을 기초로 계약하고, 파트너 관계를 맺고, 필요한 자료를 보내고, 코칭 회기를 시작해서 끝내고, 이후 비밀을 유지하는 전 과정을 통해 신뢰가 쌓이고 유지된다.

코치는 안정적인 자세로 세션에 임해서 고객에게 집중하며, 편안하게 대화를 시작해야 한다. 고객은 보통 자신이 부족하다고 느끼는 것을 코칭 주제로 가져온다. 라포나 주제 합의 때 코치가 공감 · 인정하고 칭찬할 거리를 찾아 표현하면 고객은 안심하게 되고, 코칭 초기에 신뢰와 안전한 코칭 환경이 조성된다. 세션 동안 코치가 긍정 반응, 인정, 칭찬, 지지, 격려, 신뢰를 말로 적극적으로 표현함으로써 고객의 안전감 유지를 도모한다.

비교, 판단, 비평, 당연시하지 않는 것은 코칭의 기본이고 신뢰와 안전감에도 필수다.

코치: 오늘 주말인데 어떻게 보내고 싶으세요?

고객: 친정에 좀 다녀오려 해요. 코칭시험 준비한다고 오래 못 가 뵈었어요.

코치: 아, 그렇게 열심히 준비해오셨군요. 친정에 가셔서 가장 의미 있는 순간은 어떤 때예요?

고객: 엄마에게 인지 저하가 좀 왔어요. 같이 대화하는 거, 운동하는 거 중요한데

얼마 전에 근처 공원에 가서 얘기하며 웃었던 게 그런 순간인 것 같아요.

코치: 아! 그 순간 어떤 마음이 드셨어요?

고객: 엄마와 아직 그런 시간을 가질 수 있다는 것에 대한 감사와 행복, 햇볕 같은 따뜻함이 떠올라요.

코치: 네, 햇볕같이 따뜻함, 감사와 행복! 가슴이 저릿하네요. 정말 어머님이 맑은 정신 유지하며 건강하시길 바랍니다.

고객: 감사합니다.

코치: 이 코칭도 그 의미를 더하도록 성실히 하겠습니다. 이런 마음으로 우리 코칭 대화 시작해볼까요?

고객: 네.

코치: 어떤 이야기 나누고 싶으세요?

고객: 건강에 대한 이야길 하고 싶어요.

코치: 아, 건강요? 좀 더 자세히 얘기해주세요.

고객: 제가 주로 앉아서 일하는데… 엄마나 가족을 챙기는 데도 그렇고, 제 일을 하는 데도 그렇고, 건강을 유지하는 게 중요해서요.

코치: 건강 주제 안에도 주변을 챙기는 마음이 있네요. 건강이란 어떤 의미인가요?

라포 시점에서의 마음 접속은 빠르게 신뢰의 환경을 만든다. 중립적이고 일반적으로 한 주간 지냈던 이야기나 컨디션 등을 물으며 관심을 보이고, 고객의 말로부터 한 발 더 들어가 특별한 지점(행복하거나 강한 감정, 중요한 순간)과 그 순간의 마음을 묻고 공감한다. "정말 어머님이 맑은 정신 유지하며 건강하시길 바랍니다"와 같이 일상에서라면 당연히 할 말을 코칭에서도 할 수 있다. 진정성 있는 이런 한마디가 고객의 마음을 따뜻하게 연다.

라포에서 행복한 경험, 긍정적인 경험이나 감정을 묻는 것은 에너지를 높이는 효과를 볼 수 있다. 그러나 고객이 가져온 주제의 감정선이 완전히 다른 것일 경우 역효과가 나거나 주제가 희석되고 좋지 않은 영향을 끼칠 수도 있으니 주의해야 한다.

코치: 지난주 이후 어떤 성과가 있었나요?

고객: 별로 못 했어요. 일주일 동안 이틀밖에 운동하러 못 갔어요.

코치: 이틀을 가셨네요.

고객: 네, 닷새는 나가려 했는데 좀 부끄럽고 죄송해요.

코치: 그런 마음이 있으시군요. 닷새는 아니지만 이틀을 성공하셨네요! 그 성공은 어떻게 해서 이루셨어요?

고객: 아, 첫날은 코치님과 약속했으니까 지키기 위해 힘들어도 일어나서 갔고요. 너무 무리했는지 다음 날부터 몸이 아파서…. 그러다 안 되겠어서 어제 다시 갔어요.

코치: 그러셨군요. 약속을 지키려는 노력을 하셨어요. 아이고, 열심히 무리하실 정도로 하셨네요. 지금은 괜찮으세요?

고객: 네, 괜찮아요. 감사합니다.

코치: 이번 실행에선 스스로 어떤 배움이 있으셨어요?

고객: 뭔가 하려면 말로 내뱉고 약속을 해야겠구나. 그리고 저에게 맞는 정도로 수위를 맞추어 늘려가야겠다는 것….

코치: 네, 그런 성찰을 하셨네요. 이번 주에 그런 성찰을 이용해 지속해보신다면 구체적으로 어떻게 해보고 싶으세요?

고객: 시간을 20분부터 살살 시작해야겠어요. 무조건 나가서 걷든 뭘 하든 20분부터 매일 몇 분씩 늘려서 주말엔 40분 하는 거죠.

코치: 느끼신 것을 확실히 적용하시네요. 그런 실천력으로 건강이라는 큰 주제 안에서 오늘 좀 더 진전시키고 싶으신 건 뭐예요?

고객: 운동은 그렇게 늘려 지속하고요…. 오늘은 먹는 거에 대한 이야기를 좀 하고 싶어요.

코치: 먹는 거요? 어떤 계기로 생각하시게 되었어요?

고객: …

다회기 코칭에서는 2회기 이후 지난 시간 계획했던 것의 실천을 점검하는데, 인정, 칭찬, 공감, 지지 등이 풍성히 나올 수 있는 순간이다. 잘되었으면 칭찬 · 인정 · 축하하고, 안 되었으면 그대로 반영하고 피드백하여 다음 실천의 힘으로 사용한다.

전인적인 인간으로서 고객에 대한 진정한 관심을 가지고, 고객의 힘든 경험이나 상황, 건강 등에 대해 코치의 마음을 표현하는 것도 중요하다.

NG 사례

고객: …

코치: *전에 만났던 고객님은* 엄마에 대해 그런 이야기를 하시더라고요. 엄마에게 화를 내는 자신은 엄마가 더 잘살기를 원하는 마음이었다고요.

고객: 그래도 저는 그냥 엄마를 보면 왜 짜증이 나죠? 왜 그렇게 사는지 원망스럽기도 하고요.

코치: *엄마에 대해 사랑하는 마음이 느껴져요.*

고객: … 그냥 짜증이 나요. 싫고, 무거워요. 원망스럽고요.

코치: *그게 자식의 사랑이죠.*

고객: 저 이 대화 그만할래요.

코치가 예전에 만난 고객 이야기를 하는 것은 정말 좋지 않다. 좋은 이야기라도 좋지 않다. 고객에게 '내 이야기도 이렇게 다른 사람에게 할 수 있다'는 불안감을 주고, 비밀보장에 대한 의심이 생길 것이며, 코치 윤리에도 어긋날 소지가 있다.

위 대화에서 고객은 엄마에 대한 짜증과 원망을 얘기했다. 맥락상 '엄마를 사랑하는 마음'이 나오는 것은 코치의 판단, 동일시, 일반화, 습관적인 표현일 여지가 많다. 코치에게 정말 엄마에 대해 고객의 사랑하는 마음이 느껴졌다면 고객에게 뭔가 인식이 있을 수 있지만, 그게 아니라 고객에게 공감되지 않는다면 신뢰와 안전감에 부정적인 영향을 준다. 고객이 그 입장에서는 그럴 수 있다는 마음으로, 코치 자신의 마음, 추측, 판단, 강요를 즉시 중단하고 고객의 마음, 생각, 말을 그대로 인정해야 한다.

(3) 존재 인정

KCA 코칭역량모델 해설 - 핵심요소 및 행동지표 설명

존재 인정

고객의 특성, 정체성, 스타일, 언어와 행동 패턴을 알아주고 코칭에 적용한다.
코치는 고객을 있는 그대로 존중하고 진정성 있게 대함으로써 코칭 과정에서 고객의 고유한 재능, 통찰, 노력을 인정하고 존중하여야 한다. 또 코칭대화 중 고객의 특성, 정체성, 스타일, 언어 패턴을 알아주고 이를 코칭에 적용하여야 한다. 코칭 시 매 순간 춤추듯이 고객과 연결하고, 자연스럽고 물 흐르듯 코칭대화를 한다. 그렇지만 고객과의 코칭 관계에서 코치의 주관적인 판단, 평가, 해석은 지양해야 한다.

코칭에서는 이슈가 아니라 고객을 보라고 한다. 코치가 고객을 있는 그대로 존중하고 진정으로 대하면 고객이 자신감을 얻고, 스스로의 정체성을 대면하게 되며, 삶의 자세가 바뀐다. 코치가 고객의 재능, 통찰, 노력 같은 것을 인정하며 적극적으로 표현함으로써 고객은 자신의 힘을 확인하고, 이를 주제를 풀어가는 에너지로 사용할 수 있다.

고객이 가진 특성, 정체성, 스타일, 언어 패턴을 알아주며 코칭에 반영해 사용하는 것도 존재 인정의 한 가지다. 모든 고객을 같은 식으로 대하는 것이 아니라 그 고객의 특성에 따라 춤추듯 맞춰서 최적의 대화를 하도록 노력한다. 고객이 상황에 집중하는지, 감성적인지, 반복적으로 사용하는 말, 발달한 감각이나 선호, 가치관,

신념 같은 것이 무엇인지 코치가 알아주고 잘 담아두었다가 적시에 꺼내 활용한다.

예를 들어 스스로 성찰을 잘하는 사람이라면 코치가 촘촘한 성찰 질문을 하는 것보다 고객이 말할 시간과 공간을 주는 것이 낫다. 고객이 직관이나 은유가 발달했다면, 사용하도록 요청한다. 말이 장황한 고객이라면 주제 홀딩과 요약, 재초점화를 활용할 일이 많을 것이다. 상상을 어려워하는 고객에게는 "잘될 때를 상상해보세요"보다는 "이전에 이와 관련해 좋았던 경험은 어떤 것인가요?"라는 질문이 편안할 것이다.

코치가 고객에게 "그때의 감정을 색으로 표현한다면 어떤 색이에요?"라고 물을 때 어려워하며 "색이요? 글쎄요… 회색?"이라고 대답하는 고객과 "석양의 타오르는 붉은빛에 섬뜩한 칼날의 은빛이 담긴…"이라고 하는 고객이 있다면 이들 중 앞으로 시각을 더 활용할 고객은 누구일까? 코치가 "숲에 가면 뭐가 좋아요?"라고 질문할 때 "숲의 향기가 좋아요. 초입의 시원한 향기로부터…" 하고 답한다면 코치가 염두에 둘 감각은 무엇인가?

고객: 외모에 대한 얘기를 하고 싶어요.

코치: 네, 외모요! 이것을 주제로 가지고 오신 계기는 뭐였어요?

고객: 결혼 전에는 뭐 어떻든 자신감이 있었고, 그 왜… 꾸미지 않아도 젊음이 있잖아요. 결혼해선 애들 키우는 데 집중하다 이제 거울을 보니 너무 달라졌어요. 놀라고 슬펐어요. 이제껏 자신을 방치했다는 생각이 들어요.

코치: 아, 놀라고 슬픈 마음! 그렇게 마음 쓰이는 외모란 ○○ 님께 뭐예요?

고객: 내가 외부와 만나도록 나에게 주어진 나만의 모습?

코치: 그런 나만의 모습이 중요한 이유는요?

고객: 저도 다른 사람들도 이걸 보고 평가도 하고, 구별도 하고, 기분이 좋아지기도 하고, 무엇보다 건강하게 잘 작동하는지 아닌지 알 수 있으니까요.

코치: 네, 이제까지 아이 키우는 데 집중하고 애쓰셨잖아요. '이제'라는 단어가 특

별하게 들렸어요. '이제'는 어떤 의미가 있어요?

고객: '이제'는 좀 더 일찍 시작했으면 좋았을걸 하는 마음도 있지만, 그래도 앞으로의 날들도 삶이고, 중요하니까요. 아이들도 잘 커서 제 책임이 덜어졌고요. 아이들 키울 때는 그 일에만 전념하기로 결심했거든요. 제가 한 가지에 신경 쓰면 다른 일에 신경을 못 써서 아이들에게 피해가 갈 거 같았어요.

코치: 책임감이 높고 집중하는 분이네요. 전념하기로 결단하고 실행하셨고요. '이제'에는 아쉬움도 있지만 홀가분함과 결심도 느껴져요.

고객: 감사합니다, 그렇게 말씀해주시니. 그리고 정말 그런 마음이 있어요. 만약 아이들이 어렸다면 외모에 대한 생각까지도 스스로 죄책감이 들어서 안 했을 거예요.

코치: 그런 헌신으로 역할에 전념하셨기에 '이제'가 더 확실한 출발이 되겠네요.

코치가 고객의 특성, 정체성, 가치, 노력을 알아주어 에너지가 떨어져 있던 고객이 에너지를 찾는 데 도움이 되었다.

코치가 고객이 사용한 언어(외모에 관심 두기, 나만의 모습, 책임, 집중, 전념 등)를 그대로 사용했다. 고객은 자신의 말을 그대로 들으면 자신이 존중받고, 인정받는다고 느끼게 된다.

중요한 단어나 반복된 언어(외모, 이제)에 대해 물었다. 고객이 말할 때 핵심 단어나 힘이 들어가는 단어, 반복되는 단어에는 고객의 마음과 말할거리가 있다.

코치: 이제, 무엇을 원하세요?

고객: 신경 써서 노화를 늦추며 살고 싶어요.

코치: 노화를 늦추고 어떻게 되길 원하세요?

고객: 가능한 한 젊게, 건강하게 살고 싶어요.

코치: 네, 오늘 대화에서는 저와 무엇에 집중해 이야기하고 싶으세요?

고객: 외모 관리에 관해 어디서부터 시작할까에 대해 이야기하고 요.

코치: '어디서부터 시작할까'요?

고객: 네, 관심을 둔다는 게 해야 할 게 많을 텐데, 제가 제 업무나 집안 는 것도 아니라서 한번에 많은 걸 하진 못할 거고요. 가장 중요한 것 부터 찾아서 하고 싶어요.

코치: 그렇군요. 그럼 오늘 대화가 끝나고 어떤 결과물이 나오면 보람 있을까

고객: 외모 관리, 가꾸기? 아니, 돌보기에 필요한 일들 몇 가지와 우선순위가 나 면 좋겠어요.

코치: 아, 외모 돌보기요? '돌본다'를 택하신 의미가 있을 거 같은데 뭘까요?

고객: 꾸미기 전의 단계가 필요한 거 같아요. 가꾸기도 좋겠지만, 일단은 관심을 가지고 저의 외면을 돌보고 싶어요.

코치: 네, 그런 의미에서 외모 돌보기에 필요한 일들 몇 가지와 우선순위가 나오는 것에 집중해 얘기해볼까요?

고객: 네네.

코치: 단어 하나도 허투루 쓰지 않으시는 ○○ 님께 외모 돌보기에 필요한 일들과 우선순위가 나오는 건 어떤 면에서 중요할까요?

고객: 필요한 일들을 가지고 실행할 우선순위가 정해져 있지 않으면 뭔가 숙제를 끝내지 못한 느낌이라서 불안할 거 같아요. 계속 신경 쓰이고, 갈팡질팡하며 아무것도 못 할 수도 있어서요. 다른 해야 할 일에 묻히고….

코치: 그렇군요. 할 일 목록을 가지고 있는 것이 안정을 주네요.

고객: 맞아요. 제가 좀 그런 거 같아요. 계획이 있고 전체적인 윤곽이 잡히면 좀 안심이 돼요.

코치: 네, 어떤 모습이 되고 싶으신지, 연예인이나 누구든 외모에 신경 쓸 때 롤모델, 이렇게 되었으면 하는 분을 떠올리신다면요?

고객: 아, 저는 김혜수 씨? 아니다, 체형이 너무 달라서(웃음). 그럼 윤유선 씨나 신애라 씨….

코치: 그분들을 떠올리신 이유는 뭘까요?

|가 비슷한 분들인데 젊고 예뻐서요. 스스로를 잘 관리하는 성실한

고객: 저 같아요.

리와 성실요. ○○ 님이 외모 돌보기와 관련해 중요하게 생각하는 가치는 뭐예요?

객: 네, 성실함, 책임감…. 제 자신에게 못 해준 거 같아요. 타고난 거야 뭐 어쩔 수 없지만, 건강하거나 펑퍼짐해지지 않는 건 그런 성실한 관리와 스스로에 대한 책임감이라고 봐요.

코치: 그 가치들을 스스로에게 적용해 어떻게 해주고 싶으세요?

고객: 하나씩 돌봐서 아프지 않게, 다리 저리지 않고 부어있지 않게, 거울 볼 때 방치되었다는 느낌 들지 않게, 나갈 때 뭘 입을까 고민하지 않게 해주고 싶어요.

코치: 아픔, 방치, 고민 대신 어떻게 되고 싶으세요? 일테면 건강하고?

고객: 건강하고 날씬하고 스스로의 관리를 받으며 살고 싶어요.

코치: 중요한 목표네요. 다시 마음을 담아 말씀해주시겠어요? 나는?

고객: 나는 건강하고, 날씬하고, 스스로 관리하며 살겠다.

고객에 대해 어떤 특성을 볼 수 있는가?

이 장면에서 코치는 고객이 전체를 보고, 우선순위를 가지고, 할 수 있는 것 안에서 체계적으로 하는 모습, 그럴 때 안정감을 느끼는 모습을 보고 있다. 인정하고, 거울이 되고 있다. 그런 고객이라면 코칭 프로세스 면에서도 단계를 잘 밟아나가는 안정된 디자인을 적용하는 게 유리할 것이다.

또한 고객은 앞서 원하는 것을 물었을 때 "노화를 늦추고 싶다"고 짧게 답하는데, 그나마도 단어 자체로는 긍정적이지 않은 '노화'라는 단어를 사용한다. 다시 "그런 가치들을 스스로에게 적용해 어떻게 해주고 싶냐"는 질문에도 "아프지 않게, …, 고민하지 않게"와 같은 부정적인 언어를 사용해 대답했다. 그런 언어 패턴이 코치에게 감지된다. 거울이 되어 고객이 사용한 말을 보여주면서 고객이 긍정적인 언어로 바꿔 말하게 요청해 목표로 이어지게 했다.

코치: 지금, 스스로에게 어떤 말을 해주고 싶으세요?

고객: 울컥하네요. 미안하고, 정말 그렇게 하고 싶어요.

코치: 네, 잠시 마음을 토닥토닥해주셔도 좋겠어요. (잠시 침묵) 외모 돌보기에 대해 쭉 돌아보셨는데 어떤 게 정리되세요?

고객: 외모 돌보기가 저를 돌보기였어요. (중략)

코치: 아! ○○ 님 자신을 돌보는 거네요. 자신이 어떤 사람인지, 은유도 좋고, 표현해주시겠어요?

고객: 저는… 국화요.

코치: 국화요?

고객: 더운 여름 지나고 가을바람에 오래오래 꽃을 피우잖아요? 화려하지 않아도 예쁘고, 강하고. 그렇게 앞으로도 오래 꽃피고, 차로도, 향으로도 좋은 것들을 나누며 살고 싶어요.

코치: 그런 마음이시군요.

고객: 네, 외모라는 게 그냥 단순히 덜 늙어 보이고 그런 문제가 아니었어요. 아이들을 돌보듯 이제 저를 돌보며 저라는 사람이 건강하게 잘 작동하며 제 역할 잘하고 삶을 누리면서 살도록 노력해야겠어요.

코치: 아, 그런 성찰을! 축하드립니다. 구체적으로 어떤 일들을 하고 싶으세요?

고객: 스스로에게 관리받고 생기 있게 살기 위해 운동하고, 좋은 것 먹고, 과식하지 않고, 일찍 자고. 아, 목록을 먼저 만들어야겠네요. 건강을 위해 할 일은 운동, 채소 먹기, 일찍 자기. 예뻐지기 위해서는 화장하기. 예쁜 옷도 사고. 좀 나가야겠어요.

코치: 와, 에너지가! 목록이 쭉쭉 나오네요! 이번 주에 가장 먼저 뭘 하고 싶으세요?

행동이나 경험을 통해 고객의 존재에 대해 스스로 보도록 할 수 있다. 그리고 주제와 관련해 고객이 중요하게 여기는 가치를 직접 물을 수 있다. 스스로를 어떤 사람이라고 생각하는지 문장이나 단어, 은유를 사용해 표현해보도록 하고, 강점이나 자원 등에 대한 것을 직접 묻는 것도 존재를 인정하는 데 효과적이다.

이 고객은 중반 이후까지 말이 짧았다. 에너지도 낮았다. 그런데 존재를 인정하고 가치를 찾고 정체성으로 이어지면서 말이 많아지고 한 번에 정리되었다. 즉 성찰이 있었다는 것이고, 에너지가 높아졌음을 보여준다. 존재를 인정할 때 고객 스스로 힘을 발휘하게 된다.

(4) 진솔함

KCA 코칭역량모델 해설 - 핵심요소 및 행동지표 설명

진솔함

코치는 고객에게 자신의 생각, 느낌, 감정, 알지 못함, 취약성 등을 솔직하게 드러낸다.

고객과의 관계에서 코치가 자신이 경험하고 느낀 바를 있는 그대로 내보이는 것을 말하는 것으로, 코치는 고객과 신뢰를 구축하기 위해 자신의 생각, 느낌, 감정, 알지 못함을 솔직하게 표현하여야 한다. 진솔함은 어떠한 비평과 해석을 개입하지 않는 것으로, 코치가 단지 자신이 보는 그대로 말하는 것이다. 진정한 코칭 관계는 기분을 맞추어주는 것이 아니라 진솔한 태도를 바탕으로 이루어진다. 코치가 진실을 말하는 용기가 있을 때 고객도 올바르게 대처하는 기술을 익힌다. 코치는 고객이 이해할 수 있는 언어와 적절한 은유를 사용하여 설명해야 한다. 전문적인 용어 사용은 최소화하고 실제적이며 고객에게 맞는 언어를 사용할 때 고객은 코칭대화 내용을 잘 이해할 수 있다.

경험과 느낌을 내보인다고 해서 코치가 고객이 어떤 얘기를 할 때 "저도 그런 경험이 있어요. 그때 느낀 거는…" 하고 자신의 이야기를 하라는 게 아니다. '고객과의 관계', 지금 고객과의 대화에서 경험하는 것, 느낀 것에 대해 표현하라는 것이다.

고객과의 관계나 대화에서 드는 생각, 감정, 느낌에 대해 솔직하게 표현한다.

예를 들면 고객이 열심히 하지 않는다고 느껴질 때나 통화 음질이 안 좋을 때도 말해서 방법을 찾는다. 놓친 말이 있으면 확인한다. 고객의 말이 옆길로 샌다고 느껴진다든가, 너무 길어져서 불안해진다면 참는 게 아니라 솔직하게 직접적인 대화를 한다.

인정, 지지, 격려해야 하지만 코치가 느끼지 않은 것을 느꼈다고 말하거나, 입에 발린 말, 기분을 맞춰주는 말을 하라는 것은 아니다. 고객에게서 발견한 것을 인정하고, 불일치나 좋지 않은 습관 또는 실행을 막는 신념이 보이면 표현한다. 단, 비평과 해석이 섞이지 않게 거울처럼 말하고 정중하게 표현한다.

알지 못함, 취약성을 나타내는 것도 진솔함의 한 부분이다. "그게 뭐죠?"라고 말할 수 있는 것, 모르는 것을 솔직하게 모른다고 하는 것은 쉬워 보이지만 용기가 필요하다.

코치: 날씨가 정말 좋네요. 안녕하셨어요?

고객: 아, 네.

코치: 지난 한 주간 우리 대화와 관련해 어떤 진전이 있으셨어요?

고객: 아, 바빠서요. 전혀 하지 못했어요.

코치: 네, 바쁘셨군요. 계획을 실행하시는 데 혹시 또 다른 어떤 어려움이 있으셨나요?

고객: 계획은 어렵지 않았는데 워낙 새로운 업무가 많아서요. 볼 틈이 없었네요.

코치: 저런, 안타깝습니다. 계획과 약속을 하셨는데, 전혀 실행하지 못하셨다니. 저는 우리 코칭이 부장님께 도움이 되고 있는지, 또는 도움이 되려면 무엇이 필요할지 궁금합니다. 어떠신가요?

고객: 아, 도움이 되죠. 이번 주까지 엄청 바쁘고 새 일도 적응되면 나아질 거예요. 좀 더 신경 쓰도록 하겠습니다.

의욕이나 실행력이 낮아 보일 때, 그냥 넘어가지 말고 마음에 걸리는 것을 정중하되 솔직하게 말하며 고객과 함께 파트너로서 도움이 될 방법을 모색하자. 나의 소중한 노력이 효과가 없다면 코칭을 중단할 수도 있는 배짱이 필요하다. 자신의 코칭이 도움이 되지 않을 경우 다른 방법이나 다른 사람을 추천하는 것이 코칭 윤리를 지키는 일이다.

코치: 이번 전사 프로젝트에서 중요한 역할을 맡으셨다고요?

고객: 아, 네! 제가 PCB에서 뼈가 굵은 엔지니어 출신인데 영업도 하니까 그렇게 되었어요.

코치: 저는 기술은 잘 모르지만, 고객님의 역량이 인정받고 발휘되니 기쁩니다.

고객: 감사합니다. 코치님 덕이 크죠. 사실 능력 이상의 것을 맡은 거 아닌가 좀 걱정도 돼요.

코치: 그동안 쭉 준비하셨고 기대하셨던 건데, 걱정은 뭘까요?

고객: 그러게요. 생각보다 더 큰 프로젝트라 좋기도 하지만, 혹시 실수하면 어떻게 하지 싶어서요. 이게 금액이 엄청난 프로젝트라서요. 의욕도 나지만 부담이 됩니다.

코치: 그럴 수 있죠. 에너지 넘치는 분이 오늘 좀 긴장돼 보였는데 그래서였을까요?

코치가 "저는 잘 모릅니다만" 하고 알지 못함을 말할 때 코치가 낮아 보이는 것이 아니라 솔직하다고 느낄 수 있다. "기쁩니다", "긴장돼 보였는데" 하고 코치의 느낌과 본 것을 그대로 말하기도 했다. 그동안 쭉 준비하고 기대했던 것과는 불일치해 보이는 '걱정'이라는 마음이 무엇인지 물으며 표현하기도 했다.

코치: 어떤 마음이신 거예요?

고객: 그저께는 톡방에서 이렇게 있어도 되나 하는 생각을 하면서 연결이라는 게 사람 사는 데 너무너무 중요한 거 같단 생각을 했어요. 나와 먼저 연결되어야 하고, 그다음에…. 그런데 주변 사람들이 협조할 생각을 하지 않으니 작년에도… 상사도 마찬가지예요. 매너가 없어요…. 제 주위에는 그런 사람들만 잔뜩 있어요. 생각해보니 어렸을 때 선생님들도… 또….

코치: 오늘 '직장 동료들과 통하는 대화 방법 찾기'를 주제로 이야기 나누고 있는데요. 지금 쭉 말씀하신 것은 어떤 관련이 있을까요?

고객: 대화에서 연결이 중요하다는 게 느껴지네요. 어제 문제의 직장 동료가… 그런데… 사람들이 저를 너무 힘들게 해요….

코치: 네, 그렇군요. 많이 힘드시겠어요. 그리고 여쭤보고 싶어요. 그럼에도 불구하고 오늘 직장 동료들과 통하는 대화 방법을 찾을 사람은 누군가요?

고객: 음, 그러네요. 저네요.

코치: 동료들과 대화에서 ○○ 님이 원하시는 건 뭐죠?

고객: 같이 대화에 즐겁게 참여하며, 내 얘기도 편하고 진솔하게 할 수 있는 거요.

코치: 네. 우리 오늘 시간이 20분 정도 남았어요. 말씀하신 것 같이 대화에 즐겁게 참여하며 편하고 진솔하게 대화하기 위해 뭐에 집중하고 싶으세요?

고객: 제가 말하는 게 사람들에게 어떤 영향을 주는지 살펴보고 개선할 점을 찾았으면 좋겠어요.

'이 이야기가 주제와 도대체 무슨 관련이 있지?' 하는 마음이 들거나 옆길로 새고 있다고 느껴지면 주제와 무슨 관련이 있는지 묻는다. 주제로 돌아오거나, 코치가 생각지 못한 주제와의 연결성을 찾을 수도 있다. 시간이 얼마 남지 않아 코칭을 진전시켜야겠다는 마음이 들 때도 표현한다. "이제 우리 15분 정도 시간이 남았는데요. 남은 시간 동안 무엇에 집중해볼까요?"와 같이 말이다.

고객이 다른 사람에게 책임을 전가하며 자신의 역할을 찾으려 하지 않을 때도 고객에 대한 '진솔함'으로 주체가 누구인지를 확인하도록 질문한다.

(5) 호기심

KCA 코칭역량모델 해설 - 핵심요소 및 행동지표 설명

호기심

코치는 고객의 주제와 존재에 대해서 관심과 호기심을 유지한다.
코칭에서 호기심은 코치와 고객이 서로 협력하여 꾸밈없이 살펴보고 무엇을 발견할지 관심을 갖고 탐구함으로써 고객의 삶 속 깊은 영역으로 들어가게 한다. 코치는 심문하는 사람이 아니므로 탐구하는 과정은 고객 입장에서 이루어져야 한다. 코치는 코칭 세션 중 고객의 주제와 고객의 존재에 관해서 관심과 호기심을 보여야 한다.

국어사전에 호기심은 "새롭고 신기한 것을 좋아하거나 모르는 것을 알고 싶어 하는 마음"으로 정의되어 있다. 사람뿐만 아니라 원숭이, 개, 고양이 같은 동물들도 가지고 있는 본능이 호기심이다. 코칭에서 호기심은 무엇을 의미하는가? 한국코치협회(KCA)와 국제코칭연맹(ICF)의 코칭 핵심 역량에서 호기심은 크게 다음과 같은 세 가지 영역에서 강조된다.

첫째, 고객에 대한 호기심이다. 코치는 고객을 새롭고 경이로운 존재로 여기고, 모르는 것을 알고 싶어 하는 마음으로 대해야 한다. 예를 들어, 기업에서 부장으로 근무하는 50대 남성을 고객으로 만나는 상황을 가정해보자. 50대 남성의 전형적인 모습이 자동으로 떠오를 수 있다. 호기심을 가진 코치는 '50대 남성은 이럴 것이다' 라는 고정관념을 내려놓고 상대의 성격과 사고방식, 가치관, 삶의 경험 등을 순수한

눈으로 바라본다.

둘째, 주제에 대한 호기심이다. 호기심이 가장 강력하게 발동하는 때는 언제인가? 바로 여행할 때다. 보고, 듣고, 맛보고, 느끼는 모든 것이 새롭고, 이때 호기심은 우리를 더 깊은 경험의 세계로 이끈다. 고객이 가져온 코칭 주제는 여행지에서 만나는 경험과도 같다. 고객의 주제는 언제나 새롭고 다양한 스토리와 가능성이 담겨 있기에 코치는 그저 미지의 세계를 여행하는 마음으로 함께한다.

마지막으로, 고객의 의식 확장을 위한 호기심이다. 코치는 고객 자신에 대한 현재의 생각과 느낌, 상황에 대한 현재의 생각과 느낌을 뛰어넘어 새롭거나 확장된 생각과 느낌을 갖도록 한다. 앞서 이야기한 고객과 주제에 대한 호기심이 코치에게 국한된 것이라면 의식 확장에 대한 호기심은 고객이 스스로에게 갖는 호기심이다. 따라서 호기심은 방향 없이 여기저기 찔러보는 것이 아니라 고객이 스스로에게 호기심을 갖는 데 도움이 되는 방향에서 이루어져야 한다. "호기심이 고양이를 죽였다(Curiosity killed the cat)"라는 영어 속담이 있다. 코칭에서 호기심은 고객의 발견과 성찰을 위함이며, 코치 자신의 궁금증을 해소하는 호기심은 좋지 않다.

고객: 요즘 살이 너무 많이 쪄서 고민이 돼요.

이에 대해 코치인 당신은 어떤 질문을 하겠는가?

A 코치: 살이 얼마나 쪘나요?
B 코치: 그럼 어떤 운동을 해보시겠어요?
C 코치: 이 고민과 관련해서 최근에 어떤 일이 있었나요?

3명의 코치 중 누가 가장 호기심 가득한 질문을 했는가? A 코치는 사실 확인을 위한 질문을 했고, B 코치는 문제해결을 위한 질문을 했다. C 코치는 탐색을 위한 질문을 했다. 호기심 가득한 코치는 고객에게 무슨 일이 일어나고 있는지를 고객과 함께 알아보려는 질문을 우선적으로 시도한다.

고객: 운동을 해야 하는데, 퇴근하고 오면 너무 피곤해서 한 발짝도 움직이기 싫어요. 벌써 몇 달째 이렇게 생각만 하고 있네요.

코치: 그래요. 일 마치고 집에 오면 얼마나 피곤하시겠어요.

고객: 네. 저는 정말 사무실에서 초집중해서 일하는 스타일이거든요. 숫자 하나라도 틀리면 안 되는 정확성을 요구하는 일이라 더 예민해요. 그렇게 종일 일하고 나면 정말 정신적으로 다 소진된 느낌이에요. 집에 오면 소파에 바로 드러누워요. 잠깐만 누웠다가 일어나야지 하는데, 조금만 더… 조금만 더… 하다가 그냥 자버려요.

코치: 아이고, 그러시군요. 퇴근 후 소파에 누워서 갈등하는 자신의 모습을 몇 발짝 떨어져서 바라보면 어떤 느낌이 드세요?

고객: 아… 기계 같다는 생각이 들어요. 오래되고 여기저기 녹이 슨 로봇 같은 느낌…. 왜 그런 거 있잖아요. 영화 같은 데서 보면 나오는… 팔이나 다리가 막 작동이 잘 안 되고 삐걱삐걱하는 옛날 로봇 같은 그런 이미지가 떠오르네요.

코치: 녹슬고 오래된 로봇이요…. 그 로봇이 ○○ 님에게 지금 뭐라고 이야기하나요?

고객: "기름칠을 좀 해…. 녹을 벗겨내고 좀 움직여…" 이런 말을 해요.

위 사례에서 코치는 "몇 시에 집에 오시나요?", "퇴근 후에 운동할 시간은 얼마나 있나요?"와 같은 문제해결 관점으로 접근하기 쉽다. 문제해결을 위해서는 사실 확인, 정보 수집을 위한 질문이 필요하다. GROW 코칭대화모델을 예로 들면, R(reality) 단계에서 현재 상태를 점검하기 위해서는 특히 그러하다. 그러나 정보 수집을 위한 질문은 고객에게 논리적 근거, 타당한 이유를 분석하게 만든다. 이런 과정은 문제의 근원에 다가가게 하기보다는 오히려 고객의 의식을 정제(filtering)하여 문제해결에 필요한 자원의 탐색을 방해할 수도 있다. 호기심은 사실보다는 느낌, 원인보다는 동기, 부정보다는 긍정에 초점을 맞출 때 살아 숨 쉬고, 고객은 호기심 질문을 통해 잠재된 자원을 발견할 수 있다.

코치: 그 말을 들으니 어떤 생각이 드세요?

고객: '그렇지…. 이러다가 완전히 망가질 수도 있겠네. 지금이라도 정비를 좀 해야겠다…' 이런 마음이 들어요. 그런데 막상 하려면 귀찮아져요.

코치: ○○ 님 마음 깊은 곳에서 진정으로 원하는 것은 무엇인가요?

고객: 그거야 물론 피곤하더라도 운동을 하는 것이죠.

코치: 운동을 통해 진정으로 얻고 싶은 것은 뭐예요?

고객: 활력 넘치는 일상이요. 일상에 활력이 생기면 일할 때도 더 기분 좋은 상태로 하니깐 능률도 오를 것 같고, 회사 동료들과도 더 잘 지낼 수 있을 거예요.

코치: 아~ ○○ 님이 진정으로 바라는 것은 활력 넘치는 일상이네요. 활력이 넘칠 때 ○○ 님의 표정은 어때요?

고객: 눈빛이 살아있고요. 얼굴에서 좋은 기운이 느껴져요. 사람들에게 먼저 다가가서 인사를 건네기도 하고….

코치: 그 말씀을 하시면서도 정말 눈빛이 반짝이고, 목소리에도 좋은 기운이 가득해요. 지금 이 얘기를 하면서 알아차린 것은 무엇인가요?

고객: 그러고 보니 제가 너무 운동에만 집착한 것 같아요. 궁극적으로 원하는 것은 활력 넘치는 일상인데…. 어떻게 보면 운동은 수단 같은 것이었네요.

코치: 그렇다면 진짜 원하는 것을 위해 무엇을 다르게 해보시겠어요?

고객: 밤늦게 운동하려고 저를 쥐어짤 것이 아니라 활력을 줄 수 있는 다른 방법을 찾아보면 좋겠어요….

호기심은 자주 다니던 익숙한 길에서 그동안 보지 못했던 새로운 것을 발견하게 해준다. 때로는 늘 다니던 길 대신에 새로운 길을 가보도록 두려움을 없애주기도 한다. 위 사례에서 고객은 '운동'이라는 익숙한 이슈에 매몰된 나머지 진짜 원하는 것을 놓치고 있음을 발견하게 되었다. 그리고 '활력 있는 삶'이라는 새로운 길을 가보고자 하는 마음이 생겼다. 이것이 의식 확장이다.

코치는 고객이 자기 자신에게 궁금해하는 것을 묻고, 스스로 답하는 과정에서 통찰과 학습을 돕기 위해 질문한다. 이 과정이 쉽지는 않다. 고객은 당혹스러워하기도 하고, 저항하기도 하고, 자기합리화의 명분을 설명하기도 한다. 이때 코치에게 필요한 것은 아이와 같은 순수한 마음에서 비롯된 호기심 가득한 질문이다.

2.
적극 경청

고객이 말한 것과 말하지 않은 것을 맥락적으로 이해하고 반영 및 공감하며, 고객 스스로 자신의 생각, 감정, 욕구, 의도를 표현하도록 돕는다.

(1) 맥락적 이해

KCA 코칭역량모델 해설 - 핵심요소 및 행동지표 설명

맥락적 이해

고객이 말한 것과 말하지 않은 것을 맥락적으로 헤아려 듣고 표현한다.

고객은 '내 마음을 알아주는 코치'를 최고의 코치로 생각한다. 대화로 이루어지는 코칭 과정에서 고객은 마음에 있는 모든 것을 표현하지 못할 수 있다. 그런 상황에서 고객이 미처 표현하지 못한 것까지 코치가 이해하고 알아준다면 코치에 대한 고객의 믿음은 높아질 수밖에 없다.

맥락적으로 이해하기 위해 코치는 자신의 신념이나 가치관을 철저히 배제하고 고객의 이야기에만 집중해야 한다. 특히 코치의 어설픈 추측이나 추론은 맥락적 이해에 큰 걸림돌이 된다.

코치는 고객의 생각과 감정, 의도, 욕구 및 신념 등 고객을 충분히 이해하고 있어야 한다. 그뿐만 아니라 고객이 처한 상황, 과제에 대한 고객의 관점과 입장까지 고려할 수 있어야 한다.

코칭 중에 코치는 무엇을 듣는가?

먼저, 코치는 고객이 직접 말한 것을 듣는다. 고객이 말한 내용인 상황, 사실, 생각, 감정에 대한 말을 듣는다.

그리고 코치는 고객이 말하지 않은 것을 듣는다. 말소리, 몸짓으로 들리고 보이는 것과 말 아래 담긴 생각, 감정, 욕구, 신념 같은 것을 들어야(이해하고 알아내야) 한다.

이렇게 들은 것을 가지고 코치가 총체적으로 이해하고 느껴야 하는 것은 상황, 사실, 고객의 관점, 생각, 감정, 에너지, 의도, 욕구, 열정, 노력, 비전, 가치, 신념, 성품 같은 것들이다. 이 말이 어떤 맥락에서 나온 말인지, 말한 사람이 그 말을 하게 된 의도, 감정, 배경까지 헤아려 듣는 것이 맥락적 경청이다(고현숙, 2007).

요약하고, 인정하고, 고객의 말과 관련해 얼마나 잘 '질문'하느냐는 경청의 수준을 증명한다. 또한 자신의 신념, 가치관, 어설픈 추측, 추론이 경청을 방해하지 못하도록 '배운다'는 마음으로 집중하자.

경청력을 높이기 위해 필기 없이 코칭해볼 것을 권한다. 코치가 들으면서 뭔가를 계속 쓰면, 고객은 시간의 공백을 느끼고, 코치는 쓰고 보느라 신경이 분산되고, 계속되는 고객의 말을 놓칠 수도 있다. 쓰지 않고 집중해 듣다 보면 기억도 잘된다. 물론, 키워드나 고객의 말 가운데 그대로 정확히 사용해야 할 것들은 써두는 것이 도움이 된다. 호칭, 주제, 목표, 실행 계획이나 뒷부분에 다시 사용해야겠다는 감이 오는 말, 핵심적인 단어들이 그런 것들이다. 특히 시험 때나 실전 코칭에서는 메모가 필요한 순간들이 있다. 코칭 훈련 때 필기 없이 초집중하는 시간을 가지면 획기적인 경청의 향상을 경험할 것이다.

코치: 오늘 어떤 이야기 나누고 싶으세요?

고객: 제가 하고 싶은 일이 있어요. HR부서로 옮겨서 존재감을 느끼고 싶어요.

코치: 네, 존재감요? 존재감이란 부장님께 어떤 의미인가요?

고객: 존재감은 '저 사람은 눈에 띄지도 않고, 자연스럽게 도태될 노인네야' 하는 느낌이 아니라… 여전히 생기 있고 성과를 내고, 뭔가를 가지고 영향력을 내는 사람으로 인정받는 거죠.

코치: 이런 마음이 드신 건 어떤 계기가 있었을까요?

고객: 곧 인사 개편이 있단 얘길 들었거든요. 제가 IT회사에 다니다 보니 새로운 기술을 계속 빨리 받아들이지 못하면 도태하는데, 점점 젊은 친구들을 못 따라가겠는 거예요. 지난번 승진에서도 누락되었는데…. 그래서 제가 그 후 따로 좀 갈고 닦은 것도 있고 해서 HR로 간다면 거긴 최소한 배운 지식이 쓸모없어지진 않고 인정받겠다 싶었어요.

코치: 네, 도태라니! 위기감과 실망감, 극복의 의지가 말씀 안에 다 담겨있네요.

고객: 맞아요. 좀 힘들다 싶었는데 승진에 누락되어 멘붕이었어요. 위기감이 확 느껴지는 게, 휴! 인사 개편 얘길 들었을 때는 위기감도 느꼈지만, 준비한 게 있어서 기회로 삼자는 생각에 좀 극복되고 힘이 났어요.

코치: 네, 준비로써 위기를 기회로 만드시는군요! 이런 시점에서 오늘 대화로 무엇을 얻으면 좋으시겠어요?

고객: 어떻게 HR로 옮길 수 있을까가 일단 고민이에요. 옮기고 싶어 하는 사람도 더 있을 거고. 엔지니어 출신이 HR로 옮기는 게 쉽지는 않을 거 같단 생각에. 옮길 수 있는 방법을 찾고 싶어요. 그리고 어떻게 비전을 펼칠지도요.

코치: 네, HR로 옮기는 방법과 비전, 두 가지네요. 우리 오늘 40분 정도의 시간 동안 우선 무엇에 집중하고 싶으세요?

고객: 어떻게 비전을 펼칠까가 구체적으로 나오면 옮기기 위해 어필하는 데 도움도 될 거 같아요. 비전에 집중하면 좋겠어요.

코치: 네, HR에 가서 어떻게 비전을 펼칠지에 대해 집중해 애기해볼까요?

세션의 모든 순간 코치는 집중해서 경청해야겠지만, 특히 세션 초반은 촉각을 곤두세우고 고객이 무슨 말을 하는지, 어떤 인정할 것이 있는지 듣고 찾아야 한다. 코칭 주제와 목표를 날카롭게 합의하고, 고객이 안전함과 신뢰를 느끼도록 하기 위해 요약 반영과 패러프레이징으로 경청을 확인시키고, 인정과 칭찬으로 신뢰와 안전감을 형성해야 하는 시점이기 때문이다.

위에서는 '존재감'이라는 주제 또는 핵심 단어를 되풀이하며 의미를 묻는다든지, 고객의 말을 요약하며 인정하고, 담겨있는 감정을 읽어 표현하기도 했다. 그리고 고객이 코칭 세션에서 얻고 싶은 것(세션 목표)을 이야기할 때는 정말 신경 써서 경청해야 한다. 모르겠거나 말이 불분명하면 물어야 하고, 둘 이상의 목표가 나오는지, 두 가지가 나왔다 해도 하나로 통하는 건지, 고객이 주체가 되어 할 수 있는 걸 이야기하는지 등을 듣고 세션 목표를 명확하게 합의해야 한다.

코치: 놀랍네요. 코칭을 시작하신 지 얼마 되지 않는데, 사내 코칭을 그렇게 활발하게 하시다니!

고객: 뭘요, 도와주신 덕분이죠.

코치: 그렇게 열심히 하고 계시는 것을 말씀하시는 중에 살짝 말을 흐리셨어요. 편치 않아 보였는데, 뭐죠?

고객: 네, 제가 도와주고 싶은 동료가 있어서 코칭을 제안했고 여러 번 코칭하면서 속내 얘기도 하고, 일하는 것도 많이 좋아지는 게 보였어요. 그런데 이 친구가 저를 편하게 대하는 건 좋은데, 너무 편하게 대하는 거 같아요. 지난주에는 자기가 해야 할 일을 제게 해달라기도 했어요. 그럴 사정이 있겠지 하고 해줬는데, 그저께 또 그런 일이 있었어요.

코치: 저런! 불편하고 복잡한 감정이 드셨겠어요!

고객: 맞아요. 불편하기도 하고 이걸 어떻게 해야 하지? 계속 받아주며 기다려야 하나? 계속 이렇게 하는 게 도움이 안 될 것 같기도 하고…. 그 친구가 정말 잘되었으면 하는 마음인데 잘못 도운 건가 속상하고, 코칭을 하면 이런 점이 생기나 걱정도 되었어요.

코치: 네, 그러네요. 도와주고 싶은 마음으로 하신 건데 심적 갈등을 겪으시네요.

오늘 코칭에서는 어떤 이야기를 나누고 싶으세요?

고객: 그래서 이 시점에서 제가 어떻게 해야 할지에 대해 이야기를 좀 하고 싶어요.

코치: 네, 사내 코칭에서 갈등하고 계시는 이 시점에서 어떻게 할지 태도? 방법? 구체적으로 어떤 결과물을 생각하세요?

고객: 음… 제가 사내 코칭에서 중요하게 지킬 원칙과 그에 따라 그 친구에게 어떻게 대해야 할지 몇 가지 수칙을 얻고 싶어요.

코치: 네, 사내 코칭에서 중요하게 지킬 원칙과 그에 대한 수칙 몇 가지에 집중해 이야기 나눠볼까요?

고객: 네, 좋습니다.

코치: 사내 코칭이란 박 코치님께 어떤 의미예요?

고객: 힘든 회사생활에서도 원하는 삶을 그리며 살도록 직원들을 돕는 거예요. 보람된 일이고요, 앞으로 이쪽으로 계속 더 커리어를 쌓고 싶은 마음도 있어요.

코치: 중요한 의미가 있군요. 이번 경우 사내 코칭으로 어떤 도움을 주고 싶으셨어요?

고객: 업무를 좀 잘하게, 주변 사람들과 잘 지내게, 맘이 편하게 돕고 싶었어요. 마음이 쓰이는 친구예요.

코치가 고객이 앞에서 한 말을 '활발하게 사내 코칭', '심적 갈등', '중요한 의미'와 같이 요약 · 환언해 표현했다. 고객이 살짝 말을 흐리는 것에서 코치가 고객의 불편한 감정을 듣기도 하고, 도와주고 싶은 고객의 마음을 표현해주었다. 세션 목표를 합의할 때도 적극 경청해 질문함으로써 더 구체적인 목표를 얻게 했다.

주제 합의 후 의미와 구체적인 사건을 물어 듣는 것은 중요하다. 그런데 이 코칭대화에서는 계기나 구체적인 사건을 묻지 않았다. 초반에 고객이 상황, 사건을 이야기했기 때문이다. 경청하지 않고 질문 목록에 따라 기계적으로 질문하다 보면 고객이 이미 한 말과 중복되거나 맥락에 적절하지 않은 질문이 나오고, 고객은 '코치가 내 말을 잘 듣고 있는 건가?' 의심하게 된다.

코치: 네, 그렇게 도와서 궁극적으로 그분이 어떻게 되길 원하셨던 거예요?

고객: 음… 스스로 관리를 잘하고 주변과의 관계 속에서 잘 지내는, 마음이 건강한 사람? 책임감 있게 일하는 사람, 그리고 지금은 자꾸 가려지지만 그만의 아름다움이 빛을 발하는 사람이랄까요?

코치: 코칭 후 그분을 보니 지금은 어떤 게 보이세요?

고객: 아! 그렇지 않네요. 그 친구가 좀 나아져서 기뻐했는데 원상태로 돌아가고 인간관계도 별로 나아지지 않아 보여요.

코치: 기뻐셨는데, 안타까우시겠어요. 박 코치님의 반응은 어떤 영향을 줬을까요?

고객: 제가 속으로 고민하다가 하겠다고… 책임을 분명히 하지 않았네요. 돕겠단 생각으로….

코치: 네, 그런 의도를 가지고 노력하시는 분이잖아요. 아까 코칭을 박 코치님이 건의하셨댔는데, 그 동료분은 어떤 마음으로 응했던 건지 궁금해요.

고객: 제가 "코칭 연습을 해야 하니까 도와줘요"라고 했어요. 아! 제게 도움을 준단 마음이 있었겠네요.

코치: 그럴 수 있겠네요. 말씀하시니 어떠세요?

고객: 아, 어쩌면 '내가 도움을 줬으니 당신도 날 도와야지' 하는 심리가 있을 수도 있군요! 그리고 '당신이 내 말에 공감했으니까 내가 맞다 한 거고. 또 얼마나 힘든지 알잖아? 당연히 날 도와야지' 하는 느낌도 있어요. 어쩌면 자기 비밀을 공유해준 것에 대한 대가라고 할까요? 이상하게도 권리를 가진 사람의 모습이 보였던 거예요. 제게도 책임이 있네요.

코치는 이 순간뿐 아니라 경청의 산물인 기억과 직관을 활용하여 고객이 앞에서 한 말, 직접 하지 않았지만 말 속에 담긴 고객의 신념, 욕구 등을 끌어 쓸 수 있다. 여기서는 앞에서 고객이 코칭을 사내 고객에게 제안했다는 말을 '도움'이라는 측면으로 전개했다.

(2) 반영

KCA 코칭역량모델 해설 - 핵심요소 및 행동지표 설명

반영

눈 맞추기, 고개 끄덕이기, 동작 따라 하기, 어조 높낮이와 속도 맞추기, 추임새 등을 하면서 경청한다.
코치는 고객의 말에 적절한 반응을 보임으로써 경청하고 있음을 나타낸다. 이러한 행동들은 코치로서 열린 마음으로 고객에게 관심을 보일 때 자연스럽게 나오는 것들이다. 이런 행동을 할 때, 코치는 다음 몇 가지에 주의를 기울여야 한다.

① 눈 맞춤을 한다면서 고객을 지나치게 빤히 쳐다보는 것은 바람직하지 않다.
② 고개 끄덕이기와 동작 따라 하기: 적절한 타이밍이 중요하다. 아무 때나 고개를 끄덕이거나 동작을 따라 하는 것은 오히려 고객에게 불쾌감을 준다. 또 동작을 따라 할 때 지나친 표현을 주의해야 한다.
③ 추임새: 지나친 추임새는 고객의 이야기를 방해할 수 있다.

고객의 말을 재진술, 요약하거나 직면하도록 돕는다.
재진술과 요약하기에는 두 가지 목적이 있다. 첫째, 코치 자신이 고객의 말을 제대로 이해했는지를 고객에게 확인하기 위함이다. 둘째, 고객 스스로 자신을 돌아보고 생각, 감정, 의도, 욕구 등을 정리할 수 있게 도움을 주기 위함이다.

재진술에는 고객이 말한 것을 그대로 이야기해주는 반복하기, 고객이 말한 것을 유사한 단어로 표현하는 바꾸어 말하기, 그리고 고객이 이야기한 내용을 간략하게 묶고 정리하여 핵심적인 생각과 감정을 전달해주는 요약하기 등이 있다. 코치가 재진술할 때는 되도록 고객이 의식하지 못할 정도로 자연스럽게 하는 것이 좋다. 코치의 재진술이 고객의 말보다 많거나 과장된 단어를 포함하는 것은 바람직하지 못하다.

코치는 고객의 말과 행동에서 합리적이지 못한 점이나 모순을 발견할 때 직면을 사용한다. 구체적으로 고객의 말과 행동이 다르거나, 고객의 말과 생각이 다르거나, 고객의 말과 감정이 다를 때 사용한다. 예를 들면, 높은 자존감을 가진 아이로 성장했으면 하는 마음을 가진 부모가 아이의 사소한 것까지 간섭하면서 잔소리를 하는 경우다. 직면을 사용하는 또 다른 예로, 본인이 생각하는 것과 주변 사람들의 생각이 다를 때이다. 부하직원들에게 변화에 둔감하면서 고집이 세다는 평가를 받는 리더가 본인의 장점이 경청이라고 생각하는 경우다. 이러한 직면을 사용할 때, 코치는 매우 유의해야 한다. 자칫 잘못하면 코치가 고객을 가르치려고 한다는 느낌을 줄 수 있다. 무엇보다 코치에 대한 신뢰가 높지 않은 상황에서의 직면은 코치에 대한 불신으로 이어질 수 있다.

반영은 "빛이 반사하여 비침", "사물의 속성 또는 어떠한 사실이나 현상 따위가 다른 사물이나 사실, 현상 따위를 드러냄. 또는 그 결과"를 뜻한다(고려대한국어대사전). 즉, 코칭에서의 반영은 고객의 존재(속성), 사실, 현상(행동, 불일치 등)이 코치를 통해 드러나도록 거울처럼 고객을 반사해 보여주는 것이다. 코치는 고객이 말한 것과 말하지 않은 것에 들어있는 존재와 사실, 현상을 잘 듣고, 코치 또한 말과 말이 아닌 것으로 화답하며 비춰준다.

말로 직접 하는 반영은 추임새(아, 저런, 아이고, 그렇군요 등), 재진술(반복이나 바꾸어 말하기), 요약(키워드의 연결), 직면이 있다. 이 역시 자연스럽게 하고 과하지 않아야 한다. 재진술이나 요약은 그 자체로 고객이 자신을 거울처럼 볼 수 있지만, 과하게 되면 고객의 생각을 방해하고 코치의 말 분량이 많아지게 되므로 절제하며 적절하게 사용해야 한다. 초기에 경청을 확인시키며 신뢰를 쌓도록 사용하거나 중요한 말에서나 고객의 말이 길어졌을 때 사용하면 좋고, 때로 고객에게 요약을 요청할 수도 있다.

말이 아닌 반영은 눈 맞추기, 고개 끄덕이기, 동작 따라 하기(미러링, mirroring), 고객과 상황에 따라 어조, 높낮이와 속도 맞추기 같은 것이 있다. 말의 속도는 전체 속도뿐 아니라 침묵 같은 생각의 공간 허용(spacing)을 포함한다. 중요한 것은 고객이 부담스러워하거나 고객의 말을 방해하지 않도록 적절하고 자연스럽게 해야 한다는 것이다.

오랫동안 전화로 버디코칭하던 친구와 한번은 줌으로 코칭을 한 적이 있다. 나중에 다시 전화 코칭을 할 때 말하길, "코치님이 열심히 줌을 통해 눈 맞춤 하던 거, 끄덕이던 거, 표정, 웃음이 기억나서, 전화로 하는데도 코치님 반응과 표정이 보이는 듯해요" 했다. 몸으로 반영하기의 효과를 더하기 위해 첫 회기만큼은 온라인이라도 얼굴을 보면서 하면 어떨까?

코치: 한 주간 어떻게 지내셨어요?

고객: 무지 바빴어요. 사건사고도 많았고요. 결혼반지를 잃어버려 와이프랑 대판 싸웠고요. 해킹도 당하고, 어제는 살짝 접촉사고도 있었어요.

코치: 아이고 저런, 이 무슨 난리래요? 사고라니, 몸은 괜찮으세요?

고객: 괜찮아요. 뒤차가 갑자기 앞으로 추월했는데, 평소 같으면 시야에 들어왔을 텐데요. 차만 좀 망가졌는데, 살짝 아프기도 하지만. 네, 오른쪽 다리에 감각이 좀 없고 어깨랑 팔꿈치가 아파서 잘 못 움직이겠어요. 뭐 신경 쓸 새가 없어서… 괜찮아요. 전에도 그랬어요. 보험사에서 왔다 갔으니 알아서 하겠죠. 내일까지 안 좋으면 병원에 가보려고요.

코치: 네, 바쁘셔도 챙기셔서 잘 회복되시길 바랍니다. 다른 일들은 어떻게 좀 정리가 되셨어요?

고객: 네, 그런대로요. 와이프랑은 뭐, 결혼반지도 어딘가에 있겠죠. 해킹은요, 아이 전화번호로 전화가 왔는데 아이가 "아빠!" 하고 소리 지르고 웬 남자가 "조용히 해! 네 딸 진희 데리고 있다" 하는 거예요.

코치: 헉!

고객: 그런데 "아빠!" 하는 게 여자 목소린데 저는 딸이 없고 아들만 있거든요. 이름이 중성적이지요. 아들놈 목소리가 벌써 묵직한 저음이에요.

코치: 아!

고객: 바로 끊고서 보니 국제발신이라고 뜨긴 뜨는데 아이 전화번호예요. 톡으로 연락해보니 애가 "나 수업 중인데" 하고요. 반 전체 번호가 해킹당했는지 그런 전화가 막 오고 있댔어요. 아이가 선생님께 말씀드렸댔고, 뭐 그런… 어수선한 일이 있었어요.

코치: 네, 저도 잠깐 섬뜩했어요. 놀라셨겠어요.

코치가 질문을 하고, 고객의 말에 대해 반영을 하고, 자연스럽게 대화가 이어지고 있다.

같은 고객의 말에 대해 코치가 아래와 같이 반응한다면 어떨지 다음 사례를 듣듯이 상상하며 비교해보자.

고객: 무지 바빴어요. *(코치: 네.)* 사건사고도 많았고요. *(코치: 네?)* 결혼반지를 잃어버려 와이프랑 대판 싸웠고요. *(코치: 아이고, 저런.)* 해킹도 당하고. *(코치: 으악!)* 어제는 살짝 접촉사고도 있었어요. *(코치: 세상에!)*

코치: 아이고 저런, 이 무슨 난리래요? 일단 몸은 괜찮으세요?

고객: 괜찮아요. *(코치: 네.)* 뒤차가 갑자기 앞으로 추월했는데, *(코치: 어…)* 평소 같으면 시야에 들어왔을 텐데요. *(코치: 아!)* 차만 좀 망가졌는데, *(코치: 네.)* 살짝 아프기도 하지만. *(코치: 앗!)* 네, 오른쪽 다리에 감각이 좀 없고 *(코치: 네?)* 어깨랑 팔꿈치가 아파서 잘 못 움직이겠어요. *(코치: 저런!)* 뭐 신경 쓸 새가 없어서 *(코치: 아이고.)* 괜찮아요. 전에도 그랬어요. 보험사에서 왔다 갔으니 알아서 하겠죠. 내일까지 안 좋으면 병원에 가보려고요.

코치: 네, 다른 일들은 어떻게 좀 정리가 되셨어요?

고객: 네, 그런대로요. *(코치: 네.)* 와이프랑은 뭐, 결혼반지도 어딘가에 있겠죠. *(코치: 그쵸.)* 해킹은요, *(코치: 네에~)* 아이 전화번호로 전화가 왔는데 *(코치: 아…)* "아빠!" 하고 *(코치: 헉!)* 남자가 "조용히 해! 네 딸 진희 데리고 있다" 하는 거예요. *(코치: 정말요?)* 그런데 "아빠!" 하는 게 여자 목소린데 저는 딸이 없고 아들만 있거든요. *(코치: 핫!)* 이름이 중성적이지요. *(코치: 네에~)* 아들놈 목소리가 벌써 묵직한 저음이에요. *(코치: 아!)* 바로 끊고서 보니 국제발신이라고 뜨긴 뜨는데 *(코치: 아…)* 아이 전화번호예요. *(코치: 음?)* 톡으로 연락해보니 애가 "나 수업 중인데" 하고요. 아이네 반 전체 번호가 해킹당했는지 *(코치: 애고.)* 그런 전화가 막 오고 있댔어요. *(코치: 음…)* 아이가 선생님께 말씀드렸댔고, *(코치: 네.)* 뭐 그런… 어수선한 일이 있었어요.

코치: 네, 잠시 섬뜩했어요. 놀라셨겠어요.

어떻게 느껴지는가? 코치가 자기 마음의 움직임을 고스란히 입 밖으로 내보내고 있다. 첫 번째 사례에서 적당한 수위의 반영을 했다면, 두 번째 사례의 반영은 좀 과하게 보인다. 고객이 자발적으로 말을 잘 안 할 때나 코칭 초기, 극적인 이야기, 감정이 섞인 이야기에는 평소보다 추임새를 좀 더 넣는 것도 좋다. 그런데 많은 추임새가 계속되거나 고객의 말 중간중간에 코치의 말과 감탄사가 섞인다면 점차 고객은 피곤해지고 방해로 느낄 수도 있다.

추임새는 "판소리에서 장단을 짚는 고수(鼓手)가 창(唱)의 사이사이에 흥을 돋우기 위해 삽입하는 소리로, '좋지', '얼씨구', '흥' 같은 것들이다"(표준국어대사전). 일전에 남원 광한루에 가서 판소리를 들었다. 북을 치는 고수가 통 치면서 "얼씨구", "좋지"를 딱딱 맞게 할 때 창이 신명 나게 고조되는 것을 보며 '저게 바로 추임새구나!' 느꼈다. 만약 그 고수가 시도 때도 없이 "얼씨구", "좋지" 했다면 창에 방해되어 짜증이 났을 거고, 너무 입을 다물고 있었다면 그런 흥을 경험하지 못했을 것이다.

코칭에서 추임새는 코치가 '당신의 말에 흠뻑 빠져 잘 듣고 있다'는 것을 표현해서 고객이 흥이 나서 말하게 도와준다. 단, 고객의 말을 방해하지 말아야 한다. 코칭의 단계, 말의 내용, 고객의 성향과 에너지를 보며 추임새를 조절하자. 고객의 말 중간에 넣는 것은 고객의 말을 끊는 것과 같으므로 문장 중에는 자제하자.

고객이 깊이 성찰할 때는 추임새 대신 침묵의 공간을 만들자. 자신의 코칭을 녹음해 스크립트로 만들어 읽어보고 수위를 조절하자. '음음', '아아' 하는 습관 같은 게 있다면, 고객이 말하는 동안에는 입을 다물고 대신 고개를 끄덕여보자. 진심 어린 고개 끄덕임은 전화로도 전달된다.

아래 사례를 요약과 직면 중심으로 살펴보자.

고객: 그리고 불도 날 뻔했어요.

코치: 불이요?

고객: 네, 불 날 뻔한 건 이번뿐은 아니고요. 그저께 제가 일하다가 때를 놓쳐서 국을 데워 먹으려고 가스레인지에 올렸다가 깜박 잠이 들었어요. 연기가 자욱해서 깼는데, 와이프가 불을 껐더라고요. 집에 아직도 탄내가 남아있어요. 가스 자동차단기 설치했어요.

코치: 오! 바로 조치하셨네요. 지난번에 미루는 걸 고치고 싶다셨는데, 이렇게 하신 것에 대해 어떤 마음이 드세요?

고객: 맞아요. 그렇게 난리가 난 걸 보고 퍼뜩 정신이 들면서 우리 코칭에서 즉시 하기 연습했던 걸 쓰게 된 거 같아요. '무슨 일이지? 이것에 대해 한 가지 조치한다면?' 하고 생각했고, 바로 검색해서 차단기 주문했어요. 그리고 다시 그렇게 불날 위험이 없다고 생각하니 안심이 되었어요. 불낼 뻔하고 와이프한테 또 한 차례 말은 들었지만, 바로 조치한 것에 대해 자랑스럽고, 와이프도 의외였는 듯 더 잔소리 안 하고 잘했다 하더라고요.

코치: 바로 차단기 주문하시고 안심되고 사모님도 잘했다 하셨네요.

고객: 네, 그랬어요. 즉시 하는 것의 효과와 연습의 보람을 느끼네요. '나도 바로 할 수 있는 사람이야' 하는 자긍심이 올라오는데요?

코치: 물론이죠! 왜 아니겠어요?

고객: 흐흐흐, 그죠?

코치: 네. 이번 주에는 삶의 중심 잡기를 전체 주제로 이야기하고 있어요. 지난주의 다사다난을 쭉 이야기하시면서 어떤 점이 느껴지세요?

고객: '일이 많아지면 정신이 없어지고, 사건사고가 더 생기는구나. 내 엔트로피가 높아지면 주변도 엔트로피가 높아지는구나. 이건 좀 어쩔 수 없나?' 하는 생각도 드네요. 와이프 잔소리도 제가 고칠 수 있는 건 아니고. 하하하~

코치: 음? 지금 어쩔 수 없나 하시면서 웃으신 건 뭘까요?*

고객: 아, 제가요? 음… 저는 제가 어쩔 수 없다 싶을 때 웃는 거 같아요.

코치: 기분이 어떠세요?

고객: 글쎄요. 약간 자조적인 느낌이라고나 할까?

코치: 네, 몇 번 속상한 얘기, 잘 안 되는 거 말씀하시면서 웃으신 경우도 있었어요.

고객: 아, 그래요? 잘 몰랐는데. 천천히 혼자 한번 들여다봐야겠네요.

코치: 네, 그리고 어쩔 수 없나 보다 하셨는데, 제게 좀 다르게 들린 게 있어서 나눠도 될까요?**

고객: 아, 그럼요!

코치: 가스 차단을 즉시 하셔서 사모님이 잘했다 하셨어요. 사모님의 잔소리는 고칠 수 없다셨는데, 영향을 주셨어요. 해킹 사건에서도 침착하게 아드님에게 연락하고, 조치를 잘 취하셨네요. 이런 대처에 대해 어떻게 느끼세요?

'바로 차단기 주문', '안심', '사모님도 잘했다 하심' 같은 단어들을 연결해 요약했다. "지난주에 무지 바쁘고, 사건사고도 많았다"는 것을 "지난주의 다사다난"으로 다르게 말했다.

부정적인 말을 하면서 웃는 행동에 대해 직면했다(*). 그리고 행동과 부정적인 감정 사이의 불일치에 직면했다(**). 앞의 경우는 질문하며 직면으로 바로 들어갔고, 뒤의 경우는 고객에게 "나눠도 될까요?" 하고 준비시킨 후, 고객이 한 행동을 코치의 말로 펼쳐 보이며 고객을 초대했다. 신뢰가 쌓였을 경우라도 고객의 성향과 내용에 따라 준비를 시키며 직면으로 가는 것도 좋은 방법이다.

(3) 공감

KCA 코칭역량모델 해설 - 핵심요소 및 행동지표 설명

공감

고객의 생각이나 감정을 이해하며, 이해한 것을 고객에게 표현한다.

공감이란 고객의 관점을 통해서 세상을 보는 것이다. 그럼으로써 코치는 고객의 패러다임뿐만 아니라 그들의 생각과 감정도 이해할 수 있게 된다. 코치는 마치 고객의 안경을 쓰고 사물을 바라보는 것과 같이, 고객의 세상을 바라보는 마음의 틀을 이용하여 고객의 생각과 감정을 이해해야 한다.

공감은 단순히 고객의 생각과 감정을 이해하는 데에 그치지 않고 이해한 것을 표현해주는 것까지 포함한다.

공감 과정에서 동정이나 동일시가 되지 않도록 주의해야 한다.

동정은 고객 관점이나 입장에 서지 않으면서 걱정만 하는 것이다. 반면에 고객과의 동일시는 동정과는 반대로, 코치가 고객과 감정적으로 지나치게 얽히면서 그 상황에 빠져버리는 것을 말한다.

공감은 고객의 관점을 통해 이해한 고객의 생각이나 감정을 표현하는 것.

동정은 고객의 관점이 아닌 나의 관점에서 걱정만 하는 것.

동일시는 고객과 감정적으로 얽히면서 그 상황에 빠져버리는 것.

비슷해 보이고 어찌 보면 한 끗 차이지만 코칭에서 영향은 완전히 다르다.

코칭을 처음 배울 때 회사 동기와 버디코칭을 하게 되었다. 그가 회사 이야기를 할 때 "그렇죠? 맞아요! 아직도 그러네요" 하다가 내 성향과 비슷한 면이 발견되고, 내가 했던 것과 같은 고민을 얘기하기에 "저랑 완전 똑같네요!" 했는데, 이후 그 친구는 더 이상 코칭을 원하지 않았다.

후에 코칭 실습과 시연에서 "나와 같다"는 말을 몇 번 들으면서 그 친구가 왜 떠났는지 이해할 것 같았다. 자신과 같다고 말하는 사람은 동질감을 느껴서겠지만, 누군가와 자신이 똑같다는 말을 듣는 쪽은 어떨까? 코치는 고객의 고유함을 존중해야

한다.

고객과의 동일시는 과거 이런 문제와 나의 얽힘이 방아쇠가 되어 일어난다. 동일시하면 고객과 과제 분리(기시미 이치로 외, 2014)가 되지 않아 코치가 파트너 역할을 잘할 수 없다. 내 관점에서 이슈와 고객을 보며 감정에 빠져 걱정할 때도 코칭이 맴돌게 된다. 동정은 고객을 자신의 문제를 해결할 수 있는 존재로 믿지 못하는 것이다.

공감이 "고객의 관점을 통해 이해한 생각이나 감정을 표현하는 것"이라 하는데, 잘 이해되지 않는다면 어떻게 할까? 알고 싶은 것을 물으면 된다. 어떤 느낌인지, 또 어떤 감정이 있었는지, 그런 감정이 나온 배경이나 욕구가 뭔지. 그렇게 해서 알게 된 고객의 감정, 생각, 느낌을 인정하고 표현하면 된다. "그렇군요", "그럴만해요", "그런 상황이라면 정말 그러시겠어요", "정말 두렵고 초조하셨겠어요", "안타까우셨군요" 등.

NG 사례

코치: 안녕하세요? 날씨가 너무 좋죠? 이 좋은 가을에 어떻게 지내고 계세요?

고객: 저는 강릉에 일이 있어 좀 다녀왔어요. 친정이 강릉이에요.

코치: 오, 강릉요? *너무 좋으셨겠어요!*

고객: 강릉에 계신 엄마가 화장실에서 넘어지셔서 척추뼈가 함몰되어 수술했어요. 제가 병원에 열흘 같이 있었고, 퇴원해서도 20일쯤 같이 있다 올케랑 교대했어요.

코치: 앗! 그런 일이 있었군요. 어째… *너무 걱정되고 힘드셨겠어요.*

고객의 일에 대해 지레짐작하거나 일반화하는 것은 주의해야 한다. 강릉은 경치 좋은 곳이고 친정이니 당연히 좋았겠지 하고 나올 수 있는 반응이다. 그러나 고객의 말을 전체적으로 잘 듣고, 구체적인 경험이나 감정에 따라 공감하는 것이 더 바람직하다.

고객: 그렇게 걱정되거나 힘들진 않았어요. 주변 지인들이 도와주고 기도해주셨고, 수술이 잘되었어요. 수술 후 엄마가 전혀 아프지 않다시니 감사하죠. 그 병원 보호자 침대가 좁았는데 실제로 지내보니 불편하지 않더라고요. 오히려 제가 괜찮은데도 엄마가 자꾸 "불편해서 어째" 하고 걱정하는데, 그게 오히려 불편하고 짜증났어요.

코치: *고객님은 마음이 대범하고, 감사가 많은 분이시군요. 불편해도 잘 참고 받아들이는 인내심이 강한 분이고요.*

고객: 음… 저는 뭐 그렇게 대범한 사람은 아녜요. 불편하면 불편하다고 해요. 그리고 엄마가 처음 골절되었을 때 조심했어야 하는데, "오지 마라. 괜찮다" 하면서 이것저것 힘쓰는 일을 했더라고요. 가만히 조심해서 뼈를 붙였어야 하는데, 기가 막히죠. 엄만 늘 그런 식이에요. 자식한테 불편 안 끼치고 혼자 다 하겠다고 하는 일들이 저를 더 힘들게 한다니까요.

코치: *그게 엄마의 사랑이죠.*

고객: …

좋은 말 같지만, 고객 입장에서는 어떻게 들렸을까? 고객은 걱정보다는 감사하는 마음을 말했다. 또한 실제로 불편하지 않았다고 말하는데, 코치가 그대로 받아들이지 않고 고객이 참았다고 말하고 있다. 고객이 짜증스러워하는 엄마와 같은 식으로 말이다. 공감은 고객의 고유한 경험을 이해하고 그에 맞게 반응할 줄 아는 능력이다(아서 P. 시아라미콜리 외, 2020).

코치가 "그게 엄마의 사랑이죠" 하는 단정이나 훈계로 들릴 수 있는 말을 했다. 제삼자인 엄마에게 공감하는 대신 고객에게 공감해주었다면 어땠을까? 고객은 엄마가 자식을 위해 한다고 한 일에 대해 엄마의 사랑을 느끼는 것이 아니라 "기가 막히고 야속하다"고 부정적인 감정을 표현하고, 엄마의 그런 행동으로 힘들다고 말하고 있다. 그냥 고객이 힘들 수 있다고 인정하는 공감이 필요하다.

코치: 안녕하세요? 날씨가 너무 좋죠? 어떻게 지내고 계세요?

고객: 저는 강릉에 좀 다녀왔어요. 친정이 강릉이에요.

코치: 강릉요?

고객: 네, 엄마가 화장실에서 넘어지셔서 척추뼈가 함몰되어 수술했어요. 제가 병원에 열흘 같이 있었고, 퇴원해서도 20일쯤 같이 있다 올케랑 교대했어요.

코치: 앗! 그런 일이 있었군요. 저런, 어째… 힘드셨겠어요. 어머니는 좀 어떠세요?

고객: 전 별로 힘들지 않았어요. 수술이 잘 됐어요. 주변 지인들이 도와주고 기도해주셨고, 수술 후 엄마가 전혀 아프지 않다시니 감사하죠. 전 뭐 잘 먹고 잘 자고, 그 병원 보호자 침대가 좁았는데 실제로 지내보니 불편하지 않더라고요. 오히려 제가 괜찮은데도 엄마가 "좁은 침대에서 자서 불편해서 어째" 하고 자꾸 말해서 불편하고 짜증났어요.

코치: 수술이 잘되었다니 정말 감사하네요. 침대가 불편할 거라고 어머님께서 단정하셔서 마음이 불편하셨군요.

고객: 네, 맞아요. 엄만 사람 말을 잘 안 듣고 잘 안 믿어요. 남이 느꼈을 거라고 생각하면 그게 사실이 되는 거죠. 이번 일도 처음에 안정해야 한다는데도 "오지 마라. 괜찮다" 하면서 이것저것 일을 해 병을 키우셨더라고요. (…)

코치: 저런… 엄마가 좀 잘 듣고 믿어주길 바라시는데 그게 안 되어 고객님이 힘드시네요.

고객: 맞아요, 진짜 그래요.

코치가 어렵게 해석하거나 단정하지 않고 고객의 말을 사용해서 공감했다. 그것으로 충분한 공감이 된다.

다음과 같이 고객이 말할 때 나라면 어떻게 공감할까? 몇 가지 코치의 반응을 보자.

고객: 저는 무대에 서는 게 어려워요. 이번에 학부모 공연이 있는데 너무 힘들어요.

A 코치: 그렇죠. 남들 앞에서 뭔가 하는 건 다 어려워요. 저도 코칭 시연은 참 어렵더라고요.

B 코치: 그렇군요. 좀 수줍은 성격이신가요?

C 코치: 어렵고, 힘들고, 불편하고 부담스러우신 거죠? 두렵고 스트레스도 받으실 거 같아요. 게다가 학부모 공연이라 아이를 위해 실패하지 않고 잘하고 싶은 마음이 느껴지네요.

D 코치: 무대에 서는 게 어려우세요? 괜찮아요. 연습하면 괜찮아지실 거예요.

E 코치: 네, 무대에 서는 게 편치 않으시군요.

위에서 A 코치는 일반화하고 자기 이야기로 빠졌고, B 코치는 "그렇군요" 하고 인정하는 듯했으나 수줍은 성격이라고 판단했다.

C 코치는 공감하는 것 같으나 너무 말이 많다. 고객이 코치의 느낌을 경청해야 하는 상황이다. 말이 많으면 실수하기 쉽다. 감정을 추측하거나 칭찬, 좋은 말을 해주고 싶을 때 '느껴진다'는 말을 입버릇처럼 하는 경우가 있는데, 코치가 진짜로 그렇게 느낄 때만 쓰는 것이 정직한 표현이다.

D 코치의 경우 "무대에 서는 게 어려우세요?"는 일종의 공감이 될 수도 있지만, 공감을 질문으로 하면 감정에서 이성으로 빠지기 쉬우므로 1차 공감은 평서문으로 하는 것이 권장된다. '괜찮아요'는 때에 따라 안심과 위로를 줄 수도 있지만, "내가 안 괜찮은데 당신이 뭐라고" 하며 역효과를 낼 수도 있다. 그리고 코치가 방법을 제시하는 것은 바람직하지 않다.

E 코치는 고객의 마음을 인정하고 있다. 어렵다, 힘들다는 말 그대로 쓸 수도 있고(잘못 해석하는 위험을 줄일 수 있다), 유사한 말로 치환하거나 감정언어로 표현해서 고객이 자신의 마음을 더 잘 들여다보도록 도움을 줄 수도 있다.

E 코치의 코칭을 들어보겠다.

고객: 저는 무대에 서는 게 어려워요. 이번에 학부모 공연이 있는데 너무 힘들어요.

코치: 네, *무대에 서는 게 편치 않으시군요.*

고객: 네… 원래는 무대에 서는 거 진짜 좋아했어요. 대학교 때 뮤지컬 공연을 한 적이 있어요. 그런데 그때 설치물 위에서 같이 공연하던 친구가 뒤로 떨어졌어요.

코치: 아이고 세상에, 그런 경험을 하셨네요! 얼마나 충격이었을까요!

고객: 충격… 사실 무대에 서는 것도 그렇지만 무대를 보면서도 불안해요.

코치: 그럴만하죠. 친구는요?

고객: 다리뼈가 부서졌어요. 전 오랫동안 미안했어요.

코치: 미안요?

고객: 제가 같이하자고 부추겼거든요, 싫다는 걸.

코치: 그렇군요. 오랫동안 힘드셨겠어요. 참 우리가 예상치 못한 일들이 일어나요.

"그럴만하죠", "그렇군요"와 같은 표현은 당신의 상황, 경험이 그러니 그런 감정이 들 수 있다고 인정하는 것이다. 고객은 공감받고 있다는 마음이 되어 자신의 마음을 편안히 더 나눌 수 있다.

어떤 감정에 대해 그냥 인정하는 것도 필요하다. 그리고 그렇게만 하면 내 경험으로 감정을 추측할 수 있으므로 코치가 1차로 공감하고, 고객의 감정을 더 물어 공감하거나 스토리, 경험을 통해 자신의 마음을 들여다보고 표현하도록 코치가 도우면 더 깊이 있는 공감을 할 수 있을 것이다.

(4) 고객의 표현 지원

KCA 코칭역량모델 해설 - 핵심요소 및 행동지표 설명

고객의 표현 지원

고객이 자신의 생각, 감정, 의도, 욕구를 표현하도록 돕는다.

코치의 다음과 같은 행동은 고객이 자신의 생각, 감정, 의도, 욕구를 표현하도록 돕는다.

첫째, 진심으로 듣는다. 코치가 고객의 이야기를 대충 들으면 안 된다. 고객은 코치가 진심으로 듣는지, 대충 듣는지 직감적으로 알 수 있다. 코치도 고객에게 진심으로 듣고 있음을 표현해야 한다. 고객과 눈 맞추기, 고개 끄덕이기, 동작 따라 하기, 어조 높낮이와 속도 맞추기, 추임새 넣기 등을 통해 고객에게 지속해서 신호를 보내야 한다.

둘째, 끝까지 듣는다. 코치는 고객의 말을 중간에 차단하지 않아야 한다. 고객이 어떤 이야기를 하더라도 도중에 끊어서는 안 된다. 코치로서 무엇인가 하고 싶은 말이 있다면 고객의 말이 끝나고 난 다음에 해야 한다.

셋째, 판단하지 않는다. 코치 자신의 내면 기준으로 고객을 판단하지 않는다. 코치가 자신의 가치관이나 신념 등으로 고객을 판단하는 순간, 코치는 고객에게 조언하거나 충고하는 실수를 할 수 있다.

코치가 고객의 말을 판단하지 않으면서 진심으로 끝까지 듣는 것은 쉽지 않다. 다음과 같은 여러 요인이 방해하기 때문이다. 고객의 말을 평가하고 조언하려는 마음을 가지는 것, 선입견과 편견을 가지고 고객의 말을 듣는 것, 고객의 말을 들으면서 머릿속으로 자신이 해야 할 말을 생각하는 것, 지나친 동정심을 가지고 고객의 말을 듣는 것, 고객을 피상적으로 이해하는 것, 피로, 졸음, 공상 등으로 인해 고객에게 집중하지 못하는 것 등이다.

고객의 표현을 지원하기 위해 코치가 할 일은 진심으로 들으며, 들음을 표현하고, 고객의 말을 중간에 끊지 않고 끝까지 듣고, 코치의 기준으로 고객을 판단하지 않는 것이다. 고객의 말을 중간에 끊은 건 아닌데, 말을 하다 보면 고객과 겹쳐 나올 때가 있다. 그러면 "말씀하세요" 하고 고객이 말하도록 하고 경청하면 무리가 없다.

들으면서 다음에 무슨 말을 할까 생각하지 않고 경청하기 위해 평소에 가능한 한 기본 질문들을 익혀두자. 고객이 말하는 동안은 고객의 말에 집중해 무슨 말을 하고 있는지 집중해서 듣자. 그러면 고객이 말한 핵심이나 중요 단어, 감정에 대해 그대로 요약 · 공감 · 인정하게 되거나 더 듣고 싶은 것(고객이 더 말하면 좋을 것)이 생길

것이다.

열심히 듣다 보면 고객이 직접 말하지 않은 감정, 욕구, 불일치 같은 것들도 들린다. 처음엔 들은 후 바로 말하지 못하고 살짝 틈이 생기더라도 연습을 하다 보면 틈도 줄어들게 된다. 그러다 보면 어느 날 "당신은 사람들에게 말하게 하는 능력이 있어요" 하는 이야기를 듣게 될 것이다.

코치가 고객에게 주의 깊게 집중하는 고객 중심의 경청을 하고, 나아가 고객과 주위에서 발생하는 정보를 받아들이는 것처럼 경청하다 보면 직관을 사용하게 되고 말뿐 아니라 고객의 에너지, 감각까지 듣는 경청을 하게 된다(헨리 · 캐렌 킴지하우스, 2016). 고객의 의식뿐 아니라 무의식의 깊은 곳에서 나오는 표현까지 지원하게 되고 들을 수 있게 된다. 핵심은 경청이다!

코치: 엄마 일로 걱정이 많으시겠어요.

고객: 네, 보통 일이 아닌 것 같아요. 기억력이랑 공간 감각이 떨어져서 이사하면 적응되실까. 길 잃거나 스트레스 때문에 더 나빠지지 않을까 걱정되는데, 그냥 혼자 계시게 할 수도 없고요.

코치: 네, 또 어떤 마음이 드세요?

고객: 그래서 그냥 제가 엄마한테 왔다 갔다 할까 하는 생각도 했어요. 좀 괜찮으셨을 때 식사랑 영양제, 운동 챙겨서 인지 저하를 지연시키고 싶었는데… 코로나 옮으면 안 되니까 오지 말라고 강경하게 막아서 이 지경이 되게 한 엄마가 미워요.

코치: 엄마를 적기에 보호하길 간절히 원하셨던 거네요.

고객: 맞아요. 남한테 폐 안 끼친다는 엄마의 신념이 진짜 저를 힘들게 해요. 그게 저를 더 힘들게 하는 거라고 했는데도 "그러면 요양원 가지" 하셨어요. 엄마 말대로 될지도 모르겠어요. 이렇게 급격히 안 좋아지면.

코치: 참 안타까워요. 지금 ○○ 님은 어떤 걸 원하시는 거예요?

고객: 안전이죠. 그리고 혹시 회복될 방법이 있다면 찾아서 해보고 싶고요. 마음의 회복도요. 용서 못 하는 것들이 그냥 잊히는 게 아니라 용서되고 마음이 편해지심 좋겠어요. 엄마 나름의 행복을 누리면서 살게 돕고 싶어요.

코치: 그렇군요. 엄마의 안전, 회복, 행복을 원하시네요. ○○ 님 자신은요?

고객: 저는… 왕복 서너 시간을 왔다 갔다 하며 엄마를 돌보려던 거니까. 그건 먼저는 저를 위한 거였어요. 더 나빠지면, 그렇잖아도 엄마랑 지내는 게 힘드는데 더 힘들 거 아녜요. 근데 집 놔두고 체력이 될까. 지친 상태에 예민한 제가 엄마랑 계속 같이 있는 걸 감당할 수 있을까 싶어요.

코치: 정말 보통 일이 아니죠. 그런데 지금 혼자 감당하시려는 것으로 들려요.

고객이 말하는 내용을 잘 듣고 요약도 하고 공감하며 마음, 욕구, 생각 등을 물어 대화를 이어갔다. 이런 식으로 자연스럽게 고객의 말을 받고 물으면 고객은 편안하게 자신의 이야기, 생각, 감정을 표현할 수 있다.

NG 사례

코치: 안녕하세요? 주말인데 어떻게 지내고 계세요?

고객: 저는 지금 회사에 나와 있어요.

코치: 아, 주말인데요! *주말도 없이 정말 열심히 일하는 분이시네요.*

고객: 아, 아뇨, 회사 동호회에서 모여서 놀러 가자 했어요.

코치: *그래도 코칭하고 가시는 거니까 정말 열심히 사시는 거죠.* 그런 열심으로 오늘 코칭대화 해볼까요? 어떤 주제로 이야기 나누시겠어요?

고객: 음…

"주말도 없이 정말 열심히 일하는 분이시네요"는 코치의 생각인데, 회사에 나왔다는 게 일을 열심히 하는 것 외에 어쩔 수 없이 나왔다든지, 다른 여러 이유가 있을 수 있어서 썩 바람직한 반응이었다고 할 수는 없다. 그렇다 해도 고객의 다음 말을 인정하면 되었을 텐데, 코치가 "그래도 코칭하고 가시는 거니까 정말 열심히 사시는 거죠" 하고 자신의 주장을 계속한다면 라포가 파괴된다.

이 말에는 열심히 사는 것은 좋은 것이라는 코치의 신념, 고객에게 칭찬의 말을 해야겠다는 코치의 의도, 판단이 들어있다. 코칭에서 고객의 "음…" 하는 침묵은 고객의 깊은 생각뿐 아니라 저항하거나 부정할 때도 나타날 수 있다.

NG 사례

고객: 음… 제가 오늘도 동호회에서 놀러 간다고 했죠? 저한테는 인간관계가 중요한 거여서….

코치: 인간관계란 고객님께 뭔가요?

고객: 어… 인간관계는 제 삶의 즐거움에서 중요한 부분이고요. 소중한 거죠. 회사에서도 저는 관계적으로 별문제가 없고 다양한 사람들과 잘 지내기도 하고 오래 깊이 사귀는 친구들도 있어요.

코치: 인간관계는 얼마나 중요한 건가요?

고객: 어 그게… 저한테는 많이 중요하죠.

코치: 인간관계에 대해 생각하시게 된 계기는 뭔가요?

고객: 아, 그게 제가 한편으론 인간관계에 집중하다 보니 소홀한 면이 생기는 게 있어서요. 사람들을 만나고 놀고 하다 보니 돈을 많이 쓰게 되어 아내가 잔소리하는데, 재정관리에 대한 이야기를 하고 싶어요.

코치: 재정관리요…. 재정관리란 고객님께 어떤 의미가 있나요?

고객: 음… 재정관리…. 친구들 만날 때 카드를 한도까지 쓰지 않는 것? 뭐 정해놓고 그 안에서 잘 사용하는 것?

코치: 재정관리로 얻고 싶으신 것은 뭔가요? 좀 더 구체적으로 말씀해주시겠어요?

고객: (침묵)

설마 코칭을 이렇게 하랴 싶지만, 이와 유사한 상황은 실제로 벌어진다. 코칭 질문들을 순서대로 나열하느라 고객이 하고 싶은 말이 뭔지 잘 듣고 있지 않다. 심지어 고객이 "저한테는 인간관계가 중요한 거여서" 할 때 코치가 말을 다 듣지 않아서 고객이 정말 하고 싶은 말이 끊겼다. 그래서 주제가 아닌 인간관계에 대해 탐색하고 목표를 정하려는 우스운 상황이 벌어졌다.

말을 끊지 않더라도 때때로 코치가 한 가지 말에 꽂히거나 전체를 잘 듣지 않아서 이런 상황이 벌어지기도 한다. 결과적으로 고객이 그게 아니라 재정관리라고 말할 때까지 코치는 고객의 시간을 낭비했고 표현의 기회를 빼앗은 것이다. 고객은 침묵으로 저항을 표현하기도 한다.

3.
의식 확장

질문, 기법 및 도구를 활용하여 고객의 의미 확장과 구체화, 통찰, 관점 전환과 재구성, 가능성 확대를 돕는다.

(1) 질문

KCA 코칭역량모델 해설 - 핵심요소 및 행동지표 설명

질문

긍정적, 중립적 언어로 개방적 질문을 한다.
코칭의 본질은 자각과 책임을 불러일으키는 것이다. 자각과 책임감을 일깨우는 가장 좋은 수단은 질문이다. 코칭에서는 폐쇄적 질문보다 개방적 질문이 훨씬 효과적이다. 부정적, 판단적 언어는 지양하고 가능한 긍정적, 중립적 언어를 사용한 긍정, 미래, 확대 등의 의미를 담은 개방적 질문을 하는 것이 바람직하다. 개방적 질문은 일반적으로 누가, 언제, 무엇을, 어떻게 등과 같은 의문사로 시작하는 열린 질문이다. '왜'는 종종 비난의 의미를 함축하고 방어적 대답을 끌어내므로 지양하는 것이 좋다. 질문은 코치가 아닌 고객의 관심과 사고를 따라가는 것이 원칙이다. 고객은 그의 관심 영역을 코치가 집중하여 다룬다고 느낄 때 책임감이 더욱 커진다.

코칭에 막 입문한 코치들이 가장 많이 어려워하는 것이 질문이다. 그 이유는 우리나라 사람들이 워낙 질문에 익숙하지 않아서이기도 하지만, 강력한 질문 하나로 고객에게 "아하!" 하는 경험을 주고 싶은 욕심 때문이기도 하다. 하지만 코칭에서 질문은 단독으로 작동하지 않고, 고객의 말, 감정, 욕구 등을 잘 경청하고 공감하는 것이 바탕이 된다. 이러한 이유로 질문하기는 국제코칭연맹(ICF)의 여덟 가지 코칭 핵심 역량에 포함되지 않고, 여섯 번째 역량인 '적극적으로 경청한다'의 하위요소에 포함되어 있다.

코칭대화를 자주 'dancing in the moment'에 비유한다. 춤을 추고 있는 그 순간 파트너의 스텝이 어디로 가는지, 속도는 어떤지 등을 보면서 맞추듯이, 코치도 고객의 관심과 사고를 따라가면서 반응하고 질문한다.

코칭에서 질문은 부정 질문보다는 긍정 질문을 지향한다. 코치가 긍정적 질문을 하기 위해서는 긍정적인 부분에 초점을 맞추어야 한다. "컵에 물이 반밖에 안 차 있다"와 "컵에 물이 반이나 차 있다"고 말하는 것은 엄청난 차이가 있듯이, 동일한 상황에 대해 긍정 질문을 하게 되면 상대에게서 긍정의 에너지를 얻어낼 수 있다.

고객: 저는 너무 의지력이 약해요. 일주일에 3일은 운동을 하기로 해놓고, 이번 주는 내내 못했어요…. 저는 늘 이런 식이에요. 왜 이러는 걸까요?

코치: 그래요. 얼마나 속상하실까요.

고객: 네. 정말 속상해요. 다음 달에 건강검진도 해야 해서 이제는 운동을 해야지 하고 맘 먹고 있었는데 말이죠.

코치: 지금 이렇게 속상해하시는 걸 보니 마음으로는 꼭 하고 싶으셨던 것 같아요.

고객: 처음에는 의욕이 충만했다가 점점 용두사미로 끝나가는 것 같아요.

코치: 주 3일 운동계획을 세우고 나서 얼마나 실천하셨어요?

고객: 처음 2주는 잘해왔어요. 나가기 싫었지만 억지로라도 나가면 운동을 하고

들어오니까 좋았어요. 근데, 나가는 것 자체가 안 돼요. 너무 귀찮아요.

코치: 그러셨군요. 여태까지 과정에서 긍정적으로 볼 수 있는 부분은 뭐예요?

고객: 작심삼일처럼 용두사미로 끝나버린 것 같아요.

코치: 작심삼일도 아니고 무려 작심 2주를 하셨는데요. 싫었지만 억지로라도 해내셨어요. 상당한 의지를 갖고 계신 것 같은데, 어떻게 생각하세요?

현재 상황을 부정적으로 느끼고 있는 고객에게 긍정의 의식을 확장시키고자 할 때 다음과 같은 질문을 활용할 수 있다.

- 그럼에도 다행스러운 점은 무엇인가요?
- 현재 상황에서 긍정적인 사실은 무엇인가요?
- 현재 상황이 주는 유익한 점은 무엇인가요?
- 지금까지 경험에서 얻은 배움은 무엇인가요?
- 고객님은 자신의 어떤 점이 마음에 드시나요?
- 삶의 주인공으로 있을 때 고객님은 어떤 힘이 있으신가요?

모든 사람은 자원이 풍부하고(resourceful), 잠재력을 갖고 있다. 하지만 잠재력은 말 그대로 아직 발현되지 못하고 숨겨져 있는 능력이기에 이를 수면 위로 끌어 올려주는 것이 필요하다. 코치는 고객에게서 느껴지는 아무리 작은 것이라도 마치 보물찾기를 하는 마음으로 질문을 통해 탐구해나간다. 고객이 별것 아니라고 느꼈던 것 속에서 자신의 숨은 잠재력이 있음을 인식하게 되면 고객은 성장과 변화를 위한 자원을 갖게 된다. 고객 자신도 몰랐던 잠재력을 발견하도록 돕는 데 긍정적이고 미래 지향적인 질문이 훨씬 효과적이다.

코치: 처음 2주간 계획대로 운동하고 나면 기분이 어땠나요?

고객: 뿌듯했어요. 귀차니즘이 큰 병이라고 생각했는데, 귀차니즘을 물리친 거니까요.

코치: 귀차니즘을 물리친 것은 ○○ 님 안에 무엇이 있어 가능한 건가요?

고객: 제 의지? '안 하면 안 돼!' 하는 절실함? 사실 제가 요새 허리가 조금 안 좋았는데, 걷기가 도움이 될 것 같아서 하기로 한 거거든요. 다행히 2주 하니까 조금 나아졌어요. 좀 덜 아프니까 그 뒤로는 안 하게 된 것 같기도 해요.

코치: 그래요. ○○ 님이 의지와 절실함으로 무언가를 이뤄냈던 경험은 또 무엇이 있을까요?

고객: 자격증 시험 봤던 거요. 1차 합격 후 2차에서 계속 떨어졌는데, 마지막 시험에는 정말 이번 아니면 안 된다는 마음으로 준비해서 합격했거든요.

코치: 아~ 절실함으로 이룬 성취네요. 축하드립니다. 그런 경험이 또 언제가 생각나세요?

고객: 별거 아닌 이야기인데, 얘기하려니 좀 부끄럽네요. 제가 서른 살이 넘어서 자전거를 배웠어요. 남들 다 타는 자전거를 못 타는 게 너무 창피하고, 근데 성인이 되어서 배우자니 민망하고… 그랬어요. 근데, 주민센터에서 자전거 가르쳐주는 수업이 있더라고요. 성인반으로요…. 하하… 나 같은 사람이 또 있구나 싶어서 등록해서 배우게 되었죠.

코치: 별거 아닌 게 아닌데요! 엄청난 용기를 갖고 계시네요. 쭉 얘기하시면서 내가 몰랐던 나의 강점은 무엇이 있는 것 같아요?

고객: 음… 한 번 시작하면 포기하지 않는 근성, 그리고 코치님 얘기해주신 것처럼 쪽팔림을 무릅쓰는 용기가 있는 것 같네요.

누군가의 성장을 돕는 방법으로는 코칭 외에도 티칭, 멘토링을 비롯한 다양한 것이 있다. 여타의 방법과 차별화되는 코칭이 갖는 독특하고도 강력한 특성은 코치가 자신의 지식, 생각, 주장을 내려놓고 상대를 중심에 두고 접근하는 것이다. 이것을 '에고리스(egoless)'라 한다. 코칭에서 다루는 이슈는 객관적인 정답이 있는 문제가 아니라 상황에 따른 주관적인 해답이 존재하는 것이기에 코치의 에고리스는 코칭의 본질과도 같다.

에고리스한 질문은 무엇인가? 코치의 판단과 평가가 들어간 유도 질문이 아니라 탐색을 위한 중립적 질문이다. 다음 사례를 통해 살펴보자.

코치: 운동에 대해 이야기하고 싶다고 하셨는데, 좀 더 자세히 말씀해주시겠어요?

고객: 최근 한 1년 사이 몸무게가 10킬로 넘게 늘었어요. 워낙 먹는 것을 좋아하는데, 활동은 안 하니까요. 배도 많이 나왔고, 허리도 안 좋아졌어요….

코치: 네, 그러셨군요. 운동을 통해 무엇을 얻고 싶으세요?

고객: 운동을 해서 일단 체중 감량을 하고 싶어요. 살이 좀 빠지면 자연스럽게 허리도 좋아지고, 전체적으로 더 건강해지겠죠.

코치: 지금보다 더 건강해지면 몸이 어떤 상태가 될 것 같나요?

고객: 배가 좀 들어가고요…. 그래서 밥 먹고 나도 벨트를 안 풀어도 될 정도…. 그리고 콜레스테롤 수치가 좀 내려가고, 당도 좀 떨어지고… 그럴 것 같네요.

코치: 와~ 그렇게 되면 기분이 어떠실까요?

고객: 조금 안심이 되죠…. 성인병 같은 것이 늘 걱정이 되는데요….

코치: 운동과 관련해서 어떤 목표를 세우고 싶으세요?

고객: 10킬로가 쪘으니 그만큼 빼고 싶어요. 10킬로를 빼도 그다지 날씬한 몸은 아니거든요. 10킬로 감량할 수 있는 운동계획을 세우면 좋겠네요.

코치: 아~ 그래요. 언제까지 10킬로를 감량하고 싶으세요?

고객: 한 달 내로 하고 싶어요.

이때 당신이 코치라면 A, B, C 중 어떤 질문을 하겠는가?

A: 한 달에 10킬로를 빼신다고요? 가능할까요?

B: 운동 말고 다른 방법은 무엇이 있을까요?

C: '한 달에 10킬로 감량하기'라는 목표를 말씀하시면서 마음속에 무엇이 올라오나요?

코치도 사람인지라 순간순간 자신의 인식 틀에 의거한 평가와 판단이 일어나기 쉽다. A 질문은 현재 고객의 노력 상태를 보았을 때 한 달 내 10킬로 감량의 목표는 달성하기 어렵다는 판단이 내포된 표현으로 비칠 수 있다. B 질문도 감량은 운동으로 충분하지 않고 식이조절 같은 다른 방법이 필요하다는 코치의 예고가 반영된 유도 질문으로 느껴질 수 있다. C 질문은 감량의 목표가 고객 자신에게 어떤 느낌으로 다가오는지를 중립적으로 묻고 있다.

코치는 고객의 말을 듣고 자신의 내면에서 어떤 반응이 순간적으로 일어나는지를 알아차려야 한다. 그리고 평가와 판단의 생각이 일어난다면 유보한다. 평가와 판단은 코치 자신의 세계 안에서 형성되었을 뿐 고객의 세계에서는 정답이 아니다. 자신의 평가와 판단이 틀릴 수 있음을 명심하면서 중립적 질문으로 전환하는 연습이 필요하다.

중립적 질문을 위해서는 먼저 앞의 관계 구축 역량에서 살펴본 수평적 파트너십이 전제되어야 한다. 그리고 고객의 관심과 사고에서 비롯된 호기심이 필요하다. 하지만 이것들이 아무리 잘 갖춰져 있더라도 질문 형태가 닫혀 있거나 코치의 말투가 지시적으로 느껴진다면 소용이 없다. 코치는 자신이 질문할 때 어조나 어감이 어떠한지를 스스로 점검하거나 동료들로부터 피드백을 받아 질문 스킬을 향상시킬 수 있다.

(2) 기법과 도구 활용

KCA 코칭역량모델 해설 - 핵심요소 및 행동지표 설명

기법과 도구 활용

고객의 상황과 특성에 따라 침묵, 은유, 비유 등 다양한 기법과 도구를 활용한다.
코칭 시작 전 코치는 고객에 대한 성격 진단, 리더십 진단, 다면 인터뷰 등 다양한 방법을 통해 고객이 처한 상황과 특성을 어느 정도 파악할 수 있다. 코칭을 진행하면서 고객에 집중하여 관찰하면 고객에 대한 이해가 더 깊어질 수 있다. 고객의 표면에 드러난 이슈에 머물지 않고 내면에 잠재된 이슈까지 끌어내려면 고객의 신념, 가치관, 정체성 등을 확인해야 한다. 고객 상황과 특성에 맞춰 대화 중간에 적절히 침묵을 활용하면 대화의 깊이, 완급 및 강약을 조절할 수 있다. 상징이나 이미지 등을 활용한 은유 기법과 사물, 동식물 등에 비유하는 기법은 고객이 객관적으로 자기를 관찰하고 성찰하는 데 도움을 줄 수 있다.

코칭은 목표가 있는 구조화된 대화 프로세스다. 처음 코칭을 배울 때는 대화 프로세스, 즉 코칭대화모델에 집중하여 연습하게 된다. 이런 과정을 겪다 보면 자신의 코칭이 패턴에 갇혀 단조롭게 느껴지고, 대화가 더욱 깊고 풍성해지려면 어떤 방법이 필요할까를 고민하게 된다. 이때 생각해볼 수 있는 것이 코칭 기법과 도구다.

국어사전을 보면 기법은 "기교와 방법을 아울러 이르는 말"로 쓰여 있고, 도구는 "일을 할 때 쓰는 연장을 통틀어 이르는 말"이라고 나와 있다. 앞의 KCA 해설에 따라 정리해보면, 코칭 기법은 코칭 중 사용되는 다양한 기술과 방법으로 이해된다. 예를 들면 침묵, 은유, 비유, 그 외에도 의인화하기, 수치화하기, 명명하기, 앵커링 등 다양하다.

코칭 도구는 코칭에 사용되는 유형의 도구(tangible tool)로 이해할 수 있다. MBTI, 버크만, 갤럽 강점 진단, 360도 다면평가나 상사/부하 인터뷰 자료, 감정 카드, 그림 카드, 체크리스트, 일기 쓰기(journaling) 같은 것이 있다. 도구는 반드시 코칭 장면에서만 사용되는 것이 아니라 코칭 전후에도 폭넓게 활용할 수 있다.

도구를 활용한 코칭 사례의 경우 지면을 통해 소개하는 것은 한계가 있기 때문에 본 섹션에서는 기법과 관련하여 비유하기, 수치화, 도전하기를 살펴보자.

코치: 지금 상황이 어때요?

고객: 요즘은 근근이 하루하루를 버티는 느낌이에요. 시간은 가는데 정리가 안 되어 우왕좌왕하고 있어요.

코치: 구체적으로 어떤 부분 때문에 우왕좌왕하고 계신가요?

고객: 학기가 끝나니까 학생들 기말시험과 과제 평가해서 최종 성적 마감을 이번 주까지 해줘야 해요. 두 과목 처리해야 하고…. 그리고 연구논문 투고 기한이 얼마 안 남아서 논문 작업을 해야 해요. 그런데다 이달 말이 엄마 환갑이라 생신을 어떻게 치를지 동생들이랑 상의해야 하고요. 이 와중에 이번 주부터 아이가 유치원에서 일찍 하원해요. 안 그래도 할일이 많은데, 낮에 제가 일할 시간이 더 줄어들었어요. 아, 정말 너무 머리가 아프네요.

코치: 아… 하셔야 할 일이 정말 많네요. 지금 자신의 모습을 무엇에 비유해볼 수 있을까요?

고객: 두더지 게임이요. 오락실에 있는 두더지 게임 있잖아요. 일이 두더지처럼 막 수시로 올라오고 저는 망치로 닥치는 대로 쳐내야 하는 상황 같네요.

코치: 두더지 게임이요. 지금 두더지 게임기 앞에 있는 ○○ 님은 어떤 마음이세요?

고객: 불안불안해요. 언제 어떤 놈이 올라올지 모르니까 신경이 곤두서있어요.

코치: 아이고, 그 말씀 들으니 제 마음도 노심초사해지네요. 한편으로는 두더지 게임은 정해진 시간이 지나면 끝나잖아요. 게임이 끝나면 마음이 어떠실까요?

고객: 아… 그러네요. 지금 제가 해야 할 일들이 다 일정에 맞추어 해야 하는 것들인데, 시간이 지나면 어떻게든 끝나있겠구나 싶어서… 홀가분할 것 같아요.

코치: 아~ 조금 가벼워지신 듯한 느낌이네요.

고객: 시간의 게임이라고 생각하니 조금 가볍네요.

코치: 지금 게임에 임하는 마음가짐은 어때요?

어야 발전이 있는 것이지요.

코치: 그래요.

고객: 여러 번 이야기해봤는데 반응이 없으니 잔소리하는 것 같아서 이제 그만해야 할까, 그래도 계속하는 게 맞을까… 이런 고민이 늘 있어요.

코치: 부장님은 어떤 리더가 되고 싶으세요?

고객: 저희 같은 특수한 회사에서는 리더가 설비 운전을 최적화하면서 유지보수에 관한 의사결정을 잘해주는 것이 필요해요. 또 일은 사람이 하는 거니까… 후배들이 스스로 알아서 하게 이끌고 성장하도록 도와주는 그런 사람이 되고 싶어요….

코치: 반면에 '나는 이런 리더만큼은 되지 말아야지~'라고 생각되는 것은요?

고객: 강압적이고 지시적인 리더요. 지금은 리더가 막 밀어붙인다고 따라오는 시대도 아니고, 제 성향과도 안 맞는 것 같아요.

코치: 말씀하신 그런 리더가 되기 위해 부장님이 하실 수 있는 최선은 무엇인가요?

고객: 계속 고민하고 있어요. 내가 어떻게 하는 것이 맞을지…. 진급할지 말지, 자격증을 딸지 말지는 어떻게 보면 개인적인 문제잖아요. 회사에서 강제할 사항도 아니고요. 그래서 그냥 직원들 하고 싶은 대로 놔둬야 하나 그런 생각도 들어요.

코치: 그렇죠. 말씀하신 대로 선택은 그들의 몫이죠. 부장님 입장에서 할 수 있는 것은 무엇이 있나요?

고객: 마음의 벽이 느껴지지 않게 관계를 만들고, 대화를 잘하는 것… 이런 것들이요.

코치: 그것과 관련해서는 지금 어떤 노력을 하고 계세요?

고객: MZ 세대를 이해해보려고 책을 좀 보고 있어요. 그리고 일하는 중간중간 가벼운 농담 같은 것도 하고요. 근데, 제가 그렇게 재밌는 사람은 아니거든요. 그래서 대화가 막 자연스럽게 이어지지는 못해요.

코치: 가까워지려고 많은 노력을 하고 계시네요. 지금 노력의 1.5배를 해보신다면 무엇을 해볼 수 있을까요?

고객: 저는 어쨌든 상사이고 나이 차이도 엄청 많이 나서 격차가 클 수밖에 없는데…, 그래도 한 팀으로 서로 하고 싶은 이야기를 편하게 나눌 수 있는 그런 분위기가 되면 좋겠어요.

코치: 부장님과 대화해보니 권위나 체면 같은 것이 전혀 느껴지지 않고 소탈하시다는 느낌을 받았어요. 아마 직원들은 저와 입장이 다를 수 있지만, 부장님의 성품에 대해서는 충분히 인정하지 않을까 싶어요.

고객: 그럴까요…?

코치: 지금 노력의 2배를 해보신다면 어떤 시도를 할 수 있을까요?

고객: 사실 한창 바쁘게 일할 때는 길게 대화할 여건도 안 되지만…, 제가 대화 스킬이 부족해서 그런지 자기 속마음을 내보여줄 생각이 별로 없더라고요. 이런 부분을 좀 공부해봤으면 좋겠어요.

코치: 대화 스킬을 키우고 싶어 하시네요. 부장님 말씀하신 대로 회사 일이라는 것이 때가 있잖아요. 나중에 이 자리를 떠나실 때 정말 후회가 요만큼도 남지 않으려면 지금 무엇을 더 해볼 수 있을까요?

고객: 내가 정말 후회하지 않으려면… 우리 직원들 한명 한명이 다 너무 소중한 사람들인데, 그런 표현을 많이 안 했어요. 잘해줘서 고맙다는 이야기를 더 자주 해주고 싶어요.

도전하기는 고객이 통상적으로 할 수 있다고 여겨지는 것 이상을 요청하는 것이다. 코치는 고객과의 관계, 고객의 성향 및 에너지 수준 등을 고려하여 도전의 난이도를 조정할 수 있다. 이것은 마치 피트니스센터에서 트레이너가 손님에게 개인 PT를 시키는 것과 유사하다. 그들은 고객의 상태를 관찰해가면서 동작의 난이도와 횟수를 조정한다. 정해진 횟수를 가까스로 끝낼 때쯤 트레이너는 몇 개만 더 해보라고 한다. 그리고 그 몇 개를 마칠 때 마지막으로 딱 1개만 더 해보라고 한다. 이때 트레이너는 운동하고 있는 손님보다 더 많은 에너지를 들이면서 "잘하고 있다, 더 할 수 있다"라고 격려하고 응원한다. 어쩌면 이 마지막 1개의 동작에서 단단한 근육이 만들어지는지도 모른다.

코칭에서도 고객이 늘 머물러오던 안전지대(comfort zone) 이상을 코치와 함께 과감하게 도전하고 경험하게 될 때 자신의 한계를 극복하고 한 단계 더 높은 성장을 이루게 된다.

(3) 의미 확장과 구체화

KCA 코칭역량모델 해설 - 핵심요소 및 행동지표 설명

의미 확장과 구체화

고객의 말에서 의미를 확장하도록 돕는다.
고객의 말은 고객의 의식적, 무의식적 생각이 밖으로 표현된 것이다. 고객이 표현한 말과 함께 목소리, 몸짓 등에 집중하여 관찰하고 맥락에 맞춰 질문하면 고객이 가진 생각의 크기, 수준, 범위 등을 확산할 수 있다. 고객이 현재 말하는 수준이 표면적인 이슈에 머물러 있거나 과제에 대한 수단, 방법 차원에서 벗어나지 못하고 있다면 코치는 그 이면을 탐색할 수 있는 질문을 통해 고객의 생각 수준을 가치탐색이나 궁극적인 목적 탐색 등으로 확장할 수 있도록 도울 수 있다. 고객의 말을 경청하고 맞춤화된 좋은 질문을 한다면 고객이 미처 알지 못한 잠재적 욕구를 파악할 수 있음은 물론 고객 내면의 가치관과 정체성을 확인하는 데 도움을 줄 수 있다.

고객의 말을 구체화하거나 명료화하도록 돕는다.
코치는 고객의 말에서 의미를 확장하도록 돕는 한편, 그 의미를 수렴하여 더 구체화하고 명료화하는 작업도 필요하다. 질문은 기본적으로 광범위하게 시작하여 깔때기처럼 차차 그 범위를 좁혀가는 것이 원칙이다. 코치가 고객에게 더 구체적인 대답을 요구하면 고객의 초점과 관심이 계속 유지된다. 고객이 적극성을 보이게 하려면 중요한 핵심 요소들이 그의 의식에 들어가도록 코치가 더 깊고 구체적으로 파고 들어가는 것이 중요하다.

코치가 하는 말은 고객에게서 나온다. 고객의 말뜻, 목소리나 표정, 몸짓에서

느껴지는 감정 등을 관찰하고 고객과 주파수를 맞추려고 해야 한다. 코치는 고객의 모든 것에 집중하면서 고객에게 언어적 · 비언어적으로 반응하고 질문한다. 다이얼을 섬세하게 돌리듯이 고객에게 초점을 맞추어 반응하고 질문하다 보면 고객이라는 세상으로 들어가는 관문을 열 수 있는 주파수를 찾게 된다.

고객: 여성단체에 가입할지 말지 고민이에요.

코치: 조금 더 자세히 이야기해주시겠어요?

고객: 제가 예전에 관심 있었던 여성단체가 있었어요. 한동안 잊어버리고 있었는데…, 우연찮게 거기서 활동하시는 분을 알게 되었어요. 그러면서 활동하는 것도 자세히 들을 수 있었고, 가입 절차 같은 것도 소개를 받았거든요.

코치: 네~ 그런 일이 있었군요. 어떤 점이 고민스러운가요?

고객: 가입하면 얻을 수 있는 혜택이 있긴 한데, 제가 거기 들어가서 잘할 수 있을지 모르겠어요. 모르는 사람들과 빨리 친해지는 편이 아니거든요. 게다가 아는 사람이 한 명도 없어서 모임에 나가면 뻘쭘할 것 같기도 하고요.

코치: 그러시군요. 성향상의 이유로 고민하고 계시네요.

고객: 게다가 알고 보니 회비가 저한테는 좀 비싸더라고요. 연간회비를 내는 곳인데, 하반기 가입자의 경우 절반만 내게 되어 있지만 그래도 부담돼요. 지금이 벌써 9월이잖아요. 남은 기간 얼마나 활동할 수 있을까요?

코치: 올해 남은 기간을 생각하면 재정적으로 부담을 느끼시네요. 그 말씀에서 적극적으로 참여하고 싶다는 마음도 느껴지네요.

고객: 네. 그렇긴 해요. 적극적으로 참여하고 싶은데, 소극적인 성격이 걸려서 회비를 핑계 삼고 있는 걸까요?

코치: 그 말씀을 하실 때 ○○ 님이 머리를 긁적이면서 먼곳을 바라보는 표정을 지으셨어요. 그것이 어떤 것을 의미할까요?

고객: 아~ 제가 잠시 다른 생각을 했어요. '내가 왜 여기에 가입하려고 했지?' 하는

생각이요.

코치: 그래요. 저도 궁금하던 참이었어요. 여성단체에 가입하시려는 이유는 무엇인가요?

고객: 음… 사회적으로 성공한 여성 리더들 그룹에 들어갈 수 있어서 네트워킹을 할 수 있고, 제 비즈니스 기회로 이어질 수 있겠다는 점에서 들어가고 싶었어요. 그리고 그들의 활동을 직간접적으로 관찰하면서 성공한 사람들의 마인드나 행동 같은 것을 배울 수 있다는 이유도 있어요.

코치: 네트워킹을 통한 비즈니스 기회, 배움… 이런 것들을 원하시는 거네요.

고객: 네. 그래요.

코치: 네트워킹이 중요한 ○○ 님만의 특별한 의미는 무엇인가요?

고객: 제가 사회생활을 해보니 주변에 괜찮은 사람…, 좀 더 구체적으로 말하면, 믿을 만하고 진실하고 실력 있는 사람과 느슨한 관계를 맺는 것이 중요하다는 것을 많이 느껴요. 인생을 살면 살수록 더 그런 것 같아요. 실제로 그런 사람들이 일을 소개해주는 경우도 있었고요…. 꼭 그렇지 않더라도 뭔가 궁금한 것이나 정보가 필요할 때 도움을 구할 수 있더라고요. 그런 점에서 좋은 사람들과 네트워킹을 넓혀가야겠다는 생각을 많이 해요. 그리고 저도 그런 도움 되는 사람이 되고 싶고요.

코치: 현재 ○○ 님이 네트워킹하고 계신 믿을 만하고 진실하고 실력 있는 사람 중 대표적인 사람으로 누가 떠오르세요?

고객: IT기업에 다니는 어떤 상무님이 떠올라요.

코치: 그분과 네트워킹할 때 어떤 점이 좋으세요?

고객: 일단 그분의 전문성요. 같은 업계 사람이 아닌 저 같은 사람에게도 굉장히 쉽게 설명해주시더라고요. 그걸 보면서 '아, 내공 있으신 분이구나~' 하고 느꼈고, 또… 남을 도와주려는 마음이 크시더라고요.

(중략)

위 대화에서 코치는 고객의 말을 요약(성향상의 이유로 고민하고 계시네요)하기도 하고, 환언(재정적으로 부담을 느끼시네요)하기도 하면서 신뢰감과 안전감을 쌓고 있다. 이후 고객의 의식 이면을 탐색할 수 있도록 고객의 말에서 파악한 솔직한 생각을 말해주고 있다(적극적으로 참여하고 싶다는 마음도 느껴지네요). 이와 같이 코치가 고객의 말에서 파악한 핵심을 말해주는 것을 '명료화(articulating)'라고 한다(코칭경영원 코치시대, 2013). 고객의 표정과 행동 변화를 민감하게 알아차리고 비춰줌으로써 고객의 의식이 확장되는 계기가 만들어졌다.

코칭에서는 코칭 이슈 및 고객의 의식에 관한 대화가 확산과 수렴을 반복하며 물처럼 끊김없이 그리고 자연스럽게 오간다. 확산은 깔때기의 좁은 부분에서 넓은 부분으로 점차 넓혀가며 의미를 확장하는 것이다. 'chunk-up'이라고도 하는데, 여기서 chunk는 '생각의 덩어리'를 의미한다. 즉 생각의 덩어리를 상위 관점으로 이동시키면서 나무보다는 숲, 디테일보다는 큰 그림, 현실보다는 비전, 방법(수단)보다는 목적을 보게 하는 것이다. 확산적 질문을 통해 고객의 가정, 가치, 신념, 정체성 등을 발견해갈 수 있는데, 대표적으로 가치탐색에 관해 살펴보자.

가치란 일반적으로 "좋은 것, 값어치 · 유용(有用) · 값, 인간의 욕구나 관심을 충족시키는 것"으로 정의된다(글로벌세계대백과사전). 코칭에서 가치가 중요한 이유는 개인의 행동과 태도에 결정적인 영향을 미치기 때문이다. 고객이 추구하는 가치와 연결된 행동은 조화로움과 충만함을 주지만, 그렇지 못한 행동은 부조화와 불편감을 준다. 코치가 고객에게 가치를 발견하도록 돕는 것은 그들이 효과적인 의사결정을 할 수 있도록 지향점을 만들어주는 것이기에 의미가 크다.

코치: 네트워킹에 관해서 쭉 얘기해봤는데요. ○○ 님은 네트워킹을 통해 무엇을 추구하시나요?

고객: 서로 간에 좋은 영향력을 주고받는 것…. 일방적인 것은 없는 것 같아요. 상호적 관계라는 생각이 들어요. 영향력이라는 것 안에는 외적인 도움이나 성

취 같은 것도 있지만, 자극이나 배움 같은 것도 있는 것 같고요.

코치: 아, 그렇군요. 여성단체에 가입하여 네트워크를 만드는 것 너머에 있는 ○○ 님이 추구하는 가치는 무엇이라고 정리해볼 수 있을까요?

고객: 음… 선한 영향력을 서로 주고받는 것…. 상호 윈윈이라고도 할 수 있겠네요.

코치: 네. ○○ 님은 상호 윈윈을 중요한 가치로 삼고 계시네요. 이 가치를 발견하시니 기분이 어떠세요?

고객: 맞아요. 돌이켜보니 제가 사회적 관계 혹은 일로 만난 사이에서 중요하게 생각하는 것이 이런 거였어요. 상호 윈윈하는 것… 이게 저에게 정말 중요해요.

코치: 상호 윈윈의 가치 렌즈로 오늘 코칭의 이슈를 한번 보실까요? 어떤 생각이 올라오나요?

확산과 반대로 수렴은 깔때기의 넓은 부분에서 좁은 부분으로 구체화하거나 명확화하는 것이다. 'chunk-down'이라고도 하는데, 하위 관점으로 이동하면서 숲보다는 나무, 큰 그림보다는 디테일, 비전보다는 현실, 목적보다는 방법(수단)을 보게 하는 것이다. 수렴적 질문은 코칭 초반에 고객의 이슈를 명확하고 구체화할 때와 액션플랜 단계에서 행동을 촉진할 때 효과적이다.

막연하고 추상적인 내용을 구체화하는 질문으로는 "말씀하신 ○○○과 관련해서 예를 들면 어떤 것이 있을까요?", "○○○에 포함되는 요소는 무엇이 있나요?", "말씀하신 것에 이름을 붙여본다면요?" 등이 있다.

모호한 내용을 명확히 하는 질문으로는 "고객님 말씀을 ~라고 이해했는데, 제가 맞게 이해했나요?", "○○○라는 말은 어떤 뜻을 담고 있나요?", "10점 만점에 몇 점 정도인가요?" 등이 있다.

코치: 그래서 지금 ○○ 님은 여성단체에 가입하기와 가입하지 않기 중에 어느 쪽인가요?

고객: 가입하는 쪽에 마음이 가네요.

코치: 몇 퍼센트 확실한가요?

고객: 80~90% 정도 돼요.

코치: 100%가 되기 위해 무엇이 더 필요한가요?

고객: 거기 회원분들 이야기를 더 들어보면 좋겠어요.

코치: 그 회원들은 어떤 경로로 찾아볼 수 있나요?

고객: 음… 제 학교 동기 중에 거기랑 프로젝트를 진행했던 친구가 있어요. 그 친구한테 한번 물어볼 수 있을 것 같아요.

코치: 그 친구한테는 언제 연락해보실래요?

고객: 그다지 어려운 일은 아니니까 코칭 끝나고 바로 연락해보겠습니다.

코치: 또 다른 방법은 무엇이 있을까요?

고객: SNS에서 검색해볼 수도 있겠네요.

코치: 말씀하신 SNS는 구체적으로 어떤 채널인가요?

고객: 링크드인이랑 인스타그램을 찾아볼게요.

코치는 대화의 맥락과 고객의 의식을 따라가며 말로 표현되는 것 이상의 것을 관찰하고 반응하며 적절한 질문을 한다. 그러면서 동시에 고객과 코치 사이의 에너지 공간을 또 다른 의식의 눈으로 메타 관점에서 성찰하는 것이 필요하다.

이것이 가능하기 위해서는 코치다움 역량 중 자기인식이 필요하다. 자기인식은 "현재 상황에 대한 민감성을 유지하고 직관 및 성찰, 자기평가를 통해 코치 자신의 존재감을 인식한다"로 정의된다. 코치는 기본적으로 고객의 생각, 감정, 욕구에 관심을 두고 공감하지만, 코치 자신의 내적 상태가 자신도 모르게 코칭에 영향을 줄 수 있으므로 코칭 과정 내내 주의를 기울여야 한다.

(4) 통찰

KCA 코칭역량모델 해설 - 핵심요소 및 행동지표 설명

통찰

고객이 알아차림이나 통찰하도록 돕는다.

코칭에서 알아차림은 자신과 자신을 둘러싼 주변 환경에 대한 자각, 인식, 의식 등을 의미한다. 통찰은 거기에 '아하'라는 새로운 깨달음을 더하는 것이다. 코칭을 통해서 고객이 얻을 수 있는 중요한 유익은 알아차림과 통찰이다. 알아차림과 통찰을 통해 고객은 변화와 성장을 위한 발걸음을 뗄 수 있다. 코치는 고객의 알아차림과 통찰을 돕기 위해 기본적으로 질문을 사용하며 고객 상황과 특성에 따라 침묵, 은유, 비유 등의 다양한 기법과 도구 등을 활용한다.

고객이 자신에 대해 새롭게 잘 인식하게 되면 소망이 더 분명해지고 절실해진다. 자신의 능력으로 실행을 강화하고, 확대된 목표를 설정할 수 있게 된다(김상복, 2017). 고객이 자신의 가치, 선호, 재능, 가능성, 비전 등 자기 존재에 대한 것과 과거 경험, 현재 상황, 환경에 대한 것, 그리고 그것이 자신에게 미친 영향을 알아차리게 되고, 이런 자각과 지식이 모이면, 한순간에 꿰뚫어보며[洞察] "아하!" 하는 순간이 온다.

코치는 통찰을 위해 관점이 전환되고 생각이 모이는 질문을 사용한다. 고객이 생각할 여유를 주기 위해 코치는 말할 때 속도를 조절하고, 여유를 만들고, 고객이 생각하도록 침묵을 허용해야 한다. 코치가 조바심을 누르고 고객의 침묵을 견디면(단, 저항이 아닌 생각하는 침묵이어야 한다), 고객은 한층 깊은 통찰로 들어갈 기회를 얻는다. 함축적 의미를 내포하는 은유는 이성을 뚫고 본질로 들어가게 한다. 직관은 무의식의 풍부한 자원을 사용하는 것으로, 코치나 고객의 직관 모두 통찰에 유익하다.

고객: 지난주 코칭이 끝난 후 저에 대해 죽 나열해보았어요. 사명선언문도 더 정리해보았고요.

코치: 네, 열심히 써서 보내주셔서 감사합니다. 많은 성찰을 하셨던데, 먼저 자신에 대해 쓰시면서 스스로에 대해 어떤 것을 알아차리셨어요?

고객: 저는 하고 싶은 것도 많고, 좋아하는 것도 많고, 여유가 필요한 사람이고, 스스로 아니라고 하는 것도 많고, 받은 것도 많은 사람이었어요.

코치: 어떤 마음이 드셨어요?

고객: 스스로의 고유함을 인정하고 격려해주고 싶었어요.

코치: 네, 정말 그럴만한 분이세요. 사명선언문도 정리하셨어요. 어떤 게 보이셨어요?

고객: 나는 나 같은 사람을 돕고 싶구나. 받은 게 많고, 하고 싶은 것도 많지만 막혀서 잘 못 하는 사람들을 위해 일하고 싶다는 제 마음을 볼 수 있었어요.

코치: 받은 것과 막히는 것, 하고 싶은 것은 어떤 의미가 있어요?

고객: 이것저것 재능도 있고 관심도 다양해서 배운 것, 해본 게 많아서 해볼 수 있는 것도 많은데, 깊이 하지 않았고, 새로운 경력으로 나아가야 하기 때문에 두려운 마음이 있어요. 그럼에도 해야 하기 때문에, 또는 하고 싶기 때문에 두려움을 해결해야겠죠.

코치: 네, 그럼요! 이런 시각으로 '제2의 커리어 자신감 있게'라는 주제를 보면 어떻게 보이세요?

고객이 주중에 한 실행에 대해 코치는 그냥 지나치지 않고 리뷰해 알아차림으로 이어지도록 해야 한다. 어떤 마음이 들었는지, 어떤 정리가 되었는지, 전체 주제와 연결된 통찰이 일어나도록 한다.

고객: 좀 이상한 주제일 수도 있는데요, 저 눈썹 문신하고 싶어요.

코치: 아, 진짜? 하하 특별한 주제네요. 어서 말씀해보세요.

고객: 그니까요. 제가 코치님과 1년을 만나면서 이런 얘긴 한 번도 안 했는데 말이죠. 요즘 문득 뭐 하나만 나아져도, 그리고 거울을 보다 보니 눈썹만이라도 잘 그리면 사람이 훨씬 나아 보이지 않을까? 좀 똑똑하거나 세련되어 보이는 거요. 예쁘면 더 좋고.

코치: 네, 어떤 계기로 눈썹 생각을 하게 되셨는지 궁금해요.

고객: 제 오랜 친구가 다른 건 안 해도 눈썹은 그린대요. 그래야 사람이 분명해 보인다고. 그 말 들은 게 20년은 된 거 같은데, 어제 나가려고 하니 자신이 없는 거예요. 살도 찌고 얼굴은 예전과 다르고. 그냥 나이 든 아줌마의 모습인데, 뭔가 한 가지라도 전환되는 걸 해보고 싶어서요.

코치: 눈썹이 그냥 눈썹이 아니네요.

고객: 맞아요! 자신감이 있고 싶은 거예요. 그러고 보니, 저 좀 나가고 싶은 거예요! 내면도 들여다보고, 루틴도 만들었는데, 이제 안에서만이 아니라 밖으로 확장하고 싶은 거네요!

코치: 네. 이제까지 성실하게 실행하며 많은 성장을 이루셨어요. 긴 인생에서 지금 시점이 어떻게 보이세요?

고객: 내면에 대한 것, 하고 싶은데 잘 안 되던 것들을 다루면서 뭔가가 많이 해결된 거 같아요. 그래서 이제 다음 단계로 한 스텝 나가고 싶은? 준비된 걸 나타내 보이고 싶은데, 외면을 보니 준비가 안 되어있는 걸 깨달은 거예요. 그래서 인생 후반 미션 2단계로 들어가는 것처럼 보여요.

코치: 미션 2단계 시작을 축하드려요. 그만큼 내면이 다져졌단 얘기잖아요?

고객: 네네. 감사합니다.

코치: 미션 2단계의 개요는 뭐예요?

고객: 사람들과 만나는 것을 포함해요. 여행도 하고, 프로그램도 만들고, 강의도 하고. 누가 알겠어요? 제가 어디선가 노래하거나 춤을 출지? 하하~

코치: 아, 정말 이렇게 말씀하시니 어떤 느낌이 드세요?

고객: 많이 성장했구나. 애썼다. 이제 확장이구나. 재미있겠네.

코치: 그 마음으로 오늘 주제를 보시면, 어떤 게 보이세요?

고객: 외면에서도 저만의 고유함을 찾아 가꾸고 싶은 거예요. 저는 내 · 외면이 다 자신감 업 되고 싶어요. 눈썹은 그 시작을 선포하는 거예요.

"눈썹이 그냥 눈썹이 아니네요" 하고 코치에게 온 직관을 말하자 고객에게 "아하!"가 터졌다. 코치는 고객에게 유익한 것을 다 사용해야 한다. 이 세션, 지금뿐 아니라 고객이 해온 것, 고객에 대해 알고 있는 것을 모두 사용한다.

고객이 사용한 '미션 2단계'라는 은유를 그대로 받아 사용했다. 고객이 사용한 함축적인 의미가 담긴 단어, 은유는 코칭에서 중요하게 사용되며 통찰로 이어질 수 있다.

긴 인생에서 어떻게 보이는지, 말씀하시니 어떤 느낌이 드는지, 그 마음으로 주제를 보면 어떤 게 보이는지는 관점을 새롭게 하고, 통찰로 이어지는 질문들이다.

코치: 산책하시면서 어떤 게 가장 눈에 들어오셨어요?

고객: 음… 아파트에서 처음에 본 나무가 기억나네요.

코치: 나무요? 그 나무가 기억에 남는 이유는 뭘까요?

고객: 글쎄요, 죽은 거 같은데 왜 없애지 않았을까 하고 가까이 가서 봤어요. 근데 죽은 게 아니더라고요. 새 가지가 두어 개 올라오고 잎이 나고 있었는데 잎이 예뻤어요.

코치: 그렇군요. 이렇게 산책을 하시고, 지금 기분은 어떠세요?

고객: 산책을 하니 넘 좋아요. 개운하고, 답답하던 게 날아갔어요.

코치: 답답하셨군요. 개운하고 좋다니 저도 기뻐요. 우리 코칭 동안 인생 후반을 계획하고 싶다고 하셨어요. 오늘은 그 계획을 위해 무엇에 집중해서 이야기

하고 싶으세요?

고객: 내가 어떤 걸 원하는지 좀 찾고 싶어요.

(중략)

코치: 오늘 이렇게 이야기를 나누면서 자신에 대해 어떤 알아차림이 있으셨어요?

고객: 저는 조용히 살고 있었는데, 마음속엔 많은 걸 누르고 있었네요. 존재감 있게 살고 싶고, 꾸준히 준비해온 것들이 존재감과 연결되었어요.

코치: 네. 처음에 말씀하셨던 나무가 떠올라요. 죽은 것 같지만 살아서 가지와 예쁜 잎을 내던 나무요.

고객: 아하! 맞아요. 이제 알겠어요. 그 나무가 저처럼 보였던 거예요. 저 자신이 죽은 거 같이 살고 있지만 제 안에 꿈틀거리는 게 있어요. 예쁜 잎처럼 제 속에 있는 것들이 표출되고, 생기 있게 살고 싶어요. 그리고 제 속에 그럴 힘이 있어요!

아무리 짧은 코칭이라도 고객에게 자신이나 주제에 대해 알아차린 것을 질문해서 통찰할 기회를 제공하자. 그리고 고객이 세션의 처음에 말한 것이 중요한 무언가인 경우가 종종 있다. 라포 때라도 코치가 의미 있게 느껴지는 것을 간직해두면(그 순간에 억지로 해결하려 하지 않고) 직관으로 연결되기도 하고, 적절한 순간에 사용될 수 있다. 여기서는 알아차림에 대한 질문 후에 가져와(처음에 말씀하셨던 나무가 떠올라요) "아하!"로 연결되도록 했다.

알아차림과 통찰을 불러일으키는 질문은 코칭이 끝날 시점과 대안 모색 전에 많이 한다. 그리고 필요할 때마다 의식 확장과 통찰을 일으키는 질문을 하는 것이 좋다. 의식 확장을 위해 다음과 같은 질문들을 할 수 있다.

코칭 마무리 시 사용하면 좋을 질문

- 오늘 대화를 통해 자신에 대해 알아차린 것은 뭔가요?

• 오늘의 주제에 대해 알아차린 것을 나눠주시겠어요?

대안수립 직전에 사용하면 좋을 질문

• 이렇게 이야기하시면서 정리된 건 뭔가요?
• 말씀하신 것을 핵심 단어들로 정리해보신다면요?
• 그렇게 정리된 것으로 주제를 보시면 어떻게 보이세요?

언제든 코칭 중에 쓸 수 있는 질문

• 이제까지 ~에 대해 쭉 말씀하셨는데, 명확해진 건 뭔가요?
• 지금 그 말씀을 하시니 마음이 어떠세요?
• 말씀하신 내용을 한 단어나 은유로 표현해보신다면요?
• 지금 말씀과 추구하는 것(말과 행동, 말과 태도, 아까 한 말과 지금 한 말 등)과는 차이가 있어 보이는데, 어떠세요?
• 그렇게 하신 고객님께는 어떤 신념이 있는 걸까요?
• 그 경험을 볼 때 고객님께 중요한 가치는 뭘까요?
• 이 일들이 고객님께 말하는 것은 무엇인가요?

(5) 관점 전환과 재구성

KCA 코칭역량모델 해설 - 핵심요소 및 행동지표 설명

관점 전환과 재구성

고객이 관점을 전환하거나 재구성하도록 돕는다.
관점은 세상을 바라보는 사고의 틀이라고 할 수 있다. 관점 전환은 세상을 바라보는 사고의 틀을 바꾼다는 의미다. 패러다임 전환, 상자 밖의 생각, 역지사지 등이 관점 전환과 맥락을 같이한다. 고객이 가진 관점이 고객이 추구하는 삶의 목적과 한 방향으로 정렬되어 있지 않다면 이를 재구성하여 새롭게 설정할 수 있도록 돕는다. 코치는 평소 깊은 사유를 바탕으로 고객을 관찰하고 고객에게 질문을 던져 고객이 관점을 전환하고 사고의 틀을 재구조화하도록 돕는다.

"이슈를 코칭하지 말고 이슈를 바라보는 고객의 관점을 코칭하라"는 말이 있다. 관점은 각자가 세상을 바라보는 방식이나 사고의 틀을 의미한다. 이는 어릴 적 양육 환경, 직간접적 경험뿐만 아니라 문화적 영향을 받으며 오랜 기간 형성된 것이다. 그렇기에 개인이 가진 관점을 바꾼다는 것은 매우 어려운 일이다. 고객이 변화를 힘들어하는 이유는 자신의 관점이 고착되어 있어 좀처럼 새로운 관점을 보지 못하기 때문이다. 그럼에도 코치가 고객의 관점 전환을 도울 수 있다면 이를 통해 고객은 새로운 가능성을 발견하고 변화를 위한 희망을 보게 된다.

코치가 고객의 관점 전환을 시도한다고 해서 고객이 늘 수용적으로 대화에 임하는 것은 아니다. 오랫동안 쌓아 올린 견고한 틀에 코치가 던지는 의문이 낯설기도 하고, 위험하게 느껴질 수도 있을 것이다. 고객은 때로는 침묵으로, 잘 모르겠다는 방어적 태도로, 혹은 더 강한 반대 표현으로 저항하기도 한다. 대개 비자발적으로 코칭을 받게 된 경우 이런 반응이 많다.

고객에게서 느껴지는 저항이 있다면 먼저 수용해야 한다. 탁월한 상담가이자 정신과 의사인 밀턴 에릭슨은 상담하러 온 내담자에게 "저항은 변화에 대항하여 자

신을 스스로 보호하는 방법"이라고 하면서 "저항 이면에는 연민을 갈망하는 한 인간이 존재한다"고 했다(고기홍 외, 2010).

코치: 어서 오세요~ 부장님, 처음 뵙겠습니다.

고객: 제가 왜 코칭을 받아야 하죠?

코치: 인사부서에서 부장님이 코칭을 받으시면 좋겠다고 추천해서 이 자리에 오신 것으로 알고 있습니다.

고객: 저한테 저성과자니까 코칭을 받으라고 통보가 왔는데, 저는 납득이 안 가요. 인사팀에도 연락하긴 했지만… 저는 코칭 받을 생각이 없습니다. 오늘은 이 얘기를 하러 온 거고, 다음부터는 오지 않을 생각입니다.

코치: 저성과자로 통보받고 많이 불편하셨던 것 같아요. 그런 상태에서 코칭을 받고 싶지 않으신 것도 충분히 이해합니다.

고객: …

코치: 그래도 오늘 기왕 오셨으니 저랑 1시간 정도 대화하고 가시면 어떨까요? 그리고 다음부터는 정 내키지 않으시면 오지 않으셔도 됩니다. 어떠세요?

고객: 그러죠 뭐….

코치: 네. 감사합니다. 오늘 날씨가 꽤 선선하네요. 이 방 온도는 괜찮으세요?

고객: 네, 괜찮아요.

코치: 지금 이 자리가 불편하거나, 혹은 제 이야기가 불편하면 언제든 말씀해주세요.

고객: 네, 알겠습니다.

코치: 인사고과가 부장님 마음에 크게 자리 잡고 있는 것 같아요. 통보받고 어떤 기분이셨어요?

고객: 말해 뭐합니까? 기분 더럽고, 화가 진짜 머리끝까지 치밀어 올라요. 후배들 보기에 쪽팔리기도 하고… 끊었던 담배를 피웠어요.

코치: 아휴… 얼마나 화가 나고 속상하셨을까요. 누구라도 그런 말을 들었다면 정말 화가 날 거예요. 특별히 부장님은 무엇 때문에 그렇게 화가 치밀어 올랐

나요?

밀턴 에릭슨은 저항이 강한 내담자에게 '예스 세트(yes set)' 대화를 활용하여 내담자의 무의식이 긍정적인 수용적 태도를 갖도록 도왔다고 한다. 예스 세트는 상대방이 부정할 수 없는 어떤 사실적인 상황이나 내용에 대해 긍정적인 답변(yes)을 쌓아감으로써 긍정적인 느낌을 받게 해서 마지막으로 결정적으로 자신이 원하는 제안을 할 때 허락(yes)을 받아내는 대화(상담) 기법이다(안산타임스, 2017).

위 대화에서도 코치는 고객이 "예스"라고 답할 가능성이 높은 가벼운 질문을 연속해서 하면서 고객이 긍정적인 느낌을 갖도록 하여 라포를 형성했다. 이러한 과정을 통해 고객은 처음의 경직된 마음이 조금씩 완화되고, 코치의 질문에 말하기 시작했다.

관점 전환을 돕기 위해 코치는 고객의 현재 관점으로 들어가서 고객이 가진 전제나 가정, 신념, 가치, 성향 같은 것을 탐색해나간다. 그 과정에서 긍정적인 부분을 발견하면 인정해줌으로써 관점 전환을 위한 작은 씨앗을 뿌려나간다.

그리고 코치는 고객이 보지 못하고 있는 것은 무엇인지 끊임없이 찾도록 도와야 한다. 고객이 그동안 보지 못했던 것을 고객 스스로 인식하는 순간, 사고의 틀은 유연해진다. 고객이 보지 못하는 것은 고객 자신의 모습일 수도 있고, 자신이 처한 현실 또는 자신이 속한 시스템 같은 것이다. 부정적으로만 보이는 현실에서 변화의 기회가 될만한 가능성을 포착하면 고객의 자존감이 높아질 수 있다. 이를 통해 도저히 할 수 없거나 하고 싶지 않다고 생각되는 문제에 관하여 해볼 만하다고 여기고, 하고 싶은 문제로 재구성하게 된다.

코치: 부장님, 지금 이 순간 누가 떠오르나요?

고객: 와이프요. 우리 애들도 생각나고…. 뉴스에서 50대 직장인들이 이리 치이

고 저리 치이고, 꼰대라고 무시당하고 이런 것들 나오면… "당신도 그래?" 하고 물어봐요. 회사에서 인정받으며 잘나가지는 못할망정 이런 대접이나 받고 있으니… 아내 얼굴 볼 면목이 없어요.

코치: 아내분 그리고 아이들에게 당당하고 자랑스러운 남편, 아빠가 되고 싶은 마음이시네요.

고객: 어느 가장이 그런 마음이 없겠어요. 그런데 나이 들수록 회사나 집에서나 설 자리가 좁아지는 것 같아요.

코치: 좀 서운하신가요?

고객: 시대가 좀 그래요. 세상 탓을 해야 하나, 제 탓을 해야 하나 모르겠네요.

코치: 지금까지 살아오면서 자랑스러웠던 남편 또는 아빠의 모습도 분명히 있었을 텐데요. 언제가 떠오르세요?

고객: 회사 규모가 막 커지고, 일도 한창 많이 하던 때… 대리 말년이나 과장 초임 시절이었던 것 같아요. 아이들이 어렸을 때라 더 놀아주고 했어야 하는데, 그때는 회사 일이 늘 우선이었어요. 야근하고 주말에도 나가고… 지금은 주 52시간이니 뭐니 해서 그렇게 일할 수도 없지만, 그때는 정말 미친 듯이 일했네요.

코치: 일에 대한 열정이 어마어마하셨네요. 재미나 보람도 많이 느끼셨을 것 같아요.

고객: 그렇죠. 프로젝트 하나 끝나면 성취감도 있고, 저를 인정해주는 상사도 있고 그래서 신나서 일했어요.

코치: 가족들은 그런 아빠를 어떻게 이야기하나요?

고객: 그때는 가족 동반하는 회사 행사 같은 것이 좀 있었는데, 아내랑 아이들이 좋아했어요. 저도 그런 자리에서는 대기업 다니는 아빠라는 것에 어깨가 으쓱해지기도 했고요…. 옛날 얘기죠. 그렇게 청춘을 바쳐서 일했더니 이제 저성과자라면서 하찮고 쓸모없는 인간 대접이나 하고 말이죠.

코치: 지금 마음은 어떠세요?

고객: 씁쓸하고 허망해요.

코치: 씁쓸하고 허망하시네요. 과거에 그렇게 열정을 갖고 일하셨던 분인데… 지금 만약 부장님 뜻대로 할 수 있다면 어떻게 하고 싶으세요?

고객: 지금은 나이 탓인지, 세상 탓인지… 예전 같은 열정이 없어요. 게다가 머리도 안 돌아가고 기억력도 안 좋아서 분명히 들었는데 기억이 안 나요. 젊을 때는 정말 일이 좋아서 했던 것 같은데… 그때 열정의 반이라도 다시 좀 생기면 뭐가 좀 달라지려나요?

코치: 부장님께서 현재 원하는 것은 열정을 다시 찾고 싶은 거네요.

관점 전환을 위해 코치가 이때 해볼 수 있는 접근으로는 다양한 공간, 시간, 사람(사물)의 관점으로 고객을 이동시켜 질문하는 것이다. 공간의 이동은 그 이슈를 바라보고 있는 고객의 관점을 물리적으로 옮겨보는 것이다. 우리가 사과를 볼 때도 위에서, 아래에서, 옆에서, 멀리서 보게 될 때 각각 다른 점이 보이는 것처럼 이슈 혹은 자기 자신에 대해 더 객관적으로 인식할 수 있다. 보통 공간을 확장해서 하는 질문을 '메타 보기(meta-view)', 공간을 축소해서 하는 질문을 '디테일 보기(detail-view)'라고 한다.

시간의 이동은 과거와 미래의 관점으로 옮겨보는 것이며, 사람(사물)의 이동은 다양한 타인이나 사물의 관점으로 보도록 하는 것이다. 동일한 관점을 달리하는 질문을 통해 기존 인식을 전환하고 재구성을 도울 수 있다.

코치: 부장님, 이번 일이 전화위복의 계기가 된다면 어떻게 하고 싶으세요?

고객: 전화위복이라… 되돌릴 수 없는 일인 것은 분명한데… 솔직히 아직은 제 감정이 추슬러지지가 않아요.

코치: 그래요. 그 감정을 돋보기로 들여다보면… 어떤 감정들이 있어요?

고객: 회사에 대한 서운함, 섭섭함 같은 것, 원망, 미움 이런 것도 있어요.

코치: 원망이나 미움의 감정은 어디에서 오는 거예요?

고객: 팀장이요.

코치: 팀장은 부장님을 어떻게 보나요?

고객: 자기가 하려고 하는 일에 협조는 안 하고 사사건건 비판하는 사람… 그래서 일을 안 하려고 하는 사람…. 저랑 그냥 코드가 잘 안 맞아요…. 일할 때 중요하게 생각하는 것도 많이 다르고….

코치: 그렇군요. 부장님이 리더라면 그런 직원이 어떻게 보일까요?

고객: 제가 윗사람이라도 그런 부하직원이 있으면 불편하죠…. 상당히 불편할 것 같아요.

코치: 실제로 부장님은 비판적이고 일을 안 하려고 하는 사람인가요?

고객: 아니요. 저는 절대 그런 사람이 아니에요.

코치: 그럼 팀장은 부장님의 어떤 행동을 보고 그렇게 오해하신 걸까요?

고객: 저는 일을 좀 보수적으로 보는 편이거든요. 어떤 일을 했을 때 기대효과보다는 부작용 같은 것을 더 꼼꼼하게 따져요. 그래서 "이건 왜 하는 겁니까? 이거 해서 우리가 얻는 이익이 뭐죠? 이런 문제가 발생하는데 그건 어떻게 해결할 거예요?" 이런 식으로 좀 많이 따져요.

코치: 부장님은 리스크를 최소화하는 데 방점을 두시네요. 그렇게 따졌을 때 팀에는 어떤 영향이 있어요?

고객: 분위기가 엄청 안 좋아져요. 팀원들이 눈치를 많이 봐요. 제 눈치도 보고 팀장 눈치도 보고….

코치: 이런 팀 상황을 관찰카메라로 들여다본다고 상상해볼게요. 무엇이 새롭게 보이나요?

고객: 제가 너무 세게 말하니 팀장 표정, 팀원들 표정 다 안 좋아요. 눈으로 다들 저를 욕하는 것 같아요.

코치: 지금 마음이 어떠세요?

고객: 안 좋아요.

코치: 팀원들에게 알려진 이런 모습 말고 부장님만 아는 자신의 모습은 어떤 것이 있나요?

워요.

코치: 팀장님은 본인이 전문가 수준으로 완벽하게 내용 파악이 되어야 하는 분인데, 지금 이 상황이 얼마나 답답하실까요.

고객: 제가 이제 와서 안전 쪽에 전문성을 쌓는 것이 필요한가 하는 생각도 들고…. 그런데 한편으로는 모르는 것을 팀원이 와서 보고하면 그냥 따를 수밖에 없으니까 답답해요.

코치: 제품 안전 업무 관리에 대해 조직에서는 팀장님에게 무엇을 기대할까요?

고객: 문제 생기지 않게 잘하는 것…. '잘'이라는 것이 참 어렵긴 한데요…. 저희 회사 비즈니스가 워낙 변화가 빨라요. 그래서 이쪽 업무를 계속 강화시킬 것은 아니고 현상유지를 잘하는 정도로 잘 관리하기를 바랄 것 같아요.

코치: 조직에서 기대하는 관리 수준과 팀장의 전문성은 어떤 연관이 있나요?

고객: 만약 조직에서 그 정도만 관리해주기를 원한다면, 전문성이 그렇게 높을 필요는 없겠다는 생각이 들어요.

코치: 그 말씀하시면서 마음속에 어떤 생각이 올라오세요?

고객: 꼭 전문가가 될 필요는 없는데… 지금까지 제가 이렇게 회사생활을 해오다 보니 쉽게 놓아지지 않아요.

코치: 네..., 그런 마음이시군요. 리더가 전문가가 아니라서 득이 되는 부분은 뭐가 있을까요?

고객: 실무자 입장에서는 좋을 것 같아요. 본인이 생각한 대로 일할 수 있고, 이런 저런 지시를 받지 않고 소신대로 할 수 있으니까요.

코치: 그 부분이 팀의 성과에는 어떤 영향을 줄까요?

고객: 그 친구가 충분한 역량이 있고, 주도적으로 일하는 사람이라면 본인 뜻대로 해도 성과는 날 것 같아요.

코치: 쭉 이야기해보니 리더십과 전문성은 어떤 연관이 있는 것 같으세요?

고객: 리더가 모든 업무에 대해 전문성을 갖출 수는 없겠네요. 모르는 것이 있을 수도 있죠….

코치: 팀장님에게는 안전 업무에 대한 전문성은 부족할지 몰라도 다른 측면에서

전문성은 충분히 갖고 계시지 않으신가요?

고객: 글쎄요. 저의 어떤 전문성이 도움이 될지 모르겠네요.

코치: 제 생각을 좀 나눠도 괜찮을까요?

고객: 네.

코치: 팀장님은 사업 전체를 보고, 그것에 맞게 팀이 어떻게 일을 해야 성과를 내고 조직에서 인정받을지를 아는 분 같아요. 사업 전략과 팀의 업무를 정렬시키는 데 전문성이 있다고 생각돼요.

고객: 네, 맞아요…. 저희가 지원부서지만 전략 방향이나 손익을 잘 알고 대응하는 것이 필요해서 그런 점을 팀원들에게 많이 이야기해줘요.

코치: 네. 말씀하시고 나니 팀장님의 리더 역할에 대해 어떻게 정리가 되세요?

고객: 네. 제 다른 강점을 더 활용하고, 부족하게 느껴졌던 부분은 실무자가 잘하도록 믿고 맡기는 것이 더 필요하겠다는 생각이 들어요.

코치: 아~ 새로운 부분을 보게 되셨네요. 구체적으로 어떤 행동을 해보실 수 있을까요?

고객: 제품 안전 실무자들에게 기술적인 문제는 스스로 고민해서 최선의 대안들을 만들어오게끔 하고, 저는 그 사람들이 놓친 부분을 회사의 전략이나 문제 해결 관점에서 가이드를 해줘야겠다는 생각이 들어요.

세계적인 NLP 트레이너이자 임상 전문가인 로버트 딜츠(Robert Dilts)는 인간의 의식과 행동이 서로 영향을 주고받는 메커니즘을 모델화하여 '신경논리적 레벨(neurological levels)'을 제안했다. NLP는 Neuro Linguistic Programming(신경언어 프로그래밍)의 약자로 인간의 오감을 통해 얻은 경험과 언어를 통한 체험이 뇌(신경)를 움직이는 프로그램을 만들고, 각자의 프로그램에 의해 인간의 행동이 결정된다고 본다.

딜츠가 제안한 신경논리적 레벨은 1단계 환경, 2단계 행동, 3단계 능력, 4단계 신념과 가치, 5단계 정체성, 6단계 초정체성을 의미하는데, 상위 단계는 하위 단계를 결정한다고 한다. 즉, 우리의 환경이나 물리적 관계는 우리가 취하는 행동에 의해 결

고객: 모든 학습자료는 다 유튜브에 있으니깐…. 강원국 작가님 영상도 봤던 것 같은데, 그런 영상들 몇 개 보고 제 것으로 만드는 방법을 찾아보면 좋겠어요.

코치: 책을 쓴다는 것이 ○○ 님에게 어떤 점에서 가치 있는 일인가요? (4단계 신념, 가치)

고객: 자서전이라면 너무 거창하게 들리겠지만, 지금 제 나이에서 인생의 하프타임을 책을 통해 정리해보고 싶거든요. 근데, 일기를 쓰면 되지 나는 왜 이걸 굳이 책으로 내고 싶을까를 생각해보면… '비슷한 삶의 과정을 다들 겪을 텐데, 그냥 이렇게 사는 사람도 있다. 각자 삶의 방식이 있고 정규분포를 벗어났다고 해서 그것이 잘못된 것은 아니다' 이런 이야기를 하고 싶어요.

코치: 와~ 그것이 책을 통해 독자들에게 전해주고 싶은 메시지네요. 책의 가제는 뭐예요?

고객: 딱 마음에 드는 제목이 나오지는 않았는데, '곁에 있고 싶은 사람'이요.

코치: ○○ 님의 따스함이 제목에서도 느껴져요. '곁에 있고 싶은 사람'이라는 제목은 ○○ 님 자신과는 어떻게 연결되나요? (5단계 정체성)

고객: 제가 궁극적으로 되고 싶은 모습이죠. 모든 사람에게 다 그럴 필요는 없겠지만, 최소한 내 주변 사람들에게는 그런 존재이고 싶어요. 그리고 책을 읽으시는 분들도 자기 주변 사람들에게 이런 사람이 되면 세상은 더 좋아지지 않을까요?

코치: 네, 그렇네요. 책을 통해 더 좋은 세상을 만드는 데 기여하고 싶은 마음이시네요. 쭉 대화 나눠보니 어떤 마음이세요?

고객: 왜 제가 책을 쓰려고 했나. 이것이 어떤 의미가 있나. 이런 것들을 툭툭 이야기해보니 좋네요. 책이 나오긴 나오겠구나 하는 생각이 들어요. 하하.

코치: 그래요! 저도 책이 기다려집니다. 그렇다면, 지금 당장 ○○ 님이 하셔야 할 행동은 무엇인가요?

4.
성장 지원

고객의 학습과 통찰을 정체성과 통합하고, 자율성과 책임을 고취한다.
고객의 행동 전환을 지원하고, 실행 결과를 피드백하며 변화와 성장을 축하한다.

(1) 정체성과의 통합 지원

KCA 코칭역량모델 해설 - 핵심요소 및 행동지표 설명

정체성과의 통합 지원

고객의 학습과 통찰을 자신의 가치관 및 정체성과 통합하도록 지원한다.
학습은 배우고 익히는 것이며, 통찰은 그것에서 새로운 발견과 깨달음을 찾는 것이다. 코치는 고객이 코칭을 통해 얻은 학습과 통찰을 자신의 정체성과 가치관에 통합하게 함으로써 실행력을 강화하고, 지속적인 변화와 성장을 이룰 수 있게 지원한다.

코칭에서 다루는 주제는 승진이나 다이어트 같이 눈에 보이고 객관적인 결과물이 있는 현실적인 내용이 있는가 하면, 인생을 어떻게 살아야 할지, 내 삶의 의미는 무엇인지와 같이 눈에 보이지도, 손에 잡히지도 않는 추상적인 내용도 있다.

어떤 주제이든 그 주제를 안고 있는 주체인 고객에게 포커스를 맞추어 고객의 가치관 및 정체성을 다루는 것이 필요하지만, 특히 고객의 추상적인 내면세계를 다룰 때 고객의 정체성과 연결시킴으로써 고객의 통찰을 돕는 것이 중요하다. 코칭을 통해 얻은 학습과 통찰이 자신의 정체성과 통합될 때 고객은 변화와 성장을 위한 더 큰 발걸음을 내딛게 된다.

다양한 고객과 코칭을 하다 보면 비물질적인 가치나 자신의 존재 이유 같은 내면의 심오한 주제를 탐색하는 경우가 있다. 영적으로 깨어있기를 원하는 고객의 성향일 수도 있고, 삶의 중요한 전환점에서 해결되지 못한 과제가 정체성과 통합되지 못해서일 수도 있다. 이처럼 현실 속의 육신의 목표를 초월하여 영적인 목표를 추구하는 코칭을 '영성 코칭(spiritual coaching)'이라고 한다. 영성(spirituality)은 "궁극적 또는 비물질적 실재(reality), 자기 존재의 에센스(essence, 정수)를 발견할 수 있게 하는 내적인 길(inner path), 의거하여 살아야 할 준칙으로서의 가장 깊은 가치들과 의미들"을 의미하며(위키백과), 종교적 신앙 유무와는 관련이 없다.

아래 대화는 10회기 이상의 코칭을 통해 고객이 자신에 대해 더 깊이 이해하고, 더 높은 삶의 의미가 무엇인지를 끊임없이 학습하고 통찰하는 과정 끝에 자신의 영적인 목표를 발견한 사례다.

고객: 지난 코칭 이후로 제가 늘 신경 쓰고 살았던 제 삶의 어젠다였던 '마음을 넉넉하게 쓰는 사람이 되고 싶다'는 열망이 많이 줄었어요.

코치: 네. 맞아요.

고객: 마음을 넉넉하게 쓴다는 것은 어쩌면 수단이나 부차적인 것이고, 이것보다

삶의 궁극적인 지향점, 제가 중요하게 생각하는 근본적인 가치가 있다는 것을 알게 되었어요.

코치: 이 문제에 관해서 사색하면서 생각을 정리해보겠다고 하셨는데, 어떤 것을 발견하셨어요?

고객: 세상에 태어난 이유가 있다고 하는데, 저는 그 말을 믿거든요. 내 삶의 이유는 뭘까? 내 삶의 난이도 역시 내가 설정하고 태어난 것 아닐까? 이런 생각들이 막 올라왔어요. 영적으로 더 성숙해지고 싶은데, 생각이 수렴되지 못했어요.

코치: 말씀하신 것처럼 내 삶의 이유를 찾는 과정인데, 숙고의 과정이 필요할 것 같아요. 지금까지 살면서 삶의 중요한 전환점은 언제였나요?

고객: 교사 그만둘 때요. '공교육에서 교사가 할 수 있는 것이 별로 없구나' 하는 한계를 느끼고 학교를 나와서 공부를 시작했어요. 박사까지 마치고 났는데도 뭔가 해소되지 않는 것 같았어요.

코치: 연구하고 가르치는 일 너머에 ○○ 님이 원하는 무언가가 있는 것 같아요. 무엇이든 가능하다면 무엇을 이루고 싶으세요?

고객: 흠…. 아이들의 마음을 돌보는 일을 하고 싶어요. 그런 일을 하는 저만의 교육기관을 만들고 싶어요.

코치: 와~ ○○ 님과 몇 개월간 대화하면서 처음 듣는 이야기네요.

고객: 저도 제가 이런 이야기를 하게 될 줄 몰랐어요. 연구한 내용을 실제 필드에 녹여서 제가 교육에서 추구하는 가치나 철학을 시도하고 증명하는 그런 소규모 기관이면 좋겠어요.

코치: 조금 더 이야기해주실까요?

고객: 안정된 직장에서 성실하게 일하는 것… 여기서 내가 얻고자 하는 것이 뭘까? 의미 부여가 안 돼요. 제가 공부하고 연구한 것을 좀 펼칠 수 있으면 좋겠어요.

코치: 지금 이 말씀하시면서 느낌이 어떠세요?

고객: 조금 얼떨떨해요. 언제부터 내가 이런 생각을 해왔을까 싶어요.

코치: 여태까지 ○○ 님이 꺼내놓은 이야기 조각들이 하나로 모아져서 커다란 퍼즐이 맞춰지는 느낌도 들어요.

고객: 조금 신기하긴 해요. 몇 개월 동안 코칭 받으면서 나는 왜 이런 하찮은 것이 고민일까 그런 생각을 많이 했어요. 남들도 이런 게 고민일까? 내가 좀 이상한 사람인가 싶기도 하고요. 지금은 제 고민이 임계점을 지나는 걸까요?

코치: 임계점을 통과한 ○○ 님이 발견한 이 세상에 나온 이유는 무엇인가요?

고객: 교육의 참된 가치를 실현하고 싶고, 증명된 이론으로 아이들이 온전하게 성장하도록 돕는 한국에서는 보기 힘든 연구가 기반인 기관을 만들고 싶어요.

변화와 성장이 가능하려면 코칭 목표가 진짜 자신의 것이어야 한다. 코칭 목표가 고객 자신에게 정말 중요하고 가치 있다고 여길 때, 목표 달성 과정이 진정으로 즐겁고 재미있다고 느낄 때 실행 노력은 극대화되고 성장하게 된다. 반대로 코칭에서 수립한 목표가 어떤 보상을 얻기 위함이나 처벌을 피하기 위한 외재적 동기에 의한 것이라면 작은 장애물에도 쉽게 좌절하게 된다. 고객 스스로 자율성과 책임을 느끼고 돌파할 힘을 갖게 될 때 성장은 지속된다.

코치는 고객의 목표가 외재적 동기에 의한 것이라면 내재적 동기로 전환시킬 수 있는지를 탐색하여 성장을 도울 수 있는데(탁진국, 2019), 아래 코칭 사례를 통해 내재적 동기를 어떻게 탐색해볼 수 있는지 살펴보자.

코치: 새로 맡은 프로젝트 때문에 고민이 깊으시네요. 한편으로는 잘해내고 싶은 마음도 큰 것 같아요. 이 프로젝트를 잘해낸다면 ○○ 님은 어떨 것 같아요?

고객: 기분 좋죠. 경력사원으로 이직했기 때문에 주변의 기대가 좀 있었거든요. 물론, 팀장님이나 선배들은 잘해주시고, 대놓고 압박을 주지는 않아요…. 그래도 일을 못 하게 되면 실망하시지 않을까요.

코치: ○○ 님을 믿고 맡겨준 분들에게 실망스런 모습을 보여주고 싶지 않으신 거

네요. 이 프로젝트를 정말 성공적으로 마친다면, 프로젝트 전후 ○○ 님은 어떻게 달라지나요?

고객: 음… 회사에서 인정받게 되고, 고과에도 도움이 되겠지요…. 이 프로젝트가 팀에서 차지하는 비중이 큰 편이라 제 포지션도 안정될 것 같아요.

코치: 본인의 역량 측면은 어때요?

고객: 이 일에 관해서는 팀 내에서 누구보다 전문성을 갖게 되고요. 그리고 이런 큰 프로젝트 경험을 통해 프로젝트 매니지먼트 역량이 높아지겠어요.

코치: 또 어떤 역량에 변화가 기대되나요?

고객: 멤버들의 업무를 총괄하면서 전체를 보는 시각이라든지 사람들을 관리하는 부분, 고객사와 협업하는 부분에서 많이 배우게 될 것 같아요. 사람을 관리하는 영역에서 크게 성장하겠네요.

코치: 그러네요. 전체를 보는 시각과 사람 관리에 대한 부분은 앞으로 조직에서 커가는 데 꼭 필요한 역량이라 생각돼요. 어떻게 생각하세요?

고객: 네, 맞아요. 게다가 저희 회사는 여성분들이 되게 많아요. 남자로서 여성분들과 더 잘 소통하는 것도 필요하고, 이제 조금씩 실무자에서 관리자로 역할 변화가 필요한 시점이기도 해요.

코치: 그런 갈증이 있을 때 마침 이 프로젝트를 맡게 되셨네요.

고객: 그러네요. 제가 해오던 업무 범위를 넘어서는 일이라서 꽤나 도전적인 과제에요. 그런데 분명히 제 커리어에는 도움이 될 것 같아요.

코치: '도전'이라고 말씀하면서 어떤 느낌이 드세요?

고객: 해볼 만한 일인 것 같아요. 멋지게 잘해내고 싶은 마음도 들고요.

코치: 네. ○○ 님이 이 프로젝트를 대하는 마음이 조금 달라진 것 같은데, 어떠세요?

고객: 팀장님이 처음에 이 프로젝트를 저한테 하라고 할 때 많이 머뭇거렸거든요. 저도 이런 업무는 처음 해보는데다가 팀원 중에서도 경험자가 없었어요. 제가 참고할 만한 히스토리도 없었고요. 그야말로 멘붕이었죠. 근데 그게 오히려 기회가 된 것 같아요.

코치: 자신감도 조금 생긴 것 같아요.

고객: 네. 처음엔 '일이 잘못되면 어쩌지? 펑크 내면 안 되는데' 하는 마음이었다면, 지금은 일 자체가 더 눈에 들어와요. 하기도 전에 결과를 먼저 생각했는데, 일하는 과정을 충실히 하다 보면 자연스럽게 좋은 결과가 나오지 않을까 생각해요. 상황이 안 좋아지면 팀장님께 SOS 해야죠…. 하하~

사람은 자신이 되고 싶은 이상적 자아(ideal self)와 현실적 자아(real self) 사이의 차이를 인식하고 그 차이를 극복하기 위해 새로운 행동과 역할을 현실에 적용 및 실천하여 변화를 만들어낸다(Boyatzis의 의도적 변화이론, 2006). 현실의 자아도 고객 자신이며, 되고자 하는 이상적인 자아도 고객 자신이다. 비록 원하는 모습이 되지는 못했지만, 그 모습을 갈망하는 고객의 욕구와 가치가 반영되어 있기 때문이다. 그리고 현실과 이상 간의 차이를 극복하기 위해 의도적으로 노력하여 변화를 시도하는 사람도 고객 자신이다. 정체성이란 자기 자신에 대한 정의를 말하는 것인데, 코치는 고객 각자가 갖는 다양한 내적 자기 자신의 요소들을 탐색하고 종합하여 정체성을 새롭게 정의하도록 돕는다.

이상적 자아가 되기 위해 현실적 자아를 완전히 버려야 한다면 고객은 얼마나 힘이 들겠는가? 특히 아래 사례에서처럼 타고난 성격에 관한 것이라면 몇 번의 코칭으로 탈바꿈하는 것은 더욱 어렵다. 하지만 상황에 따라 자신의 태도는 바꿀 수 있고, 이렇게 변화하는 모습 역시 고객 자신임을 코치가 발견하도록 돕는다면 코칭 이후에도 고객은 지속 성장할 수 있을 것이다.

고객: 지난번 말씀드린 커뮤니티에 지난주에 가입 승인이 되었어요.

코치: 그래요? 축하드려요. 가입할지 말지 조금 고민하셨잖아요. 어떤 기분이세요?

고객: 가입서류 내고 한 달 정도 지나서 승인이 났어요. 시간이 걸린다는 안내를

받기는 했지만, 제가 자격요건이 안 되어서 논의가 길어지는 것일까 이런 생각들을 했어요.

코치: 그러셨군요. 앞으로 활동에 기대가 크시겠어요.

고객: 제가 막 사교적이고 앞에 나서는 성격이 아니라서 이런 데 가입해서 뭘 얻을 수 있을까 하는 것 때문에 고민스러웠어요. 이제 멤버로 들어간 이상 앞으로 제가 어떻게 활동하느냐가 중요한 것 같아요.

코치: 네. 그래요. 어떻게 활동하고 싶으세요?

고객: 친목이 됐든, 학습이 됐든 모임에서 제가 여러 사람 중 한 명으로 묻혀버리는 것이 아니라 그 모임이 끝나고도 '저 사람 인상적이다~' 이런 느낌을 주고 싶어요.

코치: '인상적이다'라는 것도 여러 면이 있을 것 같은데요. 이 커뮤니티에 구체적으로 어떤 느낌을 심어주고 싶으세요?

고객: 음… '적극적이면서 자기를 잃지 않고 잘 유지하는 사람' 그런 인상을 주고 싶어요.

코치: 오~ 그래요. '적극적이면서 자기를 잃지 않고 잘 유지하는 사람'이 되고 싶은 이유는요?

고객: 여기 회원분들이 저보다 연배가 훨씬 많아요. 평균적으로요…. 그리고 기업체나 단체에서 거의 임원 레벨에 계신 분들이다 보니 제가 먼저 다가가고 적극성을 보이면 좋을 것 같아요. 그러면서 제가 갖고 있는 본연의 모습이 잘 드러나면 좋겠어요.

코치: 커뮤니티 모임에서 적극적이면서 ○○ 님 본연의 모습이 잘 드러난 상황을 한번 상상해볼까요? ○○ 님은 어떻게 행동하고 계신가요?

고객: 선배들께 예의를 갖춰 인사하고, 저를 담백하게 소개해요. 그렇게 잘난 체할 필요는 없지만, 그렇게 겸손하지도 않아요. 제 주장이나 생각도 자연스럽게, 고민하지 않고 이야기하는 그런 모습이 상상이 돼요.

코치: 상상해보니 기분이 어떠세요?

고객: 좋아요. 모자라지도 과하지도 않게… 이렇게 하고 싶어요.

코치: 현실의 ○○ 님은 어떤 사람이에요?

고객: 처음 가는 모임이나 사람이 많은 곳에서는 조금 불안해요. 저를 좀 숨겨요. 드러내지 않고 그냥 있는 듯 없는 듯해요.

코치: '되고 싶은 나'와 '현실의 나' 사이에 갭이 있네요. 그 갭이 어때 보여요?

고객: 어렸을 때는 이게 더 컸어요. 그런데 사회생활을 하면서 조금씩 좁혀진 것 같은데… 그래도 더 노력해야 해요.

코치: 그러셨군요. 그 갭을 좁히기 위해 노력하시는 분이네요. 그 결과 지금 이 모습으로 성장하신 것 같습니다.

고객: 네, 맞아요. 저는 상황에 따라 요구되는 것이 있다면 못 할 일은 없다고 생각해요. 하고 안 하고의 문제이지 할 수 있다 없다의 문제는 아닌 것 같아요.

코치: 오~ 자신감이 느껴지는데요. 오늘 나눈 이야기를 토대로 ○○ 님 자신에 대해 어떤 사람이라고 이야기할 수 있나요?

고객: 적극적으로 나의 있는 그대로의 모습을 드러내기 위해 노력하는 사람인 것 같아요.

코치: 그동안 놓치고 있던 ○○ 님의 모습을 발견하신 것 같아요. 그렇게 노력하는 ○○ 님은 이제 변화를 위해 무엇을 하시나요?

고객: 여태까지 노력해온 저를 좀 인정해줘야겠네요. 맘 먹으면 사실 그렇게 어려운 일도 아니라는 생각이 들어요. 이번 달에 큰 행사가 있는데, 거기에 자원봉사할 사람을 모집하더라고요. 그것부터 손들고 한번 해봐야겠어요.

(2) 자율성과 책임 고취

KCA 코칭역량모델 해설 - 핵심요소 및 행동지표 설명

자율성과 책임 고취

고객이 행동 설계와 실행을 자율적이고 주도적으로 하도록 고취한다.
코치는 고객이 목표를 수립하고 그 목표를 이루기 위한 실행 방법을 설계하고 실행하는 과정에서 고객 스스로 생각하고 판단하여 결정하도록 고취한다. 이는 고객 스스로 선택하고 선택한 것에 책임을 지도록 지지하고 격려한다는 뜻이다. 인간은 타인의 강압이 아닌 자신의 자율성에 기반을 둔 내적 동기에 따라 행동할 때 자기실현 경향성이 훨씬 더 높아진다.

코칭이 여타 유사한 접근법과 다른 가장 독특한 점 중 하나가 서비스를 제공받는 사람인 고객에게 자율성을 갖게 한다는 것이다. 자율성을 가진 고객은 코칭의 목표 수립, 목표에 도달하기 위한 방법 및 목표 달성 여부에 대한 판단까지 스스로 결정한다. 코칭에서 모든 사람은 온전하고(holistic), 자기 안에 해답을 가지고 있고(resourceful), 창의적인(creative) 존재이기 때문에 고객의 자율성은 지극히 당연한 이야기다.

자율성은 두 가지 측면에서 코칭에서 의미하는 바 크다. 첫째, 자율성은 인간이 효율적으로 기능하고 성장하기 위해 반드시 채워져야 하는 기본적인 심리적 욕구 중 하나다(Deci & Ryan, 1985). 따라서 고객의 자율성을 인정하고 촉진하는 것은 고객의 성장에 필요조건을 충족하는 것이다. 둘째, 자신의 문제에 대해 스스로 선택하고 결정한 사람은 그 결과에 대한 책임감도 높다. 코칭이 인정과 지지가 바탕이 되기에 그저 듣기 좋은 이야기만 나누는 대화처럼 보이지만, 자율성은 책임을 동반한다는 무서운 실행력의 촉진 원리가 담겨 있다.

- 그 일에 얼마나 전념할 수 있나요? 그 일에 온전히 전념하기 위해 필요한 것은 무엇인가요?
- 성공했다는 것을 어떻게 알 수 있나요? 어떻게 측정할 수 있나요?
- 과거에는 무엇 때문에 그 행동을 시작하지 못하셨나요? 그 요인들을 최소화하기 위해 무엇을 하시겠어요?

팔로우업 단계

- 이 일이 지금 어느 지점까지 가 있나요?
- 지난번 미팅 이후 그 일은 어떻게 진행되고 있나요?
- 스스로 얼마나 진전을 이루었다고 생각하시나요?
- 무엇이 효과가 있었나요? 그렇게 생각하는 이유는 무엇인가요?
- 어떤 성공을 거두었나요? 그 성공을 이끈 것은 무엇인가요?
- 당신의 어떤 노력, 강점이 여기에 어떻게 기여했나요?
- 이 일을 통해 무엇을 배웠나요?
- 이 일을 하면서 어떤 어려움이 있었나요? 어떻게 극복했나요?
- 당신의 어떤 역량이 성장했나요?
- 무엇이 제대로 진행되지 않았나요? 그 이유는 무엇인가요?
- 어떤 어려움에 부딪혔나요? 그 어려움에 어떻게 대응했나요?
- 새롭게 발견한 자신의 모습은 무엇인가요?
- 그 장애물을 극복하기 위해 스스로 할 수 있는 일은 무엇인가요? 그것을 위해 제가 무엇을 도와줄 수 있을까요?

(3) 행동 전환 지원

KCA 코칭역량모델 해설 - 핵심요소 및 행동지표 설명

행동 전환 지원

고객이 실행 계획을 실천할 수 있는 후원 환경을 만들도록 지원한다.
코칭을 통해 고객에게 새로운 학습과 통찰이 일어나더라도 실천으로 이어지지 않으면 의미가 없다. 학습과 통찰이 실천으로 연결되고 실천을 통한 성과 창출을 경험할 때 고객은 비로소 지속적인 변화와 성장 가능성을 실감할 것이다. 코칭 과정에서 고객의 실행력을 높이기 위해 코치는 고객 스스로 후원환경을 만들도록 지원하는 것이 중요하다. 후원환경을 만든다는 것은 실천과 점검 등 모든 것을 고객 혼자서 하게 하지 않고 관련 이해관계자와 협력 관계를 맺으라는 뜻이다. 실행 과정에서 예상되는 장애는 누구의 도움을 받아 헤쳐갈 것인지, 실행의 가속도를 높이기 위해서는 누구의 지지와 격려가 필요한지 등 코치는 고객 스스로 체계적인 후원환경을 구축하도록 지원하는 것이 바람직하다.

고객이 행동 전환을 지속하도록 지지하고 격려한다.
코치는 실천 과정에서 고객의 행동 전환을 가능하게 한 동기와 성공 요소를 활성화하여 행동 변화의 지속성을 유지하도록 지지하고 격려하는 것이 중요하다. 행동 전환이 지속되려면 무엇보다 고객의 내적 동기에 의한 자율적 실천 행동이 이루어져야 한다. 고객이 하는 행동이 궁극적으로 그의 삶의 목적에 어떻게 연결되는지, 얻을 수 있는 가치는 무엇인지, 정말 고객의 삶을 즐겁고 재미있게 하는지 등을 확인하고 지지, 격려해야 한다.

코치는 고객이 계획한 실행 과제를 성공적으로 수행했을 때는 그 과정에서의 노력과 성과를 인정, 칭찬 등을 통해 지지한다. 만약 실행 계획을 달성하지 못했거나 실패했을 경우에는 실패를 통해 얻은 교훈을 확인하고 다음 시도에서는 성공할 수 있도록 격려한다.

코칭에서 실행 방안이 잘 수립되었고, 고객의 실행 의지가 아무리 높다고 해도 코칭의 성과가 바로 만들어지는 것은 아니다. 코칭에서 학습과 통찰은 행동으로 이어져야 하고, 행동은 코칭 세션 사이에 일어나게 된다. 따라서 코치는 고객이 실행 방안을 실천할 수 있도록 환경을 우호적으로 조성하고, 방해와 장애가 되는 것이 있으면 미리 점검하여 최소화할 수 있도록 지원해야 한다.

이번 섹션에서는 고객의 행동 전환에 도움이 되는 기법으로 장애물 다루기, 행

동화를 위한 후원환경 만들기, 최악의 상황 가정하기를 살펴보자. 첫 번째, 장애물 다루기는 실행 과정에서 방해가 될만한 요소가 있는지를 코칭대화에서 미리 검토하고 제거 방안을 세워둠으로써 실제로 실행할 때 성공 가능성을 높이는 것이다.

코치: 저희가 오늘 커피 줄이기에 관하여 이야기를 나눴어요. 이와 관련하여 실행 계획으로 어떤 것들이 나왔나요?

고객: 하루에 몇 잔이나 마시는지를 기록하고, 카페인 섭취량을 계산한다, 3잔 이내로 마신다, 커피가 당길 때는 냉수를 마신다…. 이 세 가지가 나왔어요.

코치: 네. 그래요. 이것들을 실행하는 과정에서 방해가 될 만한 것은 무엇이 있을까요?

고객: 세상에는 커피가 너무 많아요. 사무실에도 꽤 괜찮은 커피머신이 있고요. 또, 밖에 나가면 카페가 도처에 깔려있잖아요. 이런 환경 자체가 다 유혹이네요.

코치: 그렇군요. ○○ 님처럼 커피를 좋아하는 분들에게는 정말 힘든 환경이네요. 사무실의 커피머신을 없앨 수도 없고, 길거리에 있는 카페를 피해 다닐 수도 없을 텐데, 이것들을 어떻게 할 수 있을까요?

고객: 글쎄요. 잘 모르겠어요.

코치: 이런 환경이 ○○ 님에게 100% 방해요소인가요? 혹여 조금이라도 혜택을 주기도 하나요?

고객: 음… 계속 커피를 마시게끔 유혹하니까 분명히 안 좋은 환경이긴 한데, 그래도 100% 방해가 된다고 말할 수는 없겠죠. 아… 커피 향은 원하면 언제든 맡을 수 있으니까 그 점은 좋아요…. 꼭 커피를 마시지 않아도 커피 향은 맘껏 마실 수 있는 것이 혜택이네요.

코치: 그렇군요. 새로운 측면을 보셨어요. 사무실의 커피머신을 떠올려보실래요? 커피머신이 "나 좀 마셔봐~~" 이렇게 유혹하는 것 같으면 어떻게 하시겠어요?

고객: 하하… 만화 같은 장면이 떠올라서 웃음이 나오는데요. "난 커피 향만 즐기고 너를 마시지 않을 거야…. 됐거든~" 이렇게 말할 것 같아요.

코치: 하하. 저도 ○○ 님이 커피머신과 대치하고 있는 모습이 그려졌어요. 커피머신은 늘 그 자리에 있을 텐데… 커피머신이 방해가 되지 않으려면 어떻게 하면 좋을까요?

고객: 「이상한 변호사 우영우」에서 회전문을 보고 왈츠를 춘다고 생각해보라고 하잖아요. 그것처럼 '커피는 향으로 마셔도 충분히 훌륭하다!' 이렇게 생각해보고 싶어요.

코치: 와~ 좋은데요.

장애물을 다루는 질문으로는 다음과 같은 것이 있다.

- 이것을 실행할 때 예상되는 문제는 무엇인가요?
- 지금 무엇이 당신의 발목을 잡고 있나요?
- 당신을 가로막고 있는 것은 무엇인가요?
- 지금 겪고 있는 문제의 가장 핵심은 무엇인가요?
- 지금 주저하는 이유는 무엇인가요?

다음은 행동화를 위한 조건 혹은 후원환경을 만드는 것인데, 이를 '행동 장치(commitment device)'라고도 한다. 행동을 위한 후원환경에는 실천을 도와줄 물건, 리추얼(규칙적으로 행하는 자기만의 의식이나 의례), 사람 등 다양한 것이 포함될 수 있다.

'퇴근 후 걷기, 운동하기'라는 행동을 촉진하기 위해 '좋아하는 음악 들으면서 걷기'나 '친구와 함께 걷기'와 같이 원하는 행동을 더 용이하게 하기 위한 연합 장치를 만들도록 할 수 있다. 반대로, '야식 안 먹기'와 같은 회피적 속성을 가진 행동의 경우 오히려 야식 먹는 행동을 더 어렵게 만드는 조건을 고객에게 고안하게 하는 것도 행동 전환에 도움이 된다.

고객: 딸을 믿는 마음이요. '이제 중학생이니 자신의 일은 스스로 결정할 수 있다. 우리 딸은 그럴만한 능력이 충분하다.' 이런 생각을 가져야겠네요.

코치: 아~ 그렇군요. 새로운 생각이 일어났네요. '내가 오지랖을 줄이고 있다'는 것은 스스로 어떻게 알 수 있나요?

고객: '나는 내 딸을 믿는다.' 이것을 순간순간 떠올리고, 저 자신에게 물어야겠어요. '지금 나는 딸을 얼마나 믿고 있는가?' 이렇게요.

코치: 와~ 우리의 실행 계획과 관련해서 새로운 체크리스트가 생겼네요.

다회기 세션은 지난 코칭의 여정 속에서 고객의 성찰과 변화를 더욱 풍성하게 나눌 수 있다는 점에서 코치의 피드백이 힘을 발휘한다. 변화하는 과정에서 고객은 과거 자신의 모습을 놓치기 쉽다. 코치는 과거와 비교하여 현재 달라진 고객의 모습, 그것을 가능하게 한 고객의 노력이나 강점을 피드백하여 긍정 자원을 강화한다. 혹은 고객이 정체된 모습을 보이고 있다면 그 상태를 직면하게 하거나, 말과 행동에서 오는 불일치를 피드백할 수 있다.

코치: 지난 코칭 이후 어떤 실행을 하셨어요?

고객: 글을 한 꼭지도 못 썼어요. 그동안 회사 일도 많아지고, 주말에는 집안에 행사가 있어서 너무 바빴거든요.

코치: 아휴~ 얼마나 바쁘셨으면 그렇게 온 열정을 담아 써야겠다고 다짐하셨는데… 한 꼭지도 못 쓰셨을까요. 많이 안타까워요.

고객: 네. 저도 그래요. 코치님이랑 지난주 코칭을 한 주 미룬 것도 그사이 조금이라도 쓰고 나서 코칭을 받아야지 하는 마음도 있었거든요.

코치: 그러셨군요. 약속한 것은 꼭 지키려고 하는 마음이 있으시네요. 우리가 맨 처음 책쓰기를 주제로 대화를 시작했던 때와 지금의 상태를 한번 돌아볼까요?

고객: 네.

코치: 먼저 책의 진행상태를 볼까요? 첫 코칭 때… 그러니까 두 달 전이네요. 초고가 완성된 상태가 10점이라면, 코칭 시작할 때는 몇 점이었나요?

고객: 2점이요.

코치: 지금은요?

고객: 지금은 5점 정도.

코치: 자~ 여기 종이에 그래프를 한번 그려볼게요. 자~ 가로는 코칭 시작했을 때부터 시간의 축, 세로는 10점 만점의 책의 완성도 축이에요…. 가로축 시작시점의 2점 높이에 점을 찍고, 이제 조금 오른쪽으로 가서 두 달 후 현재 시점에서 5점 높이에 점을 찍어볼게요. 되었나요?

고객: 네.

코치: 이제 이 2개의 점을 연결해보시는데요. 두 달의 시간을 회상하면서 한번 그려보세요. 우상향의 직선 모양인지, 오르락내리락하는 곡선인지, 곡선이라면 그 깊이는 어떤지를 생각하면서 그려보세요.

고객: 네.

코치: 어떤 모양이에요?

고객: 처음에는 급격하게 올라가다가 중간에 내려가는 시기도 있고, 다시 조금씩 올라가는 시기도 있고, 꽤나 굴곡이 있네요.

코치: 그래요. 그 굴곡을 보니 어떤 느낌이 드세요?

고객: 지난 두 달 넘는 시간이 한눈에 보여요. 늘 진척이 있었던 것은 아니고, 오히려 내려가는 시간도 있고요. '멈추지 않고 계속 가는 것이 중요하겠구나~' 하는 생각이 들어요.

코치: 그 굴곡을 상상해보니 '여기까지 오시느라 정말 많은 에너지를 쓰셨겠구나' 하는 생각이 들어요. 지난 코칭 이후 최근 3주의 그래프를 좀 더 확대해서 볼까요? 어떤 모양이에요?

고객: 정체되어 있어요. 아니 오히려 점수가 깎이고 있는 것 같아요.

코치: 어떤 점에서 그런가요?

고객: 지금까지 써놓은 원고도 부족한 것투성이인 것 같고, 이런 방향으로 써나가

하다고 사과해야겠어요. 아! 근데… 그전에도 늘 사과는 제가 먼저 하긴 했어요. 그래야 집안에 평화가 있으니까…. 빨리 이 상황을 무마하고 싶어서요. 그런데 지금은 아내의 마음, 욕구? 이런 것들을 조금 알 것 같아요.

코치: 대화의 고수로 나아가고 계신데요! 이렇게 달라진 ○○ 님은 아내분에게 어떤 말을 가장 듣고 싶으세요?

고객: "당신~ 좀 달라졌어…. 어디 학원이라도 다녔어?" 이런 말이요. 하하~

코치: 와~ 달라졌다는 말에는 구체적으로 어떤 뜻이 담겨있을까요?

고객: 전에는 되게 투박한 대화를 했다면 지금은 섬세한 대화를 한다고 할까요.

코치: "당신~ 대화가 섬세해졌어!" 이런 이야기를 아내에게 듣고 싶으시네요. 그 얘기를 들으면 기분이 어떠실까요?

고객: 아~ 너무 좋죠. 자주자주 듣고 싶은 말이네요.

코치: 지금 표정도 되게 행복해 보이세요. 이런 대화가 두 분의 관계에 어떤 영향을 미칠까요?

고객: 더 사이좋고, 애틋하고, 성숙한 부부가 될 것 같아요.

코치: 더 사이좋고, 애틋하고, 성숙한 부부라… 너무 좋네요. 축하드립니다. ○○ 님도 스스로에게 축하의 말씀을 하신다면요?

고객: "○○아~ 달라진 너의 모습을 축하한다! 이제 이 모습으로 쭉 가는 거다!" 이런 이야기를 해주고 싶습니다.

『임파워링하라』(박창규, 2017)에 실린 고객 스스로 축하할 수 있도록 질문하는 방법 몇 가지를 소개하면 다음과 같다.

- 당신이 업무에서 이룬 성과를 어떻게 축하하시겠어요?
- 함께 이룬 팀원들과는 어떻게 축하하시겠어요?
- 자신에게 축하와 격려의 메시지 한마디를 한다면 뭐라고 하시겠어요?

축하는 어떻게 하는 것이 효과적일까? 가장 단순하게는 코치의 언어 표현, 고객에게 질문을 통해 스스로 표현하게끔 하는 것인데, 그 외에도 코칭 세션에서 특별한 의식을 함께해보는 것도 있다.

아래 대화는 다회기로 진행된 코칭의 마지막 세션의 축하 상황이다. 마지막 세션은 코칭의 관계가 종료된 이후에도 고객 혼자서 변화와 성장을 지속적으로 유지 · 발전시킬 수 있도록 힘을 불어넣는 것이 중요하기에 축하를 나누는 것은 특별한 의미를 갖는다. 고객은 코칭 과정 내내 계속 변화하고 있는 자신의 모습을 보기 때문에 코칭을 시작할 때의 자신이 어땠는지 놓치기 쉽다. 그동안의 코칭에서 얻은 성과를 고객 스스로 되짚어봄으로써 자신이 어떤 측면에서 얼마만큼 성장하고 변화했는지를 인식하고 축하하는 의식을 갖는다면 고객에게 더없이 소중한 경험이 될 것이다.

코치: 오늘 저랑 마지막 세션이네요. 어떤 기분이세요?

고객: 5회의 코칭 시간이 금방 갔네요. 다른 사람에게 이렇게 말을 많이 해보긴 처음이고, 또 누구한테도 하지 못한 이야기를 코치님에게 했던 것 같아요. 잘 들어주셔서 감사합니다.

코치: 쉽사리 하지 못하는 이야기를 나눠주셔서 저 역시 감사드립니다. 오늘은 코칭이 진행되는 동안 코칭 주제와 관련한 변화뿐만 아니라 ○○ 님 내면에서 일어난 변화까지 돌아보고 축하하는 시간을 가져보면 좋을 것 같은데, 어떠세요?

고객: 네. 좋습니다.

코치: 성찰한 것, 성취한 것, 그리고 성장한 것, 이 세 가지 관점에서 한번 볼까요? 저랑 코칭을 처음 한 날짜를 보니 3월 중순이더라고요. 3개월 가까이 지났는데… 어떤 것들이 기억에 남아요?(어떤 것이 느껴졌나요?)

고객: (중략)

코치: 우리의 코칭 목표합의서를 한번 볼까요? 원하는 목표에 얼마만큼 도달했나

요? 점수를 매겨볼까요?

고객: (중략)

코치: 3개월 전의 ○○ 님과 지금의 ○○ 님은 어떤 점에서 달라졌나요?(어떤 점에서 성장했나요?)

고객: (중략)

코치: 변화된 모습이 참 많네요. 우리 같이 축하의 의식을 한번 해볼까요?

고객: 네, 좋아요.

코치: ○○ 님이 앞에서 쭉 말씀하신 것 중에서 가장 축하하고 싶은 것을 한 문장으로 한번 표현해볼까요? 예를 들면, "○○아~ ****을 해낸 것을 축하해!" 이런 식으로 표현하는 거예요.

고객: 음… 이렇게 해볼게요. "○○아~ 세상에는 네 편이 많다는 것, 이것은 축복이야. 이것을 알게 된 것을 축하해!"

코치: 와~ 정말 축하드려요. 저도 ○○ 님 편이라서 정말 기쁘네요. 한 번 더 축하해주시겠어요?

고객: (중략)

코치: 이 축하의 말을 누구에게 또 듣고 싶으세요?

고객: (중략)

코치: 이 축하의 메시지가 하늘에서 쏟아져내리는 상상을 잠깐 해볼게요. 눈을 잠시 감아볼까요? "○○아~ 세상에는 네 편이 많다. 정말 축하한다…." 이 메시지가 밤하늘의 별처럼 쏟아져내립니다. 상상해보니 느낌이 어떠세요?

고객: (중략)

코치의 축하 또는 고객 자신이 해주는 축하는 고객의 의식 안에 긍정 경험으로 기억될 것이다. 이는 결국 고객에게 중요한 자원이 되어 이와 유사한 문제를 만났을 때 문제 상황을 헤쳐나가는 힘을 그 누구도 아닌 자기 자신으로부터 얻을 수 있게 된다. 이것이 바로 축하가 갖는 효과다. 또한, 작은 것에도 축하받아본 경험이 쌓인다면 고객은 주변 사람들과도 더 많은 축하를 나눌 수 있을 것이다.

2장.

코칭 프로세스

2장에서는 코칭 프로세스를 다룬다. 코칭대화모델을 소개하고, 대화모델의 각 단계에 대한 설명과 사례, 그리고 다회기 코칭에서의 코칭 프로세스를 실었다. 코칭 세션 운영에 자신감을 높일 수 있을 것이다.

1. 코칭대화모델

> "코칭대화가 강력한 이유는 생각하고, 계획을 짜고, 결정하고, 행동하는 과정에 구조를 세워주기 때문이다."
>
> – 토니 스톨츠푸스(『코칭 퀘스천』에서)

코칭대화는 목적과 방향성이 있는 대화다. 코치는 고객이 설정한 목표를 놓치지 않고 시간 내에 결론에 이르도록 전체적인 흐름을 조율하면서도 고객과 대화에 집중해야 한다. 이때 코칭에서 필수 단계를 잘 밟으며 효율적인 대화를 하도록 사용하는 대화의 구조 또는 흐름도가 코칭대화모델이다. 코칭대화모델은 코칭대화 시 단계별로 진행되는 대화 공식이다(토니 스톨츠푸스, 2010).

코칭대화모델을 코칭 프로세스라고 말하기도 하지만, 이 둘을 구별해 사용할 때, 코칭대화모델은 코칭 한 세션 안에서 이루어지는 구조적 단계이고, 코칭 프로세스는 계약부터 마지막 세션에 이르는 코칭의 전 과정을 뜻한다(박정영 외, 2018).

코칭대화모델은 GROW처럼 국제적으로 광범위하게 쓰이는 모델부터 각 코칭펌에서 만들어 쓰는 모델, 그리고 개인적으로 만들어 사용하는 모델까지 다양하다. 다음 표에 몇 가지 코칭대화모델의 예를 들었다.

코칭대화모델

모델명	코칭의 흐름	사용 회사/개발자	특징과 쓰임
GROW	Goal(목표 설정) Reality(현실점검) Options(방안 찾기) Will(의지)	Performance Consultants/ 존 휘트모어 외	『성과 향상을 위한 코칭 리더십』에서 소개된 고전적이고 기본적인 코칭대화모델이다. 목표를 먼저 세팅하고 방안을 찾아 빠르게 가는 흐름을 가지고 있다.
5-STEPS	1 Support(지지하기) 2 Topic(주제 확인) 3 Expand(사고 확장) 4 Plan(계획수립) 5 Sustain(실행 유지)	CMOE/CMOE	기업코칭 전문기관인 미국의 CMOE에 의해 개발된 모델로 행동과학적 연구에 기반했다. '지지하기'의 역량이 모델의 심장으로 작동하는 것이 특징이다.
STAR	Story(스토리, 주제 심화) Target(목표 수립) Action Plan(실행 계획) Recap(마무리)	CiT코칭연구소/ 박정영	조직코칭, 개인코칭 모두에 사용하기 좋은 범용성이 높은 모델. 주제에 대한 스토리를 먼저 충분히 다루어 깊은 목표를 찾아내고, 삶의 대목표를 찾아 행동할 에너지를 높인다.
SMART	Share the goal(목표 공유) Make options(대안 창출) Action Planning(실행 계획) Review & Feedback (리뷰와 피드백) Trusted Partnership(신뢰관계)	코칭경영원/ 고현숙 외	대안 창출에서 현재에 대한 점검이 이루어지며, GROW 모델처럼 기업 코칭에서 잘 활용될 수 있는 모델이다.
TRAIN	Trust & Target setting (신뢰 형성, 주제 합의) Reality Recognition(현실 인식) Applaud & Analysis (존재 칭찬, 자원 분석) Imagine Ideas (상상력, 아이디어) Now Notify (실행 계획, 실천 환경)	국제코치훈련원/ 황현호	각 단계에서 할 과업이 자세한 편이라 따라가며 자연스럽게 구현하기 편안하다. 의도적으로 긍정적인 질문, 인정, 축하를 많이 사용하며 고객의 존재감, 긍정적 에너지, 목표, 감정, 결과로 이어지게 한다는 '긍정성'의 독특성이 있다.
5R	Relation(관계) Refocus(목표) Reality(현실) Resource(자원) Responsibility(책임)	아시아코치센터/ 폴 정	코칭을 처음 접하는 사람들이 코칭 기술 및 리더십 능력을 갖추도록 구성하고, 짧은 시간에 쉽게 체득하여 현장에서 사용할 수 있다는 것이 이 모델의 가장 큰 장점이다(폴 정, 2009).

모델명	코칭의 흐름	사용 회사/개발자	특징과 쓰임
DSA	Discover: 발견 격려, 코칭 합의 Strategy: 전략수립 지원 (현재, 개선점, 목표상태) Action & Achieve: 실행하고 성취하게 함 의식 확대와 마무리	리더십코칭연구소/김종명	ICF에서 말하는 코치의 의무인 발견 격려(discover), 전략지원 (strategy), 실행 성취(action & achieve)를 기반으로 만들어졌다(김종명 · 최선영, 2020). 3단계로 심플하게 코칭의 핵심을 다루는 모델이다.
ABCDE	As is(주제와 현재) to Be(원하는 모습) Connect to MVP (미션, 가치, 목적과 연결) to Do(실행방안) Encourage(지지, 응원)	위코칭/이한주	Connect to MVP(Mission, Vision/Value, Purpose)가 특징이다. 기억하기 쉬운 모델 이름과 설명이 장점으로, 코칭 장면에서 떠올리며 따라가기 편하다.
1,2,3,4,5*	1 일이: 주제 2 이렇게 되었으면: 목표 3 삼삼하게 그리고: 시각화 4 사방팔방 찾아보고: 관점, 영감, 방안 5 오늘 하자: 실행 계획	위코칭/최현정	숲코칭을 위해 개발한 모델로 짧은 코칭, 셀프 코칭, 코칭 접근법 등에서 코치가 아니라도, 영어를 몰라도 쉽게 사용할 수 있는 직관적인 한국형 모델이다.
CiC (Core in Coaching)*	Curiosity(호기심을 갖고) Connection(고객과 연결되어) Committed to aspiration (열망을 불러일으켜) Creation(변화를 창조한다)	퍼포먼스플러스랩/임현희	코칭에서 절대로 놓쳐서는 안 될 핵심을 대화모델로 표현한 것으로, 코칭 프레즌스를 유지하며 코칭의 본질에서 벗어나지 않도록 도와준다.

* 저자들이 만든 코칭대화모델로, 누구나 자신만의 코칭대화모델을 만들어 사용할 수 있다.

코칭대화모델 없이도 코칭은 가능하지만 적절한 대화모델을 사용하면 코칭을 효과적으로, 코칭답게 하는 데 도움이 된다. 모든 단계를 반드시 지켜야 하거나 순서를 꼭 지켜야 하는 것도 아니고, 한 번 밟았던 단계를 되돌아갈 수도 있다. 코치 자신과 주제, 상황에 맞게 선택해 사용하거나 자신의 모델을 만들어 쓰는 것도 좋다.

코칭대화모델을 구성하는 요소들을 살펴보면 주제, 목표, 현실, 대안, 실행, 마무리 같은 것이 주된 덩어리를 이루고 그 외 연결, 존재 칭찬, 자원 분석 같은 것들이 보인다. 모델마다 좀 더 강조되는 것이 있다. 예를 들면 GROW, SMART, TRAIN

모델은 목표가 맨 앞쪽에 나오고 STAR, ABCDE 모델은 주제에 대한 심화나 현재 상태에 대한 이야기가 진행된 다음에 목표가 나온다. 대화모델들을 사용해보면서 자신에게 어떤 게 더 편한지, 효과적인지, 어떤 상황에서 더 맞을지 찾아 사용하면 좋다.

아래에 ABCDE 대화모델을 예로, 대화 진행에 따른 질문들을 제시했다.

ABCDE 대화모델

As is(주제와 현재)

- 어떤 계기가 있었나요?
- 지금 어떤 상황인가요?
- ~라는 건 무슨 뜻인가요?
- 좀 더 구체적으로 이야기해주세요.
- 지금 상황이 어떻게 느껴지나요?

to Be(원하는 모습)

- 구체적으로 무엇을 원하나요?
- 목표를 한 문장으로 표현해본다면요?
- 이루었다는 것을 어떻게 알 수 있나요?
- 목표가 이뤄진 모습은 어떤 것인가요?

Connect to MVP(깊은 목적과의 연결)

- 이 주제가 당신에게 어떤 의미가 있나요?
- 이 주제가 어떤 면에서 중요한가요?
- 당신의 삶과 어떻게 연결되나요?

- 그것이 해결된다면 무엇이 가능해지나요?
- 궁극적으로 이루고 싶은 것은 무엇인가요?

❓ Doing(할 것)

- 목표를 이루기 위해 무엇을 해볼 수 있을까요?
- 시도해본 것 중 효과가 있었던 것은 무엇인가요?
- 쉽고 재미있게 해볼 만한 것은 무엇인가요?
- 가장 소중한 친구가 같은 고민을 하고 있다면 뭐라고 조언할까요?
- 누구의 도움을 받을 수 있을까요?
- 이 상황에서 활용할 당신의 강점은 무엇인가요?
- 더 해볼 만한 것은 무엇인가요?
- 예상되는 장애물과 해법은 무엇인가요?

❓ Encourage(지지, 응원)

- 우선 실행에 옮길 것은 무엇인가요?
- 언제 어떻게 할 건가요?
- 실천했다는 것을 어떻게 알 수 있을까요?
- 대화를 통해 무엇을 느꼈나요?
- 새롭게 발견한 것이 있다면요?
- 무엇이 정리되었나요?
- 자신에게 어떤 말을 해주고 싶은가요?

코칭대화에서 다루어지는 주요한 단계와 내용은 다음과 같은 것들이 있다.

- 주제 합의: 주제와 대화의 목표 합의, 주제 심화(정의, 계기, 중요성, 가치)

- 현실 인식: 현재 상태, 어디까지 이루었는지, 노력, 감정이나 신념 처리, 관점 전환
- 존재와 자원: 과거의 성공에서 찾는 고객의 자원, 강점, 탁월, 고유성, 비전, 인정과 지지
- 목표와 상상: 목표 상태, 욕구, 비전, 성취 모습 상상, 에너지 높이기, 대목표 도출
- 대안과 실행, 책무: 주제와 자신에 대한 알아차림 정리, 새 관점으로 대안 찾기, 실행 계획 구체화, 책무 장치, 지지

대체로 코칭의 흐름은 신뢰 관계를 맺어 주제와 대화의 목표를 합의하고, 고객과 주제 및 현실에 대한 인식을 더한다. 성공 상상과 주제를 성취해 이루고 싶은 궁극적인 목표 도출로 에너지를 높이고, 대안을 모색하고, 우선순위에 따른 구체적인 계획을 만들어 실행해나가게 하는 단계를 밟는다.

코칭대화는 목표라는 정상의 깃발을 보고 대화의 숲을 지나며 인식과 에너지, 확장과 수렴의 흐름을 타고 목적지에 이르는 여행과 같다. 코칭대화모델의 형식을 잘 익히되, 익숙해지면 형식에 얽매이지 말고 다른 대화모델을 쓰거나 단계의 순서를 바꿔보기도 하며 연습해보자. 때로 대안을 가지고 그중 어떤 질문을 해줬으면 좋겠는지 연습 상대에게 묻는 것도 도움이 된다.

2.
주제와 목표

> "코칭은 클라이언트의 목표 달성을 지원하기 위해 존재한다."
>
> – 코치에이(『코칭이 답이다』에서)

다음 중 모든 코칭대화에 포함되어야 하는 것은?

a. 실행 계획
b. 고객과 합의한 주제
c. 현장작업(fieldwork)에 대한 리뷰
d. 고객의 진행 상황에 대한 코치의 요약

국제코칭연맹(ICF)의 필기시험 CKA(Coaching Knowledge Assessment)의 5영역(코칭 기초와 지식 기반)의 공개 예제였다. 답은 b. 고객과 합의한 '주제'가 없다면 코칭이라고 볼 수 없다는 것이다. 또한 코칭은 고객이 바라는 지점까지 가능성을 극대화해갈 수 있도록 지원하는 과정이므로 주제와 관련해 바라는 지점인 '목표'도 코칭에서 중요한 개념이다.

그런데 주제와 목표에 관련해 코칭에서는 여러 가지 용어가 있고 펌이나 관점에 따라 다르게 쓰이기도 한다. 각 용어를 정리하며 다르게 쓰이는 상황에서 잘 소통하고 의도에 맞는 질문을 쓰도록 준비하자.

코칭에서 주로 사용되는 주제, 목표는 다음과 같은 것이 있다.

▌ 주제(agenda, issue, topic): 고객이 가져온 이야깃거리

보통 "오늘 어떤 것에 대해 이야기 나누고 싶으세요?" 하는 것의 답이 고객이 가져온 주제다.

▌ 주제 합의, 세션 목표, 대화의 목표, 세션의 목적: 코칭 세션에서 얻고 싶은 결과물

보통 "코칭이 끝난 후 무엇을 얻으면 좋으시겠어요?"나 "어떤 것에 집중해 이야기하면 좋을까요?"에 대한 답으로, 코칭 세션으로 얻고 싶은 결과물, 성과다. 가져온 주제 안에서도 집중할 부분에 범위를 좁혀 효율적으로 코칭하도록 주제를 검토하고 재확인하여 합의하므로 주제 합의라고도 하고, 세션에서 얻고자 하는 목표이므로 세션 목표 또는 대화의 목표라고도 하며, 코칭을 하는 이유라고도 볼 수 있으므로 세션의 목적이라고 하기도 한다.

▌ 목표(도달목표/goal, target)

주제에 대해 원하는 것 또는 이루어진 모습

▌ 대목표(최종목표/big target)

주제에 관련하여 삶에서 이루고자 하는 궁극적인 목표, 다회기에서 전체 세션에 대한 목표. 장기적이고 이상적이며, 사명이나 비전과 관련

있고, 북극성과 같이 코칭 이후에도 바라보고 갈 인생 목표. 나아가고자 하는 궁극적인 방향. '최종목표'라고도 한다(최현국, 2010a).

실행목표

원하는 것을 이루기 위해 실제로 하겠다고 세션에서 정하는 목표. SMART(specific, measurable, attainable, realistic, time-bounded) 목표 설정 규칙을 적용해 구체적으로 세운다.

예를 들면 '체중 감량'을 주제로 가져온 경우, 체중 감량의 꾸준한 방법 찾기가 세션 목표로 합의되고, 도달목표는 적정체중 55kg 유지, 대목표는 건강하고 생기 있는 전문인으로 살기, 실행목표는 한 주 동안 500g 감량, 실행 계획은 야식 끊기 같은 것이 될 수 있다.

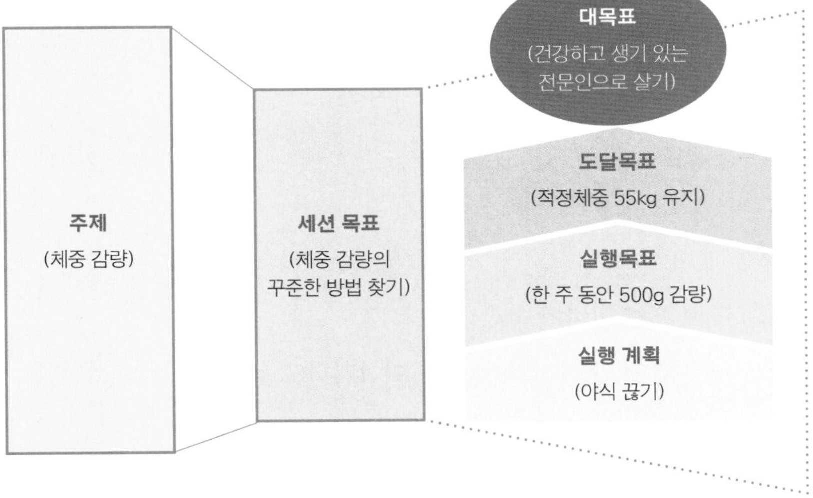

주제 및 목표 개념 도식

다회기 코칭이라면 코칭 전체의 큰 주제가 있고, 이 주제와 관련해 각 세션에서 다룰 하위 주제가 있다.

- 대주제: 다회기 코칭 전체에서 다룰 중심 주제
- 코칭 전체 과정의 목표: 다회기 코칭에서 전체 코칭 기간 동안 얻고 싶은 결과물
- 소주제: 다회기 코칭의 대주제와 관련해 각 세션에서 다루는 주제. '집중개발영역', '중요지표'라고도 한다(박정영, 2015).

위에서 보듯 코칭에서는 주제와 목표가 여러 가지이며, 또 코칭 펌마다 조금씩 다르게 사용되고, 고객이 생각하는 것도 다른 데다가 일반고객은 더더욱 코칭의 주제니 목표니 하는 용어에 대해 낯설다. 따라서 고객에게 직접 "주제가 뭔가요?", "목표가 뭔가요?" 하고 묻는 것은 조심해야 한다. 주제나 각 목표를 세우는 구체적인 질문으로 분명하게 소통할 것을 권한다.

주제, 목표에 관한 질문의 예

주제

- 무엇에 대해 이야기하고 싶으세요?
- 코칭 기간 동안 어떤 것에 대해 이야기하고 싶으세요?
- 오늘 어떤 이야기를 나누고 싶으세요?

세션 목표, 세션의 목적, (심층) 주제 합의

- 이 대화를 통해 무엇을 얻길 바라세요?
- 오늘 대화로 기대하는 결과는 무엇인가요?

- 코칭의 성공을 어떻게 정의하시겠어요?
- 코칭이 끝나면 뭘 얻고 싶으세요?

❓ 목표(도달목표/goal, target)

- 이 주제에 대해 이루고 싶은 것은 무엇인가요?
- 이 주제에 관해 원하는(이상적인) 모습은 어떤 건가요?
- 원하는 모습이 되기 위해 어떤 목표를 세울 수 있을까요?
- 진정 원하시는 것은 뭔가요?

❓ 대목표(최종목표/big target)

- 주제의 성취를 통해 인생에서 정말 이루고 싶은 것은 무엇인가요?
- 그 주제를 통해 궁극적으로 이루고 싶은 건 뭔가요?
- 말씀하신 주제 ~와 관련해 정말 이루고 싶은 고객님의 목표, 북극성은 무엇인가요?
- 정말 이루고 싶은 삶에 제목을 붙인다면요?

❓ 다회기 코칭의 대주제

- 우리 코칭 동안 어떤 것에 대해 나누고 싶으세요?

❓ 소주제

- 전체 주제에 대해 어떤 집중 영역들이 있을까요?
- 그중에서 오늘 세션에서는 무얼 다루고 싶으세요?
- 전체 주제가 ~인데 이것을 이루기 위해 집중해야 할 어떤 이슈들이 있을까요?

❓ 코칭 전체 과정의 목표(대목표)

- 코칭 기간 동안 어떤 것을 얻고 싶으세요?
- 함께 시간을 보내는 동안 완수하고 싶은 일이 무엇인가요?
- 주제에 관해 이상적으로 이루고 싶은 모습은 어떤 건가요?
- 전체 코칭이 끝났을 때 어떤 결과가 되길 원하세요?

다회기 코칭에서 주제와 목표의 합의, 도달목표 수립, 홀딩

〈1회기〉

대주제

코치: 코칭 기간 동안 어떤 것에 대해 이야기하고 싶으세요?

고객: 책 쓰기에 관해 이야기하고 싶어요.

코치: 책 쓰기요? 좀 더 이야기해주시겠어요?

고객: 제가 책을 쓰려고 맘먹은 건 몇 년 전인데, 진도가 잘 안 나가요. 책 쓰기 모임에도 참여했고, 책도 읽고 유튜브도 보고 했는데 잘 안 되네요.

코치: 책 쓰려는 마음을 먹은 데는 어떤 계기가 있으셨어요?

고객: 제 후배 직원이 뭘 하는데 어려워하면서 어떻게 하면 좋은지 물은 적이 있어요. 저로서는 너무 익숙한 일이지만, 그러기까지 많은 경험을 통해 쌓은 거잖아요? 그걸 나누고 싶기도 하고, 정리하고 싶다는 마음이 들었어요. 그리고 이 분야의 전문가로 일하고 있다는 것을 알리고, 남기고 싶고요.

코치: 그러셨군요. ○○ 님께 책 쓰기란 뭔가요?

고객: 제가 체득한 것을 알려 필요한 사람들에게 도움이 되는 일이고요. 전문가로서 입지를 확실히 하는 방법이기도 해요.

목표(도달목표)

코치: 그런 의미가 있네요. 책 쓰기에 관해 원하는 것은 무엇인가요?

고객: 일단 올해 안에 잘 구상하고 책을 써서 내년 초에 출판까지 가는 것?

목표확장(목표 너머의 목표)

코치: 그렇게 책이 나오면 또 어떤 가능성이 열릴까요?

고객: 그게 발판이 되어 계속 일하고 또 좋은 책들을 더 쓸 수 있을 거 같아요.

대목표

코치: 그렇게 좋은 책들을 계속 쓰셔서 정말 이루고 싶은 것은 뭐예요?

고객: 제가 한 일, 배운 것들이 사장되지 않고 전수되면서 평생 전문가로 살고 싶어요.

코치: 전수하고 전문가로 산다는 게 어떤 의미가 있는 건가요?

고객: 살아있다는 느낌, 살 의미가 있고 존재감이 있는 거?

코치: 그렇게 살아있다는 느낌으로 존재감 있게, 의미 있게 사는, 더할 나위 없이 좋은 모습을 한번 그려봐주시겠어요?

고객: 네.

코치: 몇 세이고, 어느 때인가요?

고객: 66세, 은퇴 후, 이른 아침이에요. 산책하고 돌아와서 서재에서… 오후에는 강의가 있고요….

대목표 문장

코치: 그중 가장 맘에 드는 장면을 하나 딱 잡아 그 장면에 제목을 붙인다면요?

고객: 읽은 책과 산책에서 얻은 영감을 즐겁게 정리하고 있어요. 그건… 지적 기쁨으로 충만한 삶?

코치: 지적 기쁨으로 충만한 삶! 와, 잊지 않게 한 번 더 마음을 담아 말씀해주시겠어요?

고객: 지적 기쁨으로 충만한 삶!

(중략)

코치: 우리가 함께 이야기하는 '책 쓰기'가 지적 기쁨으로 충만한 삶으로 가는 통로가 되네요.

고객: 정말 그런데요?

코치: 네, 그런 책 쓰기가 현재 어디까지 된 상황인가요?

고객: 네, 어떤 것들을 쓸지는 대략 적어보았고, 참고 서적도 몇 권 보았어요….

코치: 이미 내용을 구상하고 책 쓰기 공부도 하셨군요.

코칭 전체 과정의 목표

코치: 그럼 우리 코칭 기간 동안에는 어떤 것을 얻고 싶으신지요?

고객: 책 쓰기에 필요한 여러 가지를 구체적으로 생각해보고 계획을 세워 진도가 나가면 좋겠어요.

코치: 네, 책 쓰기에 필요한 것을 생각해 계획을 세워 진도가 나가도록 이야기를 나눌까요?

고객: 네네.

소주제(집중영역)

코치: 네, 책 쓰기에 필요한 것들이라면 어떤 것이 생각나세요?

고객: 목차나 제목 정하기, 초고 쓰기, 출판사와 연결….

코치: 계획은요?

고객: 시간 계획이랑 계속 쓸 수 있는 현실적인 방법 같은 거요.

코치: 그렇군요. 이런 것들이 우리의 4회기 동안 매 회기에 한 가지씩 집중적으로 나눌 주제가 되겠어요. 계획을 세우고 실행해가면서 다음번에 다루었으면 싶은 주제를 생각해오시면 효율적인 대화에 도움이 되겠어요.

(중략)

보통은 이렇게 초기 코칭(1~2회기)에서 대주제와 집중영역(소주제), 코칭 전체 과정의 목표가 합의되고 대목표가 도출된다. 나온 집중영역들은 다음 각 회기의 주제로 다루어진다. (전체 회기 수가 2~3회기 정도로 적다면, 코칭 1회기에서 대주제, 전체 과정의 목표를 합의하고 간단한 소주제 중 하나를 연이어 다룰 수 있다.)

〈2회기〉

코치: 지난주 이후 책 쓰기에 관해 실행하시면서 어떤 진전이 있으셨어요?

고객: 책 쓰기에 필요한 리스트를 작성하면서 제게 부족한 부분을 찾아봤어요. 왜 진전이 안 되었는지 알겠고, 어떤 내용을 이야기하면 좋을지 알 수 있었어요.

코치: 그런 알아차림이 있으셨군요. 축하드려요! 진전이 안 되었던 건 무엇 때문이었어요?

고객: 제 책을 읽을 대상이 분명치 않았어요.

코치: 대상요?

고객: 네, 제 업종뿐만 아니라 일반적인 마케팅까지 망라하려는 욕심이 있었어요.

코치: 그런데요?

고객: 제 경험을 살려 보험 업무라는 영역에서 영업사원을 대상으로 해야겠다고 정했어요.

코치: 중요한 결정으로 들려요. 그분들께 어떤 말을 들려주고 싶으신 거예요?

고객: 보험사 영업사원을 대상으로 그들의 애환에 대한 위로와 일을 즐겁게 효과적으로 할 수 있는 노하우, 관계적인 측면에서 살아남기요.

주제 합의

코치: 오, 많이 진전되었네요. 그럼 오늘은 책 쓰기에 필요한 어떤 것에 집중해 이야기하고 싶으세요?

고객: 먼저 내용의 구체화, 그러니까 목차에 대해 생각을 정리하고 싶어요.

세션 목표(목적, 원하는 결과) 합의

코치: 내용의 구체화를 목차에 나타나게 하는 거네요?

고객: 네, 맞아요.

코치: 오늘 코칭이 끝나면 어떤 결과물을 얻고 싶으세요?

고객: 대략적인 목차와 제목이 나오면 좋겠어요.

코치: 목차와 제목 중 무엇에 먼저 집중하고 싶으세요?

고객: 주제는 정했으니까 목차가 나오면 제목도 정리될 거 같아요. 오늘 가제가 나오면 좋고, 아니어도 목차 만들기에 집중하고 싶어요.

코치: 네. 목차 만들기에 집중해 이야기하면 될까요?

고객: 네네.

목표(도달목표)

코치: 목차 만들기가 잘된 모습은 어떤 거예요?

고객: 서너 개의 큰 장이 있고, 그 아래 대여섯 개씩의 꼭지들이 고객에게 관심이 있는 문장으로 나오는 것?

코치: 목차를 잘 만들어서 책 쓰기에 관해 정말 얻고 싶은 것은 뭐예요?

고객: 목차는 내용의 기초가 되니까 목차가 잘 만들어지면 짜임새 있는 책이 되겠죠….

3.
현실 인식

> "요즘 어때?"
>
> – 시라가타 도시로(『마법의 코칭2』에서)

코칭은 현재라는 시작 지점에 발판을 두고 가고 싶은 곳으로 나아가는 대화다. 그래서 현재는 어떤 상태인지, 고객이 어떻게 보고 있는지 점검하고, 현재에 매몰되지 않도록 다른 관점에서는 어떻게 보이는지도 살펴본다.

현실 인식 단계에서 보통 현재의 상태, 잘되고 있는 것, 신경 쓰이는 것, 장애물, 구체적인 상황, 고객의 마음과 관점 같은 것들이 다루어진다. "언제 그런 일이 일어나요?"와 같이 평범해 보이는 현실 질문에서도 고객의 관점이 바뀌고 빠르게 해결점을 찾을 수도 있다. 고객이 '자신'의 현재 상태를 보는 것은 '주제'의 현재 상태를 보는 것 이상으로 중요하다. 코치는 거울이 되고, 다른 관점으로 보도록 고객을 돕는다.

현재는 고객의 고민이 모여 있는 곳이므로 고객은 할 말이 많다. 자칫 앞으로 나아가지 못하고 긴 설명이나 과거의 이야기에 얽혀 정체될 수 있다. 코칭은 목적이 있는 대화이므로 고객에게 충분히 표현할 기회를 제공하되, 주제를 중심으로 대화가 확산 · 수렴되도록 초점을 잡는 코치의 노력과 기술이 필요하다.

고객의 말이 길어질 때, 코치가 잠시 요약하고 이것이 목표와 어떤 연결점이 있는지 물으면 중심점으로 돌아오게 하는 데 도움이 된다. 책 쓰기나 프로젝트 같은 작업이 주제일 경우, 어디까지 된 상태인지를 목표 합의 전이나 현실 인식 단계의 초기에 물으면 이미 되어 있는 것을 다시 다루는 시간 소모를 줄일 수 있다.

고객이 상황을 말할 때 코칭의 진전을 방해하는 것이 보인다면 해결하고 간다. 고객의 감정이 에너지를 빼앗는 상황이라면 먼저 감정을 다룬다. 코치가 잘 듣고 공감하는 것만으로도 고객의 마음은 가벼워지고, 앞으로 나아갈 힘이 생긴다. 감정의 골이 깊다면 좀 더 시간과 기술을 사용하고, 감정 아래의 욕구를 표현하게 한다. 장애물이 되는 신념이나 고착된 관점이 발견되면 피드백, 관점 전환, 신념의 재구조화 등으로 장애물을 걷어낸다.

현실 인식 질문들

- 그 주제에 대해 어디까지 생각해보셨어요?
- 지금은 어떤 상황인가요?
- 현재 당신의 모습은 무엇에 비유할 수 있을까요?
- 지금 상황이 어떻게 느껴지세요?
- 원하는 모습이 10이라면 지금은 몇 점 정도인가요? 그것은 어떤 모습인가요?
- 원하는 모습과 지금의 모습은 어떤 차이가 있나요?
- 지금 어떤 일이 일어나고 있나요?
- 현재 어떤 어려움이 있나요?
- 이 일은 언제 일어나나요?
- 이 일은 어떤 영향을 미치나요?

- 더 이상 참고 싶지 않은 것이 있다면 무엇인가요?
- 무엇을 개선하고 싶으신가요?
- ~에 대해 좀 더 자세히 말씀해주세요.
- 현재 상황을 관찰해보면 무엇을 발견할 수 있나요?
- 현재 상황을 드론을 띄워서 본다면 어떻게 보일까요?
- 그런 상황이 일어나는 경우와 그렇지 않은 경우의 차이는 무엇인가요?

책 쓰기 주제, 흥미로운 목차 만들기가 목표인 코칭대화 중

코치: 현재는 어디까지 된 상태인가요?

고객: 전체적으로 초고 목차는 만들었고 열두 꼭지 쓴 상태예요.

코치: 그럼 오늘 저와는 무엇을 진전시키고 싶으세요?

고객: 앞부분에 이론과 방법에 관한 장들을 만들고 2부에 사례들을 넣었는데, 이게 뭔가 재미가 없어요. 그래서 독자가 흥미를 느낄 수 있도록 하려면 순서를 바꿀지, 뭘 빼고 넣을 게 있을지 세부적으로 재검토하고 싶어요.

코치: 네, 독자의 흥미 관점에서 순서와 가감을 검토하기 원하시는 거예요?

고객: 네, 맞아요. 목차를 만들었지만 뭔가 부족하다는 생각이 들고, 나중에 고칠 수도 있지만 찜찜함은 덜고 가고 싶어요.

코치: 어떤 찜찜함이 있어요?

고객: 앞부분이 너무 어려워요. 논리상으론 현재 목차가 괜찮지만 일반인 대상으로 전문적인 개념이나 기술을 먼저 얘기하다 보면 지겹잖아요.

코치: 뭘 빼고 넣을지는요?

고객: 이론의 분량도 너무 많으면 어려워서 잘 안 보게 될 거 같은데, 또 안 다루면 이해가 안 될 거라서요. 어느 정도가 적절한지 갈등이 있어요…. 독자가 코치일 수도 있지만 코치 아닌 독자들을 위해서는 더 쉽고 짧게 써야 할 텐데요.

코치: 아, 지식 수준이 다른 두 부류에게 하는 이야기를 한 권에 넣으시려는 거네요? 그렇게 하시는 이유는 뭔가요?

고객: 별다른 이유가 있어서라기보다 두 권을 쓰는 것보다 한 권이 쉬우니까요.

코치: 지금… 쉬우세요?

고객: 어? 그러네요. 그래서 지금 힘드네요! 아니, 둘은 완전히 다른 책이네요! 따로 쓰면 고민이 없겠어요.

진행 중인 주제여서 현재 어디까지 되었는지 점검한 후에 오늘 코칭에서는 코치와 어떤 것을 진전시키고 싶은지를 합의하며 현실을 정리하고 인식하는 단계로 진행되었다.

고객이 갈등하는 상황에서 실제로 어떤지 스스로 대면하게 하는 질문이 필요하다. "지금 쉬우세요?" 하는 직접적인 질문에 고객이 현실을 직시하게 되었다.

남편과 소통을 잘하고 싶다는 주제로 코칭대화 중

코치: 현재는 어떤 상황인가요?

고객: 남편이 대답을 안 해서 속 터지는 일이 많아요. 어제만 해도 분리수거 좀 해달라고 했는데 "응" 하더니 계속 컴퓨터만 보고 한참을 지나도 그대로인 거예요. 그게 뭐 어려운 일이라고… 그냥 제가 해버렸어요. 그러다 보니 제가 준비하는 데 지체가 돼서….

코치: 많이 속상하셨겠어요.

고객: 그 사람은 맨날 그래요. 제가 바빠서 이리 뛰고 저리 뛰어도 눈길 한번 안 줘요. 아예 관심이 없는 거죠. 진짜 짜증 나요.

코치: 그 순간 ○○ 님이 마음으로 원하셨던 건 뭐였을까요?

고객: 남편이 바로 움직이는 거죠.

코치: 네, 그러게요. 그랬더라면 원하시는 무엇이 충족되었을까요?

고객: 무시하는 거 같잖아요. 힘들고. 저는 뭐 일만 하려고 결혼한 것도 아니고….

코치: 네, 존중받고 싶은 마음일까요?

고객: 맞아요. 저도 존중받고 부부니까 같이 나눠서 일했으면 좋겠어요.

코치: 네, 그러네요. 존중받고 싶고, 부부니까 같이 나눠 일하고 싶으신 거죠. 지금 마음이 어떠세요?

고객: 아깐 진짜 여러 감정이 올라와 생각이 안 되었는데, 뭔지 지금은 마음이 살짝 편해졌어요….

코치: 다행이에요. 현재 ○○ 님의 상황을 생각하면 어떤 이미지가 떠오르세요?

고객: 현재요? 음… 수면 위에 보트가 떠 있는데 오리가 어떻게든 움직이게 해보려고 주변을 맴도는 거 같아요. 말하자면 오리의 헛된 노력?

코치: 아이고, 오리의 헛된 노력요! 오리는 어떤 노력을 하고 있어요?

감정이 정리되지 않아서 먼저 현재의 감정을 정리할 필요가 있다. 감정과 욕구를 듣고 공감하는 과정을 통해 먼저 여유를 만들었다.

은유는 말로 다 표현하기 어려운 복잡한 상태를 함축적으로 표현함으로써 의식·무의식의 알아차림을 불러일으키는 데 효과적이다. 또한 이름을 붙이는 것은 통제권을 가지고 통찰을 일으키는 데 도움을 준다.

4.
존재와 자원

> "나는 자신이 가치 있다고 생각할 때만 용기를 지닙니다."
> "자기를 좋아하게 되고 자신의 가치를 발견하게 되면 자신의 과제, 자기밖에 해결할 수 없는 과제를 해결하기를 바라게 됩니다."
>
> – 아들러(『아들러 인생방법 심리학』에서)

코치가 실수하는 것 중 하나는 문제의 주인이 누구인지를 잊고 문제에 집중하거나 직접 해결책을 찾으려 빠져드는 것이다. 문제를 해결하는 것은 그 문제의 소유자이자, 고유하고 자원과 능력이 있는 고객이다. 고객 스스로 자신이 가진 것과 가치를 자각하고, 자신의 현실에 영향력을 발휘하도록 응원하는 것이 코치의 역할이다.

고객의 성공 경험을 통해 자원과 강점을 찾도록 하는 것은 좋은 전략이다. 이렇게 성공한 경험에서의 긍정적인 순간과 접속해 고객의 에너지를 한층 높일 수 있다. 그런 상태에서 연속적으로 그 주제에 관련해 고객이 중요하게 여기는 가치, 비전 등을 다루고 스스로 어떤 사람인지 정리해보도록 하여 긍정적인 정체성 성찰을 하도록 한다.

존재, 자원 질문들

- 유사한 일로 성공했을 때의 경험은 어떤 게 있나요?
- 그때 성공할 수 있게 한 고객님의 강점은 뭔가요?
- 그때 활용하신 자원은 뭐였나요?
- 고객님이 정말 중요하게 생각하는 가치는 어떤 건가요?
- 그런 가치/우선순위를 반영하는 삶은 어떤 걸까요?
- 이 목표를 이루는 것은 고객님께 어떤 의미가 있나요?
- 이 목표는 삶과 어떻게 연결되나요?
- 이것을 위해 '죽어도 좋아' 하는 열정은 무엇인가요?
- 당신의 가슴을 뛰게 하는 일은 뭔가요?

모임에 대한 생각 정리

고객: … 그렇지만 저는 리더로서 자질이 있다고 생각하지 않아요.

코치: 그런 마음이 있으시군요. 모임 관련해서 잘하신 성공 경험은 어떤 게 있어요?

고객: 6년 동안 같이해온 목적이 있는 모임을 했어요.

코치: 그 모임에서 좋으셨던 건 뭐예요?

고객: 같이 일하는 사람들과의 호흡, 교감? 좀 오래 같은 것을 추구하며 일하는 것. 서로 의견 충돌 없이 인정하고 받아들이고 했던 게 떠올라요.

코치: 여럿이 오래 모임을 잘 유지하는 게 쉬운 일은 아닌데, 어떻게 가능했어요?

고객: 저는 특별히 진짜 맞지 않는 사람은 한눈에 알아봐요. 일단 웬만큼 맞출 수 있는 사람이어야 하고요. 저는 뒷부분에 팀장을 했는데, 처음 맡았던 리더가 성실히 서두르지 않고 꾸준히 해서 바탕이 잘 마련되었다고 봐요. 그래서 어쩌면 조금은 잘 맞지 않을 거 같은 사람들도 불화 없이 친하게 지냈는

지도 모르겠어요. 사람들과는 재미있게 일하고, 몰입하고 제 역할을 할 수 있었어요.

코치: 네, 맞출 수 있는 사람들과 바탕이 된 상태에서 역할을 잘하셨네요. 그런 ○○ 님의 강점은 뭐라고 할 수 있어요?

고객: 저 갤럽 강점 검사에서는 개별화, 배움, 수집, 최상화가 나왔어요.

코치: 아, 딱 그렇군요! 멤버 중의 하나가 ○○ 님께 "○○ 님은 이런 분이에요" 한다면요?

고객: 글쎄요. 힘을 다해 일한다, 그리고 음… 따뜻하다, 시스템을 잘 만든단 말도 들었어요. 분위기가 좋은 모임이에요.

코치: 좋은 모임이네요. ○○ 님은 뭘 좋아하세요?

고객: 저는 재미와 의미를 추구하고요. 노래하기 좋아하고요. 책도 좋아해요. 밖에서, 자연에서 노는 것도 좋아하고, 먹는 것도 즐겁고요. 혼자 여행하는 것도 좋아하는데, 평생에 두 번밖에 못 해봤어요.

코치: 하하. 지금 얘기하시는데 말소리가 달라졌어요. 빨라지고 경쾌하게 들려요.

고객: 그런가요? 좋아하는 게 떠올라서일까요?

코치: 좋아하는 거에 대한 생각만으로도 이렇게 말소리부터 확 달라지는 분이네요. 좋아하는 모임을 만들어 한다면 또 얼마나 즐겁게 하실까 하는 생각이 드네요.

고객: 아, 그래요. 맞아요. 지금은 안 그렇지만, 사람들과 좋아하는 곳에서 놀 때 참 행복했어요.

코치: 행복한 모임. 그 순간에 ○○ 님이 추구하는 무엇이 채워졌던 거죠?

고객: 자유와 즐거움, 함께함?

코치: 좋은 모임을 만들어 잘해나가고 싶다고 말씀하셨어요. 얘기하시는 동안 자신에 대해 어떤 게 정리되셨어요?

고객: 저는 저와 잘 맞는 사람들을 아는 거 같고, 소통하고, 일 중심이지만 사람들과 화목한 관계를 유지하며 일할 능력도 가진 거 같아요. 몰입하고 열심도 있고요. 의미와 재미를 추구하는 사람이에요. 그리고 예전엔 전혀 안 될 거

같은 사람과의 관계도 저를 좀 조절할 수 있게 된 걸 깨달았어요. 그리고 저는 자유롭고 즐겁게 함께하는 것에서 행복을 느껴요.

코치: 처음에 자신 없어하셨는데 스스로의 자원과 발전을 발견하심을 축하드려요. 그런 ○○ 님으로서 새 모임이라는 걸 보시면 어떤 게 보이세요?

고객: 아, 제가 멤버를 잘 구성할 수 있겠어요. 그리고 누군가 도움으로 잘 맞지 않을 것 같은 사람과도 전보다 더 잘해볼 수 있을 거 같아요. 새로운 곳에서 조력자와 함께 재미있고 의미 있는 모임을 해낼 수 있겠어요. 밖으로도 나가고, 창의적으로 만들어보고 싶어요.

코치는 고객이 처음에 자신 없어할 때 그 이유를 묻기보다는 성공한 경험, 즉 고객도 사실이라고 인정하는 것에서 자원을 끌어왔다. 고객의 강점, 정체성, 좋아하는 것, 욕구 등을 살펴서 하고자 하는 것에 대해 자신의 것으로, 자신에게 맞는 것을 꿈꾸도록 했다. 그럴 때 막연하고 자신 없던 고객은 자신감이 생기고, 무엇을 어떻게 해야 할지가 그려진다.

5.
목표와 상상

> "행동에 큰 영향을 미치는 것은 머릿속의 외침이 아니라 마음속 스크린에 그려져 있는 그림이다."
>
> – 스즈키 요시유키(『코칭력』에서)

목표(도달목표)는 주제에 관해 이루기 원하는 것을 말한다(코칭 초반에 코칭대화의 결과로 얻고 싶은, '주제 합의'라고도 하는 세션 목표와는 다르다). 또한 이 목표는 주제를 통해 이루고 싶은 궁극적인 모습을 의미하는 '대목표' 또는 '인생 목표'로까지 확장될 수 있다.

고객은 대화를 통해 깊어진 인식과 새로운 관점으로 목표를 세우고, 이렇게 나온 목표가 이루어진 구체적인 장면을 상상하고 느낌을 현재형으로 말하면서 비전이 명료해지고 성취된 미래를 현실과 같이 경험할 수 있다. 이 과정에서 대목표를 설정할 수 있다. 그리고 생생하게 느낀 성취감과 행복감은 '당장 이걸 꼭 하겠어!' 하고 뛰쳐나가 실행하게 하는 에너지가 된다.

목표와 상상 질문들

- 주제와 관련해 진정으로 원하는 것은 뭔가요?
- 원하는 모습이 되기 위해 어떤 목표를 세울 수 있을까요?
- 한 문장으로 표현해주시겠어요?
- 원하는 이상적인 모습은 무엇인가요?
- 모든 것이 다 가능하다면 무엇을 하고 싶으세요?
- 기적이 일어난다면 어떻게 달라져 있을까요?
- 그 목표를 이루면 달라지는 것은 무엇인가요?
- 그 목표를 달성했다는 것을 무엇을 통해 알 수 있을까요?
- 그 목표가 이루어졌을 때를 상상해보면, 어떤 모습인가요?
  - 무엇이 보이죠?
  - 무엇이 들리나요?
  - 주변에 누가 있나요?
  - 그들이 무슨 얘기를 해주나요?
  - 느낌이 어떠세요?
- 목표를 달성한 모습을 은유 또는 이미지로 표현해보시겠어요?
- 어디까지 확장해보고 싶으세요?
- 더 용기가 있다면 무엇을 하고 싶으세요?
- 원하는 대로 마음껏 살 수 있다면 어떻게 살고 싶으세요?
- 10년 후 어떤 모습이기를 원하나요?
- 삶이 10년 남았다면 무엇에 집중하며 사시겠어요?
- 궁극적으로 이루고 싶은 것은 뭔가요?
- 장기적으로 당신은 어떤 목표/비전/희망/소명을 가지고 있나요?

모임 만들기

코치: 밝고 자신감 있게 사람들과 잘 지내고, 지식을 잘 활용하는 분이네요. 그런 고객님이 만든 모임이 잘되는 모습을 상상해보시겠어요?

고객: 네.

코치: 어떤 모습이 떠오르세요?

고객: 사람들이 함께 있어요. 사람들이 서로 수용해주고 호응하고, 활기차고 즐거운 모임이에요.

코치: 그 활기찬 분위기 모임에 몇 명 정도가 있어요?

고객: 여섯 명쯤?

코치: 고객님은 어떤 말씀을 하세요?

고객: 내가 이런 걸 발견했어요!

코치: 함께 있는 분들은 어떤 말씀을 하세요?

고객: "와, 멋져요", "그런 걸 보셨네요!"

코치: 정말 수용적이고 활기차네요. 가장 행복한 장면은 뭐예요?

고객: 사람들이 크게 환호하며 즐거워하는 모습이에요.

코치: 지금 어떤 느낌이 드세요?

고객: 행복해요. 함께 있다는 느낌이 이렇게 좋구나.

코치: 그 장면에 제목을 붙여보신다면요?

고객: 숲코칭 파트너? 숲으로 가는 코치들?

코치: 숲으로 가는 코치들! 그런 모임을 이제 만들려 하시는 거잖아요? '숲으로 가는 코치들'이란 어떤 의미인가요?

고객: 제가 숲코칭을 하잖아요. 제가 만들어서 하지만 너무 좋으니까, 정말 너무 좋거든요. 저의 고객에게 하고 있고, 몇몇 친구 코치들에게 코칭하기도 했지만, 그걸 친한 코치들과 모임을 만들어 알리고, 각자 숲에서 코칭을 하고, 어땠는지 만나 발전시키는 만남도 가지고, 진짜 숲으로 여행도 가고요. 옴니버스식 코칭 프로그램도 만들어 하고요. 숲코칭 파티네요!

코치: 이 느낌 잊지 않도록 마음을 담아 제목을 한 번 더 말씀해주시겠어요?

고객: 네, 숲으로 가는 코치들의 숲코칭 파티!

코치: 책 숲에서 코칭하는 코치들의 행복한 파티군요!

고객: 아, 좋네요. 가슴이 뛰어요.

코치: 그쵸? 1년쯤 이 숲코칭 파티가 지속된 후 어떤 모습이 되어 있을까요?

고객: 많이 친해지고, 성과도 있고, 워크숍도 하고, 책도 한 권 준비하고 있을 거예요.

코치: 이 모임을 통해 궁극적으로 이루고 싶은 건 뭐예요?

(중략)

상상하며 현재 화법을 써서 느끼게 하면 사람의 뇌는 실제 상황으로 여기며 경험하게 된다고 한다. 이런 경험을 충만히 하게 된 고객은 그 경험을 실현하기 위해 당장 뛰쳐나갈 준비를 하고, 실행력이 높아진다.

6. 대안, 실행 계획, 책무

> "기수에게는 구체적인 행동을 알려줄 시나리오가 필요하다."
>
> – 칩 · 댄 히스(『스위치』에서)

주제에 관해 이야기하며 이 주제가 왜 중요한지를 인식하고, 꿈을 꾸며 해야겠다는 의지가 불타올랐다면, 이제 실행할 때다!

코칭에서 일어난 의식 확장을 사용해 대안을 모아 그중에서 우선 할 일 하나를 고른다. 정말 하고 싶은 실행 계획 한 가지가 바로 나올 수도 있지만, 최선의 계획을 찾기 위해 보통 먼저 다양한 관점으로 브레인스토밍을 하며 셋 이상의 대안을 찾는다. 나온 실행할 거리 하나에 대해 따라만 가면 되도록 계획을 구체화한다.

실행을 더욱 확실히 할 장치를 만들고, 책무를 설정한다. 스스로 어떻게 점검할지, 코치가 어떻게 도울지를 논의한다. 그렇게 합의한 것을 가지고 이후 세션 사이에 고객이 코치에게 진척 상황을 알리기도 하고, 코치가 중간 점검을 위한 연락을 취하기도 한다.

실행 계획 질문들

- 목표 달성을 위해 활용할 수 있는 당신의 강점이나 역량은 뭔가요?
- 어떤 자원이 필요한가요?
- 활용할 수 있는 자원은 무엇인가요?
- 협조를 얻어야 하거나 얻을 수 있는 사람은 누구인가요?
- 그 문제는 어떻게 해결할까요? 해결 방안은 무엇인가요?
- 원하는 모습이 되기 위해서는 무엇이 달라져야 할까요?
- 목표하는 것을 위해 뭘 먼저 해야 할까요?
- 모든 것이 다 가능하다면 무엇을 하고 싶으세요?
- 존경하는 분은 이것을 어떻게 해결하실까요?
- 일주일 안에 그것을 개선하기 위해 바꿀 수 있는 것은 무엇인가요?
- 목표와 현재의 갭을 줄이기 위해 무슨 일을 해보시겠어요?
- 목표를 이루기 위해 가볍고 즐겁게 할 수 있는 일 세 가지는 무엇인가요?
- 지금까지 해왔지만 다르게 해보고 싶은 건 뭔가요?
- 좀 더 용기가 있다면 무엇을 하고 싶은가요?
- 절대로 실패하지 않는다면 무엇을 해보시겠어요?
- 당신의 열정/활력을 두 배로 채운다면 무슨 일이 일어날까요?
- 과거 유사한 일을 해낸 경험 또는 다른 이의 성공 사례로부터 배울 점은 뭘까요?
- 5년 후에 당신은 지금보다 더 건강하고 지혜로운 사람이 되어 있어요. 그(그녀)가 현재의 당신에게 조언한다면요?
- 만약 그 일을 해냈을 때 10억을 받을 수 있다면 어떻게 해보시겠어요?
- 친구가 그런 상황이라면 뭐라고 조언해주시겠어요?
- 아직 시도하지 않았지만 시도해보고 싶은 해결책은 무엇인가요?

- 그 밖에 다른 방법은 무엇인가요?
- 여기서 해야 할 가장 중요한 것은 뭔가요?
- 어떤 것을 먼저 해보고 싶으세요?
- 언제까지 해보시겠어요?
- 예상되는 장애 요소는 무엇이 있나요? 어떻게 극복하시겠어요?
- 이런 결과를 얻으려면 삶의 어느 부분이 바뀌어야 하나요?
- 바로 시작하기 어려운 이유는 뭔가요?
- 무엇이 가로막고 있나요?
- 해결 방안은 뭐가 있을까요?
- 무엇이 ~했다는 증거가 될까요?
- 성공했다는 것을 어떻게 평가할 수 있을까요?
- 잘 실행했다는 것을 매일 점검할 방법은 뭐가 있을까요?

엄마의 거취에 대한 생각 정리

코치: 오늘 엄마의 변화로 인해 엄마와 가까이 사는 것에 관해 이야기하고 계시는데요, 방금 말씀하신 바와 같이 엄마와 ○○ 님이 원하는 것을 위해 할 일은 뭐예요?

고객: 엄마에게 좋은 집을 찾는 거, 아니면 어떻든 가까이 살도록 환경을 만드는 거. 그리고 제가 인지증에 대해 공부해서 어떻게 대해야 할지, 어떻게 도움이 될지 찾는 거요.

코치: 이 중에 뭐를 가장 먼저 하면 좋을까요?

고객: 집을 봐두고 정하는 작업을 먼저 하겠어요. 다른 일은 틈틈이 할 수 있지만, 집 정하는 게 제일 신경 쓰이고, 변수가 많고, 시간이 걸리는 일이라서요.

코치: 네. 집을 정하는 기준은 뭔가요?

고객: 이게 중요하고 복잡한데요. 일단은 가격이 맞아야 하겠지만, 그 외에는 집 내부가 안전할 것. 그러니까 미끄럽지 않고, 턱이 없고, 선반이나 창이 높지 않을 것요. 외부 환경은 집 찾기가 쉽고, 집 들어가는 데까지 경사가 심하지 않을 것, 저희 집과 가까울 것. 단지 조경이 좋거나 가까이 산책로가 있고 지하주차장에서 엘리베이터로 연결되면 좋겠어요.

코치: 아, 내부와 외부의 여러 가지 조건이네요. 포기할 수 없는 세 가지를 꼽으면요?

고객: 음… 저희 집과 걸어서 10분 이내, 집 밖 경사가 심하지 않을 것, 안전할 것요.

코치: 네. 과거에 이사하시면서 그 경험 속에서 배우신 건 뭐예요?

고객: 사실 지난번 이사 때는 너무 많은 조건을 가지고 찾다 보니 시간이 걸렸고, 나중엔 지쳐서 대충 정하게 되더라고요.

코치: 그 경험을 이번에 비춰 활용한다면요?

고객: 정신없지 않게 체크리스트를 만들어서 충족되면 되는 걸로 하겠어요. 기한을 정해서 빠르게 결정하도록 하고요.

코치: 빠르게 결정하기 위해 어떻게 하면 좋을까요?

고객: 조건과 가격이 맞는 아파트 목록을 만들어 보러 다니는 거예요.

코치: 오, 그다음은요?

고객: 최종적으로 추려진 몇 개의 아파트를 부동산 통해 방문하는 거죠.

코치: 이번 주에는 어떤 일을 하고 싶으세요?

고객: 조건 목록을 만들어 추리고요, 부동산을 검색하는 거요. 저희 아파트는 오래되고 비탈져서 엄마한테 불편할 거라 다른 아파트를 봐야 해요.

코치: 네, 또 다른 자원이나 누군가의 도움을 얻는다면요?

고객: 흠… 아파트 위치는 남편 일터가 기준이라서 남편에게 물어야 해요. 경계를 그려달라고 해야겠어요.

코치: 네. 장애물은 뭐가 예상되세요?

고객: 제가 너무 자세하게 정보를 수집하고 알아보는 데 시간을 많이 써요.

코치: 어떻게 해보시겠어요?

고객: 중요한 조건을 충족시키는 데 집중하겠어요. 제가 잘 못하는 건 남편이든 언니든 도움을 받고요. 빠른 시간 내에 하는 게 중요하겠어요.

코치: 네, 이 일을 효과적으로 잘하고 있다는 것을 어떻게 점검하시겠어요?

고객: 말과 기억만이 아니라 체크리스트를 만들어 쓰는 걸로요.

코치: 코치로서 실행 진행에 어떤 도움을 드리면 좋을까요?

고객: 제가 찾은 걸 가지고 다음 주에 같이 점검해봐주시면 좋겠어요.

코치: 네, 다음 세션 시작할 때 함께 점검해봐요. 이렇게 방법도 얘기해봤는데, 혹시 더 다루고 싶으신 게 있어요?

고객: 아뇨, 된 거 같아요.

코치: 네. 10년쯤 후에 엄마의 인지, 거취와 관련해 어떻게 되면 내가 그때 그렇게 하길 잘했다 하실까요?

고객: 엄마가 "편하고 예쁜 집에서 손주들 자주 보고, 친구들도 만나고, 산책하며 좋은 여생을 살았다" 했다면요. 그리고 제가 제 일도 하면서 제 시간 중 얼마를 엄마를 돌보며 충만하게 썼다면 잘했다 할 것 같아요.

코치: 그러기 위해 이렇게 집 찾기랑 여러 작업을 하시는 거네요. 이번 주에 엄마가 지내실 집을 찾는 데도 수집의 강점을 활용하셔서 빠른 시간에 효율적으로 즐겁게 찾으시길 응원합니다. 여기서 오늘 코칭 마쳐도 될까요?

고객: 네, 감사합니다.

7.
다회기 프로세스

> "고객은 행동으로 옮긴 후에 배우게 된다. 그리고 그 배움을 근거로 더욱더 많은 행위를 실천할 수 있게 되며, 또 그로 인해 더 많이 배울 수 있게 된다."
>
> – 로라 휘트워스 외(『라이프 코칭 가이드』에서)

코칭의 성과, 고객의 변화 성장의 대부분은 코칭 장면이 아니라 세션과 세션 사이에 일어난다(박정영, 2015). 그래서 실제 코칭은 단회기만이 아니라 보통 한 가지 대주제에 대해 2회기 이상, 대개는 3~12회기, 길게는 수개월, 수년의 다회기 코칭으로 진행된다.

(1) 계약

코칭은 코칭 계약부터 시작된다. 코치가 코칭에 대한 정의, 규칙, 한계, 방법, 시간, 기간, 비용 등이 기입된 합의서 또는 계약서를 작성하고, 고객의 확인을 거쳐 만들어진 최종본을 고객과 함께 검토하며 합의한다. 특히 비즈니스 코칭처럼 코칭 받는 사람과 비용을 지불하는 주체가 다를 경우 계약과 합의의 내용은 향후 일어날 수 있는 여러 복잡한 상황에서 의사결정의 지침이 되므로 너무나 중요하다.

이전에 코칭 세션의 시간을 아끼기 위해 코칭 전 합의서를 보내며 동의 시 서명해달라고 해서 사인을 받고는 합의서를 함께 검토하는 과정을 생략한 채 전화코칭을 한 적이 있다. 그 코칭들에서 고객이 당일에 시간 변경을 요청하기도 하고, 코칭 중에 일하거나 운동을 하며 통화하는 고객도 있었다. 코칭에 대한 이해와 확실한 의무 확인이 없었기 때문에 생긴 일이었다. 뒤늦게 코칭에 대해 설명하며 집중을 요청했다. 계약과 합의는 코칭 파트너십의 기초를 놓고 전체 회기의 질서를 잡는 일이다.

(2) 환영 세션(1회기)

1회기 코칭이 시작되기 전에 고객에게 환영 패키지를 보낸다. 코치의 전문성을 확인할 수 있는 코치 소개, 환영의 말, 코칭에 대한 간단한 설명과 코칭에 도움이 될 만한 질문 등으로 구성한다. 질문은 고객과 상황에 따라 가볍게 서너 가지를 보내기도 하고, 자세히 10개 이상을 보낼 수도 있다. 질문을 따로 메일로 보내거나, 사적인 코칭일 경우 가볍게 문자로 보내고 답을 달라고 할 수도 있다.

▌질문의 예

1. 생애 가장 행복했던 순간은 언제였나요?
2. 이번 코칭에서 얘기할 중요한 주제 한 가지는 무엇인가요?
3. 그 주제가 잘 해결되었을 때 어떤 모습이 될까요?

4. 힘든 순간을 어떻게 이겨냈나요?
5. 인생에서 중요한 것은 무엇인가요?

1회기 코칭을 '환영 세션'이라고도 한다. 고객에게 질문에 답해주신 것에 대해 감사를 표현하고, 그중 몇 가지를 나누며 라포를 형성한다. 전체 코칭의 주제를 합의하고 현재 수준, 기대 수준, 달성 수준 각각의 상태를 묻는다. 목표를 정하고 하위 주제들을 도출한다. 주제에 관해 인생에서 궁극적으로 이루고자 하는 대목표는 1~2회기에 나오면 좋다. 실행 계획을 세우고 마무리한다.

이처럼 1회기는 질문에 대한 여러 작업을 해야 해서 시간이 좀 더 필요하다. 첫 회기에 1시간 30분 정도를 하는 경우도 있지만, 초과 시간에 대한 금액을 더 청구하는 게 우리 문화에서 쉽지 않고, 한 번에 긴 시간을 하면 집중력이 떨어질 수도 있다. 받은 질문의 답을 1회기에 다 듣지 않고 분산시켜 듣는다든지, 다룰 집중 영역(소주제)들을 생각해오도록 해서 다음 시간에 이어 할 수 있다. 1시간 내에 하는 것이 비용, 코칭의 효과, 일관성과 시간의 균형 면에서 장점이 있다.

고객이 목표에 대해 성찰하고 도출한 것을 상기하며, 잊지 않고 실행하고, 성찰하고, 코치와 고객이 잘 공유하고, 시간을 효율적으로 쓰도록 코칭 목표 관리표를 쓰는 것이 유익하다. 코칭 목표 관리표는 전체 주제와 목표, 회기별 주제와 목표, 정리, 실행, 실행 후 성찰과 다음 주제 같은 것을 포함해 코치가 만들어 공유할 수 있다.

(3) 중간 회기

지난 세션과 해당 세션 사이에 고객이 주제에 대해 어떤 실행과 성찰이 있었는지를 각 세션 초반에 꼭 묻는다. 대충 넘어가지 않도록 한다. 고객의 변화는 세션 사

코칭 목표 관리표

<table>
<tr><td>성명:</td><td>코칭 기간: 20 . . ~ .</td><td>초기 수준</td><td>기대 수준</td><td>달성 수준</td></tr>
<tr><td>주제/목표</td><td></td><td></td><td></td><td></td></tr>
<tr><td rowspan="6">집중할
영역
(세부 주제)</td><td></td><td></td><td></td><td></td></tr>
<tr><td></td><td></td><td></td><td></td></tr>
<tr><td></td><td></td><td></td><td></td></tr>
<tr><td></td><td></td><td></td><td></td></tr>
<tr><td></td><td></td><td></td><td></td></tr>
<tr><td></td><td></td><td></td><td></td></tr>
<tr><td>사명선언</td><td colspan="4"></td></tr>
<tr><td>구 분</td><td>코칭대화 마무리 시 쓸 것
*코칭 직후 사진 찍어 보내주세요.</td><td colspan="3">실행 후 쓸 것
*다음 코칭 전 사진 찍어 보내주세요.</td></tr>
<tr><td>1회기

월 일
요일
오전/오후
시</td><td>주제(목표):

정리/성찰한 것:

실행 계획</td><td colspan="3">실행한 것:

실행 후 발견한 점:

(전체 주제와 관련해) 다음 회기 주제:</td></tr>
<tr><td>( )회기

월 일
요일
오전/오후
시</td><td>주제(목표):

정리/성찰한 것:

실행 계획</td><td colspan="3">실행한 것:

실행 후 발견한 점:

(전체 주제와 관련해) 다음 회기 주제:</td></tr>
<tr><td>종료회기

월 일
요일
오전/오후
시</td><td>코칭에서 의미 있었던 것

발견한 것(나, 소명, 관계 등)</td><td colspan="3">앞으로 계속해나갈 것</td></tr>
</table>

출처: 최현정, 위코칭.

이 실행에서 일어난다. 실행이 잘되었다면 칭찬과 인정을 하고, 실행을 통해 뭘 배웠고 어떻게 확장할지를 묻는다. 잘 안 되었다면 그 가운데서도 인정할 것을 인정하며, 어떤 장애가 있었는지, 어떻게 다르게 해볼지, 무엇이 필요할지 물어서 다음 실행에 도움이 되도록 한다.

그리고 세션의 주제를 가지고 코칭하되, 전체 주제와 연결하고 일관성을 유지하며 대목표를 향해 나아가도록 한다.

(4) 마지막 회기(마무리 세션)

목표 달성에 대해 평가하고 각각의 세션에서 실행한 것, 성찰하고 성장한 것에 대해 나누고, 인정하고, 축하한다. 향후 어떻게 확장할지에 대해 나눈다.

목표 달성을 수치화하는 것은 고객이 처음 세션에서 현재 수준과 기대 수준에 대해 점수를 매기고 전체 코칭이 끝난 후 달성 수준에 점수를 매기는 방법이 있다. 혹은 전체 코칭이 끝난 후 돌아보며 코칭 전의 수준은 몇 점이었고, 코칭 후 달성 수준은 몇 점인지를 평가하도록 할 수도 있다.

장단점이 있는데, 처음에 점수를 주는 것은 초기 코칭에서 현재 상태에 대한 고찰이 된다. 반면 나중에 다시 보면 그때의 눈높이와 달라져서 균형이 안 맞는 경우가 있다. 예를 들면 "처음에 60점 정도라고 생각했는데, 지금 보니 처음 상태는 더 안 좋았다. 지금 초기 점수를 준다면 30점 정도"라 할 수도 있다. 그래서 코칭이 끝난 후 점수를 매기는 것은 달라진 관점에서 가지게 된 하나의 기준으로 전후를 비교할 수 있다는 이점이 있다.

리더십을 주제로 코칭

〈1회기〉

코치: 안녕하세요? ○○○ 코치입니다. 지난번 잠시 전화로 인사드리고 오늘 직접 뵙게 되니 더 반갑습니다.

고객: 네, 반갑습니다.

코치: 이제 12주간 2주에 한 번씩 총 6회 코칭으로 만나게 될 텐데요. 이 시간이 ○○ 님께 의미 있고 효과적으로 사용되도록 최선을 다하겠습니다. ○○ 님은 어떤 마음이세요?

고객: 아, 저도… 사실 HR에게서 코칭 받으라는 얘기를 들었을 때는 '내가 뭘 못하고 있나? 저성과자인가?' 하고 기분이 좀 그랬는데, 지난주 코치님과 얘기하다 보니 회사에서 성의껏 마련한 거고 발전할 기회인 거 같아서 열심히 해보겠습니다.

코치: 그런 관점의 변화가 있으셔서 참 반갑네요.

고객: 네, 덕분입니다.

코치: 오늘은 보내드린 질문을 좀 나누고 전체 주제를 살펴본 다음 그에 관해 각 회기에서 얘기할 소주제를 생각해볼 거예요. 마지막 회기 때는 전체 정리를 할 거고요.

고객: 네, 알겠습니다.

코치: 보내드린 질문에 성의 있게 답해주셔서 감사합니다. 잘 읽어보았습니다. 가장 행복했던 순간이 40대 초 캐나다 지사 파견 때라고 써주셨어요. 어떤 행복이었는지 좀 나눠주시겠어요?

고객: 아, 그때가 제 전성기였고, 제가 제안해서 프로젝트 하나가 시작되었어요. 회사에 벌어들인 돈도 많았고 5년 동안 엄청 일도 재미있게 하고 사람들과 관계도 좋았어요. 저희 부부는 자연을 좋아하는데, 캐나나 자연 어우! 아내와의 사이도 좋아졌어요.

코치: 와, 정말 좋은 때를 지내셨네요. 일도, 관계도, 가족도…. 그 가운데 가장 행복했던 장면에 사진을 딱 찍으면 제목을 뭐라 붙이시겠어요?

고객: 음… 단풍잎 위로 쏟아지는 빛?

코치: 그 의미는 뭐예요?

고객: 그때 아내와 같이 산책하면서 단풍나무 위를 올려다봤을 때 빨간 잎 사이로 비추던 빛줄기가 생각났어요. 캐나다 파견 직전 일이 잘 안 되고 건강이 나빠져 고전하고 있었어요. 이러다 회사에서 밀려나겠다 싶어서 마지막일지도 모른다는 심정으로 프로젝트를 준비해서 제안했던 거예요. 근데, 캐나다에서의 성공으로 확 풀렸어요. 건강도 좋아지고요. 캐나다는 진짜 단풍나무가 많은데, 곧 떨어질 단풍나무 잎엔 봄, 여름에 받은 빛으로 모은 영양분이 잔뜩 있고 그걸 나무에게 다 주고 떨어지잖아요. 그러면 나무가 다음 해에 또 새 잎을 만들고요. 그때는 빛이 충만했던 시간이었어요.

코치: 단풍잎 위로 쏟아지는 빛이 그렇게 깊은 의미를 함축하고 있다니! 그 시기를 가만히 보면 어떤 가치가 충만했어요?

고객: 성취, 자연, 관계, 자유 그런 게 떠올라요.

코치: 네, 성취, 자연, 관계, 자유. 그런 가치를 중요하게 가지고 계시네요. 생각하시는 주제에도 그런 말씀을 좀 적어주셨어요. '성취와 관계를 만드는 리더십 향상'요.

고객: 네, 그러고 보니 성취, 관계라는 말을 사용했네요.

(중략)

코치: 지금까지 이렇게 리더십에 관한 이야기를 나눠봤는데 정리해봐주시겠어요?

고객: 네, 나는 일뿐 아니라 관계를 중요하게 생각한다는 것을 상기했고요. 캐나다에서 본 빛처럼 직원들을 돕고 밝혀주면 좋겠다는 것이 다시 전성기를 맞는 리더로서 원하는 것임을 알게 되었어요.

코치: 빛 같은 도움을 주고 싶으시네요. 정말 이루고자 하시는 리더상을 정리해 말씀해보신다면요?

고객: "자연스러운 관계 속에서 성취하며 자긍심을 갖게 돕는 리더"요.

코치: 오! 관계와 성취, 자긍심을 갖게 돕는 리더가 되기 위해 앞으로 어떤 하위 영역들을 소주제로 다루면 좋을까요?

고객: 자연스러운 관계니까 관계 향상이 하나 들어가고, 성취, 제 장점과 역량, 그리고 단점 개선에 대한 것도 다루면 좋겠습니다.

코치: 관계 향상; 성취, 장점과 역량, 단점 개선. 이런 것을 하나씩 다루며 실행해가다 보면 코칭이 끝나는 3개월 후에는 어떤 모습이 기대되세요?

고객: 뭔가 다룰 것을 한번 다루고 다음으로 올라가는 준비가 될 것 같습니다.

코치: 네, 저도 기대가 됩니다. 전체적인 것을 잘하기 위해 다음 세션 전까지 뭘 하면 도움이 되실까요?

고객: 음… 큰 주제와 리더상, 소주제도 써놓고 보며 생각을 좀 해보면 어떨까 싶어요.

코치: 그리고 또 어떤 걸 해보실 수 있을까요?

고객: 아까 좀 얘기한 리더로서 저에 대해 알아보도록 사원들과 얘기해보기?

코치: 그리고 또요?

고객: 글쎄요. 주변 팀장들은 현재 어떤지 보고 잘하는 거, 개선했으면 좋은 걸 기록해볼까요?

코치: 와, 여러 가지를 생각해주셨어요. 주제 써놓고 생각하기, 사원들과 이야기하기, 주변 팀장들 관찰. 그중에 가장 먼저 하고 싶으신 건 뭐예요?

고객: 일단 '주제 써놓고 생각해보기'요.

코치: 네, 좋습니다. 그리고 괜찮으시면 제가 제안 하나 드려도 될까요?

고객: 물론이죠.

코치: 주제를 써놓기도 하시지만, 노트 같은 곳에 매일 쓰시는 거예요.

고객: 아, 좀 더 확실하게 매일 생각하겠네요.

코치: 네, 좋은 아이디어가 더 생기실 거예요.

고객: 예, 좋으네요. 그러겠습니다.

코치: 보내드린 자료에 코칭 목표 관리표가 있어요. 거기에 오늘 나눴던 이야기를 정리해보시겠어요? 워낙 바쁘시잖아요. 쓰지 않으면 뭘 하기로 했는지 생각

하는 것도 일이 돼요. 주제, 목표, 실행 계획을 써서 잘 보이는 곳에 붙여두면 실행하시는 데 도움이 되실 거예요. 지금 한 10분 정도 시간이 남았으니 바로 함께 이야기하며 써보실까요?

고객: 네.

코치: 우리 전체 주제는 뭐죠?

고객: 리더십입니다.

코치: 네, 맨 위에 '리더십'이라고 쓰시고, 그 옆에 목표가 되는 리더상을 쓰시면 돼요. 원하시는 리더상은요?

고객: 음… 자연스러운 관계 속에서 성취하며 자긍심을 갖게 돕는 리더.

코치: 그렇죠! 집중할 영역에는 어떤 게 있었죠?

고객: 관계 향상, 성취, 장점과 역량, 단점 개선요.

코치: 이번 세션에서 실행하기로 하신 건요?

고객: 주제와 리더상 써놓고 생각해보기. 그 외에는 사원들과 얘기해보거나 다른 팀장 관찰.

코치: 네, 오른쪽 실행 후는 다음 코칭 전날까지 쓰셔서 전체를 제게 사진 찍어 보내주시면 같이 효과적으로 얘기 나누는 데 도움 될 것입니다. 사진 보내주시겠어요?

고객: 네.

코치: 감사합니다. 오늘 이렇게 함께 이야기하시면서 유익했던 점 한 가지를 말씀해주시겠어요?

고객: 아, 네. 행복했던 때를 생각하니 '내가 그런 능력이 있는 사람이었구나. 지금도 그런 힘이 있을 거고 그것을 찾아 사원들이 나와 같은 행복을 맛보도록 돕고 싶다.' 다시 할 수 있다는 마음이 올라왔어요. 감사합니다.

코치: 네, 저도 그렇게 믿습니다. 응원해 드리고, 2주 동안 어떤 발견을 하실지 기대됩니다. 오늘 이렇게 코칭을 마칠까요?

고객: 네, 감사합니다.

코치: 네, 다음 일정은 언제가 괜찮으세요?

고객: 2주 후 이 시간에 뵐까요?

코치: 네, 그럼 2주 후 10월 27일 오후 2시에 뵙겠습니다. 단풍과 함께 멋진 가을 누리세요.

고객: 감사합니다.

〈2회기〉

코치: ○○ 님, 안녕하셨어요?

고객: 네, 코치님.

코치: 날씨가 정말 좋죠? 어떻게 지내셨어요?

고객: 저 주말에 단풍 구경 다녀왔어요.

코치: 와, 어떠셨어요?

고객: 간만에 나가서 너무 좋았죠. 그 왜 지난주 함께 얘기한 후에 한 번씩 단풍에 대한 생각이 문득문득 나더라고요. 단풍나무 위로 쏟아지는 빛도 다시 봤어요. 좀 달라 보이긴 했지만, 제2의 전성기를 꿈꾸면서요.

코치: 와~ 제2의 전성기. 제게 실행 후 사진도 보내주셔서 감사합니다. 열심히 보았고요. 실행하시면서 어떠셨어요?

고객: 네, 주제와 소주제를 써놓고 출근해서 한 번씩 다시 써봤어요. 그리고 나의 주변 관계는 어떤지, 뭘 성취하고 있는지, 장점과 역량은 뭔지, 단점도요. 그러니까 좀 더 와 닿고 구체적으로 보이더라고요. 단점에 대해서는 개선하고 싶은 것 하나가 두드러져 보였어요. 사원들과 얘기는 못 했고, 본받고 싶은 팀장 두 명에 대한 벤치마킹을 했어요.

코치: 네. 200% 실행하시고 더 구체적인 주제로 다듬어졌네요. 벤치마킹을 하시니 어떤 게 보이셨어요?

고객: 두 팀장이 성향은 완전히 다른데, 각자 강점을 가지고 팀을 잘 운영하는 분들이거든요. 장점들이 어떻게 작용하나 좀 볼 수 있었어요.

코치: 네네. 뜻깊은 실행을 하셨네요. 오늘 다루고 싶은 주제로 강점을 써 보내주

셨던데요.

고객: 네, 성취나 관계도 저를 좀 알고 하는 게 좋을 것 같아서 이거 먼저 얘기하는 게 좋겠다 싶었어요.

코치: 네, 그래서 저도 ○○ 님의 갤럽 강점 진단 결과를 보았는데요….

(중략)

코치: 오늘 하기로 한 실행 계획을 정리해봐주시겠어요?

고객: 제 일에 제 강점을 플러스해서 매일 한 가지씩 업그레이드하기. 주말에 코치님께 문자 드릴게요.

코치: 이렇게 열심히 하시는 ○○ 님을 뵈니 저도 힘이 나네요. 단풍나무 빛은 그렇게 매일 빛나며 나무를 키웠을 거란 마음이 문득 드네요.

고객: 아, 감사합니다.

코치: 네, 오늘은 여기서 마치고 2주 후 이 시간에 다시 뵐까요?

고객: 네, 좋습니다.

〈종료 회기〉

코치: 벌써 마지막 회기네요.

고객: 그러게 말입니다.

코치: 지난주에 개선할 점에 대한 얘기를 했는데요. 어떤 이야기가 기억나세요?

고객: 제가 그중 특히 우유부단에 대해 이야기하며 위험을 줄이고 강점으로 만들 방법을 생각해보겠다 했죠.

코치: 그와 관련해 지난 세션 이후 실행하시면서 어떤 성과가 있으셨어요?

고객: 그게 쉽지는 않았어요. 고질적인 것을 뒤집어 해본다는 게. 실패도 했지만 성공한 것도 세 번 있었어요.

코치: 세 번이나 성공하셨네요. 마음이 어떠셨어요?

고객: 번복하고 추가하고 세밀하게 다 검토하는 시간 낭비를 줄여 효율적으로 제 시간을 쓸 수 있어서 뿌듯했습니다.

코치: 네, 약점을 강점으로 만드는 게 쉬운 일이 아닌데 성공하셨네요. 한편 실패는 어떤 거였어요?

고객: 업무 하나가 아무래도 불완전해 보여서 개입했는데, 계속 맘에 안 들어서 네 번이나 수정했더니 시간도 많이 들었고 제 모양새가 안 좋게 보일 거 같았어요. 성과에 직접 관련된 것도 아니었는데 말이죠.

코치: 네, 어떤 배움이 있으셨어요?

고객: "이건 이 정도까지!" 하고, 중요 기준을 결정하곤 지키는 게 중요하다는 것, 그리고 처음에 전체 설계를 잘하는 것도 필요하다는 거요.

코치: 앞으로 이렇게 결정할 일이 있을 때 어떻게 해보시겠어요?

고객: 그러니까… 원하는 그림과 수준을 먼저 그려보고, 시간을 정해 마무리한 후 완벽하게 마음에 들지 않아도 90% 만족하면 더 이상 미련을 두지 않는다!

코치: 네네, 그렇게 하는 건 자연스러운 관계 속에서 성취하며 자긍심을 갖게 돕는 리더에게 어떤 도움을 주나요?

고객: 성취에 시간이 들잖아요. 시간 배분을 잘하고 감정 소모를 덜하게 되죠. 사실 제 우유부단함이 리더로서 흠을 내는 거 같았는데, 그 점이 많이 보완될 거라고 봐요.

코치: 네. 이렇게 자연스러운 관계와 성취로 자긍심을 높이는 리더에 관해 여러 면을 집중적으로 봤는데요. 지난 세션들을 하나씩, 뭘 얻고 느끼셨는지 살펴볼까요?

고객: 네.

코치: 먼저 강점에 대해 다뤘어요. 어떤 성찰이 있으셨죠?

고객: 제 강점 중 개별화, 배움, 수집, 최상화를 조합해 사용하면 나올 성과에 대해 지금 하는 일에 이 강점들을 어떻게 활용할 수 있는지를 생각할 수 있었고, 강점뿐 아니라 지금까지의 경험이 큰 힘이 됨을 알았어요.

코치: 네네. 그리고 어떤 실행을 하셨죠?

고객: 네, 팀원 업무분장에 개별화를 최대한 활용해 다시 해보고, 최우선 프로젝트에 최상화를 이용해 세밀한 부분까지 재설계해 검토해보았어요.

코치: 그 결과가 어땠죠?

고객: 당시에는 괜찮게 가게 되었다고 했는데, 코치님! 그동안 그게 대박이 났잖아요!! 하하~

코치: 네네, 실행하시고 이런 좋은 결과까지 얻으셨는데, 어떤 마음이 드세요?

고객: '있는 강점도 그냥 저절로 쓰이는 것보다 생각하면서 적재적소에 사용하도록 하면 힘을 발하는구나' 하고 느꼈어요. 뭔가 큰 걸 얻은 흡족함이랄까 그런 마음이 드네요.

코치: 네. 하나도 허투루 하지 않고 열심히 실행하셔서 흡족함이 더하셨지 않을까 생각합니다.

고객: 네, 감사합니다.

코치: 세 번째 세션에서는 관계에 대해 다뤘는데요….

(중략)

코치: 이렇게 원하는 리더십에 관해 쭉 이야기를 나눴어요. 전체적으로 어떤 유익이 있으셨는지요?

고객: 제 가능성과 의욕이 살아나면서 사원들도 자연스러운 관계, 성취하며 자랑스러워하는 모습을 보게 되었어요. 제가 제대로 리더가 되기 시작한 거죠.

코치: 내면에 있던 사자가 깨어나는 것처럼 들려요! 이렇게 다시 내디딘 발걸음을 어떻게 더 확장해볼 수 있을까요?

고객: 기왕 시작한 거 놓치지 않게 잘 체크하며 회사뿐 아니라 제가 몸담고 있는 다른 단체들과 가족에게도 적용해보고 싶어요.

코치: 오~ 여러 방면으로 확장이네요. 이런 변화가 지속되기 위해 어떻게 하면 좋을까요?

고객: 제가 만든 리더 체크리스트를 계속 사용하겠어요.

코치: 네, ○○ 님. 스스로에게 응원 한마디 해주시겠어요?

고객: 빛날 때 빛 받자! 빛 가운데로 나아가자!

코치: 빛을 받아 나아가시는 ○○ 님을 저도 응원합니다. 그동안 함께할 수 있어 기뻤고, 또 만나 뵐 수 있길 기대합니다. 이렇게 이번 코칭을 마칠까요?

고객: 네, 감사합니다.

3장.

주제별 코칭 사례

3장에는 코치와 고객 사이 코칭대화의 시작부터 끝까지를 스크립트로 담았다. 이해를 돕기 위해 코칭대화모델의 단계 및 코칭 스킬을 구분하는 마커와 코칭 팁을 함께 실었다. 15개 사례를 통해 실전에서 고객과 더욱 깊이 있고 자연스러운 코칭대화를 익힐 수 있을 것이다.

1.
습관 형성

'습관화하기'는 코칭에서 자주 등장하는 주제다. 자주 다루어본 주제라고 해서 코칭이 쉬운 것은 아니다. 그도 그럴 것이 습관이라는 것은 오랜 기간 형성되어 고착된 비의식적 자아가 지배하는 자동화된 행동이다. 그러므로 하나의 새로운 습관을 형성한다는 것은 매우 어려운 일이다. 몇 번의 코칭으로 습관화를 만든다는 것은 코치에게 매우 도전적인 과제일 것이다.

제임스 클리어의 책 『아주 작은 습관의 힘』(2019)에서 행동 변화는 결과, 과정, 정체성 변화의 3개 층으로 이루어져 있으며, 이 세 영역이 동등하게 중요하다고 했다. 문제는 방향인데, 자신이 얻고자 하는 결과에 초점을 맞춰 습관을 변화시키려고 하는 경우는 결과 중심의 습관을 형성한다. 한편, 지속적인 변화를 위해서는 정체성 중심의 습관, 즉 내가 어떤 사람이 되고 싶은지에 초점을 맞춰 시작하라고 제안했다. 이는 코칭에서 고객의 표면에 드러난 이슈에 머물지 않고 내면에 있는 잠재된 이슈까지 끌어내기 위해 고객의 신념, 가치관, 정체성 등을 확인하는 것과 일맥상통한다.

'습관화'라는 하나의 이슈 안에도 고객의 초점은 제각각 다를 것이다. 실행 계획 특성이 강한 습관 형성 코칭에서도 고객의 정체성이 중요하게 다루어질 수 있다.

(1) 운동습관을 만들고 싶어요

코치: ○○ 님~ 오늘 저랑 어떤 이야기 나누고 싶으세요?

고객: 요즘 허리가 좀 안 좋아서 운동 관련된 이야기를 나누고 싶어요.

코치: 저런~ 허리가 안 좋으면 활동하기가 정말 어려운데요. 허리는 어쩌다가 안 좋아진 거예요?

고객: 아… 제가 요즘 책상에 앉아서 작업을 많이 해요. 전에는 바깥 활동도 적당히 있었는데, 줌으로 수업도 많이 하고 의자에 앉아있는 시간이 길어져서 허리가 좀 아파요.

코치: 병원에서는 뭐라고 이야기해요?

고객: 아… 병원 갈 상태는 아닌 것 같아 안 갔어요. 아무래도 일상의 패턴이 바뀌다 보니 나타난 현상 같거든요. 제 나름대로는 앉아있지만 말고, 걷는 거랑 운동이랑 이런 것들을 좀 해야겠다고 생각하고 있어요.

코치: 병원 갈 상태는 아니라고 하시니 그나마 다행이네요. 지금까지 운동하면서 어떤 점을 느끼셨어요?

고객: 걷기 운동이랑 집 근처에 체육공원이 있는데 거기에서 기구운동 같은 것들을 몇 번 해봤어요. 근데 '내가 운동하는 것을 안 좋아하는구나~ 나는 왜 운동이 재미가 없을까~' 이런 생각을 했어요.

코치: 그건 뭘까요?

고객: 그니깐… 굳이 땀 흘리면서 운동해야 하나… 운동의 필요성을 못 느꼈어요. '운동하느니 그 시간에 다른 일을 하는 게 좋지 않을까…' 제가 이런 생각을 하고 있더라고요.

코치: 운동 대신에 다른 일을 한다면 어떤 일을 하고 싶으신 거예요?

고객: 제가 지금 청소년 상담 공부를 하는데, 그쪽 공부를 더 한다거나 심리 관련 전문서적을 읽는다거나 하는 일이요.

코치: 그러시군요. 여태까지는 운동이 공부에 우선순위가 밀려있었네요. 지금은

어떤가요?

고객: 지금은 운동을 해야 해요. 사실 허리 아픈 게 단순히 허리만의 문제는 아닌 것 같거든요. 전체적인 건강에 대한 적신호라고 생각해요. 그리고 체력이 많이 떨어졌어요.

코치: 좀 더 심각하게 느끼시는 거네요.

고객: 네. 전에는 남편과 뒷산도 가볍게 올라갔는데, 엊그제 언덕을 오르는데도 숨이 턱 막히더라고요. 제가 너무 헉헉대니까 남편도 저한테 체력이 많이 떨어졌다고 하고요….

코치: 체력이 예전 같지 않아서 고민이시네요.

고객: 운동을 통해 체력을 좀 높여야겠어요.

코치: 오늘 코칭대화에서는 무엇에 집중하여 얘기하면 좋을까요?

고객: 제가 실천할 수 있을 만한 운동을 찾아보고 습관을 좀 들일 수 있으면 좋겠어요. 단순히 한두 번 하는 운동이 아니라 습관처럼 하루도 빼먹지 않고 한 3개월만이라도 그렇게 하면 좋겠네요.

주제 합의

코치: 오늘 코칭대화의 주제를 정리해주실까요?

고객: 3개월 운동습관 만들기에 대해 이야기하고 싶어요.

코치: 네, 좋습니다. 3개월 운동습관 만들기에 집중해서 이야기 나누도록 할게요.

정체성 탐색

코치: 다들 운동하고 싶어 하죠. 운동습관을 만드는 것은 ○○ 님에게 어떤 점에서 특히 중요한가요?

고객: 제가 지금 50대인데, 좀 전에도 체력 얘기를 드렸지만 제 몸이 하루하루가 다른 게 느껴지거든요. 50대에도 이런데, 더 나이 들어서 60대, 70대가 되면 더 심해질 것 아니에요. 지금이라도 운동을 습관화하면 더 건강하게 노후를 지낼 수 있지 않을까 하는 생각이 들어요.

코치: 건강한 노후를 위해 운동습관을 만들고, 체력이 좋아지면 삶이 어떻게 달라지나요?

고객: 일상에 활력이 생기고, 지금 하고 있는 일에도 더 의욕이 생겨서 추진력 있게 밀어붙일 수 있을 것 같아요. 새로 시작한 공부도 재밌게 할 수 있을 것 같고….

코치: 방금 그 말씀을 하시는데도 목소리에 활력이 느껴져요. 운동을 진짜 해야겠다는 의지가 충만하시네요.

고객: 아, 그런가요….

코치: 현재 ○○ 님의 일과 속에서 운동습관을 들일 만한 시간적 여유는 어떤가요?

고객: 사실 하루가 굉장히 바빠요. 원래 하던 일에다가 청소년 상담 대학원, 게다가 같이 공부하는 사람들이 모임을 많이 만드는데, 그 모임에 거의 참석해요. 그러다 보니 시간적 여유가 없고… 이런 일들에 운동이 밀리는 거죠….

코치: 일, 공부, 모임 이런 것들에 비해 운동이 밀리는 이유는 뭐죠?

고객: 사실 일은 무조건 해야 하는 거고… 대학원은 수업에다가 과제 같은 것도 해야 하는 거고…. 모임은 제가 안 가도 되는 부분인데…, 어쩔 수 없이 가게 되는 경우가 많아요. 참석해달라고 하면 가겠다고 약속하고, 그러면 꼭 가야 하거든요.

코치: 약속을 지키는 것이 ○○ 님에게 중요하네요.

고객: 네. 저한테는 되게 중요해요. 신뢰와도 연결된다고 생각하거든요. 저는 아이들한테도 약속을 지키는 것을 엄청 교육하거든요. 저 자신도 그런 사람이 되려고 노력하고 있고요.

코치: 아, 그러시군요. 운동하는 것은 약속과 어떻게 연결되나요?

고객: 운동이요? 아~ 운동은 저 자신과의 약속인 거네요.

코치: 그러네요.

고객: 남들과의 약속은 반드시 지켜야 한다고 하면서 정작 중요한 저 자신과의 약속은 안 지키고 살아왔네요. 이런…, 제가 그랬네요….

코치: 네. 지금부터는 어떻게 하고 싶으세요?

고객: 나 자신과의 약속도 지켜야죠.

코치: 와~ 중요한 것을 발견하셨어요. 축하드립니다.

코치는 고객의 알아차림과 통찰을 도와야 하는데, 위 대화에서 코치는 고객의 말에서 '약속 지키기'가 고객에게 중요한 가치임을 발견하고, 코칭의 주제인 운동습관과 가치는 어떤 연관이 있는지를 거울처럼 비춰주며 질문했다. 이 순간, 고객은 알아차림과 통찰이 생겼다.

알아차림과 통찰의 순간(a-ha moment, moment of truth)은 고객 자신에게뿐만 아니라 코치에게도 매우 의미가 크다. 이 순간을 기점으로 코칭이 다른 흐름으로 전환될 수도 있고, 더 깊은 내면을 탐색할 수도 있고, 속도감 있게 코칭이 진전될 수도 있기 때문이다. 코칭 슈퍼비전을 하다 보면 이렇게 중요한 순간을 코치가 인지하지 못하고 그냥 넘어가는 경우가 있다. 또는 인지했지만 알아차리고 통찰한 것을 고객과 좀 더 나누거나 기념하지 않고 그냥 지나가는 것을 보며 안타까운 적이 있다.

코치는 알아차림과 통찰의 순간을 잘 포착해야 할 뿐만 아니라 한 단계 더 들어가서 그것이 고객의 마음속에 기억되도록 공을 들여야 한다. 이 순간이 그냥 흘러가지 않도록 고객의 의식에 선명하게 각인될 수 있도록 선언하기, 명명하기, 머물게 하기, 앵커링 등 다양한 코칭 기법을 활용할 수 있다.

목표 설정

코치: 운동습관과 관련해서 ○○ 님이 진짜 되고 싶은 모습은 어떤 거예요?

고객: 나와의 약속을 잘 지켜서 운동습관이 만들어진 사람…, 3개월 목표를 꽉 채워서 운동이 습관화된 사람… 그런 사람이 되고 싶어요….

코치: 방금 말씀하신 것을 조금 더 기억하기 쉽게 정리해서 이야기해볼까요? 진짜 되고 싶은 나는 어떤 사람이죠?

고객: 음… 작은 것이라도 나와의 약속을 지킬 수 있는 사람이 되고 싶습니다.

코치: 우리 뇌는 현실과 상상을 구분하지 못한다고 하잖아요. 바라는 것이 있다면

이미 그것을 이루었다고 스스로 말하는 것이 도움이 된다고 해요. "○○ 님이 이미 그런 사람이 되었다~"라는 형태로 바꿔 말해볼까요?

고객: 음… "나 ○○○는 작은 것이라도 나와의 약속을 지키는 사람이다!" 이렇게요?

머무르게 하기

코치: 네! ○○ 님은 이미 작은 것이라도 자신과의 약속을 지키는 사람입니다. 잠깐 눈을 감고 그 느낌을 음미해볼까요?

고객: 네.

코치: 자~ 그 마음으로 오늘 코칭의 운동습관을 바라보면, 어떤 느낌이 드시나요?

고객: 약속을 소중히 여겨야겠다 싶고요…. 얼마만큼이 중요한 게 아니라 쉽게 접근할 수 있는 것, 마치 물 마시듯 부담 없는 것, 하지만 운동이 되는 그런 것을 해야겠다 싶네요.

실행 계획

코치: 오늘 3개월 운동습관 만들기를 주제로 이야기 나누고 있어요. 지금까지 성찰하신 내용을 토대로 해볼 만한 운동은 뭐가 떠오르세요?

고객: 집 근처 산책하는 것, 또 공원에 운동기구 같은 것이 많이 있잖아요…. 그런데서 운동하는 거… 또 아들이랑 줄넘기하는 것도 생각나고요….

코치: 또 뭐가 생각나세요?

고객: 저희 아파트에서 계단 운동을 해도 될 것 같고, 또 한 15분 차 갖고 가면 체육센터가 있는데…, 다른 사람들이 운동하는 것을 보면 동기부여가 될 것 같고…. 이야기하다 보니 운동할 것은 많네요. 제가 안 해서 그렇지.

코치: 정말 많은 아이디어를 쏟아내고 계세요. 그중에서 어떤 운동이 나와의 약속을 잘 지키게 할까요?

고객: 너무 번거로우면 안 될 것 같아요. 체육센터는 운전하고 가야 하는데, 몇 번 하다가 안 할 수도 있고…. 쉽게 한다고 생각하면 아파트 계단 운동이 좋겠

어요. 15층까지 오르내리기! 이건 충분히 할 수 있겠어요.

코치: 좋은 생각이네요. 이거면 운동량은 충분한가요?

고객: 저녁에 체육공원까지 걷고, 기구운동 한 30분 하고…. 그리고 주말에는 남편이랑 근처 호수공원 한 바퀴 걷기…. 이렇게 하면 될 것 같아요.

코치: 와~~ 훌륭하네요. ○○ 님 자신과 방금 말씀하신 운동을 3개월 동안 하기… 이 약속을 하시는 거예요?

고객: 네~ 맞아요. 약속해요.

코치: 이 약속에 어떤 조건이 붙으면 반드시 지켜질까요?

고객: 아이들에게 이야기해야겠네요. 제가 애들한테 "약속은 중요하다. 신뢰로운 사람이 돼야 한다." 이런 것들을 늘 얘기해왔는데, "엄마도 그렇게 할 거다~" 이런 얘기하면 제가 꼭 지킬 것 같아요.

목표 상상

코치: 오늘이 3월 5일이에요. 3개월 후인 6월 5일에 ○○ 님은 어떤 상태일까요?

고객: 지금보다는 훨씬 더 활력 있는 몸 상태….

코치: 그건 어떻게 알 수 있죠?

고객: 아~ 산에 오를 때 전보다는 더 가뿐한 느낌이 들면 '체력적으로 좀 나아졌구나' 하고 생각할 것 같아요.

코치: 남편분은 뭐라고 하실까요?

고객: "어~ 그동안 운동하더니 많이 나아졌네…" 이럴 것 같네요.

코치: 노력하신 보람을 느끼시겠어요…. 그러면 허리 상태는 어떨까요?

고객: 허리도 결국 근육 힘이 있어야 한다고 하더라고요. 허리에 근육도 조금 생겼으면 좋겠네요.

학습과 통찰이 정체성과 통합될 때 고객은 지속적으로 성장하게 된다. 위 대화에서 코치는 운동과 관련한 통찰을 '작은 것이라도 자신과의 약속을 지키는 사람'이라는 고객의 정체성과 통합되도록 지원했다. 새롭게 인식한 정체성은 실행 계획을 세우는 데도 더 강력한 힘을 발휘한다. 과거와는 다른 의지와 열정으로 다양한 실행 계획을 떠올리게 된다. 또한, 후원환경을 만드는 데 있어 고객 혼자 하는 것이 아니라 관련 이해관계자와 협력 관계를 맺는 것이 필요한데, '아이들'이 행동 전환에 중요한 기여를 해줄 것이다.

습관 형성과 관련해서는 미래 결과를 탐색해보는 것이 필요하다. 위 대화에서 고객은 3개월을 목표로 하고 있는데, 코치가 '3개월 후'라고 표현하기보다는 구체적인 날짜인 '6월 5일'로 언급하는 것이 더욱 확실하다. 그러면 미래 특정 시점에 더 몰입하게 만들 수 있다. 그리고 고객의 말에서 '남편'이라는 중요한 이해관계자를 포함함으로써 고객의 행동 전환이 더욱 촉진될 수 있다.

마무리

코치: 네~ 꾸준함을 이기는 것은 없다고 하잖아요. 오늘 코칭에서 새롭게 발견한 것은 무엇인가요?

고객: 저는 작은 물방울이 계속 떨어지면 바위에 균열이 생긴다는 말을 믿거든요. 제 운동습관도 비록 작게 시작하지만, 꾸준히 하다 보면 달라지겠죠. 그리고… 제 인생에서 신뢰가 되게 중요한 것인데, 어쩌면 이율배반적으로 살아온 거죠. 운동이 늘 안 되니깐…. 지금까지 운동이 저 자신을 못나게 하는 거였어요. 근데, 오늘 저를 신뢰로운 사람으로 재평가하는 시간이 된 것 같아요.

코치: 와~ 신뢰로운 나를 다시 찾은 것을 진심으로 축하드리고, 앞으로도 쭉 이어가시기를 응원해 드리겠습니다.

(2) 퇴근 후 시간을 잘 보내고 싶어요

인간은 변화와 성장을 추구하는 존재다. 변화와 성장은 일상의 작은 과제를 성취하는 것일 수도 있고, 삶 전체에서 자아실현의 모습일 수도 있다. 직장인들의 경우 업무적 영역뿐만 아니라 퇴근 이후 삶 속에도 자기계발이나 미래 준비를 위한 노력을 꾸준히 하고 싶어 하는데, 이는 크든 작든 인간의 변화와 성장 욕구와 직결된다. 아래 사례는 직장인 고객이 시간관리를 잘하고 싶다는 이슈로 시작했다.

'시간관리'라는 네 글자에는 정말 많은 것이 담겨 있다. 고객이 제시한 이슈를 조금씩 깊게 들어가다 보면 시간관리 안에서도 진짜 원하는 것이 무엇인지 더 구체적으로 드러난다. 진짜 원하는 것은 고객의 삶의 북극성 또는 중요한 의제(big agenda)와 연결되기도 하는데, 이 과정에서 코칭은 훨씬 더 깊어진다.

고객은 자신의 가능성과 잠재력을 충분히 발휘하여 최고의 삶을 살고자 하는 바람을 갖고 있다. 지금 당장의 목표(이슈)와 인생의 무한한 가능성 사이의 연결고리가 점화되는 순간, 그 결과는 변혁적(transformative)으로 바뀐다. 이렇게 되면 보고서 작성이나 회사 면접, 5킬로미터 마라톤 같은 당장의 목표는 그저 해야 하는 항목 이상의 의미로 확대된다(헨리 · 캐렌 킴지하우스 외, 2016).

코치: ○○ 님, 오늘 저랑 어떤 이야기 나누고 싶으세요?

고객: 시간관리에 대해 이야기 나누고 싶어요.

코치: 시간관리요? 조금 더 구체적으로 이야기해주실 수 있을까요?

고객: 요즘 하루가 그냥 흘러가는 것 같아요. 특별히 뭐 하는 일도 없이 말이에요. 특히 퇴근하고 집에 있다 보면 더 그런 생각이 들어요. 퇴근 이후 시간을 좀 의미 있게 보내고 싶어요.

코치: 아~ 특히 퇴근 후에 시간관리가 더 필요하다고 느끼시는군요. 최근 들어 이

것을 고민하시게 된 특별한 계기는 무엇이 있나요?

고객: 예전에는 퇴근하고 운동하기도 하고 와이프랑 대화도 자주 했던 것 같은데, 요즘 들어서는 통 그런 시간을 갖지 못했어요. 피곤하니 좀 쉬자 하는 생각에 저녁 먹고 TV를 보거나 빈둥대면서 시간을 보냈는데, 의미 없는 일에 시간을 보낸다는 생각을 좀 하게 되었어요.

코치: 아, 그러셨군요. '의미 없는 일에 시간을 보낸다~'라는 생각은 언제 많이 드나요?

고객: 유튜브나 TV 볼 때요. 그때는 좋은데, 보고 나면 조금 허무해요. 시간을 허비한다는 느낌이 든다고 할까요? 꼭 필요한 것이었나 싶기도 하고요.

주제 합의

코치: 그렇군요. 오늘 저랑 코칭대화에서는 무엇에 집중하여 이야기 나누고 싶으세요?

고객: 퇴근 후 집에서 의미 있게 시간을 보내는 방법을 찾아보고 싶습니다.

코치: 네, 알겠습니다. 퇴근 후 집에서 의미 있는 시간을 보내는 방법에 집중해서 이야기 나누도록 하겠습니다.

처음 고객은 '시간관리'를 이야기했다. 이후 코치는 고객과 함께 너무나 큰 덩어리 이슈인 '시간관리'를 chunk-down 하여 작은 덩어리인 '퇴근 후 시간관리'로 범위를 좁혀나갔다. 실제로 제한된 코칭 시간 내에 코칭이 효과적으로 진행되기 위해서는 고객과 코치가 같은 시작 지점을 잡는 것이 중요한데, 큰 덩어리 이슈로는 동일한 시작점을 찾기가 쉽지 않다.

고객의 고민은 일상의 외부 사건이나 자극 또는 그로 인한 내적 성찰의 과정을 통해 시작된다. 그럼에도 어떤 고객은 그 사건 자체를 직접 언급하기보다 일반화 혹은 개념화해서 표현하는 경우가 많다. 따라서 넓고 방대한 주제일수록 그 구체적인 계기나 상황을 확인함으로써 오늘 코칭에서 집중적으로 나눌 영역을 정해야 한다.

자~ 이제 '퇴근 후 집에서 의미 있는 시간 보내는 방법 찾기'라는 주제가 합의 되었다. 당신이 코치라면 이후의 대화를 어떻게 이어갈지를 잠시 생각해보자.

코치: 오늘 '의미 있는 시간'이라는 말씀을 여러 번 하신 것 같아요. ○○ 님은 시간을 어떻게 보냈을 때 '아~ 이 시간이 의미 있구나~' 하고 생각하시나요?

고객: 의미 있는 시간… 책을 읽거나 운동하거나 가족들과 즐거운 시간을 보내거나 했을 때 '퇴근 후에도 시간을 잘 보냈다. 의미 있다' 이렇게 생각하는 것 같아요.

코치: 또 어떻게 시간을 보낼 때 의미 있나요?

고객: 쓰레기를 갖다 버리거나 주말에 집안 청소 같은 것을 할 때도 의미 있게 시간을 보냈다고 생각해요.

코치: 그 밖에 또 뭐가 있을까요?

고객: 혼자 오늘 하루 어땠는지 돌아보고, 내일 할 일을 조용히 생각하면서 준비하는 사색의 시간 같은 것도 좋아요.

코치: 아~ 그렇군요. 독서, 운동, 가족과 좋은 시간, 집안일, 사색하기 같은 것이 ○○ 님에게 의미를 주네요. 반면에 어떻게 시간을 보내면 의미 없이 느껴지세요?

고객: 유튜브나 TV를 계속 보고 있을 때요. 딱히 보고 싶은 영상이 있는 것도 아닌데, 추천 영상 같은 것을 계속 보게 돼요. 계속 여기저기 채널을 돌리고요. 이런 것들을 하고 나면 시간이 정말 순삭이에요. 한두 시간을 이렇게 보내면 허무해요. 시간이 너무 아까워요.

코치: 지금까지 의미 있는 시간과 의미 없는 시간을 구분해서 이야기 나눠봤어요. 쭉 이야기해보시니 '의미가 있다'와 '없다'의 차이점은 무엇인가요?

고객: 의미가 있으려면 어떤 결과물 같은 것이 있어야 하네요. 뭔가 남는 것이 있느냐 없느냐 그 차이인 것 같네요. 가만히 있는 것보다는 어떤 활동을 하는 것, 근데 나에게 생산적인 활동을 할 때 의미가 있어요.

코치: 아~ 그렇군요. 중요한 발견을 하셨네요. '의미 있는 시간'의 개념에는 또 뭐

가 담겨 있나요?

고객: 아~ 또 하나는 내가 주체적으로 그 활동을 할 때예요.

코치: 그건 어떤 뜻으로 하시는 말씀이에요?

고객: 그러니까… TV나 유튜브 같은 것은 처음에는 제 의지로 시작하지만, 어느 순간 제 의지는 없어지고 그냥 알고리즘이라든가 뭔가가 저를 조정하는 것 같거든요. 주체적으로 제가 그것을 하는 것이 아니라 그냥 맡겨지는 거죠. 이럴 때는 의미가 없어요.

코치: ○○ 님에게 '의미 있는 시간'이란 생산적인 활동을 주체적으로 한다는 뜻이 담겨 있는 거네요.

고객: 네~ 맞아요. 저에게 의미를 주는 것들이 그런 것들이네요.

코치: 의미 있게 시간을 보낸다는 것이 어떤 점에서 ○○ 님 삶에 중요한가요?

고객: 당연한 거 아닌가요? 시간을 허투루 쓰고 싶은 사람이 있을까요?

big-agenda

코치: 네~ 그렇죠. 시간은 누구에게나 다 소중하죠. 그럼 이렇게 바꿔서 여쭤볼게요. 퇴근 후 시간관리가 잘되면 삶이 어떻게 달라지나요?

고객: 지금보다는 더 열심히 살게 되고 그러다 보면 더 발전해있지 않을까요? 책을 읽는다면 지식이 더 늘게 될 것이고, 운동한다면 몸이 더 건강해질 것이고, 가족과 대화를 더 하게 되면 화목한 가정이 될 것 같고…. 여러모로 좋은 모습으로 발전할 것 같아요.

코치의 질문에 고객이 반문하는 경우가 있다. 코칭을 처음 배울 때는 고객의 반문이 당황스럽고, 그러다 보면 다음 대화가 제대로 이어지지 못하고 흔들리게 된다. 고객이 되묻는 경우는 대개 질문이 모호해서 명확히 이해하고 싶다는 의도이므로 다른 말로 바꿔서 다시 질문하면 된다. 위 대화처럼 너무나 당연하게 여겨지는 질문이라 굳이 생각할 필요가 없어서 반문하는 경우도 있다. 그 '당연함'에서 벗어날 때 인식 변화의 돌파구가 생긴다.

목표 설정/상상

코치: 퇴근 후 정말 의미 있게 시간을 보내는 완벽한 하루를 한번 상상해볼까요? 보통 퇴근하고 집에 오면 몇 시죠?

고객: 7시에서 7시반 정도 돼요.

코치: 네, 그럼 그 이후 의미 있는 저녁 시간은 어떤 활동으로 채워지나요?

고객: 8시나 8시 반 정도까지 아내랑 둘이 저녁을 먹어요. 저녁 먹으면서 하루를 어떻게 보냈는지 이야기하고, 아이들 학교생활이나 집안 대소사 같은 것도 상의하고요.

코치: 아내랑 밀도 있는 대화를 나누시네요. 그러고요?

고객: 아이들이 9시 정도에 학원이 끝나기 때문에 아내가 그전에 애들을 픽업하러 나가거든요. 그럼 저는 1시간 정도 혼자 집에 있게 돼요. 이 시간에 저는 운동하거나 책을 보면 좋겠어요. 아~ 운동하는 것이 더 좋겠어요. 운동하려면 거실에 운동기구 같은 것을 늘어놔야 하는데, 혼자 있을 때 하면 더 효과적이겠네요.

코치: 좋아요. 1시간 운동을 마치면 기분이 어떠실까요?

고객: 아~ 너무 좋죠. 예전에 한창 운동에 빠졌을 때가 생각나네요. 그때는 헬스장 가서 했는데, 웨이트 하는 재미가 쏠쏠했죠.

코치: 아~ 예전 기억을 떠올리며 재밌게 운동을 다시 하실 수 있겠어요. 자~ 다시 의미 있는 하루를 그려보면, 운동 이후 시간은 무엇을 하시나요?

고객: 9시 반쯤 아이들이 오면 30분 정도 애들이 간식 먹는 시간에 우리 네 식구가 모여서 이런저런 대화를 해요. 사실은 애들이 아내에게 이런저런 이야기를 많이 하는데, 저한테는 잘 안 하는 편이거든요.

코치: 그래요?

고객: 어렸을 때부터 애들은 저보다는 아내에게 편하게 이야기를 많이 했어요.

코치: 네. 뭔가 서운함 같은 것도 느껴지네요. 가족이 다 모여있는 시간이 ○○ 님에게는 어떤 점에서 의미가 있나요?

고객: 제가 아빠이고 가장이긴 하지만, 아이들 이야기를 주로 아내한테 전해 듣는

편이에요. 근데 그 시간은 제가 아이들의 목소리를 직접 들을 수 있고, 같은 공간에 있는 것이니 아이들과 함께 있다는 느낌이 들어서 좋아요.

코치: 조금 외로우셨을까요?

고객: '외롭다…' 그런 부분도 없지는 않지만, 그것보다는 더 좋은 아빠, 더 편하게 다가갈 수 있는 아빠가 되어주지 못해 미안한 마음이 더 크네요.

'퇴근 후 시간관리'를 통해 얻으려고 했던 것이 궁극적으로는 '더 좋은 아빠가 되고 싶다'는 것임을 알아차린 중요한 순간이다. 이때 코치는 즉각적으로 언어적 반응을 해주기보다 고객이 그 순간을 그 누구의 방해도 받지 않고 경험해보도록 하는 것이 좋다.

코칭은 탁구가 아니다. 고객의 대답이 끝났다고 해서 코치가 재빨리 질문으로 받아줘야 하는 것이 아니라 대화 사이사이에 공간, 여유가 있어야 한다. 공간이 주어졌을 때 코치와 고객은 각자의 의식 안에서 성찰할 기회가 생겨난다. 또한, 코치와 고객 사이에 공간이 있을 때 코치는 고객의 감정에 휩싸이지 않게 된다.

코치: 그런 마음이시군요. 조금이라도 더 가깝게 아이들과 함께하려는 아빠의 사랑이 느껴지네요.

고객: 네. 맞아요. 말을 하고 보니 더 그렇게 느껴집니다.

코치: 이제 하루를 마치고 잠자리에 든다고 생각하면, 어떤 것이 있으면 하루가 더 의미가 있을까요?

고객: 또 해보고 싶은 것은 명상이에요. 긴 시간이 필요한 것도 아니고 하루를 마무리하는 차원에서 도움이 될 것 같아요.

코치: 명상도 여러 가지가 있던데, 주로 어떤 명상을 하시나요?

고객: 제가 구독하는 유튜브 명상 채널이 있어요. 그 영상을 틀어놓고 10분 정도 멘트를 따라 하는 건데, 어렵지 않고 괜찮았어요. 그것을 더 해보고 싶어요.

코치: 생산적인 활동을 주체적으로 할 때 의미 있다고 하셨는데, 이러한 측면에서

볼 때 명상은 ○○ 님에게 무엇을 가져다주나요?

고객: 명상을 하면 몸과 마음이 고요해져요. 잠도 더 편안하게 들게 되고요. 다음 날을 더 활기차게 시작할 수 있게 해줘요.

코치: ○○ 님이 바라는 퇴근 후의 의미 있는 일상은 어떤 하루인지 정리해주실까요?

고객: 7시 반에 집에 와서 아내와 식사하며 대화해요. 그리고 아내가 아이들을 픽업하러 간 사이에 저는 운동하고, 아이들이 학원을 마치고 오면 우리 가족이 두런두런 이야기를 나눠요. 그리고 잠자기 전에 명상으로 하루를 마무리하는 것이네요.

코치: 상상해보니 어떤 느낌인가요?

고객: 행복합니다. 하루를 꽉 채워서 보낸 듯한 기분이 듭니다. 매일매일 이럴 수 있으면 좋겠어요.

코치: 네~ 이런 하루하루가 축적되어 한 달을 이렇게 보내면 ○○ 님 삶에는 어떤 변화가 생기나요?

고객: 지금보다는 더 편안하고 안정되어 있을 것 같아요. 필요한 일, 그러니까 회사 업무 같은 것 말고 나와 가족들을 위해 필요한 일을 제때 하는 느낌이 들어서 편안할 것 같아요. 그래서 아이들과 대화할 때도 빚진 느낌, 미안한 느낌이 덜할 것 같고요.

코치: 지금 그 말씀하시면서 마음에서 뭐가 올라오나요?

고객: '내가 그동안 아이들한테 미안한 마음이 컸구나…' 그런 생각이 크게 올라오네요.

신체화

코치: 지금 ○○ 님의 몸을 머리부터 발끝까지 한번 스캔해볼까요? 아이들을 향한 마음은 몸의 어디에서 느껴지나요?

고객: 가슴이요. 가슴에 좀 울컥함, 뜨거움 이런 것이 느껴져요.

코치: 가슴에 손을 한번 갖다 대보시겠어요? 느낌이 어떤가요?

고객: 심장이 두근대네요. 손을 통해 그 느낌이 온몸으로 퍼지는 것 같아요.

코치: 잠시 그 느낌에 머물러보세요. ○○ 님의 심장이 뭐라고 말하나요?

고객: 좋은 아빠가 되자….

코치: 마음 깊은 곳에서 퍼지는 울림이네요. 지금 이 느낌을 꼭 기억해주세요. 자~ 울컥하고 뜨거운 가슴으로 오늘 코칭의 주제인 '퇴근 후에 의미 있는 시간 보내기'를 한번 보시겠어요? 뭐가 떠오르나요?

고객: 아이들과의 관계를 더 잘 만들고 싶다는 것이 제 마음 깊은 곳에 있었던 것 같습니다.

코치: 네, 맞아요! 그 마음이 ○○ 님 가슴을 울컥하게 하고 뜨겁게 만들었나 봅니다.

실행 계획

코치: 그럼 퇴근 후 의미 있는 시간을 보내는 것과 관련하여 무엇을 시도해보고 싶으세요?

고객: 가장 신경 써야 할 부분은 아이들 학원 끝나고 왔을 때 대화를 시도해보는 것이네요. 그런데 여태 별로 해본 적이 없어서 어떻게 해야 할지 모르겠네요.

코치: 그럴 수 있습니다. 아이들과 함께하겠다고 마음먹으신 것 자체가 아주 큰 변화예요. '지금보다 1센티만 더 아이들과 가까워지자'라고 생각한다면 무엇부터 해볼 수 있을까요?

고객: 일단 애들이 오면 현관에서 가방부터 받아주고, "잘 다녀왔어? 피곤하지?" 이렇게 이야기해볼게요.

코치: 와~ 집에 오자마자 아빠가 반갑게 맞아주면… 아이들은 어떻게 반응할까요?

고객: 좀 놀랄 것 같아요. 처음에는 '왜 이러시지~' 이럴 수도 있을 것 같아요. 그럴 만도 하죠. 여태 이런 모습을 보여준 적이 없으니까.

코치: 네.

고객: 그래도 일주일… 2주일 이렇게 하다 보면 제 진심도 좀 전해지지 않을까요?

코치: 네~ 그럼요.

고객: 그러다 보면 식탁에 앉아 두런두런 자연스럽게 대화도 가능하지 않을까 생각해요.

코치: 첫술에 배부를 수 없으니, 한 발짝 한 발짝 다가가려는 마음이시네요.

고객: 네.

코치: 퇴근 후 의미 있는 시간을 위해 또 어떤 시도를 해보시겠어요?

고객: 아내가 애들 픽업하러 간 시간에 저는 운동을 좀 해야겠어요. 홈트요. 요새 배가 좀 많이 나왔거든요.

코치: 네. 홈트는 어떤 식으로 하시는 거죠?

고객: 전에 헬스장 다닐 때 배운 운동법이 있어요. 집에 간단한 운동기구로 할 수 있어요. 홈트 루틴을 만들어서 40분 정도 하면 될 것 같아요.

코치: 와~ 뱃살이 쏙 들어가겠어요.

고객: 그러면 정말 좋겠네요.

코치: 또 실천하고 싶은 것이 더 있나요?

고객: 이 정도만 잘 실천해도 매우 만족스럽겠어요.

코치: 그럼 실행 계획을 정리해서 말씀해보실까요?

고객: 가장 우선적으로는 아이들 학원 끝나고 오면 현관에서 반갑게 맞아주기, 그리고 홈트 40분 하기. 이 두 가지입니다.

코치: 이 두 가지 계획이 얼마의 기간 동안 유지되면 1차적으로 성공했다고 말할 수 있나요?

고객: 음… 일단 한 달을 목표로 해볼게요.

코치: 네~ 그래요. 이 목표가 진짜 현실로 이루어지려면 누구의 도움이 있으면 좋을까요?

고객: 아내에게 "나 이렇게 할 거다. 그러니깐 지켜봐달라~" 이렇게 이야기해야겠어요.

코치: 네~ 훌륭하십니다. 아내분도 분명히 적극적으로 지원해주실 거예요.

마무리

코치: 오늘 코칭에서 새롭게 발견한 것은 무엇인가요?

고객: 좋은 아빠가 되지 못한 것 같아서 아이들에게 미안한 마음을 갖고 있었던 것을 알게 되었네요.

코치: 지금까지는 그랬지만, 앞으로는 달라지는 거죠?

고객: 네! 맞아요.

코치: 오늘 코칭에서 귀하게 발견한 그 마음을 코칭 이후에도 잊어버리지 않고 계속 기억하려면 어떤 장치가 필요할까요?

고객: 카톡 프로필에 '좋은 아빠 되기'라고 입력하고 하루에 몇 번씩 되뇌어야겠어요.

코치: 와~ 좋은데요. 프로필 보시면서 ○○ 님의 가슴에 손을 대고 심장의 뜨거운 느낌도 같이 느껴보면 좋겠는데요. 이거 지금 바로 해보실까요?

고객: 네. 했습니다.

코치: 좋습니다. 다음 코칭에서는 어떤 변화가 있을지 정말 기대됩니다. 코칭을 여기서 마치려고 하는데 괜찮을까요?

고객: 네, 좋습니다. 감사합니다. 코치님.

(3) 하루를 잘 통제하고 싶어요

코칭은 코치와 고객 사이의 대화에 의해 이루어진다. 대화에는 혼잣말, 침묵 혹은 비언어적 표현이 포함될 수 있으나, 음성 언어로 하는 경우가 대부분이다. 인간에게 언어는 매우 훌륭한 의사소통 수단이지만, 내면에서 일어나는 생각이나 감정을 언어로 완전하게 표현하는 것은 불가능에 가깝다. 또한 언어는 개인의 경험, 사회적 환경, 역사적 맥락 속에서 다르게 해석될 수 있다. 코치는 고객이 사용하는 언어에 의존할 수밖에 없으나, 언어에는 이러한 한계가 있음을 상기해야 한다. 고객의 첫마디, 자주 그리고 강조하는 말, 비유적 표현은 코칭을 풀어나갈 중요한 열쇠가 된다. 중요한 고객의 키워드에 대해 자의적으로 해석하기, 넘겨짚기 등과 같은 잘못을 저지르지 않도록 주의해야 한다.

코치: 반갑습니다. ○○ 님, 오늘 어떤 아침 보내고 계셨어요?

고객: 저는 오늘 아침 8시에 새로운 클라이언트와 미팅을 진행했어요. 그래서 아침부터 조금 바쁘게 보냈어요.

코치: 아~ 그러셨군요. 새로운 클라이언트와 연결된 것을 축하드립니다.

고객: 네~ 감사합니다. 지난주부터 문의를 주셨는데, 오늘 더 구체적인 이야기를 나눌 수 있었어요.

주제 탐색

코치: 잘되었네요. 좋은 비즈니스 기회로 이어지기를 바랍니다. 오늘 코칭에서는 어떤 이야기 나누고 싶으세요?

고객: 음… 저는 요즘 정신이 없어요.

코치: 정신이 없어요?

고객: 네… 정신이 없어요…. 그래서 약간 이대로는 안 될 것 같다는 생각이 들어요. 놓치는 것도 좀 많이 생기고, 정신없이 막 바쁘게 지내다 보니까 저를 한번 돌아볼 필요가 있을 것 같아요. '앞으로 이 정신없는 일들을 좀 관리해나가면서 해야 할 것을 생각해봐야 할 것 같은데…' 좀 이런 생각이 계속 들거든요. 이런 이야기를 좀 나눠보고 싶어요.

코치: 아이고~ 그러시군요. 요즘 굉장히 정신없는 일상을 보내고 계시네요. 관리가 필요하겠다는 생각을 하시게 된 특별한 계기가 무엇이 있을까요?

고객: 제가 아침에 보통 6시 정도에 일어나거든요. 근데 그게 자의로 일어난다기

보다는 일에 치여서 어쩔 수 없이 일어나요. 밤에도 어느 때는 일이 12시 넘어서 끝날 때도 있고…, 시간을 하루에 6시부터 12시까지 쓴다는 것 자체가 뭔가를 많이 하고 있는 거잖아요. 그렇게 엄청 뭔가 막 바쁜 생활을 하면서 약간 치이는 느낌이 계속 드는 것 같아요.. 근데 이게 또 나름대로 다 필요한 일인 것 같기도 하고….

코치: 그러시군요.

고객: 그런데 중간중간에 제가 잊어버리거나 놓치는 것들도 자꾸 생겨요…. 요즘은 버겁다는 느낌도 들고요. 자꾸 '나 이거 놓쳤네~, 이거 했어야 하는데…' 이런 생각을 자주 해요. 그래서 이 이야기를 한번 나눠봐야겠다고 생각하게 되었어요.

코치: 새벽부터 밤까지 그야말로 24시간이 모자랄 정도로 바쁘게 살고 계세요.

고객: 네. 맞아요. 지금 또 갑자기 생각나는데, 제가 밥때를 놓쳐서 밤 9시, 10시에도 저녁을 안 먹고 있어요. 또 제가 중요하게 생각하는 운동도 안 하고 있는 거예요. 그리고 엄마한테 전화가 왔는데, 그때 제가 바쁘다고 하니까 엄마가 "그럼 언제쯤 시간 되니?" 하고 물어서 스케줄을 봤는데, 한 3일 후에나 엄마랑 통화할 짬이 날 거 같은 상황인 거예요. '엄마랑 통화할 시간을 못 낼 정도로 지금 이러고 있네. 이대로는 안 되겠다' 생각했어요.

코치: 저런~ '내가 뭔가 놓치고 있구나~' 그런 알아차림이 있으셨네요.

주제 합의

코치: ○○ 님, 오늘 저랑 코칭대화에서 무엇을 얻으면 만족스러우실까요?

고객: 이 정신없는 상황에서 '하루를 정신을 차리고 뭔가 했으면 좋겠다~', '쫓기는 느낌이 좀 드는데… 하루가 내 관리하에서 통제할 수 있는 상태로 운영됐으면 좋겠다~' 그런 생각이 들어요.

코치: 그러면 오늘 코칭대화에서는 하루를 통제할 수 있는 상태로 만드는 것에 대해 얘기 나누면 좋을까요?

고객: 네~ 좋습니다. 코치님.

여기까지 대화에서 고객에 관하여 어떤 것이 발견되었는가? 고객은 대화 초반부터 굉장히 많은 말을 쏟아내고 있다. 이는 현재 고객이 무언가를 표출하고 싶어 하는 상태일 수도 있고, 고객이 말이 많은 스타일일 수도 있다. 고객의 말 외에도 표정, 몸짓 등 여러 가지가 코치에게는 정보가 되며, 초반에 얻은 정보는 코칭을 어떻게 진행해나갈지에 중요한 힌트가 된다.

고객이 반복적으로 말하거나 목소리의 톤, 속도, 힘에 변화가 있는 단어는 고객에게 매우 중요한 의미를 담고 있다. 앞의 대화에서 고객은 '정신이 없다', '통제'라는 단어를 강조하고 있음을 알 수 있다. 코치는 이것을 어떻게 코칭에 활용해야 할까?

고객이 하는 말의 일부를 따라 하거나 요약하는 백트래킹(backtracking)을 할 수 있다. 이를 통해 고객의 말을 중립적으로 인정하여 라포를 높일 수 있고, 고객에게서 더 많은 스토리를 끌어낼 수 있다.

고객에게 중요한 키워드를 더 깊이 있게 탐색한다. 위 대화에서 중요하게 강조된 '통제'라는 단어는 보통명사로 누구나 그 의미를 파악할 수 있다. 하지만 코치는 자신이 이해한 '통제'가 고객이 생각하는 '통제'와 같을 것이라고 적당히 넘겨짚어서는 안 되며, 고객이 생각하는 통제의 개념을 더 명확하게 이해하려고 해야 한다. 왜냐하면 모든 사람은 각자의 경험과 환경, 그리고 현재 진행 중인 대화의 맥락에 따라 자신만의 고유한 관점을 갖고 있기 때문이다.

당신이 코치라면 고객에게 의미 있다고 여겨진 '통제'라는 단어를 어떻게 코칭에 활용할 것인가?

코치: 하루를 통제하기를 원하시네요. ○○ 님에게 통제가 잘되는 하루는 어떤 모습인가요?

고객: 통제한다는 건 일단 제가 계획한 대로 하는 것. 일단 첫 번째로는 계획이 세

워져야 하는 것 같고, '오늘 내가 하루에 몇 시에 일어나서 몇 시에 잘 건데, 그 사이사이 시간을 이러이러한 일들로 채워나가면 돼~'라는 계획이 서야 하는 것 같아요…. 그리고 두 번째로는 계획한 것에서 크게 벗어나지 않게 그것들을 하게 되는 것이고요.

코치: 잘 통제된 하루란 머릿속에서 기상부터 취침까지 계획이 세워져 있고, 거기서 크게 벗어나지 않고 운영되는 것이네요. 제가 맞게 이해했나요?

고객: 네. 맞아요.

코치: 이러한 점에서 볼 때 요즘 ○○ 님의 하루 계획이나 스케줄은 어떤 상태인가요?

고객: 매일 스케줄이 꽉 차 있고, 심지어 스케줄러에 못 쓰는 경우도 있어요. 이거를 정리할 시간과 여력이 안 나서요. 말하다 보니 스케줄러를 쓴다는 것 자체가 어느 정도는 통제하에 있는 거네요. 심지어 스케줄러를 못 쓰는 상황은 통제를 벗어난 그런 상황이기도 하고요…. 그리고 두 번째로는 스케줄러에는 썼으나 스케줄러대로 움직여지지 않는 경우들도 많은 것 같아요. 그게 제 요즘 상태예요.

meta-view

코치: 스케줄러 정리도 못 할 정도로 통제에서 벗어나 있는 ○○ 님의 모습을 몇 발짝 떨어져서 한번 바라볼까요? 어떤 느낌이 드세요?

고객: '뭔가 되게 정말 쫓기고 있구나.' 그런 생각이 일단 먼저 들고, 또 '뭔가를 열심히 하는 있구나. 그래도 잘해보려고 되게 열심히 하고 있구나~' 그런 생각이 들어요.

코치: 또 어떤 느낌이 드세요?

고객: 한번은 이런 생각도 들더라고요. '이것들을 좀 놓으면 무슨 일이 벌어지는 거지? 이런 많은 일들을 놓으면?' 근데 또 그것들을 놓고 싶지는 않더라고요. 그리고 지금은 이렇게 일을 할 때인 것도 같고, 전문가로서 성장해야 할 때라고 생각돼요. 그냥 다 제 선택에 의해 하게 되는 일들이니까… 놓고 싶

지는 않은데, 단지 이것을 통제하면서 하고 싶다. 지금은 치이면서 하지만 조금은 여유를 가지고 하고 싶은 그런 마음이 들더라고요.

detail-view

코치: 이제 ○○ 님의 마음 안으로 좀 깊게 들어가 볼까요? 그렇게 좀 정신없이 하루를 보내고 있는 마음 안에서는 어떤 것들이 일어나고 있나요?

고객: 뭔가 잘해보려고 하는 마음이 있는 것 같아요.

코치: 네.

고객: 쫓기게 되는 것들이 아무래도 제 개인적인 상황보다는 다른 사람과 연결되어 있는 일들로 인한 경우가 많거든요. 제가 아까 예로 든 운동이나 밥 먹는 것, 그런 것들은 다 저와의 약속인 거잖아요. 운동 안 하고, 밥 안 먹으면 그 시간에 다른 사람과 약속한 일들을 할 수 있는 거죠. 그런 마음에는 다른 사람들한테 실망을 주고 싶지 않은 마음이 있네요. 그리고 연결되는 얘기지만, 다른 사람들에게 인정받고자 하는 마음… 그런 것들이 있는 거고.

코치: 그렇군요.

고객: 저는 어렸을 때부터 남들에게 감동을 주고 싶은 그런 마음이 있었어요. '상대방이 나한테 기대한 것 이상으로 뭔가를 보여줘야 해~'라는 그런 마음이 되게 강한 편이거든요.

코치: 네네.

고객: 이게 매사 그렇게 나와요. 심지어 집에서도 가족들한테 감동을 주려고 하는 마음이 있어요. 저는 그런 것이 되게 강한 사람인 것 같아요.

고객의 행동 이면에는 그 사람이 갖는 가치, 신념, 정체성 등이 존재한다. 이것들은 마치 나무의 뿌리와 같아서 얼핏 보기에 잘 드러나지 않지만, 고객의 행동을 결정짓는 경우가 많다. 이 고객의 경우 바쁜 일상의 행동 기저에 "나는 사람들에게 감동을 주어야 한다"는 신념이 있다. '~해야 한다'라는 당위가 내포된 신념은 자기 스스로에 대한 비현실적인 요구와 기대로 인해 삶에 부정적인 영향을 미친다.

코치는 고객의 신념을 어떻게 다루어야 할까? 혹은 신념을 반드시 다루어야 할까? 코칭 중 발견된 고객의 신념은 고객의 의식 확장에 중요한 역할을 하기에 다루는 것이 좋다. 하지만 코칭 시간, 대화의 흐름, 고객의 욕구, 코치의 직관 등에 따라 달라질 수 있다고 생각한다. 그야말로 'case by case'라고 할 수 있다.

어떤 고객은 문제의 원인을 찾기보다 문제해결을 위한 실행을 중시하며 결과를 빨리 얻고 싶어 하는가 하면, 어떤 고객은 문제의 근본 원인을 아는 것이 더 중요한 사람도 있다. 이 사례에서 코치는 문제해결의 방향으로 가야 할까? 아니면 신념 다루기의 방향으로 가야 할까? 여기서는 코칭 시간 및 고객의 상태를 고려하여 신념을 깊게 다루기보다 중립적으로 훑어보게 하고, 이후 문제해결을 위한 실행 쪽으로 진행되었다.

코치: 말씀 들어보니까 나보다는 남과의 약속이 더 중요하고, 어렸을 때부터 다른 사람들에게 감동을 주어야 한다는 생각도 갖고 계셨는데요. 이런 생각이 ○○ 님을 어떤 점에서 힘들게 하나요?

고객: 저를 힘들게 하는 것은 제가 막 매사를 다 제 한계치까지 끌고 올라가려고 하거든요. 삶이 되게 고단해요. 저는 늘 최선을 다하니까요. 진짜 사소한 것도 최선을 다하거든요. 그렇게까지 하지 않아도 되는 일도 엄청 최선을 다해요. 그래서 늘 힘들고 지쳐요.

코치: 아이고, 정말 힘들게 살아오셨네요. 반면에 좋은 점은 무엇이 있나요?

고객: 그래서 발전이 빠르기는 해요. 같은 선상에서 출발했던 사람들이랑 굳이 비교하자면, 빨리 성장하는 편인 것 같아요. 대표적으로 지금 하고 있는 일도 제 이런 성향 때문에 가능한 거죠.

코치: 네네… 그러네요. 빨리 성장하는 만큼 나 자신을 조금 힘들게 하고 고단한 부분이 있는 건데… 살면서 이 두 개의 균형을 좀 맞추고, 나름대로 통제가 잘되었던 그런 경험도 있을 것 같아요.

고객: 잘해왔던 경험… 제가 회사를 다니다가 지금 퇴사한 지 1년 반 정도 됐거든

요. 회사를 다녔을 때는 회사라는 큰 틀 안에서 움직이니까 다른 것들이 치고 들어오는 게 크게 없었던 것 같아요. 그런데 지금은 회사를 그만두고 그 큰 공간을 프리랜서 일로 하고 있으니까, 제가 그 시간을 여러 가지 프로젝트로 채우고 있는 거죠. 연결돼야 하는 사람들이 더 많아졌고 일들도 더 많아졌고… 그런 차이가 있어요.

코치: 그렇군요.

고객: 지금 제가 프로젝트 10개를 하고 있다면, 10개의 프로젝트에 연결되어 있는 각각의 사람들은 저를 그냥 그 하나의 일로만 바라보시는 거죠. 저는 사실 10개를 하고 있는 건데…. 그러니까 저는 이 상대방한테는 마치 제가 이 일 하나만 하고 하는 것처럼 해야 하는 거예요…. 근데 과거에 회사 다닐 때는 일을 다양하게 맡고 있다면 회사에서 다 아는 거죠. '쟤는 지금 10개의 업무를 하고 있어'라는 걸 알고 계시니까 익스큐즈가 가능한 거예요. 어떤 요청이 오면 미뤄달라는 이야기를 할 수 있었어요. 삶을 통제했던 경험을 떠올려보니 회사를 다녔을 때와 지금은 그런 차이가 있네요.

코치: 회사 다닐 때의 통제와 지금 프리랜서로 일할 때의 통제는 어떻게 다른가요?

고객: 상황이 많이 달라졌네요. 그때와 지금은… 통제를 같은 잣대로 보기가 어렵겠네요.

코치: 그럼 과거와 달라진 지금은 어떤 통제를 적용하면 좋을까요?

고객: 계획성은 갖되 조금 더 유연하고 가벼워진… 그런 통제의 개념이요….

목표 설정

코치: 만약에 정말 기적적으로 ○○ 님이 바라는 하루의 시간 계획이 기상부터 취침까지 쫙 나와 있고, 또 그 계획대로 다 지키는 일이 이루어졌다면 어떤 기분이 드실까요?

고객: 그럼 되게 안정감이 느껴질 것 같아요.

코치: 안정감….

고객: 예전이랑 지금을 자꾸 비교해서 생각하게 되는데, 지금은 계속 늘 불안한 마

음이 있어요. '나 뭐 빼먹고 있는 거 아니야?', '내가 뭐 놓치고 있는 거 아니야?' 이런 생각이 문득문득 계속 떠오르는 거예요. 그러니까 되게 불안해요. 아무것도 안 하고 있으면, '내가 지금 이렇게 놀고 있으면 안 되는 거 아닌가?' 약간 이런 불안감이 계속 있거든요.

고객의 부정적 감정이 클 때는 코칭 초반에 표출하여 해소하는 것이 좋다. 이 사례에서도 코치는 고객이 많은 이야기를 쏟아내는 과정에서 감정이 정화되고 한결 가벼운 상태로 나아가도록 도우려고 했다. 부정적 감정이 어느 정도 해소되었다고 생각하고, 이상적으로 바라는 모습을 다루고자 했으나 고객은 여전히 불안한 감정을 토로하고 있다.

오랜 기간 깊게 쌓인 감정은 한 번에 해소되지 않는다. 고객은 나아가는 듯 보이다가도 다시 현재의 힘든 상태로 되돌아오는 경우가 많다. 그렇다고 해서 앞으로 나아가고 싶은 마음이 없는 것은 아니기 때문에 코치는 고객의 자원뿐만 아니라 직관 같은 코치의 자원을 총동원하여 고객의 에너지를 높이고 생각의 전환이 일어나도록 도와야 한다.

코치: 그런 불안을 없애기 위해 일을 더 만들고 계신 걸까요?

고객: 그럴 수도 있겠어요. 일을 안 하면 불안하고, 그래서 일을 막 많이 벌이면 그 상황에서는 또 무언가 놓치고 있나 싶어서 불안하고…. 이러나저러나 불안한 거네요.

코치: 아이고, 이러지도 저러지도 못하고 계세요. 지금 마음이 어떠세요?

고객: 아~ 내가 무엇 때문에 이렇게 사나 싶은 생각이 드네요.

moving forward

코치: 지금 우리가 '하루를 통제할 수 있는 상태를 만드는 것'을 주제로 코칭대화를 시작했는데요. 제가 느끼기에 ○○ 님 마음에 불안이 자리 잡고 있어서 앞으

로 나아가는 것을 방해하는 느낌이에요. 이후 코칭대화는 무엇을 더 이야기 하고 싶으세요? 불안한 마음인가요? 아니면 하루를 통제하는 것인가요?

고객: 하루를 잘 보내다 보면 이런 불안도 좀 나아질 수 있을 것 같아요. 하루를 어떻게 통제하면서 보낼까에 대해 이야기하고 싶어요.

코치: 네. 그럼 그렇게 할까요?

고객: 네.

코치: 기상부터 취침까지의 계획이 있고, 계획대로 다 지키는 그런 하루 속에서 ○○ 님은 안정감을 느껴요. 그리고 또 어떨 것 같으세요?

고객: 안정감이랑 좀 비슷한데… 편안함을 느끼는 것 같아요. 안정적이니까 그냥 이렇게 편안함을 느끼는 것 같고, 약간 스위치 온 · 오프가 잘될 것 같아요.

코치: 온 · 오프가 잘된다? 이건 어떤 의미일까요?

고객: 지금은 계속 제가 놓친 게 있을 수도 있다는 생각 때문에 이 스위치를 끄지를 못하는 거예요. 신경의 스위치라고 해야 할까…. 그걸 제가 끄지 못하고 계속 뭔가 생각을 떠올리고 있는 거죠. '나 뭐 놓치고 있는 거 아닌가?', '뭐 해야 하지?' 이런 식으로. 그런데 이게 내가 무엇을 해야 할지가 명확하고, '그것을 했으면 더 이상 뭔가를 고민하지 않아도 된다', '신경 쓰지 않아도 된다~'라는 그런 믿음이 딱 생기면 온 · 오프가 잘되는 거죠. 그때는 스위치를 딱 끌 수 있을 것 같아요…. 대표적으로는 자기 전에요. 지금은 자기 전에 누우면 이게 정리가 안 되어 있으니까 '나 오늘 뭐 또 놓친 거 없나? 내일은 또 뭐 해야 하지?' 이런 게 계속 스위치 온이 되어 있는 상태거든요. 그런 차이가 있을 것 같아요.

코치: 이렇게 안정감을 갖고 편안하게… 스위치의 온 · 오프가 잘되면 ○○ 님의 일상이 어떻게 달라질까요?

고객: 음~ 제 일상은 밥을 제때 먹고, 운동을 제때 가겠죠. 일단 지금 못해왔던 것들을 할 수 있을 것 같아요. 그리고 조금 틈이 있을 것 같고요. 엄마랑 통화할 수 있는 틈 같은 거요…. 일상적인 행동들의 변화는 이런 것들이 제일 먼저 떠오르고… 뭔가 불안하고 안정적이지 못하게 생각되는 이 마음 자체가 좀

편안한 마음으로 변해 있을 것 같아요. 지금 뭔가 생각나는 게 있는데, 이 말씀드려도 돼요?

코치: 그럼요. 말씀하세요.

고객: 그러니까 저에게 통제한다는 것은 이런 의미예요. 제가 매사 좀 그런 편인데… 저는 우리 집에 있는 물건들이 어디 위치에 뭐가 들어있는지 거의 알고 있거든요. 정리정돈이 안 되어 있는 거를 못 견뎌요. 어떤 물건이 어디에 얼만큼 있는지를 다 알고 있어야 해요. 그래야 삶이 좀 편해요. 옷도 저는 민소매, 반팔, 긴팔, 니트 이런 게 그냥 순서대로 꽂혀 있어요. 다른 물건 정리도 그런 식으로 해요. 그래야 안정감이 들어요… 그런데 하루에 하는 일도 약간 그렇게 되고 싶은 마음~ 이게 제가 생각하는 그런 통제로 인한 안정감인 것 같아요.

통제된 삶과 관련하여 고객에게 '아하~'가 느껴진 순간이다. 코치는 이 순간을 가볍게 넘어가서는 안 된다. 이런 알아차림이 오늘 코칭 주제와 어떻게 연결되는지, 고객의 가치, 욕구, 신념, 정체성 등 존재와 어떻게 연결되는지를 고객을 통해 확인해야 한다.

코치: 아~ 그런 발견을 하셨네요! 정돈, 질서, 체계 이런 것들을 중요하게 생각하시는 것 같아요. 물건과 달리 삶은 아까 ○○ 님 얘기하신 것처럼 타인이 많이 개입되기도 하고 여러 변수가 있잖아요. 삶에서는 어떤 모습을 만들고 싶으세요?

고객: 변수들… 변수가 있을 수 있어도 크게 막 흔들리지 않는 그런 여유가 있으면 좋겠네요. '그래도 약간 어느 정도 틀 안에서의 변수면 좋겠다' 그런 생각이 드네요.

코치: 아~ 그렇군요. 지금 이 말씀을 하고 나서 느낌은 어떠세요?

고객: 아! 이게 내가 진짜 원하는 것이었나 하는 생각이 들어요.

코치: 진짜 원하는 것을 찾으셨다니 축하합니다! 이 계획의 틀 안에 있으면서도

여유를 잃지 않는 ○○ 님을 무언가에 비유해볼 수 있을까요?

고객: 다른 사람이 개입되어도, 변수가 생기더라도 흔들리지 않는 그런 저의 모습에게?

코치: 네~

고객: 선장이 딱 떠올라요.

코치: 선장!

고객: 배를 타고 가다 보면 당연히 파도라는 게 있고, 파도가 셀 때도 있고 그렇잖아요. 예상한 경로가 있었을 텐데… 거기에서 벗어날 때도 종종 생길 수 있죠. 그 선장이 아무튼 방향키를 잘 쥐고 있으면 잠깐 흔들렸던 배가 다시 원래 루트로 돌아오게 되고… 그런 모습인 것 같아요. 그래서 배의 항로는 크게 벗어나지 않고, 그 안에서 파도는 또 파도대로 올 수 있으니까. 그거는 그때그때 이렇게 맞춰가는 그런 모습이 떠올랐어요.

코치: 와~ 선장이라는 이미지가 정말 강력하네요. 배에 오른 선장이 바다를 항해하는 장면을 한번 느껴보세요. 어떤 느낌인가요?

고객: 바람이 시원하고 가슴이 탁 트여요….

코치: 오늘 코칭 주제와 관련해서 ○○ 님은 어떤 사람이기를 원하시나요?

고객: 바다를 항해하는 선장처럼 계획이 조금 흔들리더라도 다시 원래대로 돌아올 수 있는 그런 사람이요.

실행 계획

코치: 자~ 이제 ○○ 님은 넓은 바다를 항해하는 선장입니다. 배의 키를 쥐고 있는 그 선장의 마음으로 일상을 보낸다면 어떤 시도를 해볼 수 있을까요?

고객: 일단은 스케줄러를 쓰는 시간 자체는 확보해야 할 것 같아요. 지금은 스케줄러를 쓰는 시간조차 없을 정도로 제가 막 허겁지겁 살고 있거든요. 그래서 일단은 스케줄러 쓰는 시간을 가져봐야겠어요.

코치: 네~ 좋아요. 또 다른 시도는 뭐가 있을까요?

고객: 스케줄러를 쓰면 시간을 현실적으로 바라볼 수 있을 것 같아요.

코치: 아~ 네.

고객: 지금 제가 허덕이는 이유 중 하나가 어떻게 보면 약간 현실성 없게 뭔가 계획을 꾸려놓고 있거든요. 가능하겠다는 생각이 들어서요. 근데, 객관적으로 현 상황을 보지 못해서 힘든 것 같아요. 스케줄러를 쓰다 보면 현실적으로 가능한 수준에서 계획을 짤 수 있을 것 같아요.

코치: 스케줄러는 언제 쓰시면 좋을까요?

고객: 좀 편안하게 자려면 자기 전에 털어버리는 게 좋을 것 같거든요. 다음 날에 대한 고민을 줄이려면 자기 전에 스케줄러를 한번 싹 정리해보고 잠자리에 들면 좀 편안할 것 같아요.

코치: 그럼 언제부터 스케줄러를 쓰시겠어요?

고객: 당장 오늘부터 써야겠습니다.

코치: 역시, 즉시 실행하시네요. ○○ 님이 아까 빨리 성장하는 사람이라고 하셨잖아요? 그래서 시간을 통제하는 것에서도 분명히 빨리 성장하실 것 같아요.

고객: 그렇게 또 연결될 수도 있겠네요. 하하~

마무리

코치: 코칭 마무리하려고 하는데, 오늘 대화에서 어떤 점이 의미가 있었나요?

고객: 저는 '선장'이라는 이미지가 딱 생기니까, '내가 원하는 모습이 이런 모습이구나'라는 게 와닿았어요. '파도가 없을 수는 없다. 왜 파도가 이렇게 치지? 왜 이렇게 변수가 생기지? 이거는 제가 어떻게 할 수 있는 부분이 아닐 수도 있겠구나~'라는 생각이 들었어요. 전에는 변수를 없애야 한다고 생각했던 것 같거든요. '통제하에 있으려면 변수를 최소화해야 해~' 이렇게 생각했던 것 같은데, 이건 다른 사람들과 일을 하는 데 있어서 어쩔 수 없이 발생하는 부분인 것 같고요…. 바다에 나가면 파도를 만나야 하는 것처럼 어쩔 수 없다는 생각이 들었어요. 그래서 그 이미지가 많이 와닿았어요.

코치: 파도가 쳐도 항로를 잃지 않고 목적지로 잘 가는 그런 선장님이 되실 거예요. 응원하겠습니다.

2.
자기인식 바꾸기

일상생활에서 '자신감'이라는 말을 자주 한다. 코칭에서도 자신감(self-confidence) 혹은 자존감(self-esteem)이 낮아 어려움을 호소하는 고객을 더러 만나게 된다. 자신감은 '자기신뢰감', 자존감은 '자아존중감'의 줄임말이라고 하는데, 둘 다 영어로는 'self'가 붙는다.

자기(self)는 나(I)와 어떻게 다른가? 나(I)는 자신과 타인을 구분하는 존재 의미로서 개념이며, 자기(self)는 자신에 대한 기대, 기준, 평가 등 다양한 개인적 가치와 의미가 덧붙여진 것이다(김은정, 2016). 우리는 외부 세계를 바라볼 때뿐만 아니라 어떤 상황 속에 있는 자신을 바라볼 때도 자기(self)라는 렌즈 너머에 있는 자신을 보게 된다. 자신감을 이슈로 코칭할 때 고객은 자신을 어떤 렌즈로 바라보고 있는가를 발견하도록 도와야 한다.

(1) 자신감이 없어요

코치: 오늘 저랑 어떤 이야기 나누고 싶으세요?

고객: 저는 일을 너무 못 하는 것 같아요.

코치: 저런! 어떤 이유로 그렇게 말씀하시는 거예요?

고객: 자꾸 실수해서 혼나는 경우도 있고, 저 스스로 생각해도 능력이 없는 것인가 하는 생각도 들고요….

코치: 아이고, 얼마나 속상하세요? 최근에 어떤 일이 있었나요?

고객: 지난주 팀 회의 시간에 업무 공유하다가 팀장님이 전에 제가 맡아서 진행했던 일이 어떻게 팔로우업되고 있는지 물어보셨는데, 제가 제대로 대답도 못하고 우물쭈물댔어요. 보다 못해 선배가 대신 대답하고 넘어가긴 했는데, 끝나고 오후 내내 우울했어요.

코치: 그런 일이 있었군요. 퇴근길에도 마음이 무거웠겠어요.

고객: 네, 맞아요. 집에 가서도 그 생각이 잊히지 않았어요. 나는 왜 이럴까? 곧 있으면 입사 1년인데, 여전히 많이 모자라고 사소한 실수를 저지르고 있는 제 모습이 너무 한심스러워요.

주제 합의

코치: 그래요. 우리 코칭대화에서는 어떤 이야기를 나누면 ○○ 님에게 도움이 될까요?

고객: 일을 좀 잘했으면 좋겠는데… 요즘은 스스로 주눅이 많이 든 것 같아요. 뭘 하려고 해도 '나 이거 잘할 수 있을까?' 이런 생각이 먼저 들고요. 지금은 자신감이 바닥이에요.

코치: 그래요. 이런 이야기를 저에게 꺼내는 것도 쉽지 않았을 텐데, 용기 내어 이야기해주셨네요.

고객: 네. 회사 동기들이나 선배들한테 말하기는 조금 창피하긴 했어요. 제가 더

모자라 보일 것 같고, 바빠서 이런 얘기 귀담아듣지도 않을 것 같아서요.

코치: 네, 그러셨군요.

고객: 처음 입사해서는 취업해서 너무 기쁘고 들떠 있었는데, 시간이 지나면서 '나는 여기서 뭘 하고 있나?' 하는 생각이 들어 너무 괴로워요. 퇴근해서도 재미가 없고요. 이 상태를 좀 벗어나고 싶어요.

코치: 오늘 저랑 코칭대화가 끝나고 어떤 상태가 되면 좋겠어요?

고객: 지금보다 회사 일하는 데 자신감이 더 높아지면 좋겠어요.

코치: 그럼 ○○ 님이 회사 일에 자신감을 높이는 데 오늘 대화를 집중해보겠습니다.

고객: 네.

자신감이 낮은 경우 대개는 안 좋은 결과에 대한 이유를 자기 내부에서 찾는다. 일을 못 하는 이유가 업무가 너무 과중해서 혹은 과제가 너무 어려워서가 아니라 자신의 능력 혹은 노력이 부족하다고 여긴다. 이런 경우 자신의 노력 여부에 따라 결과를 바꿀 수 있다는 믿음이 있기에 코칭을 통해 변화를 만들어가는 것이 고무적이다.

코치로서 당신은 이후 대화를 어떻게 이어가고 싶은가? 나라면 어떻게 할지를 잠시 생각해보자.

부정적 자기개념에 갇혀 있는 고객에게 과거 긍정 경험을 묻고 강점 같은 자원을 찾는 방법이 있다. 혹은 반대로 강하게 남아있는 부정적 경험으로 깊게 들어가서 감정을 정화하는 방법도 있을 것이다. 아래 코칭은 간단한 도구를 활용하여 고객의 심리상태에 대한 객관화를 시도한 사례다. '객관'이라는 말 자체가 의미하듯이, 보는 것이 관건이기 때문에 말보다 시각적 도구를 활용하면 도움이 된다.

현실 인식 **자기객관화**

코치: 우리 '뇌 구조 그리기' 한번 해볼까요? 머릿속에 여러 개의 생각 풍선이 그려

진 A4 종이를 갖고 왔어요. 이 종이가 ○○ 님 머릿속이라고 생각하고, 요즘 내 머릿속에서 일어나는 생각들을 한번 적어보시겠어요?

고객: 네.

코치: 생각 풍선 크기가 다르니까 내가 더 많이 하는 생각은 큰 풍선에, 덜 하는 생각은 작은 풍선에 한번 적어보세요.

고객: 네, 알겠습니다.

코치: 다 마치셨네요. 요즘 가장 많이 하는 생각은 뭐예요?

고객: '난 왜 이렇게 일을 못 할까? 정말 한심해.'

코치: 그다음은요?

고객: '내 장점은 뭘까? 나도 잘하는 것이 있었는데, 지금은 그게 다 어디로 간 걸까?'

코치: 그래요. 그다음으로 많이 하는 생각은요?

고객: '다들 자기 일을 척척 해내는데, 나만 이러네. 팀원들 보기 부끄럽다.'

코치: 또 어떤 생각이 더 있나요?

고객: '난 열심히 하는데, 왜 이러지? 뭐가 잘못됐나?', '후배도 들어온다는데 큰일났네', '이런 식으로 하다가 언제 크게 한번 사고 치는 거 아닐까?' 이렇게 적어봤어요.

코치: 고생하셨어요. 현재 나의 머릿속의 생각들을 훑어보니, 현재 나의 자신감은 10점 만점에 몇 점인 것 같아요?

고객: 2점이요. 솔직히 1점 같은데, 너무 야박하게 점수를 주고 싶지 않아서 2점으로 줄래요.

코치: 네, 좋아요. 우리 잠깐 창가로 한번 가볼까요? 저기 창밖에 지나가는 분이 있네요.

고객: 네.

코치: 이제 ○○ 님이 저 지나가는 분이 되었다고 상상해볼게요. 그리고 이 뇌 구조 그림을 한번 보세요. 이 사람은 어때 보이세요?

고객: 왜 이렇게 자신감이 없을까? 아니 그거보다 패배감에 젖어 있는 사람 같아

요. 이런 정신 상태로 어떻게 살려고 하나? 이런 생각까지 들어요.

코치: 그래요. ○○ 님을 타인 관점에서 자기객관화를 해보았어요. 해보니 어때요?

고객: 좀 많이 다르네요. 제가 저를 보는 입장과 다른 사람이 되어서 저를 보는 게 차이가 좀 났어요.

코치: ○○ 님 자신에 대해 어떤 점이 달라 보였어요?

고객: 패배감에 젖어 있다는 생각… 그 생각이 강하게 들었어요. '저 사람도 나름의 능력이 있을 텐데, 왜 저런 쓸데없는 생각을 하나?' 하는 생각도 들고…. 아까 첨에 제가 한심해 보인다고 했는데, 타인 입장에서 보니 다른 의미로 한심해 보였어요.

코치: 아~ 그래요. 패배감에 젖어 있는 모습이 한심해 보였군요. 지금 이 얘기하면서 내 안에서 들려오는 내면의 소리는 뭐예요?

고객: '그러지 말아야겠다. 아니, 그럴 필요 없겠다. 저러고 있을 시간에 뭐라도 해야겠다' 하는 생각이 들려요.

코치: 그럴 필요… '그럴'은 뭘 뜻하는 거예요?

고객: 패배자 코스프레요.

코치: '코스프레'는 어떤 의미예요?

고객: 실제로 저는 패배자가 아닌데, 언제부터인가 패배자 코스프레를 하고 있었던 것 같아요. 이제부터 그럴 필요가 없겠어요.

코치: 목소리가 달라지셨어요. 뭔가 힘이 실려 있어요.

고객: 네, 맞아요.

목표 설정

코치: 우리 이제 '패배자 코스프레'를 던져버리고, ○○님이 진짜 원하는 모습을 찾아볼까요? 준비되셨어요?

고객: 네네.

코치: 주변에 '저 사람처럼 일하고 싶어!'라고 생각되는 사람 누가 떠오르세요?

고객: 저희 팀장님이요. 정말 모르는 게 없는 분 같아요. 과거 했던 일에 대한 히스

토리도 다 꿰고 계시고, 제가 보지 못하는 부분도 잘 짚어주세요.

코치: 훌륭한 팀장님을 롤모델로 두고 계시네요. 팀장님의 어떤 점을 특히 닮고 싶으세요?

고객: 일을 잘하세요. 저희가 쓰는 기술에 관해서는 백과사전처럼 아는 것이 많고, 추진력도 뛰어나세요. 저도 팀장님처럼 전문성을 갖고 일을 잘하는 사람이 되고 싶어요.

코치: 그럼 되고 싶은 나의 모습에 어떤 이름을 붙여볼까요?

고객: '일잘러'로 붙이고 싶어요.

코치: 와~ 좋네요. 일잘러 ○○ 님. 한번 소리 내서 말씀해보시겠어요?

고객: 일잘러 ○○이.

코치: 느낌이 어때요?

고객: 기분이 좋아요. 일잘러 ○○이.

코치: 이제 일잘러 ○○이의 뇌 구조를 한번 탐험해볼까요? 자~ 여기 새로운 종이에 일잘러 ○○이가 자주 하는 생각을 아까처럼 쭉 적어주세요.

고객: 네.

코치: 가장 자주 하는 말은 뭐예요?

고객: "이만큼 해내다니, 잘했어!"

코치: 그래요! 그리고 또 자주 하는 말은요?

(중략)

코치: 새로운 뇌 구조 그림에서 ○○님의 자신감은 몇 점인가요?

고객: 이 상태면… 10점을 줘도 되겠는데요.

이름 붙이기는 코칭에서 자주 사용되는 스킬이다. 인지심리학자 김경일 교수(『이끌지 말고 따르게 하라』, 2015)는 이름이나 제목을 붙이는 순간 행동이 달라진다고 했다. 의미 부여를 하는 것이다. 또한, 이름과 같은 명사로 표현될 때 매우 강한 심리적 효과가 있다고 했다. 이런 이유로 코칭에서 만든 이름은 코칭 이후에도 고객의 삶 속에 힘을 발휘하게 된다.

실행 계획

코치: 변화를 만들어낸 것을 축하합니다! 지금까지 대화하면서 자신감 높이기에 관해 정리된 생각은 뭔가요?

고객: 저 스스로를 바라보는 관점이 중요하다는 생각, 이게 자신감을 높이는 1차적인 방법인 것 같고, 그다음은 일을 잘하도록 실제적인 노력을 더 해야겠다는 생각도 들어요.

코치: 그래요. 자~ 그럼 이제 10점의 자신감을 만들기 위해 삶 속에서 노력할 것을 찾아봐요. 먼저 스스로를 바라보는 관점을 지금과는 어떻게 다르게 해볼 수 있나요?

고객: 일잘러가 될 수 있다는 생각을 자주 해야겠어요.

코치: 생각에서 한발 더 나아가 조금 더 구체적이고 측정 가능한 행동으로 해본다면요?

고객: 출근 전에 "일잘러가 될 수 있다"고 크게 말하면서 일을 시작하겠습니다.

코치: 와~ 파이팅이 넘치네요. 일을 잘하기 위한 노력과 관련해서는 무엇을 해볼 수 있나요?

고객: 업무 수첩에 꼼꼼하게 기록하고, 꼭 다시 읽어봐야겠어요. 실수한 것을 보니 몰랐던 것이 아니라 수첩에 다 기록되어 있었는데 놓친 부분이 많았어요. 이 부분은 꼭 해야겠습니다.

코치: 아까 '열심히 하는데, 왜 이러지?' 이런 말씀도 하셨어요. 지금까지 해보지 않은 방법을 찾아본다면 뭐가 있을까요?

고객: 글쎄요… 잘 생각이 안 나네요. 코치님이 조언을 해주셔도 좋을 것 같습니다.

코치: 조언이라기보다는 제 경험을 토대로 정보를 드릴 수 있을 것 같아요. 제 답이 옳은 답이 아닐 수도 있으니까요. 상사 입장에서 팀원이 일을 잘한다고 생각될 때는 상사가 생각하는 일의 끝 그림을 제대로 파악해서 그것에 맞추어서 결과물을 갖고 올 때인 것 같아요. 이런 점에서 ○○ 님은 어떤 것 같아요?

고객: 아~ 시키는 대로 일을 하긴 했는데, 끝 그림을 파악한다는 생각은 안 해봤어요.

코치: 그래요. 끝 그림을 파악하는 것은 어떻게 할 수 있나요?

고객: 잘 듣고, 수첩에 잘 기록해요. 놓치는 부분이 없도록요.

코치: 네, 좋은 방법이네요. 그리고 파악이 덜 된 부분이 있거나 좀 더 명확하게 이해하기 위해 상사에게 질문하는 것도 도움이 될 거예요. 그런데 질문이라는 것은 모르면 오히려 더 할 수 없어요. 질문을 한다는 것은 아는 게 있다는 뜻이기도 하지요.

고객: 네! 맞네요. 그러려면 저도 공부를 더 해야겠네요.

코치: 다음 코칭 때까지의 실행 계획을 한번 이야기해보시겠어요?

고객: 먼저, 출근 전에 "일잘러가 될 수 있다"고 말하기, 업무 수첩 정리한 것 다시 읽어보기… 그리고 상사나 선배에게 질문하기. 이렇게 세 가지네요.

코치: 다음 코칭 때 어떤 변화가 있었는지 꼭 이야기해주세요.

고객: 네, 그러겠습니다.

마무리

코치: 자신감 높이기에 관해 이야기 나눴습니다. 오늘 코칭에서 어떤 점이 가장 도움이 되었나요?

고객: 저를 객관적으로 돌아볼 수 있었던 점이요. 그러면서 앞으로 나아갈 힘이 생긴 것 같습니다. 그리고 코치님의 조언도 도움이 되었어요. 꼭 실천해보겠습니다.

코치: 정말 말씀하신 대로 코칭 시작할 때에 비해 파워풀해진 것 같습니다. 다음 코칭이 너무 기대됩니다. 다음 주에 뵐게요.

고객: 네, 감사합니다.

(2) 무섭고 외로웠어요

> "감정은 움직이는 심리적 에너지이기 때문에 감정을 자유롭게 표현하면 에너지도 자유롭게 흐른다. 그러다 보면 생각지도 않은 큰 에너지를 가져다줄 수도 있다."
>
> – 박창규(『임파워링하라』에서)

코칭은 성장 이슈만 다루고, 부정적 감정은 상담에서 다루어야 한다는 주장도 있다. 그러나 코칭을 받은 사람들이 발전하려는 의지가 있다고 해서 감정이 항상 긍정적인 것은 아니며, 부정적인 감정들을 배제한다면 고객이라는 존재를 전인적인 인간으로 인정하지 않는 셈이 된다.

감정이 표현되고 공감 받으면 힘이 생긴다. 단, 과거의 부정적 감정과 상처를 치유하는 것에 골몰하거나 코치가 부정적 감정에 매몰되지 않으면서 코칭의 목적에 적합하게 진행되도록 유의해야 한다.

감정을 다루는 데 중요한 것은 감정의 주인이 스스로의 감정을 관찰하고 표현하고, 명명하고 수용하는 것이다. 여기서 코치의 역할은 어떤 감정이 있었는지 표현하게 하고, 공감함으로써 힘을 얻게 하고, 그 안에서 욕구를 찾아 행동할 수 있게 돕는 것이다.

감정을 다루는 데 도움이 되는 유용한 방법으로 자기 자신에게(to self), 롤플레잉, 감정을 형상화하기 등의 기술이 있다(박정영, 2016). 미래나 과거, 현재의 또 다른 자신에게 이야기하거나 롤플레잉으로 하고 싶은 말이나 감정을 입 밖으로 표현할 때 감정의 해소가 일어난다. 또한, 상황이 바뀌는 경험을 함으로써 자신에 대해 새로운 위치를 부여하게 되고 힘이 생긴다. 고객에게 자신의 감정을 사물에 비유하게 해서 생동감 있게 느껴보게 할 수도 있다. 고객 안에서 감정이 꿈틀거릴 때 코치는 고객이 여유를 가지고 그 감정을 느끼도록 기다려준다. 아래는 위와 같은 CiT코칭연구소의 감정코칭 기술을 적용해 코칭한 사례다.

코치: 그래서 어땠는데요?

고객: 8개월 동안 목수 일을 배우고 취직했는데 일이 힘들었어요. 8시간 이상 계속 서서 가구를 만들고 일해야 했어요. 겨울이 되었는데 톱밥이 날려서 화재 위험이 있다고 난로도 켜지 못한 채 겨우내 종일 일했어요.

코치: 아이고 저런…. 아니, 사장이면 사장이지 왜 막말하고 인격을 모독한대요? 그런 상황에서 한겨울 그 추위를 견디며 버티셨군요.

고객: 그리고 참기 어려웠던 건 사장님의 막말이었어요. 인격모독 같은 말을 심하게 하셔서. 그래서 일을 그만두는 사람들이 많았어요.

코치: 아니, 사장이면 사장이지 왜 막말하고 인격을 모독한대요? 그런 상황에서 한겨울 그 추위를 견디며 버티셨군요.

고객: 그래도 제가 하겠다고 배운 거고 취직이 된 거니까요. 그치만 다신 그렇게 지내고 싶지 않아요. 그때 너무 힘들어서 입대해서도 군 생활이 힘든 줄 몰랐어요.

코치: 그럴 정도로 목수 경험이 힘들었던 거네요. 그 당시 어떤 감정이셨어요?

고객: 사장님이 보기 싫었죠. 눈 마주치면 욕할 테니까 피하고 싶었어요. 너무 추웠어요. 그냥 하루하루가 힘들고 내일이 안 왔으면 했어요.

코치: 아이고, 얼마나 춥고 힘들었으면! 휴, 그 사장님 생각하면 어떤 느낌이에요?

고객: 싫고 화가 나요.

코치의 절대적인 지지, 공감, 인정과 당신의 편이라는 것을 느끼게 해주면 고객은 코칭을 안전지대로 느끼고 자신의 감정을 편하게 표현할 수 있다. 고객이 감정 표출의 문을 열도록 코치가 좀 더 나아가 표현하는 것도 도움이 된다.

감정과 욕구 듣기

코치: 피하고 싶고 싫고 화나는 아래 또 어떤 감정이 느껴져요?

고객: 답답했고요.

코치: 그럴만하죠. 그리고 또 어떤 감정이 있었는지, 오늘 후련해질 때까지 ○○님의 감정을 다 표현해봐요.

고객: 무서웠어요.

코치: 어떤 게 무서웠어요?

고객: 사장이 무섭기도 했지만 발이 얼어 동상에 걸릴 거 같은데 격리된 곳에서 누구의 도움도 받을 수 없다는 마음이었어요.

코치: 공포스러웠겠어요. 누구의 도움도 받을 수 없겠다는 건. 맘이 시리네요.

고객: 맞아요, 공포였어요.

코치: 그때 정말 바라셨던 건 뭐예요?

고객: 누군가 말할 사람이 있는 거?

코치: 속마음을 말할 사람이 없었던 거예요?.

고객: 네, 처음엔 공장에서 저보다 몇 살 많은 형이 하나 있었는데 그 형도 잠깐 있다 나갔어요. 그 후엔 말할 사람이 없었어요. 회사 기숙사에 있었으니까 밖에 나가지 않아서 누구와 만날 일도 없었어요.

코치: 아이고, 그랬군요.

고객: 누군가 들어줄 사람이 있었으면, 그 형이 있을 때는 덜 답답했고 의지가 됐는데요. 외롭고 우울했어요.

코치: 네. 마음을 들어줄 사람이라도 있었으면 하셨는데 그러지 못해 외롭고 우울하셨네요.

고객: 그게 컸던 거 같아요. 무력감이 들고 사장 말대로 저 자신이 무능하게 느껴지기도 했어요.

어떤 감정들이 있는지 계속 들어가 보며 표현하게 했다. 고객이 자신의 감정에 대해 말로 표현하며 자신의 감정을 대면하고, 명명함으로써 통제력을 가지게 된다.

코치: 제가 ○○ 님이 만든 의자랑 가구를 봤잖아요. 그렇게 잘 만들고 성실했는데 말이죠.

고객: 감사합니다. 근데 그때는요, "쓸모없는 놈" 하는 말을 들을 때 처음엔 속으로 '그렇지 않아요' 하다가 아무런 대꾸도 대응도 못 하고 그런 곳에 계속 있어야 하는 제가 무력하고 무능하게 느껴지면서 그 말이 맞다고 느껴졌어요.

코치: 아이고, 그런 마음이 들다니! 그런 감정들 아래에서 ○○ 님은 뭘 바라셨어요?

고객: 내가 유능했으면, 이런 괴로움을 나눌 누군가가 있었으면 했던 거 같아요.

코치: 지금은 어떻게 느끼세요?

고객: 글쎄요… 코치님이랑 그동안 얘기해오면서 좀 힘이 나서 일도 하고, 다른 플랜을 위해 입시 공부도 시작했잖아요? 그때 코치님이 계셨더라면 싶어요. 지금은 훨씬 좋아졌어요.

코치: 일도 하고, 입시 준비도 하고, 능력을 더 갖추려는 노력을 하신 거네요?

고객: 아, 맞아요!

감정 아래의 욕구도 보고, 현재 코치가 본 모습을 비춰주어 고객이 통찰했고, 에너지가 생겼다.

자기 자신에게

코치: 사람이 자기 일을 다 혼자 감당할 수 있는 건 아니잖아요? 세상엔 여러 사람이 있고요. ○○ 님은 스무 살 나이에 혼자 목수 일을 배우러 지방에 가서 자격증을 따고, 가구공장에 취직했어요. 친구가 그런 상황이었다면 뭐라고 해주시겠어요?

고객: 하아… "○○야, 너 참 장하다. 너 참 애썼다. 네 탓이 아냐. 넌 그때 약하고 혼자고, 그런데도 버텼잖아. 넌 사장님을 이해하려고 했고, 일도 열심히 했어. 무거운 가구도 지고 날랐고, 사장님 말은 사실이 아냐. 너는 쓸모없는 사람이 아냐. 넌, 넌 네 삶에 책임감 있는 사람이야."

코치: 그럼요. 그렇고 말고요. 지금 마음이 어떠세요?

고객: 정말 그런 거 같아요. 맞아요.

자기 자신에게 받는 인정은 큰 힘이 있다. 상황에 대해 관찰하고, 인정하게 되고, 스스로를 공감, 직접 인정하게 한다.

롤플레잉(role-playing)

코치: 그 사장님에게도 한마디 해주시죠. 제가 사장이라 치고 그 장면으로 다시 가봅시다. 지금의 ○○ 님은 그때의 ○○ 님이 아녜요. 지금의 ○○ 님으로서 당당하게 말해보세요. 사장이 ○○ 님을 뭐라고 불렀나요?

고객: "어이!"라고 했어요.

코치: "어이! 뭐 하나 빨리빨리 못하지? 신입은 이렇게 쓸모가 없다니까."

고객: "사장님, 저는 그런 신입이 아녜요. 쓸모없었다면 사장님 같은 분이 월급 주며 잡아두려고 하셨겠어요? 저도 빨리하고 싶은데 손이 얼어서 그런 거예요."

코치: "뭐냐? 반항이냐?"

고객: "사장님이 함부로 하시니 곁에 사람들이 남지 않잖아요. 저도 정말 오래 잘하고 싶었어요. 그치만 사장님 덕에 관두고 공부를 해요. 저는 제 길을 가요!"

힘이 없던 때의 자신이 아니라 '힘이 생긴 현재의 자신'으로서 고통스러운 상황을 대면하여 말해보는 것은 자신의 힘에 대해 확인하고, 묶여 있던 감정을 시원하게 풀어주는 작용을 한다. 이때 롤플레잉으로 코치가 상대의 역할을 잘해주면 고객에게 더욱 실제감이 느껴지고 하고 싶은 말을 잘할 수 있다.

코치: 와! 마이웨이! 지금 목소리에 힘이 들어갔네요. 표정도 밝아지셨고요. 주먹을 꽉 쥐셨어요.

코치는 고객의 말, 표정, 동작, 에너지 변화 등에 대해 관찰하고, 감지된 것을 고객에게 알려주는 거울이 되어야 한다. 그래서 스스로 알아차리지 못한 것을 인지하게 돕는다.

감정을 형상화하기

코치: 감정이 막 움직이는 것 같아요. 지금 느낌이 어떠신지, 혹시 뭐 어떤 동물에 비유해봐주실래요?

고객: 아, 저는 들소? 근육이 튼튼하고 눈빛이 살아있고 당당하게 서 있는?

코치: 그래요, 강한 들소군요. 그 근육을 한번 만져보시죠. 느낌이 어떤가요?

고객: 울끈불끈하고, 삶의 무게를 질 힘과 인내가 있네요.

느낌을 색이나 형태, 동물 등으로 비유하게 하여 생생하게 느끼게 할 수 있다.

고객: 아, 왜 눈물이….

코치: 저는 옆에 있을게요. 그 감정을 충분히 느끼시고, 편안해지시면 말씀해주세요.

고객: … 네, 이제 편안해졌어요.

코치: 네, 나의 감정을 표현하고 수용해주면 그 감정으로부터 자유로워진다고 해요. 오늘 어떤 새로운 성찰이 있으셨는지 나눠주시겠어요?

고객: 이제 진짜 훨씬 편안해졌어요. 그 시간도 내게 허락된 시간이다 싶고, 그때도 제게 버틸 힘이 주어졌던 거예요. 그때 생각을 하면 위축되고 힘들었지만, 이제 아녜요. 그때의 나보다 많이 성장했다는 걸 느꼈어요. 저 공부 열심히 할 거예요! 코치님, 감사합니다.

고객이 감정의 깊은 골에 있을 때 코치의 기다림은 중요하다. 전화로 진행되는 코칭에서도 조바심을 내지 말고, "말씀하실 준비가 되시면 말씀하세요"와 같이 말하고 기다려서 고객이 마음 편히 감정을 느낄 수 있도록 한다.

(3) 새로운 팀에서 인정받기 위해 어떤 마음가짐이 필요할까요?

많은 경우 코칭에서 나누고 싶은 이야기는 '~할 방법 찾기', '~에 관한 실행 계획 세우기'와 같은 행동 수준의 주제로 귀결된다. 그런데 인간의 행동이라는 것은 빙산의 상부와 같이 수면 위로 드러나는 부분이며, 수면 아래에는 그 사람의 감정, 가치, 의도나 욕구, 신념, 정체성 등이 숨겨져 있다.

수면 위에 드러나는 부분과 수면 아래 숨겨져 있는 부분의 경계를 왔다 갔다 하는 것이 태도다. 태도는 관찰 가능해 보이지만, 보이는 것이 전부가 아닐 수도 있다. 사람의 행동을 결정짓는 기저에 있는 태도를 어떻게 가져야 할까를 고민하고 코칭을 원하는 고객도 자주 보게 된다. 태도는 국어사전에 "어떤 일이나 상황 따위를 대하는 마음가짐. 또는 그 마음가짐이 드러난 자세"라고 정의되어 있다. 일반적으로 태도, 마음가짐, 자세는 비슷한 맥락으로 사용되므로 고객이 사용하는 단어에 맞추어 코치도 동일하게 사용하는 것이 좋다.

이 사례에서는 '마음가짐'에 대한 주제로 진행되었는데, 일반적인 코칭 프로세스와 달리 '실행 계획'에 대한 부분이 매우 간단히 다루어졌다. 마음가짐 또는 태도에 관한 주제는 행동 중심 주제와 어떻게 다를 수 있는지 참고해보면 좋겠다.

코치: ○○ 님, 오늘 저랑 어떤 얘기 나누고 싶으세요?

고객: 얼마 전에 회사에 대대적인 조직개편이 있었어요. 나가신 임원도 많고 새로 만들어지고 통폐합된 조직도 많아 조금 어수선해요. 제가 있는 조직도 임원이 바뀌고, 밑에 팀 조직도 다 바뀌었어요.

코치: 아, 그렇군요. 변화가 많은 상황이네요.

고객: 회사 실적이 안 좋아서 위에서는 조직을 막 뒤섞어서 변화를 주려고 하는 것 같아요. CEO는 "위기에 강한 조직으로 탈바꿈하겠다" 이런 메시지를 많이

이야기하는데, 이번 인사를 보니 좀 센 임원들만 살아남은 것 같기도 하고 그래요.

코치: 이런 변화가 어떻게 느껴지세요?

고객: 저희 개발 조직 전무님이 상당히 괜찮은 분이라고 생각했거든요. 전무님께 직접 보고하거나 대면해서 이야기할 일이 그렇게 많지는 않았지만, 2년간 밑에서 일해보니 업무적으로도 탁월하시지만, 성품이 온화해서 믿고 따를 수 있는 분 같았어요. 직원들에게 신망받는 분인데, 나가게 돼서 섭섭하기도 하고 조직의 생리가 이렇구나 하는 마음에 씁쓸하기도 해요.

코치: 아~ 그래요. 그 마음이 오늘 코칭에서 나누고 싶은 이야기와 어떻게 연결되나요?

고객: 이런 걸 보면서 한동안 다운되긴 했지만 그냥 받아들여야지 하는 마음이었어요. 근데 며칠 전에 팀장님이 면담하자고 부르셨어요. 인사 시즌이라 약간의 마음의 준비? 예상? 이런 것은 하고 있었지만, 내년 1월 1일자로 제가 다른 부서로 이동한다고 하셨어요. 저는 정말 가고 싶다고 말한 적도 없고, 생각도 안 해봤거든요.

코치: 어머나, 어쩌다가 그랬을까요?

고객: 왜 이렇게 결정되었는지 모르겠어요. 팀장님은 우리 조직에 큰 변화가 있고, 새로 오신 전무님의 전략에 맞춰 팀 조직을 개편하다 보니 그랬다고는 하는데, 마음이 좀 안 좋아요. 납득도 안 되고요.

코치: 아이고, 얼마나 심란하실까요. 직장생활에서 큰 변화네요. 어떤 마음이세요?

고객: 좀 불안하기도 하고, 긴장도 되고 그래요…. 사실 좀 싫긴 해요. 받아들이고 싶지 않아요. 그 이야기 들은 후로는 밤에 잠도 자주 깨고 그래요.

코치: 아~ 정말 괴로운 상황이네요.

고객: 지금은 솔직히 일도 사람도 익숙하고 편안한데, 모든 것에 새로 적응해야 한다는 게 무겁게 느껴져요.

고객이 무겁고 불편한 이슈를 코칭에 가지고 온 사례이며, 고객은 현재 부정적 감정 상태에 빠져있다. 주제 탐색 과정에서 부정적 감정을 어느 정도 다루는 것이 좋을까?

부정적 감정에 휩싸여 있는 사람은 그 감정이 어느 정도 해소되지 않고서는 탐색과 성찰이 일어나기 어렵기 때문에 코치의 공감을 통해 표현하게 하는 것이 좋다. 특히 분노와 공포는 매우 강렬한 감정이기 때문에 이 경우는 더더욱 코칭 초반에 감정 해소가 필요하다. 그러나 감정 해소가 늘 정답이라고 하기는 어렵다. 고객은 부정적 감정을 갖고 있음에도 마음 한편에서는 거기에 머무르기보다 한 발짝 더 나아가고 싶은 욕구가 있을 수 있다. 코칭 시간은 제한되어 있기에 고객이 코칭을 통해 진짜 얻고자 하는 것이 무엇인지 코치와 고객이 함께 탐색해나가야 한다. 그 방법은 아마도 고객의 표정, 목소리, 말의 속도 등을 민감하게 센싱하는 것, 그리고 호기심과 중립적인 질문이 아닐까 생각한다.

이 사례에서는 주제 합의 전에 깊은 감정을 파기보다 가볍게 다루는 정도로 하고 고객의 니즈가 무엇인지를 더 탐색했다.

주제 합의

코치: 네, 그래요. 쭉 애기해보시니 오늘 저랑 코칭에서 무엇에 집중해서 이야기하면 좋을 것 같아요?

고객: 조직의 새로운 변화에서 제가 편안한 마음으로 시작할 수 있으면 좋겠어요. 그것에 도움이 되는 방법을 찾고 싶어요.

코치: 네. 그럼 ○○ 님이 조직의 변화에 편안한 마음으로 시작할 방법 찾기에 관하여 대화 나누어보도록 할게요.

고객: 네.

코치: 지금 마음이 긴장되기도 하고 불안하고… 무거운 상태잖아요. 특히 어떤 부분 때문에 이런 감정이 생긴 걸까요?

고객: 제가 변화를 그렇게 거부하는 스타일은 아닌데… 일도 새로 배워야 하고, 사람에 대해서도 적응해야 한다는 것, 이런 게 스트레스예요. 지금 제가 하는

제품개발 일은 자료조사랑 연구소 쪽과 협의해서 리서치 베이스로 하는 일인데, 옮겨서는 고객과 일을 더 많이 해야 해요. 출장도 많이 다녀야 하고 외부 사람들과 부딪치는 일이 더 많은 것도 좀 부담이 돼요.

코치: 외근하면서 고객과 직접 부딪치는 일이 ○○ 님에게 부담되는 거네요. 일 뿐만 아니라 사람에 대해 적응하는 것도 스트레스라고 하셨는데, 어떤 부분 때문인가요?

고객: 거기 팀장님이 카리스마가 강한 스타일이셔서 팀원들을 밀어붙이는 편이에요. 전에도 그 팀이랑 미팅할 때 보면 본인이 혼자 말 다 하고 결정하고 그러셨어요. 그런 분 밑에서 내가 제대로 일할 수 있을까 그런 생각도 들어요.

코치: 새로운 팀장님 스타일에 맞춰서 어떻게 일할까 하는 염려네요. 얘기해보시니 어떠세요?

고객: 아, 갑자기 이런 생각이 들어요. '내가 지금 이 팀에서 일을 잘못했나? 나 열심히 한다고 했는데, 왜 이런 일이 생겼을까?' 많이 속상하네요.

코치: 회사에 대한 서운함 같은 것도 있는 것 같아요.

고객: 지금 팀으로 이동할 때도 조금 우여곡절이 있었어요. 저는 이 팀으로 오고 싶었는데, 기존 팀에서 안 보내주려고 해서 왔다 갔다 하며 어영부영 붕 뜬 상태로 있다가 6개월 만에 온 거였거든요. 그래서 더 잘해보려고 혼자 늦게까지 남아서 예전 자료도 다운받아서 읽어보고, 연구소분들한테 모르는 용어 같은 거 물어물어 공부했는데…. 그래서 이제 좀 익숙하게 일할 만하니깐 이제 다른 팀으로 보낸다고 하니 이게 뭔가 싶어요.

코치: 일 배우려고 무던히 노력해서 여기까지 오신 거네요. 애 많이 쓰셨어요.

고객: 네. 처음에는 속상하고 서운했는데, 얘기하다 보니 회사는 왜 나를 이렇게 대우하나 싶어서 화가 나요.

코치: 충분히 그럴 수 있겠어요. 그동안 ○○ 님이 무지 노력하셨잖아요.

고객: 맞아요. '그 노력이 헛수고였나? 이렇게 회사는 사람을 돌리는데 내가 그렇게까지 할 필요는 없었겠다' 하는 생각이 들어요.

코치: 그동안 노력해온 ○○ 님에게 회사가 어떻게 대우해주었으면 이런 마음이

덜했을까요?

고객: 그 사람이 잘할 수 있는 일을 하게 해주는 게 맞는 거 아니에요? 게다가, 제가 희망해서 부서 이동할 때는 그렇게 안 되는 이유만 대더니, 자기네들 편리하게 써먹으려고 하니 이제 되는 이유만 줄줄이 말하는 것이 너무 못마땅해요.

코치: 존중받고 싶은 마음 같기도 하네요.

고객: 네. 저란 사람이 필요하면 멋대로 쓰고 대체되는 부속품 같아요.

주제 재조정하기

코치: 지금 ○○ 님의 내면 깊은 곳에서 어떤 목소리가 들리세요?

고객: 오기가 좀 생겨요. 쓰고 버리는 부속품이 되기 싫다. '나만의 무기가 필요한 거 아냐?' 이런 생각도 들어요.

코치: 조직의 변화에 편안한 마음으로 시작할 방법을 찾고 싶다고 하셨어요. 오늘 대화가 끝날 때 무엇을 얻으면 코칭이 많은 도움이 되었다고 생각하실까요?

고객: 제가 이렇게 불평불만이 많은 사람은 아닌데, 너무 불만만 쏟아낸 것 같아요. 그래도 이번 일로 생긴 회사에 대한 불만이랑 다른 사람에게 회사 욕을 해본 건 처음이에요. 속은 시원해요.

코치: 조금 가벼워지신 것 같아 다행이에요. 지금 이 상황에서 ○○ 님이 진정으로 원하는 것은 뭐예요?

고객: 음… 이미 일은 결정되었고, 이제 미래를 생각하고 싶어요. 올해 새로운 팀에서 인정받기 위해 제가 어떤 마음가짐을 가져야 할지 이야기하면 좋겠네요.

코치는 고객을 수평적 존재로 인정하며 코칭 과정에서 중요한 결정 시 고객이 선택하고 결정하도록 요청한다. 코칭 주제를 정할 때도 그러하다. 이 사례에서 '조직의 새로운 변화에서 편안한 마음으로 시작하는 데 도움이 되는 방법 찾기'로 주제 합의가 되었다. 그럼에도 고객의 마음은 앞으로 새롭게 시작해야 할 일과 관계를 향해 움직이지 못하고, 지난 과거를 계속 돌아보고 있다. 고객이 내놓은 주제 이면에 내포되어 있는 생각이나 감정이 정리되지 못한 채 합의된 주제로만 향해 가다 보면 고객과 코치 모두 석연치 않은 상태로 겉도는 대화가 오갈 수 있다.

대화를 시작할 때 고객의 감정은 원하지 않은 현재 상황에 대한 불만족이었고, 이 감정은 현재 상황의 원인을 제공한 회사에 대한 불만에서 비롯되었다. 코치는 회사를 향한 고객의 부정적 감정을 가볍게 다루면서 코칭에서 집중적인 탐색이 필요한 것이 무엇인지 확인하는 과정을 밟았다. 그리고 '새로운 팀에서 인정받기 위해 어떤 마음가짐을 가져야 할지'로 코칭 주제가 재조정되었다.

때로는 합의된 주제와 완전히 다른 방향으로 대화가 흘러가기도 한다. 고객이 주제와 다른 이야기를 한다면 주제 탐색 과정이 충분하지 않아 진짜 원하는 주제가 만들어지지 않았을 수도 있고, 고객 스스로 생각의 가지가 뻗어나가다 보니 자신도 모르게 대화가 옆길로 새나갈 수도 있다. 코칭에서 이런 상황이 만들어지면 코치는 고객에게 앞으로 대화는 무엇에 집중하고 싶은지, 즉 주제에 관한 선택을 하도록 요청해야 한다. 대화의 주도권은 고객에게 있기 때문이다.

주제 심화

코치: 나만의 무기가 필요하다고 하셨는데, 무기는 무엇을 의미하는 거예요?

고객: 남들이 하지 못하는 것을 해내는 저만의 차별화된 경쟁우위 같은 거요. 저만 할 수 있는 확실하고 특별한 능력을 갖고 싶어요.

코치: 그런 무기를 갖게 되면 ○○ 님은 어떻게 달라지나요?

고객: 여기저기 회사 편리한 대로 함부로 쓰이고 싶지 않아요. 저만의 무기가 생기면 제가 원하는 일을 원하는 방식으로 할 수 있지 않을까 생각해요.

코치: 아까 말씀하신 '부속품'과는 어떻게 다른가요?

고객: 대기업 조직에서 저는 일개 직원 중 한 명이긴 하지만, 저만의 무기가 있으면 대체되는 부속품이 아니라 중요 부품이 될 것 같아요. 그래도 여전히 부품이긴 하네요. 부품 말고 다른 것도 될 수 있을까요?

코치: 부품 말고 다른 것? 부품 이상의 존재가 되고 싶으신가요?

고객: 네.

코치: 공학 엔지니어시잖아요. 부품이면서 부품 이상의 존재로 어떤 것이 연상되세요?

고객: 아! 시계의 무브먼트요. 시계에서 무브먼트를 빼면 껍데기만 남는데, 결국 무브먼트가 시계의 모든 것이라고 할 수 있죠. 이 회사에서 무브먼트 같은 사람이면 좋겠어요.

코치: 그렇군요! 지금 말씀에서 ○○ 님의 시야가 더 커진 것이 보이는데요. 좀 전까지는 새로운 팀에서 인정받기 위해 고민하고 계셨는데, 이제는 회사 전체에서 ○○ 님의 존재를 생각하고 계세요.

고객: 아~ 그러네요.

코치: 회사가 하나의 거대하고 복잡한 시계라고 생각하고 안에 있는 부품들을 위에서 내려다본다고 상상해볼게요. 어떤 게 보이나요?

고객: 째깍째깍 알아서 잘 돌아가네요. 부품 하나하나가 다 필요한 것들이기에 여기 있겠구나 하는 생각도 들고, 어느 하나가 문제가 되면 다 문제가 되겠구나 하는 생각도 들고요.

코치: 이 안에서 무브먼트는 어떻게 보이세요?

고객: 사실 이 무브먼트 안에도 수십 개의 부품이 들어있는 거잖아요. 여기 있는 부품들이 얼마나 조화롭게 움직이느냐가 관건 같기도 해요.

가치 발견

코치: 새로운 점을 발견하셨네요. 새로운 팀에서 가져야 할 마음가짐과 연결시켜 보면 무엇이 중요하게 생각되세요?

고객: 새로운 팀원들과 조화를 이뤄서 일하는 거요. 혼자만으로, 특히 제가 안 해본 일을 해야 하는 상황에서는 더더욱 혼자 힘으로 일을 잘하기는 어렵겠어요.

코치: 또 뭐가 있을까요?

고객: 같은 맥락이긴 한데, 제가 배워야 할 것은 겸손한 자세로 가르쳐달라고 하고, 또 제가 경험한 것도 가르쳐줘야겠다는 생각이 들어요.

코치: 이런 성찰을 하신 것을 축하드려요. 조화를 이루는 것은 ○○ 님에게 어떤

의미가 있는 거예요?

고객: 아까 시계를 위에서 내려다봤을 때 들었던 생각인데요. 수백 개의 부품이 문제없이 돌아가는 것이 아름답게 느껴졌거든요. 근데, 조직은 시계랑 비교할 수도 없을 만큼 복잡한 세계잖아요. 서로 너무나 다른 사람들이 모여 있는 곳인데 맞춰가며 일하지 않으면 성과는 안 나오고, 스트레스는 스트레스대로 받고…. 반대로 조화를 이루면 서로 부족한 것을 채워주면서 실력도 높아질 것 같아요.

코치: 나만의 무기는 조화를 통해 만들어지는 건가요?

고객: 네! 맞아요. 그러네요.

코치: 과거에 조화롭게 일했던 ○○ 님의 모습을 회상해보면, 어떤 모습이 기억나세요?

고객: 조화롭게 일했던 기억… 잘 생각이 안 나네요. 과거에 저는 조화로운 것이랑 거리가 멀었나 싶어요.

코치: 그래요? 지금 이 얘기하시면서 마음속에서 어떤 감정이 올라오나요?

고객: 제가 너무 앞만 보고 일했나 봐요. 옆도 좀 보고, 주변을 살피면서 일했으면 더 좋았겠다 싶어요.

코치: 과거의 나로부터 지금 어떤 배움이 있는 것 같아요. 그건 뭔가요?

고객: 앞만 보는 제 모습이 다른 사람들 눈에는 좋게 보이지 않았을 수도 있겠네요. 그동안 나 열심히 했는데, 왜 나를 이렇게 취급하나 생각했던 것이 이런 이유도 있었나… 이런 생각도 들어요. 배움이라면… 이제는 좀 달라져야겠다, 주변 사람들에게 나누며 살아야겠구나 하는 생각이네요.

코치: 네~ 그래요. 나누며 살자는 마음가짐을 배우셨네요. 이런 마음가짐이 새로운 팀에서 인정받는 데는 어떤 도움이 될까요?

고객: 동료들에게 많이 인정받을 것 같아요. "좋은 사람이 우리 팀으로 왔구나"라는 말을 듣고 싶어요.

코치: 와~ 그런 이야기 들으면 얼마나 기쁘실까요?

고객: 그러게요.

코치: 새로운 팀장님과는 어떻게 조화롭게 일하면서 인정받고 싶으세요?

고객: 팀장님의 성향을 파악하는 게 필요할 거고, 제 일하는 스타일도 거기에 맞춰야죠.

코치: 예전에 팀 이동하면서 잘 적응했던 경험을 되살려보면 뭐가 있을까요?

고객: 커뮤니케이션요. 의도적으로 별거 아닌 것도 보고를 자주 했어요. 그러면서 팀장님이 뭘 원하는지를 빨리 캐치했는데, 이런 것이 필요하겠어요. 그렇게 적응하면 자연스럽게 인정도 받을 수 있지 않을까요?

코치: 네~ 좋습니다.

목표 설정

코치: 그렇군요. 새로운 팀에서 인정받기 위해 어떤 마음가짐이 필요할지에 대해 많은 이야기를 나누었어요. 대화 내용을 한번 정리해주시겠어요?

고객: 저만의 무기를 갖고 싶다고 말했는데, 그런 실력을 쌓으려면 조화롭게 일하는 것이 필요하다는 것을 알게 되었어요. 또, 주변 동료들과 나누며 살아야겠다는 생각을 많이 하게 되었어요. 근데, 방금 이야기하면서 또 드는 생각이 조화롭게 일하는 것 자체가 하나의 능력 같기도 해요. 이것도 저만의 무기가 될 수 있겠는데요.

코치: 와~ 끊임없이 성찰하는 분이시네요! 지금 말씀하신 마음가짐을 ○○ 님만의 강력한 슬로건으로 표현해보실까요?

고객: "조화롭게 주변을 살피면서 일하자!" 이런 말 괜찮나요?

코치: 한 번 더 말해보실래요?

고객: "조화롭게 주변을 살피면서 일하자!"

코치: 느낌이 어때요?

고객: 좋은 것 같아요.

시각화

코치: 조화롭게 주변을 살피면서 일하는 것을 색깔로 표현해본다면 어떤 색이 어

울리나요?

고객: 음… 아! 무지개요. 빨주노초파남보 일곱 색깔이 조화를 이루는 것처럼 저도 그랬으면 좋겠는데요.

코치: 아~ "무지개처럼 조화롭게 주변을 살피며 일하자!" 정말 아름다운 마음가짐이네요. 마음가짐은 말 그대로 마음에 늘 간직하고 있는 거잖아요. 그렇게 하기 위해 어떤 장치가 필요할까요?

고객: 장치요?

코치: 잊어버리지 않고 실천을 도와줄 사람이나 물건, 혹은 행동 같은 것들이요.

고객: 아… 저는 기계장치를 생각하고 있었어요. 하하. 음… 그런 것으로는… 무지개 그림 하나 출력하고, 거기에 '무지개처럼 조화롭게 주변을 살피며 일하자' 이렇게 써서 제 업무 다이어리에 붙여놓고, 다이어리 펼칠 때마다 보면 좋겠는데요.

자기성찰

코치: 좋네요. ○○ 님, 지금 어떤 느낌이세요?

고객: 홀가분하고 기분이 좋아요. 코칭받기를 잘한 것 같아요.

코치: 와~ 그래요. 어떤 점이 그렇게 좋았나요?

고객: 마음속에 있는 이야기를 다 털어놓을 수 있어서 좋았고요. 그리고 복잡하게 얽혀있어서 저도 잘 몰랐던 문제들을 이야기하면서 하나씩 정리가 되어서 좋아요. 아, 그리고 무기 이야기할 때 저는 업무적으로 전문성을 어떻게 가져갈지를 생각했는데, 대화가 이렇게 흘러가서 생각하지 못했던 것을 발견한 것도 신기해요.

코치: 그래요. 코칭 시작할 때와 지금 무엇이 가장 달라졌나요?

고객: 새로운 팀에 적응할 일이 너무 심란해서 요 며칠 잠도 설칠 정도였는데, 별일 아닌 것처럼 생각돼요. 뭘 그렇게 심각하게 고민했을까 싶을 정도예요. 제가 너무 거기에 빠져 있었나 봐요.

실행 계획

코치: 앞으로 무지개처럼 조화롭게 주변을 살피며 일하실 텐데, 대표적으로 어떤 시도를 해보시겠어요?

고객: 팀의 공통 업무를 맡아서 해보면 어떨까 싶어요. 해도 그만, 안 해도 그만인 티 안 나는 일은 다들 하기 싫어하는데, 누군가가 자원해서 하면 서로 좋은 거니까요. 그리고 저의 지식이나 경험 같은 것을 나누면 좋겠어요. 저는 개발 초기 단계에서 프로토타입 개발 경험이 많아요. 물론 지금 부서는 개발 후단의 양산 과정을 담당하지만, 그래도 전단의 과정을 이해하고 하는 것과 모르고 하는 것은 차이가 있으니까 팀 내 주니어들에게 이런 거 알려주고 싶어요.

코치: 와~ 의지가 충만한데요. 제가 그 팀에 있다면 ○○ 님이 와주셔서 너무 기쁠 것 같아요.

고객: 네. 하하.

코치: 오늘 대화를 여기서 마무리하려고 합니다. ○○ 님이 만든 그 마음가짐으로 내년 한 해 새로운 팀에서 한껏 능력을 발휘하시기를 응원합니다.

이 사례는 일반적인 코칭대화 프로세스와 달리 자기성찰을 먼저 하고 실행 계획을 마지막에 매우 간단하게만 다루고 있다. 실행 계획보다는 목표인 '새로운 팀에서 인정받기 위해 어떤 마음가짐'을 끌어내는 것이 더 중요했고, 그 과정에서 고객에게 중요한 가치가 발견되어 가치를 목표에 통합하는 것에 더 집중했다. 이 고객의 목표가 일상에서 확고하게 작동하기 위해서는 강력한 장치가 도움이 되기에 색깔을 활용하여 간단하게 시각화하는 과정을 거쳤다.

이처럼 코칭대화가 늘 목표 수립-현실 인식-대안 탐색-의지 확인의 순차적 흐름을 따르는 것은 아니다. 경우에 따라 순서가 달라질 수 있고, 한 세션에서 단 하나의 단계만 다룰 수도 있다. 코치는 현재 상황(주제 및 고객)에 대한 민감성을 유지하면서 그에 맞는 코칭 프로세스를 유연하게 가져갈 수 있다.

3.
리더십 향상

코칭은 코칭의 대상, 적용 분야, 운영 방식 등에 따라 다양하게 분류된다. 한국코치협회는 코칭 영역에 따라 비즈니스 코칭, 라이프 코칭, 커리어 코칭, 학습 코칭 등으로 구분하고 있다. 비즈니스 코칭은 조직의 성과향상, 역량 강화, 직무만족도 상승, 팀워크 향상 등 비즈니스 이슈에 초점을 맞춘 것이고, 라이프 코칭은 삶의 균형, 삶의 만족감 향상, 인간관계 개선 등에 초점을 맞춘 것이다.

한편, 코칭 비용의 지급 주체 및 구조에 따라 다르게 분류할 수 있다(박정영, 2009). 개인 코칭은 코칭 받는 사람이 코칭 비용도 직접 지급하는 구조, 즉 일원화 구조를 가지고 있다. 반면 기업(조직) 코칭은 코칭 받는 사람과 코칭 비용을 지급하는 사람이 다른 이원화된 구조를 가지고 있다.

기업 코칭 고객의 경우 본인이 자발적으로 코칭을 신청하는 경우가 아니면 코칭 이슈를 곧바로 이야기하는 데 어려움을 느낀다. 특히 의무적으로 참여해야 하는 경우 고객은 참여 동기가 떨어진 상태로 세션에 들어오기 때문에 코치는 대화 초반에 더 많은 에너지를 쏟아야 한다. 아래 사례는 기업 내 중간관리자를 대상으로 샘플 코칭을 진행한 것으로, 코치는 대화 초반에 코칭에 대한 고객의 기대를 재조정하고 주제를 명확히 하는 데 주력했다.

(1) 직원들의 단점을 효과적으로 이야기하는 방법을 알고 싶어요

코치: 박 차장님, 반갑습니다.

고객: 네~ 안녕하세요. 코치님.

코치: 코칭을 처음 경험해보신다고 들었습니다. 오늘 어떤 기대를 갖고 오셨나요?

고객: 코칭을 받는 것은 처음이지만, 회사에서는 관리자들에게 부서원들 코칭을 하라고 합니다. 정기적으로 대화하고 시스템에 입력해야 하고 그래요.

코치: 네~ 그러시군요. 부서원들과 코칭대화는 어떻게 하고 계세요?

고객: 코칭이 수평적이고 쌍방향의 대화라고 배우긴 했는데… 저희 회사가 보수적인 문화가 있어서 그런지 제가 일방적으로 말하게 되더라고요.

코치: 그런 어려움을 느끼고 계시네요.

주제 탐색

코치: 오늘은 맛보기 코칭 시간으로 피코치로서 코칭을 한번 경험해보시라고 회사에서 제공한 시간이잖아요. 오늘 시간을 어떻게 진행하면 차장님께 도움이 될까요?

고객: 안 그래도 주제를 생각해오라고 해서 고민해봤는데요. 직원들과 대화를 잘하는 방법 같은 것을 익힐 수 있으면 좋겠네요.

코치: 조금 더 자세히 이야기해주시면 좋을 것 같아요. 대화를 잘하는 것과 관련해서는 어떤 니즈가 있으세요?

고객: 음… 제가 직원들과 좋은 관계만 만들고 싶은 마음이 있어요. 적을 만들고 싶지 않은 거죠. 그래서 직원들의 단점을 봐도 지적하는 것이 꺼려져요.

코치: 네~ 그래요.

고객: 근데, 그냥 보고만 있자니 좀 거슬리고, 그렇다고 그것을 말하자니 괜히 말해서 더 반발만 생기는 거 아닌가 싶기도 하고… 그런 부분이 좀 고민돼요.

코치: 아, 그 부분이 고민이시군요.

주제 합의

코치: 오늘 코칭이 끝나고 부하직원과 대화 잘하기와 관련해서 특별히 어떤 것을 얻으면 이 시간이 차장님에게 도움이 될까요?

고객: 직원들의 단점을 효과적으로 이야기하는 방법을 배우면 좋겠습니다. 코치님의 경험이나 노하우 같은 것도 알려주시면 좋겠고요.

코치: 네~ 그럼 직원들의 단점을 효과적으로 이야기하는 방법을 찾는 것에 집중해서 코칭대화를 나눠보겠습니다. 우선적으로는 차장님 생각을 탐색해보고, 제 경험이 필요하면 나누면 좋겠는데요. 어떠신가요?

고객: 네. 그러시죠.

코치: 지금 그 얘기하시면서 생각나는 직원이 누가 있나요?

고객: 얼마 전에 저희 파트로 들어온 신입사원이요.

코치: 어떤 단점이 보이세요?

고객: 저희가 출근 시간이 9시예요. 근데 출근을 딱 9시에 해요. 진짜 9시에 와요.

코치: 그래요. 어떤 점에서 그것이 단점으로 느껴지시는 거예요?

고객: 보통 출근 시간 전에 와서 컴퓨터도 켜고, 이런저런 업무 준비도 하고 그러잖아요. 너무 일찍 나와서 일하는 것은 바라지도 않는데, 그래도 9시 전에 나와야 하는 거 아닌가요? 조직에는 명문화된 규정 같은 것 말고도 암묵적인 문화, 룰 같은 것이 있잖아요. 저 같은 경우는 부서 이동을 하게 되면 그 부서만의 문화 같은 것에 제가 맞추려고 노력하는 스타일이거든요. 기존에 있는 룰을 따라줘야죠.

코치: 차장님이 그렇게 조직생활을 해오셨기 때문에 그 신입사원의 행동이 더 이해가 안 갈 수도 있겠습니다. 그 직원 입장에서는 9시 정각에 오는 것이 룰을 어기는 것이라고 생각할까요?

코치는 판단과 평가를 내려놓도록 훈련받는다. 그럼에도 코칭 장면에서 판단과 평가가 올라오는 것을 발견하게 된다. 이 사례에서 만약 코치가 고객과 다른 관점을 갖고 있다면(예컨대, 지각한 것도 아닌데 9시에 딱 맞춰서 오는 행동이 무슨 문제가 될까?), 고객의 생각이 잘못되었다고 판단할 수도 있다. 이런 상태에서 코칭이 진행된다면 고객의 이야기에 진정으로 공감하기가 어려워질 것이다.

판단과 평가는 인간의 정보처리 과정에서 필수불가결한 과정이기에 코치는 판단과 평가가 올라온 자신의 모습을 순간적으로 알아차리고 유보해야 한다. 그리고 판단과 평가 모드가 아닌 호기심 모드(예컨대, 9시에 출근하게 되면 어떤 일이 생길까? 이런 생각을 갖고 있는 차장님은 어떻게 회사생활을 해온 분일까?)로 바로잡고 중립적인 질문을 해야 한다.

고객: 그래서 제가 더 고민스러워요. 9시 넘어서 온다면 명백히 지각이니까 "너 지각이다. 근태에 문제가 있다"라고 하면서 지적할 수 있는데, 이건 그런 상황은 아니라서 뭐라고 이야기하기가 모호한 거죠. 사실 지금도 말하는 게 맞나, 안 하는 게 맞나 엄청 고민돼요.

코치: 그러시군요. 그 직원은 어떤 분인가요?

고객: 제 파트의 직속 부하이고, 저랑 지금까지 잘 지내고 있어요. 일도 잘하고요.

코치: 그 신입사원이 갖고 있는 장점은 뭐가 있죠?

고객: 일단 업무능력이 뛰어나요. 그리고 굉장히 예의가 바르고요. 목표 의식도 있어서 지시하는 일에 잘 따라와요.

코치: 와~ 능력과 태도 둘 다 갖추었다는 생각이 드네요.

고객: 그건 그래요. 다른 팀 차장들 보면 요즘 친구들 일 시키기 힘들다는 이야기를 많이 하던데, 저는 운이 좋은 거죠.

코치: 그 직원이 9시에 출근하는 것이 어떤 점에서 그렇게 신경이 쓰이나요?

고객: 일단 다른 직원들과 비교돼요. 다른 신입들, 그리고 직원들 다 9시 이전에 사무실에 와있거든요. 근데 제 직속 후배가 늦게 오니… 뭐 지각은 아니라고 해도… 남들 보기에도 비교가 되죠. '너네 직원만 늦게 온다' 이렇게 다들 생각할 거니까.

코치: 또요?

고객: 저희 회사가 보수적이라고 말씀드렸잖아요. 근무 태도 같은 것이 암암리에 인사평가에 반영될 수 있어요. 윗분들은 일찍 출근해 있으면 성실하다고 생

각하시잖아요.

코치: 차장님 말씀 들어보니 다른 동료들의 시선과 평판, 그리고 인사평가에서 불이익을 받을까 봐 걱정하는 마음이 크시네요.

고객: 네. 그래요.

코치: 이 부분을 그 직원에게 이야기하는 데 뭐가 맘에 걸리세요?

고객: 그 친구의 워라밸을 존중해줘야 하는 거 아닌가 싶거든요. 6시 퇴근 후 워라밸이 있듯이 9시 이전에도 워라밸도 있는 거니까요. 그리고 우리 둘 사이 관계도 신경 쓰여요. 지금까지는 잘 지내고 있는데, 괜히 이런 거 잘못 말했다가 사이만 안 좋아지고 저랑 일하는데도 껄끄러워질까 봐… 이런 것들이 걸려요.

코치: 그럴 수 있겠네요. 또 뭐가 더 있을까요?

고객: 지각한 것도 아닌데, 이런 지적하면 꼰대처럼 보일까 하는 것도 염려돼요.

코치: 차장님의 선한 마음이 느껴지네요.

고객: 어… 그래요?

코치: 네. '그 직원이 조직에서 제대로 인정받았으면 좋겠다. 일도 잘하는데, 괜한 걸로 꼬투리 안 잡히고, 더 잘되면 좋겠다.' 이런 직속 선배로서 마음이 느껴지고요. 그리고 또 개인의 삶도 존중해주고 싶은 좋은 선배의 마음도 있으신 것 같아요.

고객: 아~ 그런가요….

코치: 이 얘기 들으니 마음이 어떠세요?

고객: 별거 아닌데 코치님이 잘 포장해주시는 것 같아요. 그래도 기분은 좋네요.

코치: 차장님은 누가 본인의 단점을 이야기해주면 기분이 어떠세요?

고객: 회사에서는 별로 얘기해주는 사람이 없고요. 집에서는 아내가 콕콕 찍어서 지적해요.

코치: 아~ 그렇군요. 콕콕 지적받으면 마음이 어때요?

고객: 첨엔 기분 안 좋았어요. "내가 언제 그랬냐?" 하고 말싸움을 하기도 했는데, 지금은 기분이 별로여도 받아들여요. 그래도 아내니깐 나한테 이런 얘기해

주지 누가 해줄까 싶어서요.

코치: 차장님 말씀을 들으니 저는 두 가지 생각이 드네요. 말씀을 드려도 괜찮을까요?

고객: 네.

코칭 중에 떠오르는 코치의 생각은 어떻게 해야 할까? 표현해야 할까, 말아야 할까? 어떤 생각은 평가와 판단이라서 유보해야 하고, 어떤 생각은 표현해도 괜찮은 것인가? 이에 관하여 여러 의문이 생긴다.

판단이나 평가는 보통 좋다/싫다, 맞다/틀리다, 바람직하다/바람직하지 않다는 흑백논리 구조를 갖고 있다. 코치의 마음 안에 이런 생각이 든다면 판단이나 평가일 가능성이 크고, 이는 고객과의 관계에서 신뢰와 안전감을 해치게 된다.

한편, 코치에게는 진솔함이 요구된다. 코치가 자신의 생각, 느낌 등을 솔직하게 드러냈을 때 고객과의 신뢰가 높아진다. 고객의 말에서 발견한 것을 거울처럼 비춘다고 생각하고 표현하면 무리가 없을 것이다. 고객과 처음 만나는 세션일 경우는 코칭 관계가 충분히 조성되지 않은 상태이기 때문에 고객에게 허락을 구하고 표현하는 것이 좀 더 안전하다. 이 코칭은 대화 초반에 고객이 코치의 경험을 요청했기 때문에 코치의 생각을 더욱 적극적으로 표현했다.

코치: 첫째는 신뢰가 있고 친근한 관계에서 단점을 지적해주었을 때 상대가 받아들이게 된다는 것…, 그리고 단점을 이야기한다는 것은 말하는 사람도 큰 용기가 필요하다는 것…. 관계를 해칠지도 모른다는 걱정이 있지만 그럼에도 하는 말이니까요.

고객: 아~ 맞아요. 그러네요.

코치: 지금 이 상태로, 그러니깐… 그 친구는 지금처럼 9시에 출근하고, 차장님은 이것을 계속 불편한 마음으로 지켜보고 있으면, 나중에 어떤 일이 생기나요?

고객: 저는 계속 찜찜한 상태로 있고… 이런 상태가 계속되면 저한테는 스트레스

가 될 것 같아요.

코치: 그 직원은 자신이 9시에 출근하는 것에 대해 스스로 어떻게 생각하나요?

고객: 정확히는 알 수 없지만, 자기도 좀 눈치는 보이나 봐요. 자기 동기들도 빨리 오는 애들이 있고 하니까요. 그래도 요즘 친구들은 자기 생각이 중요한 것 같아요.

코치: 한번 정리해볼까요? 출근 시간에 대한 이야기를 하면 무엇이 좋은 점이고, 무엇이 안 좋은 점인가요?

고객: 얘기를 하면 제 마음 안에 불편한 점이 해소되고, 또 제 얘기가 잘 먹히면 그 친구가 조금이라도 일찍 올 수 있어 다른 직원들한테도 평판이 좀 좋아진다는 것… 이런 점이 좋은 점 같고요…. 안 좋은 점은 자칫 잘못하면 저랑 그 친구 관계가 지금보다 더 불편해지고, 제가 꼰대 이미지를 가질 수 있다는 것 그런 부분이네요.

코치: 그럼 그 이야기를 안 하고 지금 상태로 있으면 뭐가 좋고, 뭐가 안 좋나요?

고객: 좋은 것은 앞의 이야기와 비슷하게… 저랑 긍정적 관계가 유지된다는 것, 안 좋은 것은 그 친구에 대해 윗분들이 계속 안 좋게 볼 수도 있고, 그럼 본인 자신도 좀 위축될 수 있고 그럴 것 같아요.

두 개의 대안 사이에서 고민한 경우 데카르트의 사분면을 이용하여 코칭을 진행할 수 있다. 자세한 방법은 이 장의 5. 기타 (1) 할까요? 말까요? 사례에서 살펴볼 수 있다.

목표 설정

코치: 그렇군요. 차장님, 그 친구에게 출근 관련해서 이야기를 해야 하나 말아야 하나 고민하고 계셨는데, 쭉 이야기하시면서 어느 쪽으로 마음이 기우나요?

고객: 코치님과 얘기 나누다 보니 그냥 어떤 식으로든 말해야겠다는 생각이 들어요.

코치: 그 이유는요?

고객: 장단점을 비교해보니 제가 꼰대 소리 듣더라도 그 친구 미래를 위해서는 이

야기하는 게 더 낫겠다 싶어요. 일단 제가 보기에 이런 점들이 걱정스럽다는 정도로 이야기하고, 더 일찍 나올지 말지는 그 친구가 결정하도록 해야겠어요. 그리고 계속 찜찜한 상태로 마음에 담아두고 있다가 제 말이 나중에 더 안 좋게 나올지도 모르겠다는 생각도 들어요.

코치: 아까 "적을 만들고 싶지 않은 스타일"이라고 얘기하셨던 것 같은데… 이 부분은 어떠세요?

고객: 음… 이 정도 일로 미움을 살 것 같지는 않네요.

실행 계획

코치: 네. 그래요. 그럼 그 직원에게 어떤 방식으로 이야기하시겠어요?

고객: 음… 술이라도 한잔하면서 얘기 나누는 것이 좋을까요? 아니면, 회의실에서 이야기하는 것이 좋을까요?

코치: 어떤 부분 때문에 그렇게 물어보시는 걸까요?

고객: 한잔하면서 이야기하면 너무 장난처럼 들리고 진지하게 안 받아들일 것 같기도 하고…, 회의실에서는 너무 정색하고 이야기하게 되면 혼 내키는 것처럼 느낄 것 같기도 하고… 고민되네요.

코치: 그러네요. 차장님은 어떤 방식이 더 자연스러우세요?

고객: 아무래도 술자리에서는 집중도 잘 안 되고… 또… 술 마시다 보면 나중에 기억도 아예 못할 수 있겠어요. 회의실에서 이야기하는 편이 더 낫겠어요.

롤플레잉

코치: 네~ 지금 차장님과 저랑 대화하는 이 공간은 굉장히 안전하잖아요. 어떤 이야기를 해도 비밀이 보장되고, 또 이런저런 시도를 해볼 수 있는 공간이고요.

고객: 네.

코치: 그 직원에게 어떻게 이야기할지를 제가 그 직원이다 생각하고 지금 한번 얘기해보시겠어요?

고객: "너가 9시 맞춰서 오니깐 다른 직원들 보기에 좋아 보이지 않고, 또 너도 알다시피 우리 회사가 보수적인데 가능하면 그전에 출근해주면 좋겠다~" 이런 식으로 말하면 될까요?

코치: 그 직원을 평소에 어떻게 부르세요?

고객: "○○ 씨~" 이렇게 불러요.

코치: 그럼 "○○ 씨~~~" 이렇게 부르면서 진짜 ○○ 씨가 앞에 있다고 생각하고 대화해보세요.

고객: (…) "○○ 씨~ 잠깐 이야기 좀 할까? ○○ 씨가 출근을 9시에 딱 맞춰서 오니까 부서의 다른 사람들이 좀 안 좋게 보는 것 같아서 내가 직속 상사로서 마음이 좀 불편한데…. 물론 ○○ 씨가 9시 넘어서 오는 것도 아니고 어찌 보면 이게 무슨 문제가 되냐 생각할 수도 있지만 우리 회사가 보수적이라서 내가 신경이 쓰이거든. 좀 빨리 오면 좋겠는데, 그럴 수 있겠어?"

코칭 상황은 고객이 현실에서 시도해보지 못하는 말과 행동을 마음껏 이야기할 수 있는 안전한 공간이다. 코칭 상황 역시 코칭에서 훌륭한 자원이 될 수 있다. 이 사례에서는 롤플레잉을 활용했는데, 위 대화에서 보듯이 고객은 곧바로 롤플레잉 장면에 몰입하지 못한다. 역할 연기가 어색하기 때문에 쭈뼛쭈뼛하기 마련이다. 이럴 때 코치는 현재 이곳이 굉장히 안전한 공간임을 강조한다. 그리고 고객이 롤플레잉을 자연스럽게 시도할 수 있도록 평소 쓰는 호칭이나 말투를 훅~ 하고 던져서 자연스럽게 그 상황에 들어갈 수 있도록 리딩한다.

코치: 네~ 잘하셨습니다. 고민을 말로 꺼내서 해보시니 어떠세요?

고객: 실제로 해보니 생각보다는 괜찮네요.

코치: 이 말을 듣고 ○○ 씨가 어떻게 반응할 것 같으세요?

고객: 글쎄요…. 잘 받아주면 좋겠지만… 잘 모르겠습니다.

코치: 차장님이라면 상사로부터 이런 얘기를 들었을 때 어떨 것 같으세요?

코치: 안녕하세요, 파트장님. ○○○ 코치입니다. 만나 뵙게 되어 반갑습니다.

고객: 네, 안녕하세요. 코치님.

코치: 오늘 컨디션은 어떠신가요?

고객: 주말을 앞둔 금요일이라 여유가 있네요.

오리엔테이션

코치: 네. 여유 있는 마음으로 코칭하게 되어 저도 기쁘네요. 제가 지난 수요일에 코칭 안내자료를 보내드렸는데, 읽어보셨을까요?

고객: 네. 자세히는 못 봤고, 한번 훑어보기는 했어요. 잘 이해한 것인지 모르겠어요.

코치: 그럼 제가 보내드린 자료를 가지고 한 번 더 설명해드려도 괜찮을까요?

고객: 네. 그래 주시면 좋겠어요.

코치: 첫 페이지 코칭의 정의에 관하여 먼저 보겠습니다. 일반적으로 많은 사람들이 코칭을 일종의 '쪽집게 과외', '원포인트 레슨'이라고 생각하시더라고요. 그런데 본래 코칭은 그런 의미는 아닙니다.

고객: 아, 그래요?

코치: 네. 우리는 모두 삶 속에서 크고 작은 고민을 갖고 사는데, 그 고민에 관하여 가장 많이 생각해보고, 가장 잘 알고 있는 사람은 바로 나 자신이죠. 또한, 그 고민이라는 것은 '나'라는 사람과 내가 속해 있는 환경과 맥락 속에서 나오는 것인데, '나'라는 사람에 관해서 가장 잘 알고 있는 사람도 바로 '나'인 것이지요.

고객: 네. 그렇죠.

코치: 내 삶의 전문가는 바로 '나' 자신이기에 코칭에서는 타인이 함부로 평가하거나 조언, 충고 같은 것을 하지 않는다는 전제를 갖고 있습니다. 그 대신, 자기 삶의 전문가인 본인이 스스로 자기 안에서 해답을 찾도록 대화를 통해 도와주는 파트너십 관계를 맺는 것을 코칭이라고 합니다.

고객: 아, 그렇군요.

코치: 코치를 비유적으로 표현하자면 마라톤의 '러닝 메이트'와 같다고 할까요? 코치는 파트장님처럼 마라톤을 뛰는 사람 옆에서 함께 달리면서 목적지가 어디인지, 얼마만큼 왔는지를 돌아보기도 하고, 때로는 힘들고 지칠 때 위로와 격려의 이야기를 나누고, 또 어떨 때는 속도를 높여 더 앞으로 나아갈 수 있게 응원하기도 합니다.

고객: 레이스를 잘 뛰도록 도와준다는 거군요.

코치: 네. 맞습니다. 코치는 레이스를 잘 뛰도록 돕지만, 파트장님의 레이스를 코치가 대신 뛸 수도 없고, 힘들다고 업고 뛸 수도 없는 것이지요.

고객: 네. 그렇게 설명해주시니 잘 이해가 되었습니다.

코치: 아~ 잘 이해해주셔서 감사합니다. 저 역시 파트장님께 이번 코칭 과정의 좋은 러닝 메이트로서 역할에 헌신하도록 하겠습니다. 다음 코치의 책무를 제가 한번 읽어보겠습니다. (코치의 책무 읽기) 이것과 관련하여 궁금한 점은 무엇이 있으세요?

고객: 비밀보호에 대한 부분이 궁금한데요. 회사에서 진행되는 것인데, 회사에 알려져도 괜찮은 범위에서 제가 이야기해야 하나요?

코치: 아무래도 그 부분이 신경이 쓰이시지요? 코치는 변호사나 의사 같은 전문 직업인처럼 직업윤리를 중요하게 여기고 준수해야 합니다. 코치의 직업윤리를 보면, 법적인 경우를 제외하고는 고객의 정보에 대한 비밀을 지키도록 되어 있습니다. 다만, 회사에서 비용을 지급하고 진행하는 것이기에 제가 언제, 어떤 주제로 대화를 나누어서 어떤 결과가 있었다는 정도의 보고서를 HR부서에 제출합니다. 제가 양식을 갖고 왔는데… 이런 형식으로 되어 있습니다.

고객: 아, 네. 그렇군요.

코치: 그리고 코칭 보고서는 회사에 제출하기 전에 파트장님께 미리 공유 드리겠습니다.

고객: 네. 그러면 좋겠네요.

코치: 코치의 책무와 관련해서 더 궁금한 부분은요?

고객: 아니요, 없어요.

코치: 그럼, 다음 고객의 책무로 넘어갈게요. 고객의 책무 부분 한번 읽어주시겠어요?

고객: (고객의 책무 읽기)

코치: 이 부분에서 궁금한 점은요?

고객: 아까 코칭에 대해 설명해주셔서 제가 무엇을 해야 하는지 잘 이해했습니다.

코치: 그 외에 좀 더 알고 싶은 부분이나 저에게 요청하고 싶은 것은 무엇이 있을까요?

고객: 코칭을 처음 받아보는데, 어떤 것인지 잘 이해했습니다. 코치님은 다양한 사람들을 만나시니 저보다 알고 계신 것이 더 많을 것 같은데, 아직 제가 리더 경험이 부족한지라 여러 가지 정보도 많이 주시면 좋겠어요.

코치: 리더에게 필요한 정보를 더 얻고 싶어 하시는군요. 파트장님이 스스로 답을 찾아가는 과정에서 도움이 될만한 정보가 있다면 세션의 말미에 나눌 수 있도록 하겠습니다. 한 가지 제가 여쭤보고 싶은 것이 있는데요.

고객: 네.

코치: 파트장님만의 답을 찾는 과정에서 때로는 제가 처음 들어보는 낯선 질문을 하게 될 수도 있고, 새로운 활동 같은 것을 제안 드릴 수도 있는데… 이 부분에 대해 어떻게 생각하세요?

고객: 괜찮아요. 오히려 그런 것들이 저에게 자극이 될 수도 있을 것 같습니다.

코치: 오픈된 마음으로 받아주시는 것 같아서 저도 마음이 열리면서 편안해지네요. 감사합니다. 그럼 우리 둘 다 이 내용을 잘 이해하고, 코칭 기간 동안 각자의 책무를 다하면서 훌륭한 파트너십을 만들겠다는 의미로 고객과 코치 칸에 서명해서 1부씩 보관할까요?

고객: 네. 그러시지요.

코치: 감사합니다. 본격적인 코칭에 앞서 필요한 준비과정을 마쳤네요. 이제 코칭의 본론으로 넘어가볼까요?

고객: 네.

오리엔테이션 세션은 기업 코칭 상황에 맞게 다양한 형태 및 내용으로 운영할 수 있다. 분명한 것은 아무리 짧은 회기로 진행되는 코칭이라도 오리엔테이션은 어떤 식으로든 진행되어야 한다는 점이다. 그래야 고객과 코치가 동일한 개념과 기대치를 갖고 코칭에 임할 수 있으며, 코칭에 대한 만족도도 높아질 수 있다. 코칭을 잘 모르는 고객의 이해를 돕기 위해 코칭의 개념, 고객의 책무, 코치의 책무 등에 관하여 코치 자신만의 조작적 정의와 설명을 미리 준비하는 것이 좋다.

그룹 코칭의 경우 오리엔테이션 세션에서 행동 규칙(ground rule)을 정한다. 행동 규칙은 매 세션에서 코칭이 자율적으로 운영될 수 있도록 하는 장치다. 다수의 고객이 참여하는 만큼 일정 준수, 참여도, 그룹 역동 측면에서 도움이 될 만한 규칙을 정하는 것이 좋다. 그룹원 모두가 참여하여 자율적으로 행동 규칙을 정하고 합의하도록 하되, 시간적인 제약 등 어려움이 있는 경우 고객의 허락 하에 코치가 제안할 수도 있다. 그룹 코칭 행동 규칙의 예를 들자면, 100% 출석하기, 제시간에 참여하기, 적극적으로 공유하기, 비밀 유지하기, 상호 지지하기, 과제 충실히 수행하기 등이다(코칭경영원 코치시대, 2013).

주제 탐색

코치: 파트장님, 오늘 첫 세션인데 <u>어떤 얘기 나누고 싶으세요?</u>

고객: 자기밖에 모르고 개인주의로 일하는 직원들이 많아요. 이런 사람들과 어떻게 일을 같이할지, 어떤 방식으로 대해야 할지가 고민이네요.

코치: 이것과 관련해서 최근에 어떤 일이 있으셨어요?

고객: 지금은 다 정리되긴 했지만, 저희 파트에 있던 직원 때문에 제가 스트레스를 좀 많이 받았어요. 데미지를 좀 받아서 한동안 힘들었죠.

코치: 마음고생을 많이 하셨네요….

고객: 네네….

코치: <u>어떤 일이 있었는지 조금 더 자세히 말씀해주시겠어요?</u>

고객: 저희 회사가 지역 순환근무제도가 있어요. 자녀 교육 때문에 대도시 근무를

선호하는데, 5년마다 지역을 옮겨야 하니 불만이 있죠.

코치: 네.

고객: 저도 워킹맘이기도 하고, 그 심정은 충분히 이해하는데요. 이 친구가 꼼수를 부렸어요. 자기가 가고 싶은 부서에 들락날락하면서 작업을 해놓고, 또 직속 상사인 저를 패싱하고 팀장한테 가서 부서 이동 신청을 한 거예요.

코치: 아, 그래요?

고객: 네! 조직이라는 것이 위계가 있는 건데… 제가 그래서 상당히 열 받았어요.

(중략)

코치: 그때의 사건을 쭉 이야기하시면서 어떤 생각이 드세요?

고객: 그때 제 소통 스타일이 잘못됐나? 하는 생각을 많이 했어요.

코치: 어떤 의미신가요?

고객: 직원들은 이야기를 들어주면 들어줄수록 불만만 더 이야기해요. 요구사항만 늘어나고요. 그냥 우리 팀장님처럼 가만히 있는 것이 더 나았나 그런 생각도 들었고요.

코치: 어떤 점에서 그런 생각이 드셨어요?

고객: 요즘 친구들은 진짜 제각각이에요. 자기 일이 있는데도 휴가를 내버리고, 권리만 생각하지 의무는 다하려고 안 해요. 그런 부분에 대해 지적하면 갈등만 생기니까 리더들이 힘들어해요….

코치: 네.

고객: 괜히 긁어 부스럼 만드느니 그냥 회피해버려요. 우리 팀장님이 그런 편이에요. 처음에 전 그건 아니라고 생각해서 소신대로 했는데, 결국 그렇게 갈등만 불거진 거죠. 회사에서는 큰 문제만 발생 안 시키면 관리를 잘한다고 생각해요. 근데 이런 거 지적해서 트러블 생기면 리더십 없다고 이야기하죠.

주제 합의

코치: 네, 그래요. 오늘 저랑 대화에서 어떤 것을 얻고 싶으세요?

고객: 제가 그때 어떻게 하는 것이 최선이었을까 이런 얘기를 해보면 좋겠어요.

코치: 아, 그래요. 지금은 다 정리되었다고 하셨는데… 그 사건이 파트장님에게 어떤 점에서 중요한가요?

고객: 그냥 넘겨버릴 수도 있지만, 곰곰이 생각해보니 앞으로 또 이런 직원을 만날 수도 있겠다 싶어요. 그때도 제가 어떤 조치를 잘 취해서 정리되었다기보다는 그 친구가 예정대로 타지역으로 가게 되어서 종결된 거거든요. 그래서 이번 참에 제 소통 스타일을 점검하는 것이 필요해 보여요.

코치: 오늘 대화에서는 말씀하신 상황에서 파트장님의 소통 스타일을 점검해보고, 어떻게 하는 것이 최선일까 생각해보는 것에 집중해볼까요?

고객: 네. 좋아요.

코치: 파트장님은 과거 힘든 경험 속에서 더 나은 리더가 되기 위한 배움을 얻고 싶어 하시네요. 평소에 어떤 리더가 되고 싶다고 생각하셨어요?

고객: 서로 의지할 수 있는 리더요. 직원들이 리더에게 의지하고, 리더 역시 직원들에게 의지할 수 있는 그런 관계가 바람직하다고 생각해서 그런 리더가 되고 싶어요.

코치: 의지한다는 것은 그만큼 믿는다는 뜻이기도 하겠네요. 그 직원과 파트장님은 서로에게 얼마만큼 의지하는 관계였나요?

고객: 그 일이 생기기 전까지는 그렇게 관계가 나빴다고 생각하지는 않아요. 근데 그 사건 이후로는 진짜 일 얘기 외에는 다른 대화는 일절 안 했어요.

코치: 그때 마음은 어떠셨어요?

고객: 그때는 그 직원에 대해 섭섭하고 화가 난 마음이 커서 불편하긴 했지만, 더 마음을 쓰고 싶지 않더라고요. '어차피 5개월 뒤에 그 친구는 이동할 거고, 그 뒤로 자주 안 볼 건데 상관없다!' 그런 생각이었어요.

코치: 5개월을 상당히 불편한 마음으로 매일 얼굴 보면서 함께 근무하셨네요. 지금 마음은 어떠세요?

고객: 조금 아쉬움은 있어요. 내가 그때 너무 공감을 안 해줬나…. 내가 그래도 선배인데 말이죠. 조금 부끄러운 느낌도 있더라고요.

코치: 일련의 과정에서 파트장님에게 가장 부끄러운 포인트는 무엇인가요?

고객: 그 직원과 면담할 때 제가 엄청 열 받았고, 감정이 많이 올라왔어요. 근데 그 직원이 저한테 "파트장님, 지금 흥분하셨습니다. 좀 가라앉히고 얘기하시죠" 이러더라고요. '와! 그때 정말 내가 얘한테 말리고 있구나~' 그런 생각이 들었어요.

코치: 아이고, 얼마나 당황하셨을까요.

고객: 네. 그 말을 듣고 난 이후에 정말 어떤 말도 못 하겠더라고요.

코치: 그 장면에서 스스로에게 가장 아쉬운 점은 뭐예요?

고객: 감정 컨트롤을 못 한 거요. '얘가 나를 어떻게 생각했을까? 이 사람은 감정 관리가 안 되네…' 저를 그렇게 봤을 거 아니에요. 또… 제가 여자인 점도 더 신경 쓰였어요. 여자들이 감정에 더 취약하다는 인식을 심어준 것 같기도 하고요.

코치: 그랬군요. 어떤 점이 부끄러운 감정을 느끼게 했을까요?

고객: 어쨌든 상사로서 제 감정에 휩쓸리지 않고, 제가 하고 싶은 말을 이성적으로 했어야 하는데, 그렇지 못해서요. 저를 우습게 봤을 거예요.

코치: 저에게 솔직한 감정을 이야기해주셔서 감사합니다. 파트장님은 부끄러운 기억이지만 직면하려는 용기가 있으세요…. 그 상황에서 대화의 주도권은 누구에게 있었나요?

고객: 아… 대화의 주도권…. 그때 저는 대화의 주도권을 완전히 잃어버린 거네요.

목표 설정

코치: 감정 컨트롤이 잘되었으면 어땠을까요?

고객: 제가 하고 싶은 이야기를 잘 전달했겠죠.

코치: 그럼 시간을 거꾸로 되돌려서 그때 그 직원하고 면담했던 장면으로 가볼까요?

고객: 네.

코치: 여기 빈 의자에 그 직원이 앉아있다고 상상해볼게요. 그 직원에게 과거와 다르게 감정 컨트롤을 잘하는 파트장님이 되어서 하고 싶은 말을 한번 해보

세요.

고객: 그 직원이 여기 있다고 생각하고요?

코치: 네. 그 직원은 어떤 옷을 입고, 어떤 표정으로 앉아있나요?

고객: 우리 회사 유니폼을 입고, 불만 가득한 얼굴로 저를 쳐다보고 있어요.

코치: 그 직원을 어떻게 불렀나요?

고객: 장 주임이라고 불렀어요.

코치: 이제 그 직원을 바라보고, "장 주임~" 하고 부르면서 파트장님이 하고자 하는 이야기를 해보세요.

고객: "장 주임도 알다시피 회사에 규칙이라는 게 있어. 보고의 체계가 있는데, 장 주임이 나를 패싱하고 팀장님한테 가서 부서 이동을 요청했다고 해서 내가 굉장히 섭섭했어."

코치: 조금 더 해보시겠어요?

고객: "장 주임이 나를 무시하는 건가 하는 생각도 들었고… 그리고 기술부에 가서 이 부서에 오고 싶다는 둥 이런저런 이야기를 했다는 것도 상당히 기분이 안 좋았어. 원하는 것이 있으면 나한테 먼저 이야기해줬으면 좋았을 텐데…."

코치: 자~ 이번에는 그 직원의 의자로 가서 앉아보시겠어요? 그리고 앞에 파트장님이 앉아있다고 상상해보는 거예요.

고객: 네.

코치: 마주 보고 있는 파트장님 얼굴은 어떤가요?

고객: 얼굴이 굳어 있네요. 감정을 억누르면서 이야기하고 있어요.

코치: 그 직원 입장이 되어서 어떤 말을 할지 한번 이야기해보실까요?

고객: "제가 파트장님을 무시해서 그런 것은 아니었어요. 제가 여기 더 있고 싶다고 얘기한 적 있는데, 파트장님은 계속 원칙을 이야기하셔서 더 이상 말해도 안 들어주시겠구나 생각하고 그랬던 거예요."

코치: 네. 고생 많으셨어요. 이제 원래 자리로 오세요. 이걸 해보시니 어떤 것이 느껴지세요?

고객: 감정을 추스르고 이야기해보니 대화가 막장으로 가지는 않는구나 하는 생각이 드네요. 그리고 그 직원 입장도 조금은 이해가 되었어요. 그렇다고 해서 결과가 달라지지는 않았겠지만. 아, 또 하나 생각나는 것이 있는데요.

코치: 네. 말씀하세요.

고객: 어떤 강의에서 들은 건데, 여성들이 하이 톤으로 감정적으로 막 이야기할 때 남성들은 거부감이 엄청 강하다고 해요. 여성들이 직장에서 커뮤니케이션할 때 보이스의 톤도 중요하다는 메시지였는데, 제가 화나서 말했던 목소리가 그 남자 직원은 정말 듣기 싫었을 수도 있겠어요.

코치: 여성 리더로 잘하기 위해 고민을 많이 하시네요. 의지할 수 있는 리더가 되고 싶다고 하셨어요. 그 직원에게 의지할 수 있는 리더가 된다면, 어떻게 하실까요?

고객: 아… 직원이 자기 이야기를 할 수 있게 좀 들어줬을 것 같아요.

코치: 그랬을 때 뭐가 달라지나요?

고객: 일의 결과를 떠나서 그 친구와의 관계가 그렇게까지 틀어지지는 않았을 거예요.

코치: 그렇군요. 부하직원과 소통에 있어서 뭐가 중요하다고 생각되세요?

고객: 일단 화가 난 상태에서 이야기하는 것은 피해야겠다. 그 상태에서는 소통이 되기 어렵겠다. 그리고 내 입장만 볼 것이 아니라 상대방 입장도 생각해야겠다 싶어요.

코치: 네~ 중요한 것을 알아차리셨네요. 파트장님의 소통 스타일을 점검해보니 어떤 점이 발견되었나요?

고객: 제가 감정이 올라오면 좀 자제가 안 되는 사람이구나…, 그게 목소리 톤으로 드러나는구나…, 그리고 직원들의 이야기를 듣기보다는 내 위주로 이야기하고 있었구나… 이런 점을 발견했네요.

위 대화는 게슈탈트 상담의 '빈 의자 기법(empty chair)'을 활용하여 진행되었다. 빈 의자 기법은 심리상담을 받으러 온 내담자에게 자신의 삶에서 미해결된 관계에 있는 누군가가 앞에 있는 빈 의자에 앉아있다고 상상하게 한 후, 그 사람과 대화해 보도록 요청하는 것이다. 빈 의자 기법을 통해 갈등 관계에 있는 대상에게 자신의 감정을 표출함으로써 감정이 정화되도록 도울 수 있고, 그 대상과 특정 상황에서 접촉할 수 있는 계기를 만들어줄 수 있다. 또한, 상대방 입장이 되어 이야기해봄으로써 다르게 조망해볼 수 있는 기회가 된다(이장호 · 이동귀, 2014).

빈 의자 기법은 보통 드러나지 않고 내면에 잠겨 있는 고객의 감정을 수면 위로 올려 감정을 더 격렬하게 표현함으로써 해소되도록 할 때 사용되지만, 위 대화에서는 감정의 해소 목적보다 고객이 바라는 새로운 모습을 역할 연기를 통해 조망해보고 자각할 수 있도록 돕는 목적으로 사용했다.

이러한 활동은 고객 입장에서 매우 낯설고 어색할 수밖에 없다. 코치는 고객이 좀 더 몰입할 수 있도록 구체적인 상황을 물어보는 방식 등(그 직원은 어떤 옷을 입고, 어떤 표정으로 앉아있나요?)으로 지원하고, 적극적으로 표현할 수 있도록(조금 더 해보시겠어요?) 돕는다. 이 외에도 다양한 기법이 코칭 장면에서 사용될 수 있으므로 오리엔테이션에서 이런 활동에 관하여 고객의 의사를 묻고 동의를 구하는 것이 필요하다.

실행 계획

코치: 그때 그 상황에서 파트장님에게 최선의 소통방식은 어떻게 하는 것인가요?

고객: 감정이 막 끓어올랐을 때 제가 참았어야 했어요.

코치: 어떤 방법이 도움이 될까요?

고객: 어떤 사람들은 크게 심호흡하면서 마음속으로 숫자를 다섯까지 세라고 하더라고요.

코치: 네~ 좋네요. 또 다른 방법이 있을까요?

고객: 잠깐 나갔다 오는 것도 좋겠습니다. 5분만 쉬었다가 다시 이야기하자고 하고 밖에 나와서 열을 좀 식히면 좋겠습니다.

코치: 네. 감정 컨트롤에 도움이 많이 될 것 같아요. 앞으로 이와 유사한 상황이 또 생긴다면 그때 소통은 어떤 식으로 하실 거예요?

고객: 상대가 저를 화나게 해도 냉정을 유지하고 일단 잘 들어준다. 그래도 화가 나면 물을 한잔 마시면서 가라앉힌다. 그래도 안 되면 5분만 있다가 이야기 하자고 한다.

코치: 와~ 훌륭하세요. 그러고는요?

고객: 그리고… 상대방이 지금 무슨 말을 하고 싶은 것인지를 더 들어보겠습니다. 그리고 좀 시간 차를 둔 이후에 제 입장을 차분하게 전달하는 것이 좋겠습니다.

마무리

코치: 좋습니다. 오늘 코칭에서 어떤 것을 꼭 기억하고 싶으세요?

고객: 제가 감정이 휩싸이면 대화의 주도권을 잃게 된다. 그렇게 되면 내가 리더로서 제대로 된 소통을 못 하게 된다. 이 점이 기억에 많이 남아요. 어찌 보면 당연한 것 같은데, 비싼 수업료를 내고 알게 된 것 같습니다.

코치: 비싼 수업료를 낸 만큼 값진 배움입니다. 이번 일로 소통 잘하는 리더가 되실 것으로 믿고 응원하겠습니다.

(3) 신입사원은 도대체 왜 그럴까요?

코칭 고객이 어떤 사람과의 소통, 관계에 대한 주제를 가져올 경우 고객이 표현하는 사실(상황)에는 객관적 사실과 주관적 해석, 감정이 얽혀 있다. 그래서 본인이 옳다는 신념을 가지고 주관적인 대화를 하게 된다. 그러다 보면 대상이 되는 상대와의 거리는 멀어지고 대화는 잘 풀리지 않는다.

사람들의 근본적인 욕구에는 선한 의도와, 다른 사람들과 공통된 부분이 있다. 이해 못 할 행동, 나와는 맞지 않는 행동만 볼 때는 같은 편이라는 마음이 안 든다.

그러나 그와 나의 욕구(needs)를 찾다 보면 인간의 근본 욕구에 있는 공통된 것이 나오게 되고, 같은 편 입장에서 공통 욕구를 해결하기 위한 방법을 찾을 수 있게 된다.

관계에 갈등이 있을 때, 고객 안에 있는 여러 감정을 듣고 감정 아래에 숨어 있는 고객의 욕구를 보게 하면 고객에게 여유가 생긴다. 그 여유로 사실과 해석을 분리하게 한 후 상대의 관점에서 사실, 감정, 욕구를 생각하며 상대와 연결하면 공동의 욕구를 충족시킬 해결 방안을 찾을 수 있다(박정영, 2015). 아래는 상황이나 사건이 발생하여 고민할 경우 상대의 Fact, Emotion, Needs(FEN)를 들여다보고 Needs를 이해한 후 진정 원하는 바를 찾도록 하는 CiT코칭연구소의 FEN 코칭 방법을 적용한 사례다.

코치: 오랜만에 뵈어요. 어떻게 지내세요?

고객: 뭐 잘 지냅니다.

코치: 뭔가 하실 말씀이 있는 거 같은데, 어떤 이야기예요?

고객: 얼마 전 신입사원 채용이 있었는데, 우리 부서에도 한 명이 투입되었어요. 근데 좀 맘이 편치 않아요.

[고객의 FEN]

상황(사실과 해석)

코치: 저런, 신입사원을 보시며 맘이 불편하시군요. 어떤 일이 있길래요?

고객: 일이 진척이 안 되는데도 칼퇴근을 합니다. 어렵지 않은 일을 줬는데도 어떻게 되어가는지…. 밤을 새워서라도 맡은 일에 최선을 다해 빨리 해내던 우리 때와는 달라도 너무나 달라요. 참 개인주의예요. 며칠 전 환영회를 겸한 부서회식이 있었는데, 안 간다고 딱 잘라 말하고 퇴근하는 거예요. 기가 막히고 화가 나더라고요. 같이 데리고 일을 하긴 해야겠는데, 참 걱정이에요.

라고요. 그때 같이 들어간 다른 동기 중에는 부서에 들어갔다가 못 버티고 떠난 친구도 있었어요.

코치: 그래서 더욱 좋은 상사로서 역할을 해주고 싶은 마음이 있으신가 봐요.

고객: 미처 몰랐던 건데, 그런 마음이 있었네요.

코치: 네, 일에 대해서도, 신입사원에게 맡긴 일이 빨리 진행되지 않아 답답해하시는 거 같았어요.

고객: 그렇죠, 일도 잘 가르쳐주고 싶은데 물으러 오지도 않고 오래 걸리니….

코치: 일을 잘 가르쳐주고 싶은 마음.

고객: 맞아요….

사실(Fact)

코치: 신입사원한테 일은 언제 주신 거예요?

고객: 그러니까… 사흘 전에요.

코치: 네. 사흘요. 우리가 이제 좀 객관적인 사실과 생각을 좀 나눠봤으면 해요. 말씀하신 회식과 신입사원이 하는 행동에서 100% 동의할 수 있는 객관적인 사실은 어떤 것들이 있나요?

고객: 그가 회식에 가지 않겠다고 한 것, 사흘 전에 일을 줬는데 일이 진척된 걸 보지 못한 것?

코치: 네. 그러면 주관적이라 할 수 있는 판단이나 생각은 뭐가 있을까요?

고객: 나를 무시한다, 개인주의다, 회사 일은 무조건 따라야 한다. 뭐 그런 거겠네요.

코치: 정말 그랬던 걸까요? 어떻게 보이세요?

고객: 음… 뭐 완전히 그렇다고 말하긴 좀 그러네요. 다른 상황이 있었을 수도 있는데 하는 생각도 들고, 우리 때와는 환경도 상황도 다를 테니 개인주의라고 말하는 건 제 편견일 수도 있겠어요. 무시했다고 잘라 말할 수도 없는 거 같고….

코치: 회사 일은 무조건 따라야 한다는 거는요?

고객: … 사실 되돌아보면 그런 분위기나 요구 때문에 희생한 게 많았죠. 정말 회사를 위해서는 가정이나 개인 생활이 뒷전이 되도 될까… 힘든 날들이었죠. 그리고 참, 일을 언제까지 하라고 하지 않았어요. 우리 팀원들은 그런 경우 다음날 어찌 착수했는지 보고하는 걸로 되어 있는데, 그 얘기를 안 해주었네요.

[상대의 FEN]

사실(Fact)

코치: 아, 그런 점이 있군요. 그러면 신입사원은 이 상황에서 뭘 보고 있을까요?

고객: 글쎄요. 회식이라는 먹는 자리가 있고, 처음 맡겨진 일이 있다?

감정(Emotion)

코치: 어떻게 느끼고 있을까요?

고객: 어쩌면 회식은 가도 안 가도 되는 거? 그 중요성을 모를 수도 있겠네요.

코치: 그러고요?

고객: 일은 얼마나 완성도를 높여서 가져와야 하는지, 언제까지 해야 하는지 몰라 끙끙거릴지도 모르고… 사람도 회사도 낯설 거고.

코치: 어떤 감정일까요?

고객: 답답하다는 제 눈빛이나 말투를 읽었을지도 몰라요. 그럼 당황스럽고…, 힘들었을 수도 있겠어요.

욕구(Needs)

코치: 그는 뭘 원하고 있을까요?

고객: 회사생활을 잘하고 싶어 하는 거 같긴 해요. 어떻게 하면 잘할지 알고 싶다? 어쩌면 저처럼 같이 잘 지내며 회사 일도 잘하고 싶지 않을까요?

코치: "신입사원과 관계에서 맘이 편해지면 좋겠다. 어떻게 지도할지 방법을 찾고

싶다"고 하셨어요. 이제까지 죽 얘기하시면서 새롭게 발견하신 건 뭔가요?

고객: 내가 느낀 거랑 사실이 다를 수 있겠어요. '그는 다른 걸 보고 있겠구나. 그리고 제가 원했던 게 내가 리더로서 회사생활 잘하게 돕고 싶다는 거, 재밌게 같이 회사생활 잘하고 싶다는 거. 신입도 그런 걸 원하겠구나' 하는 겁니다.

코치: 팀장님은 정말 어떤 상사가 되고 싶으세요?

고객: 제 사수와 같은 마음으로 격려해주고 실질적인 도움을 주는 상사요.

코치: 그 사수님을 뭐라고 부르고 싶으세요?

고객: 은인입니다.

코치: 은인. 어떤 의미를 담고 있나요?

고객: 저를 직장에서 살아남게 해준 고마운 분, 제 눈물과 기쁨을 아는 분. 제가 바라볼 수 있는 분이었죠….

코치: 지금 목소리가 떨리셨어요. 어떤 마음이세요?

고객: 네, 그분이 생각나고, 고맙고. 내가 받았으니 힘들어도 나도 노력하며 그렇게 잘해야겠다는 마음이 올라왔어요.

코치: 그런 '은인'으로 신입사원을 잘 이끌며 원하는 팀을 만들어가시는 팀장님을 한번 상상해보심 어떨까요? 뭘 하고 계세요?

고객: 제가 웃으며 말하고 있어요….

코치: 어떤 분위기인가요?

고객: 활기차고 따뜻해요.

코치: 팀원들과 신입사원의 표정은요?

고객: 신뢰가 담긴 표정이에요.

코치: 지금 마음이 어떠세요?

고객: 뿌듯하고 따뜻합니다.

코치: 그런 리더로서 무엇을 해보시겠어요?

고객: 마음가짐부터 바꿔야겠어요. 좀 큰 마음으로 따뜻한 시선으로 봐야겠어요. 그도 느낄 테니까요. 그리고 회사생활이 어떤지 묻고, 보고서가 어떻게 되어

가는지 중간 점검도 해봐주고요.

코치: 무엇을 가장 먼저 해보고 싶으세요? 언제, 어떻게요?

고객: 내일 아침 중간보고 시간 잡고 커피 타임 가지며 회사생활 어떤지 묻고 이야기 나눠야겠어요.

코치: 오, 좋아요. 그러면 어떤 상황이 펼쳐질까요?

고객: 아, 그 친구가 좀 당황하거나 부담스러울 수도 있겠어요. 편히 할 말을 생각해야겠어요. 코칭 리더십에서 배운 것들로 질문을 좀 생각해봐야겠어요.

코치: 아, 준비! 좋으네요. 처음에 맘이 좀 편해지면 좋겠다 하셨어요. 지금 마음은 어떠세요?

고객: 아, 훨씬 편합니다. 어떻게 해볼 것들이 있네요.

코치: 오늘 코칭에서 어떤 유익이 있었는지 정리해주시겠어요?

고객: 제 마음을 하나씩 들여다보며 어떤 욕구가 있었는지 알게 된 게 참 좋았습니다. 그렇게 여러 감정과 원하는 게 있을 줄 몰랐어요. 나나 그 친구나 그런 욕구가 있는 인간이구나 싶고, 같이 바라는 것을 이루기 위한 방법을 찾아낸 것도 유익했습니다….

코치: 은인 같은 상사가 되려는 팀장님의 마음과 노력이 전해져서 그 사원도 살리고 행복한 팀 만들어가시길 응원합니다. 이렇게 코칭 마쳐도 될까요?

고객: 네, 감사합니다.

이 코칭에서의 초점은 고객의 여러 감정과 그 아래의 욕구들을 코치가 지지하고 공감하며 충분히 들어서 고객의 마음에 여유를 만드는 것이다. 그렇게 생긴 여유와 연결로 해결책을 고객이 찾는 것이지, 역지사지로 상대를 보게 하는 것이 목적이 아니다. 자칫 코치가 제삼자의 처지를 대변하는 역할을 하는 것처럼 보이면 고객에게 마음의 여유가 생기지 않고 관점 전환도 어렵다.

4.
장단기 성취

코치들이 자주 만나게 되는 코칭 이슈 중 하나는 단기간에 해결해야 할 과제에 대한 해답을 얻고자 하는 것이다. 고객이 스스로 해결하지 못하고 코칭에서 도움을 얻고자 하는 이유는 다양하다. 크게 보면 해결할 의지 또는 동기가 부족하거나, 해결 방안을 찾지 못해서이거나, 여러 해결 방안 중 최선의 방안을 결정하지 못해서이거나, 혹은 해결 방안을 실행하는 데 장애가 너무 많게 느껴지는 경우 등이 있다.

일반적으로 고객은 코칭대화를 통해 깊이 있는 탐색과 성찰이 있기 전까지는 본인 스스로도 그 이유가 무엇인지 잘 알지 못한다. 코치는 그런 고객의 상태를 이해하고 고객이 진짜 필요로 하는 부분이 무엇인지 호기심을 갖고 고객의 마음을 탐험해나가야 한다.

아래 사례는 해결해야 할 과제가 너무 복잡하고 커 보여서 어디서부터 시작할지 몰라 어려움을 느끼는 상황이다. 그럴 때 코치가 이슈를 작게 쪼개어 보여주면 고객은 심리적 부담을 덜고, 할 수 있겠다는 내적 동기가 커진다. 작은 단위의 문제 해결 의지와 실행 방안을 찾게 되면 과제 전체를 보는 관점도 달라지고 자신감도 커지게 된다. 문제해결 이슈는 실행 계획을 세부적으로 구분 짓고 언제, 어떻게, 누구와 함께 등 구체적이고 실제적인 계획을 도출하는 것이 중요하다.

(1) 이사 준비를 어떻게 해야 할까요?

코치: 안녕하세요. ○○ 님, 오늘 기분은 어떠신가요?

고객: 어제 푹 자고 일어났더니 몸이 가벼워요.

코치: 요새 일도 많고, 좀 피곤하셨던 것 같아요.

고객: 맞아요. 하루하루가 좀 빡빡했는데, 그래도 잘 쉬고 일어난 것 같습니다.

코치: 네~ 그렇게 좀 가벼워진 몸과 마음으로 코칭 시작해볼게요. 오늘 저랑 어떤 얘기 나누고 싶으세요?

고객: 제가 이사를 앞두고 있는데, 집중을 거의 못 하고 있어요. 오늘은 이사에 대해 한번 생각해보고 싶어요.

코치: 이사를 어떻게 좀 잘해야 하나 그런 부분에 대해 얘기 나누고 싶으세요?

고객: 네네.

코치: 지난번에도 이사 이야기를 살짝 하셨던 것 같은데, 이사를 언제쯤으로 계획하고 계세요?

고객: 아마 1월 말이나 2월 초가 될 것 같아요.

주제 탐색

코치: 이사에 집중하지 못한다는 생각은 어떤 계기로 하게 되셨어요?

고객: 이게 생각보다 너무 급하고 중요한 일인데, 짜야 하는 일정이랑 해야 할 일들이 너무 많으니까 계속 생각할 겨를이 없이 지냈어요. 그런데 이제 12월 15일부터 이사 갈 집 인테리어가 들어가게 됐어요.

코치: 네네.

고객: 그러면 인테리어 관련해서 결정해줘야 하는 것들이 있거든요. 그중에 한 가지를 결정했는데 너무 초스피드로 결정했다는 마음에 불편함이 약간 있는 거예요.

코치: 네.

고객: 이거 잘한 거 맞을까? 이렇게 했는데 나중에 후회하면 어떡하지? 그런 마음이 살짝 들어서 미리 좀 생각을 해봐야겠다 싶었어요.

코치: 새로운 집의 인테리어 결정에 대해 불편한 마음이 있으시고, 또 어떤 점이 지금 고민되실까요?

고객: 이사 날짜를 못 정했어요. 집주인이랑 얘기해야 하는데 그걸 또 미루고 있어요.

코치: 그래요?

고객: 저희는 중도금 주고 12월 15일 인테리어 들어가야 하거든요. 우리 집을 팔고 그 집에 들어가는 거라서 우리 집에 들어오는 분이 2월 중순에 입주한다는데, 그분이 한 2주 정도라도 시간을 주면 안 되겠냐 그러는 거예요.

코치: 네.

고객: 인테리어를 조금 손 보고 들어오고 싶다고, 조금 일찍 빼주면 안 되겠냐고 그랬는데, 우리가 그럼 그 집에 일찍 이사를 가야 하잖아요. 우리는 사실 그렇게까지 안 해도 되는데, 우리 집에 들어오는 분을 배려해주려면 우리도 들어갈 집 주인분하고 얘기를 해야 하죠. 근데 왠지 조금 안 좋아하실 것 같기도 하고… 그 집주인에게 양해를 구하는 부분, 이삿짐센터도 연락해야 하는 부분… 그런 것들을 지금 미루고 있어요.

코치: 이사를 생각하시면 마음이 어떠세요?

고객: 이사하겠다고 생각한 지가 거의 1년 넘었고, 그리고 부동산에 집을 알아봐 달라 한 게 딱 열 달 됐어요. 근데, 그렇게 원하는 집이 안 나오더라고요. 요즘 온라인 수업 때문에 아이들이 다 집에 있잖아요. 둘째가 자기 방이 없는 것 때문에 쌓여 있던 게 약간 폭발하기도 했거든요.

코치: 그렇군요.

고객: 이런 것들 생각하면 이사 간다는 것 자체는 진짜 감사해요.

코치: 정말 거의 1년 가까이 고민하셨던 일이 이제 새로운 공간으로 이사하시면서 풀리게 되었네요.

고객: 그러니까요. 막내도 이제 다음 학기에 혹시 온라인 수업에도 자기 문제없겠

다…. 이제 이렇게 자기 방에 있으니까 그래서 아이들이 되게 좋아해요.

코치: 아이들의 공간이 생기면서 행복을 갖다줄 수 있는 굉장히 고마운 기회네요.

고객: 네, 그렇죠.

주제 합의

코치: 그럼 저랑 코칭대화가 끝나고 나서 어떤 걸 얻으시면 만족스러우실까요?

고객: 오늘은 제가 실질적으로 해야 하는 거에 대해 좀 계획을 세우면 좋을 것 같아요.

코치: 이사하기 위해 실질적으로 해야 하는 것들에 대한 계획 세우기? 이것에 대해 얘기 나눠보면 좋을까요?

고객: 네, 좋습니다.

코칭은 목표 중심의 대화이기 때문에 초반에 대화의 목표를 명확히 한다. 주제는 고객이 대화에서 집중적으로 이야기하고 싶은 이슈이며, 목표는 이 이슈가 해결된 모습 혹은 바라는 대로 이루어진 상태를 의미한다. 고객이 자신의 코칭 주제를 명확히 가져오는 경우도 있지만, 대개는 자신도 복잡한 상황 속에서 어떤 것을 집중적으로 이야기할지 모르는 경우도 많다. 그래서 진짜 이슈를 찾기 위해 주변을 탐색하는 대화가 반드시 필요하다. 이야기를 하다 보면 땅속의 고구마 줄기처럼 여러 이야기가 엉켜서 나오는데, 그중 어떤 고구마의 흙을 털어서 대화의 주제로 가져갈 것인지를 고객과 세심하게 이야기해야 한다. 어떤 코치들은 코칭 시간의 3분의 1까지도 주제 탐색에 할애할 수 있다고 말하기도 한다.

목표 설정

코치: 감사의 마음도 느껴지지만, 한편으로는 또 복잡한 일들도 좀 있는 것 같아요.

고객: 네.

코치: 어떠세요? 이 과정을 어떻게 준비하고 싶으세요?

고객: 이게 사실은 저한테 다 일임돼 있어요. 남편도 "당신이 알아서 해~" 약간 그런 식인 것 같고, 사실 아이들도 기말고사 기간이거든요. 다 제가 결정해야 하는데… 잘해야 할 텐데, 그런 게 약간 부담이 있는 것 같아요.

코치: 그러시군요.

고객: 저는 실용적이고 효율적인 걸 좋아하는 스타일이에요. 그런데 인테리어에서 예술적인 걸 만족시킬 수 있을까 걱정되는 거죠. 우리 집을 올수리하고 들어가는 거거든요.

코치: 네~ 그렇군요.

고객: 오래된 집이라서 전부 다 하는 건데, 색감부터 해서 모든 걸 다 결정해야 하는 거잖아요. 도배지, 바닥 색깔, 문짝 색깔, 예를 들어 몰딩 색깔 등등 모든 걸 다 결정해야 하는 건데…, 인테리어에 대한 것도 좀 부담이고, 이사 업체도 결정해야 하고, 그다음에 재정적인 것들이죠.

코치: 네.

고객: 중도금, 잔금 주고 그런 것들이 다 조금 저한테 약간 부담으로 있는데, 집중을 못 하고 있으니까 내 마음이 약간 불편했던 것 같아요.

코치: ○○ 님이 무언가를 단독으로 의사결정할 때는 어떤 마음이세요?

고객: 저한테는 이런 요구들이 상당히 많아요. 그리고 또 작은 일들도 아니거든요. 제가 기본 책임감이 되게 강한 편이거든요. 강점 검사 했을 때 1번이 책임 테마였어요. 그러니까 뭔가 내가 결정한 거면 내가 책임져야 한다는 거잖아요. 그래서 저한테는 내가 단독으로 의사결정한다는 건 항상 무게감이 있는 것 같아요.

코치: 책임에 대한 무게가 크네요.

고객: 회사에서도 예를 들어 20만 달러를 송금해야 하는 상황이면 언제, 어떻게, 몇 시쯤에 송금할 것인가도 결정하는 거잖아요. 한번은 제가 너무 정신없어서 저희 직원한테 대신 하라고 했더니 기겁하더라고요…. 되게 부담스러운 거죠. 이렇게 저는 계속 결정해야 하는 큰일들이 되게 많아요.

코치: 아, 그래요.

고객: 되게 무겁다… 무거운 느낌… 그건 있기는 한데, 그래도 해야 한다… 그런 마음은 있어요. 미루거나 다른 것에 의지하는 편은 아니기는 해요.

코치: 아까 되게 너무 초스피드로 결정해서 좀 불편함이 있다고도 하셨어요. ○○님이 의사결정을 잘하기 위해 필요한 것들은 어떤 거예요?

고객: 진짜 그렇게 물어보시니 많이 와 닿았는데… 시간이 좀 여유가 있는 게 저한테는 필요해요. 우리 회사가 주로 중국에서 부품들을 수입해요. 그래서 크고 작은 송금을 되게 많이 하는데 지출결의서를 직원이 올릴 때 날짜를 급하게 주면 제가 되게 싫어하거든요. 그래도 5일 이상은 여유를 줘야지 그사이에 제가 계속 환율을 보면서 결정해야 하니까.

코치: 네.

고객: 시간 여유가 없을 때 좀 힘들어하는 것 같아요. 제가 시간 여유가 있어서 그 시간 내내 신경 쓴다는 점에서 스트레스긴 한데…. 그래도 그렇게 해야지 조금 아쉬움이 적은 것 같아요. 그나마 그 안에서의 최선이니까…. 아마 인테리어 같은 것도 제가 좀 충분히 생각하고 좀 많이 검색도 해보고 나서 한다면 더 좋을 것 같기는 해요.

코치: 시간적 여유가 정말 필요한 분이네요. 과거에 혼자서 중요한 의사결정을 했을 때 '내가 이럴 때 되게 좋은 의사결정을 했지~'라고 느끼셨던 때는 언제였어요?

고객: 좋은 의사결정… 이게 아까 그거랑 좀 연결되기는 하는데, 초이스들을 많이 갖고 비교해볼 때요. 그렇게 비교해볼 때가 조금 더 넓은 관점으로 볼 수 있으니까… 그럴 때가 좋은 의사결정이었던 것 같아요.

코치: 지금 말씀하신 것을 이사 상황에 비춰보면 어떻게 보이세요?

고객: 이렇게 얘기하다 보니까 저한테 지금 닥쳐서 큰 부담이 인테리어를 빨리 결정하는 것 같아요. 초이스들을 많이 가지고 비교해봐야 조금 더 확장해서 볼 수 있고, 나중에 조금 아쉬움도 적을 것 같아서요. 인테리어 관련해서 케이스들을 더 많이 보는 것이 필요하겠어요.

코치: 그렇죠.

고객: 근데 제가 최근 한 2주 가까이는 운전할 때 외에는 쉬어본 적이 없어요. 진짜로 아침에 눈 떠서 잘 때까지 뉴스 기사도 읽어본 적이 거의 없거든요. 너무너무 바빠서요….

코치: 아~ 그러셨네요.

고객: 수면 시간은 더 부족하고… 그러다 보니 이런 걸 검색해볼 시간도 없었던 것 같아요. 근데 이제 케이스들을 좀 많이 봐야지 그래도 좀 더 좋은 걸 선택할 수 있겠다~ 그런 마음이 드네요.

코치: 집중을 못 한다는 말씀도 하셨는데… ○○ 님이 현실적으로 집중을 더 잘하는 데는 뭐가 더 필요할까요?

고객: 제일 중요한 게 일단 시간을 내야겠구나~ 그런 생각이 들었어요. 여유 없이 뭘 하려니까 당연히 집중이 힘들고, 자투리 시간조차 없었다는 생각이 들어가지고…. 근데 다음 주에도 일정이 꽉 차 있는데….

코치: 아이고….

고객: 그래도 짬짬이 뭔가 볼 수 있는 시간을 내는 거… 완전히 집중해서는 못해도 마음을 먹어야겠구나~ 그런 생각이 드네요.

코치: 시간이 역시 중요한 요소네요. 지금 얼마 만에 이사하시는 거예요?

고객: 이사한 지는 한 5년이 조금 넘었어요.

코치: 5년 만의 이사인데, 새로운 공간으로 이사한다는 것은 ○○ 님에게 어떤 의미인가요?

고객: 이사를 많이는 안 했는데 이사마다 항상 큰 의미가 있었어요. 지난번 이사는 저 개인한테 좀 의미가 있었는데… 이번 이사는 아이들에게 뭔가 충족시켜 주는… 진짜로 가족을 위한 이사 같아요. 가족 생각을 되게 많이 했거든요.

(중략)

코치: 정말 가족 한 사람 한 사람에 대한 ○○ 님의 사랑, 그리고 배려가 느껴지네요.

고객: 네.

코치: 이번 이사가 가족에게 어떻게 기록되면 정말 좋을까요?

고객: 음~ 이렇게 좀 각자가 자기 공간에 대해 완전 만족!! 그렇게 기록됐으면 좋겠어요. 저는 또 공정함이 굉장히 중요해서 온 가족이 동의할 만한 우선순위를 제안했어요. 가장 오랜 시간 자기 방이 없었던 순서대로 먼저 원하는 방을 선택하게 했어요. 그리고 둘째, 셋째 방은 전부 원하는 대로 바꿔주겠다고 얘기했거든요. 커튼 종류, 색깔 이런 것들도 본인이 결정하라고 얘기했고요.

코치: 와, 각자의 취향을 다 배려해주셨네요.

고객: 물론 우선순위에서 밀리는 남편이 마음에 안 들어 하지만, 남편도 조금 만족시키려고 여러 가지로 고민하고 있긴 해요. 그래서 다들 각자 자기 공간에 대해 되게 완전 마음에 든다~ 그렇게 기록할 수 있으면 좋을 것 같아요.

존재 다루기

코치: 가족에게 전폭적으로 선택권을 주시고 그렇게 해서 완전히 만족시키도록 노력하는 ○○ 님은 가정에서 어떤 존재이세요?

고객: 음… 이런 단어들이 떠올라요…. 중심에 있는 건 맞는 것 같고, 약간 통로 같은 느낌… '소통'이라는 단어, '통로'라는 단어가 떠오르는데… 각자 힘든 것을 저한테 많이 얘기하고 원하는 것도 많이 얘기하기 때문에 그렇게 뭔가 통하고 풀리게 하는… 그렇게 소통이 되는 존재 같아요.

코치: 중심에 있으면서 소통과 통로가 되는 그런 존재시네요. 지금까지 쭉 얘기하시면서 크게 와닿는 단어들은 어떤 게 있어요?

고객: 이 집에 대해서는 '만족스러운'이라는 단어도 떠올라요. 가족들이 다 만족스러운 이사가 됐으면 좋겠다~ 그런 게 떠오르고…, 그리고 또 저한테 많이 다가오는 거는 '시간'… 시간을 좀 확보해야 할 것 같다. 그런 게 가장 많이 와닿네요.

코치: 오늘 주제와 관련해서 정말 이상적으로 바라는 ○○ 님의 모습을 정리해서 얘기해보실까요?

고객: 나의 모습? 감각 있고 능력 있는 결정자요. '결정자'라는 단어가 굉장히 크게

느껴지네요.

코치: 그렇죠…. 지금 이미 모든 것을 결정하는 위치에 계셔서.

고객: 네~ 좀 능력도 있지만 감각도 있고 그랬으면 좋겠어요.

코치: 아까 말씀하신 실용성과 예술성이 감각 있고 능력 있는 결정자에게 담겨 있는 거네요.

개인의 삶에도 수많은 목표가 있고, 하나의 목표에도 위아래에 또 다른 위계의 목표들이 존재한다. 예를 들어 '다이어트하기'가 목표라면, '운동하기'를 하위목표로 세울 수 있으며, 다이어트가 궁극적으로 자신감을 위한 것이라면 '자신감 있는 삶'이 상위목표가 된다. 코칭에도 목표의 위계가 있다. 코칭 주제와 직접적으로 연관된 목표가 있고, 삶에서 진정으로 원하는 것과 연결되는 북극성 같은 궁극적인 목표(ultimate goal)가 있다. 코칭 주제는 갑자기 툭 튀어나온 것이 아니라 고객의 삶 속에 뿌리를 두고 다른 이슈들과 맥락적으로 연결되어 있기 때문에 고객이 직접적으로 말하는 목표 너머에는 더 궁극적인 목표가 존재한다.

이 대화에서는 목표를 찾는 대화가 굉장히 길게 진행되었다. '이사하기 위해 실질적으로 해야 하는 것들에 대한 계획 세우기'라는 주제에 관하여 고객이 진정으로 원하는 모습, 즉 목표가 무엇인지를 다양한 질문을 통해 탐색해보았다. 고객의 being, 즉 가치나 신념, 정체성 등도 다루었다. 그 결과 이사와 관련해서 고객이 궁극적으로 바라는 목표는 '감각 있고 능력 있는 결정자'임을 발견했다. "코칭마다 상위목표를 찾아야 하는가?" 정해진 답은 없다. 다만, 상위목표를 탐색하게 되면 코칭 주제가 자신이 원하는 삶의 큰 흐름 속에 어떤 기여를 하는지 발견하게 되고 코칭에 훨씬 더 깊이 있게 몰입하게 된다.

코치: ○○ 님은 지금 감각 있고 능력 있는 결정자의 옷을 입으셨어요.

고객: 네.

코치: 그 옷은 어떤 옷일까요?

고객: 센스가 있어가지고 진짜 되게 잘 선택하는…. 뭐를 봐도 안목이 있어서 되게 잘 선택하는 그런 사람일 것 같아요.

코치: 그 옷을 입으시니까 느낌이 어떠세요?

고객: 뭔가 든든한데요. 잘할 수 있을 것 같아요.

실행 계획

코치: 좋아요. 감각 있고 능력 있는 결정자가 되셔서 지금 해야 할 것들에 대한 계획을 세우고 계세요.

고객: 네.

코치: 이사와 관련해서 해야 할 것들은 뭐가 있는지 얘기해볼까요?

고객: 지금 일단은 결정이 안 된 부분들이 있어요. 안방이 완전히 확장이 안 돼서 이거를 어떻게 할지예요. 그리고 수납장 결정하기….

(중략)

고객: 그리고 부담되는 것이 이사 날짜 결정하기. 또, 남편이 재정에 대해 엑셀로 보고하라고 하더라고요. 재정 계획 정리하기…. 그리고 별문제가 없는지, 변동사항 없는지 그런 거 한 번 더 체크업하기. 또 현재 살고 있는 기존 집에 뭔가 물건들 정리하기.

코치: 오~ 다 중요한 일들이네요.

고객: 진짜 할 일 많다…. 갑자기 이사가 보통 일이 아니라는 생각이 들어요.

코치: 어쨌든 시간을 좀 내야겠다고 말씀하셨는데, 어떻게 시간을 낼 수 있어요?

고객: 이렇게 얘기하고 나니까 기존 집의 물건들 정리하는 거는 조금 여유 있게 해도 될 것 같은데… 안방 베란다, 수납장, 도배지, 화장대, 이사 날짜 이거는 사실 빠른 시간 안에 결정해야 해요.

코치: 그러네요.

고객: 15일에 중도금을 주고 인테리어가 들어가기 때문에 연말이라서 물건들이 미리 주문이 들어가야 하잖아요. 빠른 시간 안에 결정해야 한다는 압박감이 확 오네요.

코치: 지금 열흘 정도 남았어요.

고객: 네.

코치: 시간적 여유가 중요한 분인데, 어떻게 하면 능력 있고 감각이 있는 결정자로서 시간을 잘 매니징할 수 있을까요?

고객: 지금 캘린더를 보고 있었어요. 그나마 낼 수 있는 시간이 오늘이네요. 그리고 다음 주 화요일 저녁때 조금 시간을 내야겠어요.

코치: 다른 사람의 시간을 빌려온다 생각하면 어떤 아이디어가 떠오르세요?

고객: 음… 아이들은 지금 기말고사 기간이라 너무 바쁘고… 제 친한 동생 중에 집 꾸미기를 좋아하는 친구가 있어요. 그 친구한테 부탁해서 인테리어랑 가구 같은 거 옵션을 골라달라고 해야겠어요.

(중략)

코치: 지금까지 말씀하신 게 진행되면 전체적으로 이사 준비에는 몇 퍼센트 정도 정리가 되는 걸까요?

고객: 그래도 계획이 좀 많이 나온 것 같아요. 지금 부담이 거의 없어졌어요. 이 정도 하면 거의 80% 이상 되지 않았을까 싶은데요.

마무리

코치: 이사하고 가족 모두 완전히 만족하는 그런 공간이 되면 좋겠어요. 오늘 코칭에서 어떤 점이 의미가 있을까요?

고객: 다시 한번 이사의 의미 그리고 가족이 어떤 마음을 가지면 좋을지를 돌아봤던 것, 또 이번 이사 준비를 어떤 방향성을 갖고 할 것인지를 실질적으로 계획 세우니까 마음이 한결 가벼워졌어요.

코치: ○○ 님이 가족 내에서 중요한 소통 통로의 역할과 그에 맞게 결정도 잘하실 거라고 믿습니다.

(2) 전문서적을 읽고 싶어요

코칭은 고객이 가고자 하는 목표점으로 방법을 찾아 실행해나가는 것을 목적으로 한다. 히스 형제는 극적인 변화를 이끌어내기 위해 갈 방향을 가리키는 기수, 감정으로 움직이는 코끼리, 그리고 보고 갈 명확하고 구체적인 지도의 모델을 제시한다(칩 · 댄 히스, 2010).

코칭에서 무엇을 하고 싶다고 할 때 주제의 중요성, 의미, 영향력 등을 인지하면 해야겠다는 의지가 높아진다. 그러나 사람을 움직여 행동하게 하는 것은 인지보다는 감정이다. 감정으로 움직이도록 꿈꾸게 하고, 느끼게 해야 한다. 그리고 길을 잃지 않도록 뚜렷한 지시와 구체적인 행동을 알려줄 계획을 명확하게 세우면 실행의 성공률이 높아진다.

성공적인 실행을 위해 이 세 가지를 염두에 두고 아래 사례를 읽어보자. 그리고 각 단계에서 어떤 것을 다루는지, 나라면 어떻게 진행할지 생각해보자.

인지

코치: 어떤 이야기를 나누고 싶으세요?

고객: 제가 코칭을 하는 데 있어서 부족한 점을 찾아 좀 메꾸고 싶어요.

코치: 좀 더 구체적으로 말씀해주시겠어요?

고객: 제가 코치가 되어야겠다고 생각하고 버디와 코칭 연습을 해왔는데, 얼마 전 이런 코칭 연습만으로는 한계가 드러나겠다 싶었어요. 그래서 어떤 걸 더해보면 좋을지 고민했어요.

코치: 네, 이 주제를 생각하시게 된 계기는 뭐예요?

고객: 그러니까… 며칠 전 코칭을 하는데 제 지식이 짧다는 게 느껴진 거예요. 좀

힘든 상태에서 갈등하고 있는 고객을 독려했는데, '상담 지식이 좀 있어야 하나? 좋은 선택을 하게 돕는 방법이나 기술 같은 게 더 있다면?' 하는 생각이 들었어요. 인간에 대한 이해도 그렇고, 코칭의 작동도 그렇고 좀 넓고 깊게 알고 접근하고 싶어요. 제가 존경하는 멘토 코치님은 가르치실 때 책을 인용하곤 하셨는데, 깊이가 있어 보였어요.

코치: 더 넓고 깊은 코칭으로 돕고 싶으시네요. '코칭을 더 잘한다'도 아니고, '부족한 점을 메꾼다'는 건 뭐예요?

고객: 제가 코칭교육을 100시간 정도 받았고요. 코더코도 받아봤고, 멘토코칭도 받았어요. 코치협회 교육도 받았고요. 그런데 그거 말고 내 허점이 있는 채로 형식만 가지고 있으면 코치로 롱런할 수 있을까 싶은 거예요. 약한 점이 제 코칭을 좌우하게 하고 싶지는 않고, 예전에 무슨 리더십 진단에서 다른 건 괜찮은데 지식 부문이 약하다는 결과를 보내왔어요. 그땐 무시했지만 들은 게 맘에 남아있어요.

코치: 네. 여러 가지를 해오셨는데, 지금 말씀하신 것과 부족한 점을 메꾸고 싶다는 것은 어떻게 연결되나요?

고객: 음… 부족한 점을 찾았네요. 지식적인 면, 인간에 대한 이해네요.

주제 합의

코치: 벌써 발견을? 축하드려요! 그렇다면 오늘 코칭에서는 어떤 걸 얻고 싶으세요?

고객: 코칭 지식을 위해 코칭 책 읽기, 그러니까 '코칭 전문서적 읽기'라는 계획을 세우고 실행 의지를 높이면 좋겠어요.

코치: 코칭 전문 서적 읽기 계획과 실행 의지 높이기요. 여기에 집중해볼까요?

고객: 네.

인지

코치: 이 계획에는 구체적으로 뭐가 포함될까요?

고객: 제가 코칭을 위해 올해 어떤 책을 몇 권 정도 읽을지가 먼저고요. 책을 읽을

시간, 장치 같은 게 나오면 좋겠어요.

코치: 네~ 코칭 전문서적이라는 건 어떤 것을 염두에 두시는 거예요?

고객: 코칭에서 기본이라 할 수 있는 기본기를 탄탄히 하는 책, 정말 코칭에 도움이 될 만한 코칭 작동과 인간에 대한 이해, 그러니까 코칭 좀 하는 분들이 이거 좋다 하는 고전이나 베스트셀러를 우선적으로 읽어야겠다는 생각이에요.

코치: 네, 코칭의 베스트셀러와 고전을 목표와 계획을 세워 잘 읽게 되면 어떤 점이 좋아질까요?

고객: 그러게요… 뭔가 코칭의 뿌리를 탄탄히 하게 될 거 같아요….

코치: 뿌리를 탄탄하게 만들면 뭐가 달라질까요?

고객: 뿌리를 튼튼하게 만들면 실제로 코칭을 할 때도 깊이가 달라질 거 같고요. 다양한 접근도 가능하게 될 거고, 내가 지금 하는 이 코칭이 어디서 비롯되었는지 좀 알고 하면 코칭을 하면서 마음도 더 편해질 거 같아요. 그리고 좀 더 나아가서 좀 깊이 있게 이론이 잡히면 나중에 코칭 강의하게 될 때 도움이 되지 않을까 그런 생각이 들어요.

코치: 코칭 책을 얼마나 읽으면 메꿔졌다는 마음이 드실까요?

고객: 한 30권 정도? 길게 보고 1년에 한 10권 읽는다면 3년 정도면?

코치: 네, 그렇게 올해 잘 읽으시면 1년 후 어떻게 달라질까요?

고객: 바닥의 굴곡이 좀 메워지고 코칭이 평평한 곳에 발을 잘 딛고 선다?

코치: 하하~ 잘 이어져서 2년 후쯤이면요?

고객: 코칭의 기본에 대해 좀 알겠고 필요한 때 필요한 걸 꺼내 쓴다?

코치: 그럼 3년 후는요?

고객: 웬만한 코칭 고전, 코칭 이론서는 좀 봤지 않을까요? 그러면 코치로서 자신감이 더 생길 거 같아요.

코치: 목소리에서 힘이 느껴져요.

고객이 코치로서 부족한 부분을 찾아 메꾸고 싶다고 해서 시작했고, 부족한 부분이 책 읽기라는 것을 찾았다. 코칭 책 읽기의 필요성을 구체적으로 인식해서 주제로 가져온 상태가 아니므로 중요성, 의미 같은 인지 부분을 좀 더 다루었다. 고객은 책 읽기로부터 얻을 것을 생각하면서 의지와 자신감이 올라가는 것으로 보인다.

감정

코치: 네, 그리고 책은 양도 중요하고 질도 중요할 건데, 읽으면서 정말 도움이나 감동이 되었던 어떤 책이 기억나세요?

고객: 저는 『코칭 바이블』 책이 그랬어요. 상담가로 활동하시다가 60세 은퇴의 씁쓸함 속에 코칭을 만나 코치로서 활동하며 그 책을 쓰셨는데, 늦은 나이에 시작해도 된다는 위로와 책의 풍부함을 받을 수 있어 뿌듯했어요. 그런 좋은 책을 써주신 것에 감사하며 읽었어요.

코치: 고마운 책이네요. 그 책은 어떻게 읽게 되신 거예요?

고객: 선배 코치의 추천이었어요. 처음에 북스터디도 했는데, 몇 년 후에 다시 읽으면서 북스터디 했던 것도 생각 못 했을 정도로, 처음 읽을 땐 뭐가 뭔지 모르고 읽었던 책이에요. 두 번을 읽으니까 좀 와 닿았어요. 초보가 읽기에 양이 많고 깊었어요.

코치: 네, 두 번이나! 그렇게 열심히 읽고 코칭하면서 정말 이루고 싶으신 건 뭐예요?

고객: 깊이와 영향력이 있는 코치가 되고 싶어요.

코치: 네, 깊이와 영향력이 있는 코치를 은유로 한번 표현해주시겠어요?

고객: 제가 처음에는 코칭하는 게 자신이 없고 무거워서 바람같이 가벼운 코칭을 하고 싶다고 생각했는데요. 지식이나 지혜가 없는 가벼움은 원치 않아요. 깊은 숲이 가진 지혜와 축적된 에너지 같은 게 필요하니 이런 경우… 숲코치?

코치: 깊은 지혜와 축적된 에너지를 가진 숲코치님이시네요. 숲코치로서 더할 나위 없는 코칭을 하는 모습을 그려봐주시겠어요?

고객: 네.

코치: 언제의 모습인가요?

고객: 2년 후?

코치: 네, 어디서, 어떤 모습이에요?

고객: 숲에서 코칭을 하고 있어요.

코치: 어떤 표정이에요?

고객: 좀 더 원숙하고 밝고 당당해요.

코치: 어떤 말을 하고 있어요?

고객: 나무를 비유로 알아차림을 불러일으키는 질문을 하고 있어요.

코치: 고객의 표정은 어때요?

고객: 감동과 영감으로 반짝여요.

코치: 잊지 않도록 마음을 담아서 좀 전에 은유로 말씀하셨던 코칭 서적 읽기로 이루고 싶은 모습을 얘기해주시겠어요?

고객: 지혜와 영감으로 반짝이는 숲코치가 된다. 그러기 위해 코칭 전문 서적을 읽는다!

고객이 되고 싶은 모습, 비전을 보고 느끼며 실행의 에너지가 더욱 커지고, 이제 고객은 뛰어나갈 준비가 되었다. 그러나 순간의 에너지가 있어도 구체적인 지도-실행 계획이 없으면 방향을 잃고 시행착오를 하다가 지쳐 포기할 수 있다. 따라서 마지막까지 코치는 긴장을 늦추지 말고 구체적인 실행 계획과 장치를 마련해야 한다.

실행 계획 **구체적 지도**

코치: 오늘 계획을 세워 코칭 전문서적 읽기의 계획과 실행 의지 높이기에 대해 이야기하고 있어요. 쭉 말씀하시면서 어떤 것을 발견하셨어요?

고객: 피상적으로가 아니라 나의 코칭 고객을 위해 깊이 있고 영향력 있는 코칭을 하도록 좋은 코칭 전문서적을 꼭 읽어야겠다는 생각이 들어요.

코치: 이 생각을 가지고 코칭 전문서적 읽기를 보면 어떤 생각이 드세요?

고객: 먼저, 좋은 책을 선별해서 읽어야겠구나.

코치: 어떤 책이 좋은 책이에요?

고객: 책이 너무 재미없으면 안 읽게 되니 좀 재미있거나 설득력 있게 쓴 책, 실용성 있고 내가 알고 싶어 하는 것에 대한 답을 효과적으로 주는 책, "아!" 하고 감탄이 나오는 책.

코치: 아, 그런 책을 찾으려면 어떻게 하면 좋죠?

고객: 『코칭 바이블』을 추천한 선배에게도 여쭤보고, 북코칭도 많이 하니까 북코칭에도 참여해보면 좋겠어요. 인터넷 검색도 해보고요. 한 달에 한 권 정도 좋은 책을 찾으면 되니까요. 미리 목록을 저축해두어도 좋고요.

코치: 아까 1년에 10권 정도 말씀하신 거 같은데, 한 달에 한 권?

고객: 네, 한 달에 한 권 이상 읽으면 좋겠어요.

코치: 네, 시간도 한번 생각해보시죠?

고객: 저는 이른 아침과 자기 전 한 30분 읽는 게 왠지 평화롭게 느껴져요.

코치: 네, 이렇게 읽으면서 실행을 놓치지 않고 꾸준히 할 장치 같은 건 어떻게 설정하시겠어요?

고객: 북코칭에 참여해야겠어요. 그러면 기본적으로 읽는 권수가 있을 거고, 거기서 기록하는 방법도 배워 읽은 책을 기록하는 거죠.

코치: 네, 확실한 방법을 찾으시네요. 그렇게 하시는 것을 혹시 제가 확인하거나 도와드릴 게 있을까요?!

고객: 제가 한 달에 한 번 인증샷을 보내면 어때요? 혹시 귀찮으실까요?

코치: 별말씀을요. 올 한 해 열두 번의 인증샷 기대합니다. 오늘 하기로 생각하신 것들을 좀 정리해주시겠어요?

고객: 좋은 책 목록을 추천과 북코칭, 검색을 통해 만든다. 북코칭에 참여해 읽는다. 이른 아침과 일과 후 30분 동안 읽는다. 코치님께 읽은 책을 월 1회 인증샷 보낸다.

코치: 좋습니다. 이 중에서 가장 먼저 하실 건 뭔가요?

고객: 책 검색요.

코치: 언제 하시겠어요?

고객: 이따 일과 후 30분 동안 할게요. 독서 시간으로 떼어둘 생각이니 오늘부터요.

코치: 나온 목록을 오늘 제게도 좀 보내주실 수 있으세요?

고객: 네, 그러겠습니다.

마무리

코치: 오늘 코칭 전문서적 읽기 계획을 세우고 실행 의지를 높이고 싶다고 하셨어요. 어떤 점이 의미 있으셨는지요?

고객: 크게 세 가지인데요. 첫 번째는 내가 깊이 있고 영향력 있는 코칭을 하기 위해 전문서적을 읽는 게 어떤 면에서 중요한지를 생각해본 것, 두 번째는 가슴 뛰는 제 코칭을 꿈꾸게 된 것, 세 번째는 바로 할 수 있는 구체적인 계획과 장치가 나온 거예요. 정말 바로 하고 싶네요.

코치: 실행 의지 면에서도 좀 도움이 되신 거죠?

고객: 물론이죠!

코치: 네, 코칭 전문서적 읽기의 중요성을 발견하고, 꿈꾸고, 실행하실 코치님의 깊이 있는 코칭 세계를 저도 응원할게요!

고객: 네, 코치님! 감사합니다.

코치: 우리 이렇게 오늘 코칭 마쳐도 될까요?

고객: 네, 좋아요. 감사합니다.

실행이 중요한 주제의 코칭에서 인지, 감정, 구체적 행동을 염두에 두고 해보자. 단순하면서도 꽤 괜찮은 결과가 나올 수 있다.

(3) 복직을 앞두고 있는데, 올해 목표를 세우고 싶어요

코칭에 대한 배경지식이 없는 고객에게 코칭이 무엇인지를 말로 설명하기란 쉽지 않은 일이다. 그래서 코칭을 직접 경험하면서 코칭의 효과를 느껴보도록 하기 위해 코치들은 샘플 코칭을 제안하기도 하는데, 고객은 어떤 주제로 코칭을 받아야 하는지 되묻는 경우가 더러 있다. 코칭이 무엇인지 잘 모르는 데다 잘 알지 못하는 코치에게 자신의 깊은 이야기를 털어놓는 것이 부담스러울 수 있다. 이럴 때 일반적으로 사람들이 삶 속에서 자주 접하는 주제, 예를 들면 다이어트 같은 주제를 구조화하여 단회기 코칭을 제안하는 것이 대안이 될 수 있다.

여기서 구조화된 코칭이란 코칭 장면에서 코칭 주제 및 목표가 합의되는 일반적인 코칭과 달리 특정한 코칭 주제 및 코칭을 통해 얻고자 하는 목표가 이미 정해져 있고, 목표에 도달하기 위한 프레임(구조)을 코치가 미리 세팅해놓은 형태의 코칭을 의미한다.

연말 · 연초가 되면 일반적으로 사람들이 새해 계획을 많이 세우는데, 아래 사례는 전문 코치와 함께 좀 더 효과적인 새해 계획을 세울 수 있도록 구조화시킨 코칭대화다. 텔레코칭 상황을 가정하고 작성된 스크립트이며, 줌이나 대면 코칭에서 진행할 경우 응용하여 진행할 수 있다.

코치: 안녕하세요? ○○ 님. ○○○ 코치입니다. 코칭대화를 함께하게 되어 반갑습니다. 오늘 기분은 어떠신가요?

고객: 오늘 아이들 어린이집 보내놓고, 청소 끝내놓고 차 한잔하면서 코칭 시간 기다리고 있었어요.

코치: 그러셨군요. 할 일 마치고 약간의 여유가 느껴지는 오전 시간이네요. 친구분한테 코칭을 소개받으셨다고요? 어떤 기대를 갖고 신청해주셨을까요?

고객: 네, 맞아요. 대학 친구가 코치님을 소개해줬어요. 제 이야기를 잘 들어주실 것 같고, 또 제가 지금 새로운 변화를 앞두고 있어서 저에게 필요한 부분일 것 같아서요.

코치: 그러셨군요. 저랑 코칭대화 나누는 시간이 ○○ 님에게 의미 있고 실질적인 도움이 되도록 최선을 다하겠습니다.

목표 설정

코치: 오늘 새해 계획 세우는 것을 주제로 코칭 받고 싶다고 하셨어요. 어떤 계기로 이런 생각을 하시게 되었나요?

고객: 제가 중학교 교사인데, 1년 8개월 정도 육아휴직을 하고 다음달에 복직해요. 15년 가까이 교사를 했지만, 복직을 앞두고 있어서 마음이 좀 심란해요. 이것저것 생각만 많아지고, 뭘 해야 할지 잘 잡히지도 않고…. 그래서 올해 계획을 세워서 차근차근 해나가면 좀 중심이 잡히지 않을까 생각하게 되었어요.

코치: 복직을 앞두고 여러 생각과 감정이 드는 것 같아요.

고객: 네네. 그래요.

코치: 새해 계획을 세우게 되면 ○○ 님의 2022년이 어떻게 달라지나요?

고객: 되는대로 사는 것이 아니라 계획적인 2022년이 될 것 같아요. 계획을 세운다고 꼭 계획대로 되지는 않겠지만, 그래도 최소한의 계획이라도 있어야 방황하지 않고 살게 되는 것 같거든요. 또 저에게 목표 자체가 동력이 되기도 하고요.

코치: 목표가 있으면 ○○ 님은 어떤 편이에요?

고객: 저는 목표를 향해 물불 안 가리고 저돌적으로 밀어붙이는 스타일은 아니지만, 꾸준하게 해내려고 애쓰는 스타일이에요.

코치: 꾸준히 노력하는 힘이 있으시네요. 목표나 계획을 세울 정도로 2022년이 ○○ 님에게 특별한 이유는 무엇인가요?

고객: 일단 말씀드린 대로 복직하게 되니까 다시 학교생활에 잘 적응해야 하고요.

육아랑 교직을 병행하는 것도 잘해야 하고요…. 또 제가 석사과정 중인데, 논문을 아직 못 쓰고 있어요. 원래 작년 휴직기간에 마치려고 했는데 (…) 올해는 어떻게든 끝내고 싶어요.

코치: 교사로서, 워킹맘으로서, 연구자로서 올해가 중요한 의미를 담고 있네요. 어느 것 하나도 결코 소홀히 할 수 없는… 그런 것들이기도 하네요.

고객: 맞아요. 뭐 하나도 쉬운 게 없죠.

코치: 생각하고 계신 것들을 잘 엮어서 올해의 새해 계획을 세워보도록 할게요. ○○ 님이 원하는 새해 계획의 결과물은 어떤 형태인가요?

고객: 글쎄요. 구체적으로 생각해보지는 않았는데요….

코치: 그럼 제가 이렇게 예시를 드려볼게요. 1번은 목표와 실행방법에 대한 날짜, 숫자 등이 들어간 매우 구체적이고 촘촘한 계획, 2번은 정말 이루고 싶은 몇 가지 중요한 목표들이 나오고 대략적이며 실행방법이 들어간 계획, 3번은 올 한 해 내 마음의 중심을 잡아줄 북극성 같은 목적과 의미가 들어간 계획. 이 셋 중 어떤 것이면 좋으실까요?

고객: 저는 2번이요.

코치: 네. 좋습니다. 오늘 코칭에서는 ○○ 님이 올해 이루고 싶은 몇 가지 중요한 목표와 그것을 달성하기 위한 대략적인 실행 계획을 세워보도록 하겠습니다. 제가 미리 안내드린 것처럼 메일로 보내드린 워크시트와 볼펜을 지금 준비하실 수 있을까요?

고객: 네. 미리 다 뽑아놨어요.

코치: 네. 감사합니다.

단회기 코칭에서는 고객과 빠르게 관계를 맺고 신속하게 주제에 접근하는 것이 필요하다. 코칭 주제가 정해진 구조화 코칭이라고 하더라도 대화를 통해 얻고자 하는 결과물을 명확히 합의하는 것이 필요하다. 또한, 코칭을 처음 접해보는 고객이라면 말로만 진행하는 코칭보다는 문서를 통한 결과물을 함께 만드는 것이 코칭의 만족도를 높일 수 있다. 코칭대화에서 발견하고 실행하기로 결정한 내용을 즉각적으로 문서화할 수 있도록 사전에 고객에게 코칭 양식을 공유하는 것도 좋은 방법이다.

주제 심화

코치: 시간이라는 것이 연속성을 갖고 있잖아요. 그래서 작년 한 해를 잠깐 리뷰해 보면 좋을 것 같아요. 작년 한 해 의미 있었던 것들은 무엇이 생각나세요?

고객: 아이 둘 다 어린이집을 다니기 시작했고, 아이들 건강하게 키운 것…. 또 양가 부모님과 여행 다녀온 것…. 아, 그리고 수입이 줄었는데도 마이너스통장 없이 견딘 것… 이 정도네요.

코치: 휴직 동안에도 엄마로서, 딸과 며느리로서 역할… 그리고 가정경제 살림살이도 잘 꾸려나가셨네요. 한편으로 아쉬운 부분은 무엇이 있을까요?

고객: 건강 관리를 잘 못 한 거요. 체중도 많이 불었고, 체력도 완전히 안 좋아졌어요. 그리고 아이에게 신경을 많이 못 써준 것도 아쉬워요. 책 읽어주기나 사소한 놀이 같은 것을 오히려 전보다 더 못 해줬네요. 논문도 진도를 많이 못 나갔고, 공부를 더 했어야 했는데 못 했고요.

코치: 쭉 얘기해보시니 어떤 생각이 드세요?

고객: 아쉬운 점들이 더 많이 생각나요. 휴직할 때만 해도 이 시간에 자기계발도 좀 하고, 아이들이랑 더 많이 놀아줘야겠다는 생각을 많이 했는데…, 코로나 탓만 하기에는 제가 너무 시간을 헛되이 보냈다는 생각이 많이 들어요.

코치: 그래요. 휴직 기간을 정말 알차게 보내고 싶으셨군요. 나무를 보면 한 해 한 해 성장과정이 나이테로 기록되잖아요. 우리도 한 살 더 먹으면서 나이테가 한 줄 더 생겼을 텐데요. 2022년 ○○ 님은 어떤 점에서 배우고 성장했나요?

고객: 엄마로서는 양육자의 역할에서 이제 학부모 역할을 조금 배우게 된 것 같아요. 애들이 크면서 학습이라는 관점을 염두에 두고 프로그램이 좋은 어린이집을 찾게 되고, 집에서도 놀이보다는 공부 측면을 신경써야 한다는 것을 배웠다고 할까요. 아~ 그리고 학교에서 담임 하면 학부모님들과 상담하는 경우가 많은데, 제가 우리 아이들 학부모로서 어린이집 선생님들과 상담해보

니, 학부모 입장이 좀 더 이해돼요. 이해가 안 되는 학부모님들도 많았는데, 그 마음을 조금이나마 알 것 같네요.

코치: 부모로서뿐만 아니라 교사로서도 배움이 있었네요. 또 어떤 배움이 있었나요?

고객: 나한테는 적당한 긴장감이 필요하다는 것을 알았어요. 휴직하면서 상대적으로 시간이 많아졌는데, 늘어난 만큼 정작 공부나 운동 같은 것은 못 했거든요. 저는 주변에 친구나 동료들로부터 자극을 받아야 더 움직이는 사람인 것 같아요.

코치: 몰랐던 나의 모습을 발견하는 시간이었어요. 이런 배움이 앞으로 삶을 살아가는 데 어떤 도움을 줄까요?

고객: 아이들하고 시간을 더 많이 보내고, 다른 엄마들과 모임을 해보면서 느낀 것이 사람은 누구에게나 배울 수 있구나 그런 것도 많이 느꼈어요. 아이가 어른보다 훨씬 낫구나 하는 순간도 많았고요. 겸손한 마음으로 다시 학교 생활을 해야겠다는 생각도 드네요.

코치: 귀한 마음이네요.

실행 계획

코치: 그 마음으로 올해 계획을 세워볼 텐데요. 새해에 하고 싶은 것들과 관련해서 어떤 것들이 생각나세요?

고객: 학교생활 적응 잘하고, 아이도 잘 키우고, 남편과도 즐겁게 잘살고 싶어요.

코치: 그 외에 또 생각나는 것은요?

고객: 그리고 체중관리랑 자기계발도 해야 하고… 너무 막연한 계획들만 갖고 있어서 어떻게 잡아야 할지 잘 모르겠습니다.

코치: 괜찮습니다. 말씀하신 것들을 모두 하나하나 다루면 좋지만, 저랑 정해진 코칭 시간으로 인해 2개 목표만 우선적으로 이야기 나누면 좋을 것 같아요. 저랑 꼭 나누고 싶은 목표 2개만 뽑아보신다면요?

고객: 음… 학교생활 적응 잘하는 것, 그리고 자기계발과 관련이 있기도 한데, 석

사논문 마치는 것, 이 2개를 이야기하면 좋겠어요.

단회기 코칭에서 중요한 것은 정해진 시간 내에 다룰 수 있는 코칭의 범위를 명확히 하는 것이다. 새해 계획 세우기와 관련해서는 탐색 단계에서 가능한 한 많은 것들을 고객이 브레인스토밍하도록 촉진하고, 다음은 고객이 생각하는 우선순위에 의거하여 코칭대화 내에 다룰 수 있는 범위로 한정할 수 있다(혹은 더 많은 계획을 함께 다루고자 할 때는 처음부터 1회기 이상으로 설계하여 진행할 수도 있다).

한편, 고객의 생각이 충분히 탐색되지 못한다고 느껴질 때 코치는 삶의 다양한 영역을 살펴볼 수 있는 '삶의 수레바퀴' 같은 도구를 사용할 수도 있다. 우리가 지향하는 삶은 우선순위가 있을 뿐 단 하나의 목표만 지향하지 않는다. 여러 목표는 독립적이기보다는 서로 연결되어 있으며 균형과 조화가 필요하기에 삶의 다양한 영역을 탐색해보도록 고객을 도울 수 있다.

코치: 네, 그래요. 학교생활 적응 잘하기부터 먼저 이야기 나눠볼까요?

고객: 네.

코치: 학교생활에 잘 적응한다는 것은 ○○ 님의 어떤 모습을 보면 알 수 있나요?

고객: 담임을 맡을지 아직 안 정해졌긴 한데, 어쨌든 제 과목에 대해 학생들에게 흥미를 갖게 해서 잘 가르치고 그러면서 보람을 느끼면 좋을 것 같고, 다른 선생님들과 잘 어울리는 것, 그러니까 학년 선생님들도 있고, 소모임 선생님들도 있을 것 같아요.

코치: 적응과 관련해서 또 어떤 것이 있을까요?

고객: 교육행정 시스템 같은 것도 그사이 바뀌었을지 몰라서 그런 것들도 체크하고, 필요하면 다른 선생님이나 행정실에 도움을 받을 필요가 있겠어요.

코치: 그래요. 더 생각나는 것은요?

고객: 좀 걱정되는 것이… 학생들의 태도 같은 것이에요.

코치: 네에.

고객: '중2병'이라는 말이 있듯이 아이들이 너무 민감한 시기이기도 하고, 요즘 아이들은 너무 빠르니까 교사로서 권위 같은 것을 내세우고 싶은 생각은 전혀 없지만, 너무 힘들게 하는 애들을 어떻게 대할지… 이런 걱정이 올라오네요.

코치: 정말 그러실 것 같아요. 아이들마다 개성이 너무 강하니깐요. 휴직 전에는 이런 문제를 어떻게 대처하셨어요?

고객: 늘 긴장은 해요. 그렇다고 문제아이들만 있는 것은 아니니까 너무 미리 걱정하지 않으려고 했고요. 동료 선생님들과 이야기도 많이 하고요.

코치: 어떻게 하면 이 고민이 조금 덜어질 수 있을까요?

고객: 예전이랑 방법은 동일할 것 같아요. 제가 쉬다가 복직하려다 보니 그 문제가 더 크게 느껴지는 것 같아요.

코치: 그러신가 봐요. 그동안 잘 풀어오신 것처럼 앞으로도 지혜롭게 해결해가실 수 있을 거예요.

고객: 네.

코치: 그럼 첫 번째 목표인 '학교생활 잘 적응하기'를 정리해볼까요? 제가 보내드린 양식의 첫 번째 대목표에 '학교생활 잘 적응하기'라고 적어주세요. 그 옆의 소목표에는 방금 우리가 이야기한 것들, 그러니까 '학교생활 잘 적응하기'를 구성하는 요소들을 적어주세요. 어떻게 적으셨어요?

고객: 소목표에는 '과학 재미있게 가르치기'와 '학년 선생님들과 잘 어울리기' 이 두 가지를 적었어요.

코치: 좋습니다, 자, 그럼 그 옆의 실행 계획 칸에는 이 두 가지 소목표를 이루기 위해 ○○ 님이 실제로 행동으로 할 수 있는 것을 적어보시는 거예요. '과학 재미있게 가르치기'를 달성하기 위해 무엇을 해볼 수 있나요?

고객: 일단 요즘 다양한 학습 도구가 많이 나오고 있어서 뭐가 있는지, 어떻게 활용할 수 있을지를 알아보는 것이 필요하겠어요. 아! 그리고, 넷플릭스나 유튜브에 과학 다큐가 많아요. 수업내용과 연계되는 다큐 같은 거 찾아서 보조자료로 활용하면 아이들이 재미있어할 것 같아요.

코치: 정말 좋은 아이디어네요. 더 있을 것 같아요. 뭐가 또 떠오르세요?

고객: 학생들이나 학부모님들에게는 시험 성적이 중요한데, 시험 끝나고 오답 문제 같은 거 정리해주는 것도 좋을 것 같아요. 한번 시험 망쳤다고 과학을 포기할 것이 아니라 다음 시험에 잘 볼 수 있게 희망을 주는 것도 필요하거든요.

코치: 역시~ 정말 좋은 선생님이시네요. 방금 말씀하신 것들을 실행 계획 칸에 적어주세요. 그 실행 계획에 도움을 줄 수 있는 사람이나 커뮤니티, 특정 책이나 인터넷 사이트, 플랫폼 같은 것이 있으면 같이 적어주세요.

고객: 예전에 「알쓸신잡」이라는 TV예능에서 유시민 선생님이 김상욱 교수님인가? 정재승 교수님인가? 정확히 기억은 안 나는데, 학교 다닐 때 이런 선생님을 만났으면 과학에 더 애정이 생겨서 공부 열심히 했을 거라고 이야기했던 것이 생각나요. 그거 보면서 나도 저런 선생님이 되고 싶다는 생각을 잠깐 했거든요.

코치: 아~ 그러셨군요. ○○ 님 같은 선생님을 만난 덕분에 학생들이 과학을 재미있어할 것 같아요.

고객: 마음만 그래요.

코치: 시작이 반이라고 하잖아요. 이제부터 하나씩 시도해보면 돼죠. ○○ 님은 꾸준함이라는 강점을 갖고 계시잖아요. '선생님들과 잘 어울리기'와 관련해서는 어떤 실행 계획을 세워볼 수 있을까요?

고객: 반을 맡게 되면 학년 선생님들과 더 긴밀하게 소통해야 하니까 그 부분을 많이 신경 써야 할 것 같아요.

코치: 그렇군요. 소통한다는 것은 구체적으로 어떤 행동을 한다는 뜻인가요?

고객: 음… 보통 단톡방에서 정보 공유는 하고 있는데, 저는 일대일로 선생님들과 티타임 같은 거를 해보면 좋을 것 같아요. 신규로 부임하는 선생님도 계실 수 있고요.

코치: 티타임 같은 것은 1년에 몇 번 정도 하면 적당한가요?

(중략)

코치: 교장, 교감 선생님과의 소통은 어떤 상황이에요?

고객: 음… 복직하는 걸 알고는 계시는데, 따로 연락을 드려서 인사드리는 것이 좋

겠네요. 잘 쉬고 복직해서 열심히 잘 가르치겠다고 말씀드리면 좋아하실 것 같은데요.

코치: 그분들 입장에서 굉장히 반가울 것 같아요. 팍팍 도와주실 것 같고요. 아까 교육행정 시스템 사용이나 유독 힘들게 하는 학생들 관리하는 것도 고민이라고 하셨어요. '선생님들과 잘 어울리기'를 통해 이런 부분에 대한 도움도 얻을 수 있을까요?

고객: 시스템 관련한 것은 … (중략)

코치: 네. 그럼 여기까지 말씀하신 내용을 '선생님들과 잘 어울리기' 옆의 실행 계획 칸에 정리해보시기 바랍니다.

고객: 네. 다 되었습니다.

코치: 자, 그럼 첫 번째 대목표인 '학교생활 잘 적응하기'에 관해 2개의 소목표, 그리고 실행 계획이 쭉 나왔어요. 누락된 부분은 뭐가 있을까요?

고객: 음… 이 정도면 잘 정리된 것 같아요.

코치: 마음의 느낌은 어떠세요?

고객: 일목요연하게 정리되어 마음도 좀 안정되네요.

실행 계획

코치: 그럼 두 번째 대목표인 '석사논문 마치기'에 관해서 이야기 나눠볼게요. 어떤 계기로 석사과정을 시작하셨어요?

고객: 아~ 제가 10년 넘게 교직에 있다 보니 매너리즘에 빠졌어요.

(중략)

코치: 교사로서 변화와 역량 향상을 위한 목적으로 공부를 시작하셨네요. 10년 후에 석사논문을 쓰느라 애쓰고 있는 지금 이 시점을 돌아보면 어떤 느낌이에요?

고객: 지금은 힘들어도 그때 하길 참 잘했다 그런 생각이 들 것 같아요. 몇 년이 지난다고 제 상황이 더 여유 있으리라는 보장도 없고요. 그리고 요즘은 대학원 가신 선생님들도 꽤 많아요. 일과 공부를 병행하는 것이 고된 과정이지만 성

취감을 많이 느끼시더라고요. 그런 점에서 지금도 시작하길 잘했다는 생각이 들어요.

코치: 그렇군요. 시작하길 잘했고, 이제 마무리를 잘하시면 되겠어요. 이렇게 중요한 의미를 담고 있는 논문은 현재 어느 정도 진행된 상태인가요?

고객: 지도교수님과 논문 주제는 확정했고, 그 이후는 진행을 못 했어요.

코치: 이후 어떤 과정이 필요한가요?

(중략)

코치: 논문 절차에 대해 막힘없이 이야기하신 걸 보니 방법에 대해서는 충분히 준비되어 있다는 느낌인데, 어떠세요?

고객: 사실 작년에 논문을 끝낼 생각이어서 많이 알아보긴 했어요. 석사 마친 친구들한테 물어보기도 했고, 변인 잡는 것도 친구들한테 도움을 받았고요.

코치: 도움을 줄 수 있는 훌륭한 조력자들이 있네요. 논문을 진척시키는 데 장애가 되는 것은 무엇인가요?

고객: 집중해서 쓰지를 못한다는 것, 육아 핑계 대면서 아무것도 안 하고 있어서 정신무장이 필요한 상황이에요.

코치: 작년을 목표로 했는데, 미뤄진 상황이네요. 혹여 마음 한편에 1년 더 미룰 여지가 있나요?

고객: 아니요. 없어요. 꼭 올해 끝내고 싶어요.

코치: 오~ 목소리에서 단호함이 느껴져요. 의지를 담아서 ○○ 님 자신과 약속해 보시겠어요?

고객: 나는 올해 꼭 석사논문을 끝낸다.

코치: 다시 한번 이야기해보시겠어요?

고객: 나는 올해 꼭 논문을 마치고 석사학위를 받는다? 조금 약한 것 같은데요…. 나는 올해 반드시 석사학위를 따고야 말 것이다. 이렇게 약속해볼게요.

코치: 올해 중 몇 월을 목표로 하고 싶으세요?

고객: 마음 같아서는 1학기에 끝내고 싶지만, 학교생활 적응하고, 또 아이들에게 엄마 일하러 가는 상황을 적응시켜야 해서 현실적으로는 2학기부터 본격적

으로 써야 할 것 같아요.

코치: 네. 좋아요. 올해 12월에는 반드시 박 석사님이 되실 것으로 저도 굳게 믿습니다. 이제 아까 작성하신 양식의 대목표에 '석사논문 마치기'를 적고 그 옆의 소목표 빈칸에 하위 요소들을 적어보시기 바랍니다.

고객: 네.

코치: 어떤 것들을 적으셨어요?

고객: 논문 준비하기, 앉아서 논문 쓰기, 최종 리뷰하고 제출하기, 이렇게 적었어요.

코치: Plan, Do, See 단계별로 잘 적으셨네요. 이제 옆의 실행 계획 칸에 구체적인 행동을 적어보시기 바랍니다. 2학기 논문 통과를 목표로 하기 때문에 구체적인 일자까지 적으시는 것이 좋겠습니다.

고객: 네. 알겠습니다.

코치: 다 정리되었나요?

고객: 네.

코치: 집중력을 발휘할 수 있는 환경을 만드는 것도 꽤나 중요해 보여요. 이것과 관련해서는 어떤 실행 계획을 세워볼 수 있을까요?

고객: 맞아요. 뭐가 좋을까요? 일단 논문 쓸 시간을 확보하는 것이 필요하네요. 주말 중 하루는 논문 쓸 시간으로 잡아야 할 것 같아요. 남편이랑 이 부분은 더 상의해봐야 할 것 같아요.

코치: 또 도움이 필요한 사람은 누가 있을까요?

고객: 염치가 없긴 하지만, 친정엄마한테 일단 이야기해서 살림을 좀 도와달라고 하고… 우리 애들한테 말해야겠어요. 잘 이해는 못 하겠지만, 양해를 구하는 차원에서요.

코치: 온 가족이 ○○ 님의 석사를 응원해주시네요.

고객: 아이고… 정말 유난스럽다고 할 것 같네요. 어쩔 수 없죠.

코치: 혼자만의 목표가 아니라 온 가족이 함께하는 목표가 된 만큼 분명히 잘해내실 거예요.

고객: 네. 감사합니다.

마무리

코치: 자, 이제 2개의 목표가 어느 정도 완성되었어요. 기분이 어떠세요?

고객: 한결 정리되었어요. 막연하게 생각했던 것을 이렇게 기록해서 보니 좀 심플해지네요.

코치: 네. 정리하느라 고생 많으셨어요. 자, 이거 말고도 올해 꼭 해내고 싶은 다른 목표들도 있잖아요. 뭐가 있을까요?

고객: 건강관리하기! 이 두 가지를 잘해내려면 무엇보다 건강, 체력관리가 필요하겠어요.

코치: 무엇이 더 있을까요?

고객: 그리고 육아 잘하기…. 이것도 빼놓을 수 없는 일이고요.

코치: 그래요. 이 두 가지는 방금 우리가 한 것처럼 ○○ 님 혼자서 정리해보실 수 있을 것 같은데요. 어떠세요?

고객: 네. 할 수 있을 것 같아요.

코치: 좋아요. 괜찮으시면 이 두 가지를 정리해서 완성된 결과물을 제게도 보내주실 수 있을까요?

고객: 네. 알겠습니다.

코치: 언제 제가 받아볼 수 있을까요?

고객: 이번 주 일요일까지 보내드릴게요.

목표 상상

코치: 네. 무척 기대됩니다. ○○ 님은 올 한해 '학교생활 적응 잘하기', '석사논문 마치기', '건강관리하기', '육아 잘하기' 이 네 가지 목표와 구체적인 실행 계획을 세우셨습니다.

고객: 네.

코치: 잠시 올해 12월 31일로 시간여행을 떠나볼게요. 이 네 가지 목표가 ○○ 님이 원하는 상태로 실현된 모습을 상상해보겠습니다. 마음으로 몸으로 한번 느껴보세요.

고객: 네.

코치: 어떤 느낌이세요?

고객: 한해를 정말 잘살았다는 생각에 뿌듯해요. 학교에서도 집에서도 제 역할을 잘해냈다, 열심히 최선을 다해서 후회 없다~, 더할 나위 없이 좋다~ 이런 느낌이에요.

코치: 그 순간 누가 떠오르세요?

고객: 남편, 그리고 우리 아이들… 또 우리 학생들 얼굴도 떠오를 것 같아요.

코치: 남편이 뭐라고 이야기하실까요?

고객: "○○아~ 너 정말 멋지다. 베리굿!" 이렇게 이야기해주면 좋겠네요.

코치: 남편도 환하게 웃으며 함께 기뻐하실 거예요. 영화 같은 걸 보면 중요한 활동에 '작전명 ○○○' 이렇게 해서 의미부여를 하잖아요. ○○ 님의 새해 계획에도 이런 작전명 붙여볼까요? 어떤 이름이 좋을까요?

고객: '더할 나위 없이 좋은 2022년'… 이 이름이 좋겠어요.

코치: 오~ 말한 대로 이루어진다고 하는데, 정말 그럴 것 같아요. 그럼, 작전명은 '더할 나위 없이 좋은 2022년 만들기'… 이렇게 해보면 어때요?

고객: 네! 좋아요.

코치: 작전명을 한번 이야기해보세요.

고객: 더할 나위 없이 좋은 2022년 만들기!

코치: 이 작전명을 늘 머릿속에 떠올리면서 실행으로 옮기기 위해 무엇이 필요할까요?

고객: 이거를 멋지게 출력해서 집 책상에 붙여놓고 매일 봐야겠어요. 학교 책상에도 붙여놓고요.

코치: 한 가지 저와 약속하신 게 있었는데, 뭐였죠?

고객: 새해 계획 남은 부분 작성해서 보내드리는 거요.

코치: 네~ '더할 나위 없이 좋은 2022년 만들기'의 남은 2개의 퍼즐을 꼭 완성해서 보내주세요.

고객: 네. 그러겠습니다.

코치: 자~ 오늘 코칭대화를 마무리하려고 합니다. 지금 기분이 어떠세요?

고객: 너무 좋아요! 올 한 해가 너무 기다려집니다.

코치: 그렇게 말씀해주시니 저도 기쁘네요…. ○○ 님의 더할 나위 없이 좋은 2022년을 응원합니다. 감사합니다.

새해 계획 세우기 같은 액션 플랜(action plan)이 중심이 되는 코칭의 경우 코칭 프로세스상 목표 설정보다는 실행 계획 단계에 시간을 많이 안배하게 된다. 그럼에도 100% 완성된 실행 계획이 나오지 못한 경우 고객 스스로 책임을 갖고 남은 과정을 완수하도록 격려한다. 한 발 더 나아가면 실행 계획이 SMART(specific, measurable, attainable, realistic, time-bound)한 기준에 부합하도록 수립되었는지를 스스로 점검하고 보완하도록 안내할 수 있다.

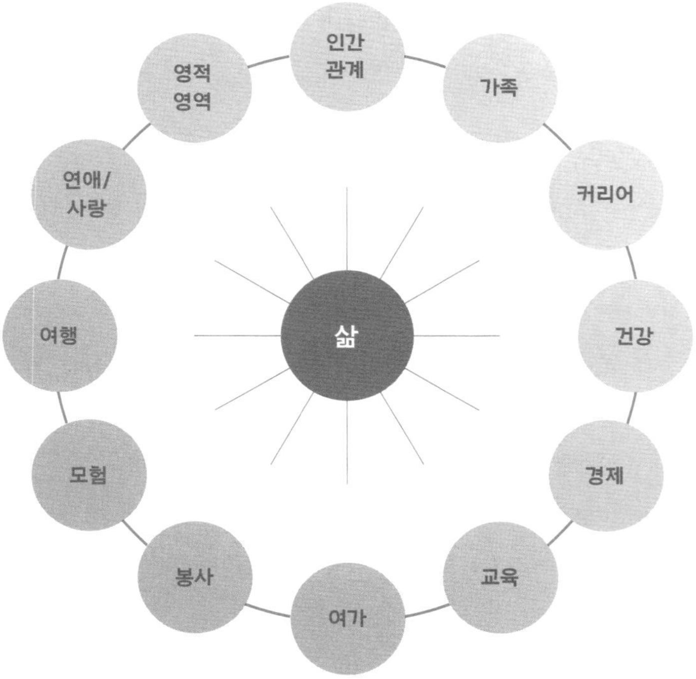

『삶의 수레바퀴(The Wheels of Balanced Life)』(댄 자드라, 2015)

5.
기타

(1) 할까요? 말까요?

무언가를 할까 말까, A를 할까 B를 할까 고민하는 주제일 경우, 특히 결정해야 할 사안이 중요하거나 심각한 경우 고객은 결정을 하는 데 난항에 빠질 수 있다.

양가감정은 매력적인 대안 사이에서 선택의 갈등을 하는 접근-접근 형태와 나쁜 결과를 회피하기 위해 선택하는 회피-회피의 형태, 같은 대상에 끌리기도 하고 벗어나고 싶기도 한 접근-회피의 형태, A를 선택하려고 하니 단점이 들어오면서 B가 좋아 보이고 마찬가지로 B를 선택하려고 하니 A가 좋아 보이는 이중 접근-회피의 형태 등 다양한 형태가 있다(최현국, 2010b).

코칭의 기본을 가지고 따라가면 되겠지만, 생각을 정리하는 방법을 가지고 있다면 도움이 될 것이다. 몇 가지 가능한 방법의 예를 들어보겠다.

먼저 자신이 중요하게 여기는 가치와 연결해볼 수 있다. 선택함으로써 이루어질 것들을 예상해보며 자신이 추구하는 것, 만족과 어떻게 맞닿게 되는지 느껴보는 것이 한 방법이다.

또한 양가감정의 갈등은 에너지를 많이 소모하고 나아가지 못하게 하므로 관점 전환이나 직관, 잘 사용하지 않는 말(가슴 뛰게 하는, 설레게 하는 등)을 사용해보는 것도 좋다. 특히 직관형은 이 방법이나 첫 번째 방법을 사용할 때, 순식간에 결정을 내리기도 한다.

데카르트의 사분면(A 선택 시의 이익과 불이익, A 선택을 하지 않았을 때의 이익과 불이익)을 이용해 비교할 수도 있다(박창규 · 권경숙, 2019). 각 경우에서 자신에게 중요한 것이나 치명적인 것 또는 총합적인 면에서의 유익을 계산해볼 수도 있고, 이야기하면서 새롭게 발견한 것이나 감각을 따를 수도 있다.

1. 이 일이 일어나면 뭐가 좋을까? (What happens if this happens?)	2. 이 일이 일어나면 뭐가 나쁠까? (What won't happen if this happens?)
4. 이 일이 일어나지 않으면 뭐가 나쁠까? (What won't happen if this doesn't happen?)	3. 이 일이 일어나지 않으면 뭐가 좋을까? (What happens if this doesn't happen?)

데카르트 질문법(Descartes Square)

한편 데카르트 사분면은 네 가지 경우를 다 살피면서 시간과 에너지가 많이 들고, 할 때의 유익과 하지 않을 때의 불이익이 손바닥을 뒤집듯 하는 대답이 나올 수 있다(예를 들면, "할 때의 유익은 커리어가 하나 더 생기는 것, 하지 않을 때의 불이익은 커리어가 생기지 않는 거요"). 그래서 A를 할 때와 하지 않을 때 각각의 유익을 쭉 말해보게 하는 것도 한 방법이 된다.

주제 합의

고객: 수강신청을 고민 중이에요.

코치: 좀 더 얘기해주시겠어요?

고객: 제가 부전공을 하려고 생각한 과목이 있거든요. 지난번에 이 전공 강의를 3개 수강했는데 앞으론 듣지 말자 결심했거든요.

코치: 아, 듣지 말자?

고객: 제 전공은 좀 열려 있고 실용적인데, 그쪽은 예상과 달리 이것만이 답이야 하는 게 많더라고요. 불필요하게 느껴지는 과제도 많았어요.

코치: 네. 전에 과정을 신청하시게 된 계기는 뭐였어요?

고객: 관심 있는 분야이고, 그 전공에 제가 존경하는 교수님이 계셨어요. 강의도 좋았어요. 그 교수님 강의를 하나 더 들었고요. 근데 다른 분이 하는 강의 2개는 신청했다가 하나는 겨우 듣고 다른 하나는 취소했어요.

코치: ○○ 님에게 관심 있는 그 분야는 뭐예요?

고객: 아, 교직 과목이에요.

코치: 그때 신청하시면서 기대하셨던 건 뭐였어요?

고객: 확실히 알고 잘 가르치도록 준비하고 싶었어요, 체계적으로.

코치: 이번에는 어떤 기대가 있으신 거예요?

고객: 생각해보니 이번에도 비슷해요. 그 교수님께도 배우고 싶고, 강의에서 다루는 주제도 관심 있어요.

세션 목표

코치: 지난번과 비슷한 상황에서 고민하고 계시네요. 오늘 뭘 얻으면 가장 만족하실까요?

고객: 두 가지가 떠오르는데요. 먼저는 할지 말지 결정하는 것, 그리고 결정하는

과정에서 '내가 이런 때 이렇게 결정을 하는구나'를 보면서 다음에 좀 잘 결정할 수 있는 기준들을 배우는 거요.

코치: 네, 오늘 수강 신청을 할지 말지 결정하기 위한 이야기를 나누면서 기준들을 살펴보는 시간을 가지면 될까요?

고객: 네, 좋아요.

주제 심화

코치: 전에 수강했을 때와 이번의 기대가 비슷하다고 하셨어요. 상황의 다른 점은 뭐예요?

고객: 처음 신청할 때는 그냥 좋을 거라고 생각했죠. 지금은 안 좋은 점도 있다는 걸 안다는 거고요. 내 전공 하나에 집중해야 할 때인데 시간을 나눠 쓰는 게 맞나 하는 점도 있고요. 그런데 살짝 덜 부담스러운 건 다른 수업 없는 날 오후에 이 과목이 있어서 오전에 공부할 여유가 보장된다는 거예요.

코치: 네, 이 과목을 다 듣고 나서 원하는 모습은 어떤 거예요?

고객: 정말 잘 작동한다면, 제가 대략 알던 개념을 더 정확히 알아서 확실히 말할 수 있게 되는 거예요. 그리고 "이분한테 강의 듣기 정말 잘했다. 좋은 강의를 들어 행복해" 하길 원해요.

코치: 네. 먼저 확실히 말하고 싶다고 이야기하셨잖아요. 이러한 것들을 통해 정말 이루고 싶은 건 뭐예요?

고객: 잘 가르치는 거예요. 그리고 어쩌면 그쪽 교수님들께도 인정받고 "이쪽 일 좀 해봐라" 하실 수도? 어, 제가 뜬구름을 잡고 있는 것 같아요.

코치: 뜬구름요?

고객: 그러니까 전에 강의 들을 때 저보고 잘한다고 이쪽으로 전공하라고 하셔서 좀 기뻤어요. '나 이쪽에 소질 있나 봐, 이거 할까?' 이런 것들이 뜬구름인 것 같아요. 뜬구름이 아닌 건 그냥 내가 확실하게 배우는 거죠.

코치: 만약에 또 그쪽으로 전공하라고 한다면 어떠실까요?

고객: 아, 전공을 바꾸고 싶진 않아요. 그땐 살짝 그런 마음이 있었지만요. 지금은

전공이 좋고, 그런 인정이 기분 좋게 남아있다는 거예요.

코치: 지금 어떤 마음이 드세요?

고객: 이것저것 다 고려 요소에 넣고 있었지만, 그중엔 별 의미 없는 요만큼에서 나는 이만큼 바라는 마음이 있구나. 핵심은 도움 되는 걸 잘 배우는 거예요.

코치: 지금 그렇게 이야기하시면서 웃음도 살짝 비치셨는데 기분은 어떠세요?

고객: 그러게요. '정신 차려 이 친구야' 뭐 이런 거? 딴 때 같았으면 좋은 강의 신청 기회가 있다면 바로 강사님에 대해 알아보죠. 근데 이 경우에는 그런 걸 하나도 안 했어요. 그러니까 이분은 진짜 믿음이 가는 교수님이에요. 그런데 보니까 주교재에 대한 숙제가 많아서 교재가 중요하고요. 너무 주관적이고, "이것만이 답이야" 하고 그야말로 옛날 초 · 중 · 고생 다루듯이 "내 뜻대로만 해!" 하고 절대복종을 요구하는 게 많아요. 시험문제도 교재에서 그대로 나오는 경우가 많은데, 진짜 문제랑 답이 이상해도 이견의 여지가 없어요. 그래서 그다음부터 교재를 먼저 봤어요. 역시 아니다 하면 안 들어야지 하고. 아, 이번에는 교재를 안 봤네요!

코치: 그렇군요. 교재에 대해 어떤 생각이 있으세요?

고객: 1차적으로 거르는 기준이 되겠어요. 그러니까 교재를 딱 봤는데, '이건 아니야' 하면 관둬야죠. '그래도 괜찮은데?' 하면 다음 단계를 고민해보고요.

코치: 네. 잘 가르치는 데는 도움이 되는데, 교재라는 1차 변수가 있네요. 이 시점에서 어떻게 하고 싶으세요?

고객: 책이 괜찮을 경우의 단계를 생각해보면 좋겠어요.

데카르트 질문법

코치: 네, 더 세부적으로 유익과 불이익을 한번 생각해보면 어떨까요?

고객: 네, 좋아요.

A 선택 시 이익(1사분면)

코치: 이 과목을 듣게 되면 어떤 유익이 있어요?

고객: 어디서든 내가 확실히 배운 것에 대해 말하고 행동할 수 있다는 거예요.

코치: 좋아요. 들을 때의 유익을 10점 만점으로 한다면 말씀하신 유익은 10점 만점에 몇 점이 될까요?

고객: "그건 이거야"라고 분명히 말할 수 있어요. 모르는 부분도 있을 테니까 8점….

A 선택 시 불이익(2사분면)

코치: 네, 그러면 듣는다고 했을 때 들으면서 오는 불이익을 생각해본다면 어떤 게 있을까요?

고객: 음… 스트레스와 시간 낭비요. 만약에 정말 안 좋으면 머리 쥐으며 스트레스 받겠죠.

코치: 10점을 기준으로 했을 때 그 스트레스 정도는 몇 점 정도 차지하는 걸까요?

고객: 다른 할 일에 집중을 못 하게 하는 영향도 줄 테니까 8점 정도 될 것 같아요.

A 미선택 시 이익(3사분면)

코치: 좋아요. 그럼 듣지 않는다면 어떤 유익이 있을까요?

고객: 그 시간들… 매주 강의 시간과 숙제하는 시간, 하루가 편하고 다른 데 쓸 수 있겠죠. 스트레스 안 받고요.

코치: 시간 사용과 편안함, 그걸 10점 만점으로 아까처럼 계산해본다면 몇 점 정도 되실 것 같아요?

고객: 한 7점요.

A 미선택 시 불이익(4사분면)

코치: 네네, 그러면 듣지 않을 때 일어나는 불이익을 한번 생각해보면 어떤 게 있을까요?

고객: '어땠을까?' 하고 막 궁금하고, 만약에 이분이 이런 강의를 더 안 하게 되신다면 원통할 거 같아요.

코치: 아, 궁금함과 원통함. 이건 10점을 기준으로 했을 때 몇 점 정도?

고객: 이게 시작됐는데 저는 안 했다면, '궁금해'와 '좋은 교수님 강의 못 들어 원통해'는 한 9점.

코치: 이렇게 이야기하시니 어떤 게 느껴지세요?

고객: 일단 저는 기회를 잃는다는 것에 대해 애석해하는 마음이 큰 사람인 걸 보게 되었어요.

코치: 점수를 비교해본다면 했을 때의 이익과 불이익은 같은 점수인데, 안 했을 때는 불이익이 2점 높네요.

고객: 그러게요. 지금 기회에 대한 욕심과 호기심이 저를 움직이는 거 같아요. 불편함은 막상 닥치면 커질 거고요. 하는 쪽으로 갈 여지가 생기네요.

가치 발견

코치: 네, ○○ 님께는 어떤 가치가 중요한지 궁금해요.

고객: 저는 배움, 확신, 기회, 인정, 시간 사용, 마음의 평안, 그리고 평소에 자유를 중요하다고 생각하는데 여기서도 그런 거 같아요. 스트레스 받고 의견을 피력할 기회가 없는 것을 답답해해요.

코치: 네. 이런 가치를 가지고 선택의 길에 서서 보시면 어떤 게 보이세요?

고객: 이 일에서 어떤 게 더 작용하는지가 중요해 보여요. 이번 경우 배움과 확신 반대쪽에 평안과 자유가 있어요.

코치: 스스로 양팔저울이라고 생각해보시고 한 손에 배움과 확신, 다른 손에 평안과 자유를 올려놔보시겠어요? 오른손에는요?

고객: 오른손에 평안과 자유, 왼손에 배움과 확신요.

코치: 어떤 게 느껴지세요?

고객: 저는… 평안과 자유가 무게가 나가면 수강하지 않고, 그래도 배움을 잃지 않고 싶으면 다른 방법으로, 하다못해 재미있는 만화 학습서로라도 공부할 거고요. 배움과 확신에 기회라는 가치가 추가되어 그쪽 무게가 더 커진다면 저는 이 과목을 신청할 거예요.

코치: 네, 만약 신청하거나 어떤 결정을 했는데 아니다 싶다면 어떻게 하시겠어요?

고객: 분명히 불편과 결점은 있을 거예요. 참을 수도 있고, 정말 아니다 싶으면 중간에 관둘 수도 있어요. 다른 방법으로 배워도 되고요, 나중에 공부해도 돼요. 얼마 전에 그랬죠. 그땐 평안뿐 아니라 기대했던 배움도 전혀 없어서 더 들을 이유가 없었어요. 교수님과의 관계에 스크래치가 나는 걸 감수해야 하지만요.

코치: 네, 그럴 수도 있네요. 오늘 이렇게 신청 여부를 결정해보는 질적 · 양적 과정을 거쳐봤어요. 정리된 걸 좀 얘기해봐주시겠어요?

고객: 네, '내게 중요한 가치들로 결정할 때 기준을 삼아야겠다. 이 과목을 통해 원하는 것은 잘 가르치는 거고 나는 경험해본 스트레스를 피하고 싶구나' 하는 것과 택하고 해본 이후의 선택지도 보았어요.

코치: 그래요. 그러면 신청 결정을 위해 오늘 시도해야 할 건 뭐예요?

고객: 연락해야죠. "책 좀 빌려주세요!"

코치: 하하하, 분명하시네요. 만약에 책이 좋으면요?

고객: 그걸 가지고 공부할 제 모습을 상상해보고, 감수할 수 있겠다 싶으면 신청할 거예요. 아무래도 어렵겠다 싶으면 보류하거나 포기하고, 필요하다면 아까 얘기한 다른 책을 본다든지 하는 방법을 쓰겠어요.

코치: 계획이 딱 나오네요. 오늘 결정과 함께 선택하는 기준을 찾고 싶다 하셨는데, 어떤 기준을 찾으셨어요?

고객: 이걸 통해 뭘 원하는지, 가치 있는 게 뭔지 살펴보는 거요. 분류해서 구석구석 생각해보기, 그리고 만약 잘못된 결정일 때의 스텝을 생각해보는 것도 유익하게 쓸 수 있겠어요.

코치: 네, 대충 결정하지 않고 이렇게 좋은 방향을 찾아가려는 ○○ 님은 분명히 많은 성장과 발전을 이루실 거예요. 지금보다 훨씬 더 지혜로워진 10년 후의 ○○ 님이 지금의 ○○ 님에게 한마디 하신다면요?

고객: "아, 시도하고, 생각하고, 느끼고, 수정해봐. 경험들이 발전을 만들 거야. 너무 고민하지 말고. 그리고 이번에 해서 안 좋으면 미련 갖지 마."

코치: 어떤 느낌이세요?

고객: 음… 고민하는 것 이면에 중요한 게 있네요. 시도와 미련을 허용하지만, 중요한 게 뭔지 보게 하는. 딱 그거네요. 선택기준에 추가해요.

코치: 발견과 성찰에 탁월하신 ○○ 님, 축하드리고요. 좋은 결정과 또 지혜로운 대처로 성장과 발전의 계단을 오르는 기쁨을 누리시길 바랍니다. 오늘 코칭 여기서 마칠까 하는데 어떠세요?

고객: 네, 감사합니다.

이런 선택의 주제에서 자칫하면 코치가 해결 중심으로만 가거나 '어떤 것을 고르는 게 나은가?' 같이 고민에 빠져 코칭이 어려워질 수 있다. 선택하고 해결하는 것은 고객이고, 고객이 자신의 존재, 가치를 찾아 그 힘으로 문제를 해결하고 선택할 수 있도록 코치가 중심을 잡고 가야 한다.

(2) 정리가 필요해요

정리가 필요한 고객은 어떤 상태일까? 반드시 해야 하지만, 시간이 없고 쫓기는 마음. 정리가 안 된 것에 대해 마음이 불편하다. 정리 안 된 상황이 마음에 반영되고 그런 점을 말하는 코칭 장면에서도 정리 안 된 것이 먼지처럼 올라와 어수선하기 쉽다. 쏟아져 나오는 이야기를 들으며 요약정리하려다 보면 진이 빠진다. 정리가 안 된 고객이 말을 꺼내놓는 시점부터 딱 정리해가고 싶은 마음을 버리고 좀 편히 따라가길 권한다.

정리전문가들은 어떤 집에 의뢰를 받아 갔을 때 고객이 어떤 것을 원하는지 들은 후 실전 정리를 할 때 먼저 물건을 다 꺼낸다고 한다. 그러곤 버릴 것과 나머지 것들을 종류별로 박스에 분류해 넣고 고객의 특성을 반영해 필요한 수납 장소를 마련해 넣는다. 그리고 매일 정리하는 것을 작은 습관으로 만든다고 한다. 이것을 코칭에 적용해보면 어떨까?

정리 주제를 본격적으로 꺼내고 펼치기 전에 코칭에서 얻기를 원하는 목적을 분명히 한다. 그러곤 고객의 상황과 마음에 담은 것을 쏟아내도록 한다. 그 후 코칭의 바구니에 하나씩 담듯 얽혀 있는 것을 풀어가며 나온 이야기들을 정리해간다. 그런 다음에 고객의 스타일을 반영해 정리 계획을 도출하도록 한다. 고객이 말한 정리에 관한 목적보다 더 중요한 관계나 감정, 삶의 전환기 같은 이슈가 드러날 수 있다. 간단히 넘어갈지, 큰 바구니에 담아 다루어볼지, 아니면 집중할 주제를 수정할지도 확인하고 정할 필요가 있다.

아래 사례는 여러 가지가 복잡하게 얽힌 정리 주제다. 무엇이 얽혀 있고 나라면 어떻게 다룰지 생각하며 읽어보자.

주제 합의

고객: 오늘 집안을 보면서 정리 주제로 코칭을 받고 싶다는 맘이 올라왔어요.

코치: 네, 정리에 대해 오늘은 어떤 것에 집중하고 싶으세요?

고객: 사방에 물건이 많아요. 물건뿐만 아니라 컴퓨터 속도 복잡하고 제 머릿속도 묵직하고 마음도 그래요.

코치: 머리도 마음도 묵직한 그 무게가 전해지는 듯해요. 묵직한 것들의 실체는 뭐예요?

고객: 지난번에 컴퓨터를 정리하다가 조금 남았으니까 나중에 마저 하자 하고 어제 다시 정리하다 보니 그게 조금 남은 게 아니더라고요. 그동안 중요하지 않은 파일을 자꾸 만들었던 거예요. 사진도 찍고 별것도 아닌 문서를 자꾸 만들고, 나중에 할 거, 챙겨봐야 할 유튜브… 그런 것들이 제 삶에 쌓였고 그게 다 할 일인 거예요.

목표 합의

코치: 오래된 숙제 같이 느껴져요. 원하시는 삶은 어떤 거예요?

고객: 필요 없는 것들을 없애고 정말 필요한 것만 남기고 만드는 삶?

코치: 네. 그렇게 살면 뭐가 좋아져요?

고객: 복잡하지 않고 마음이 편안할 거예요. 집 어디에나 보이는 일감이 없다면 집중도 잘할 수 있고요.

코치: 그래요, 정말 ○○ 님이 복잡하지 않고 마음이 편안해지면 좋겠어요.

고객: 감사해요, 코치님.

코치: 정말 필요한 것만 남기고 만들기 원하시는데, 오늘 대화에서 어떤 결과를 얻으시면 도움이 될까요?

고객: 좀 심플하게 관리되어 마음 편히 살기 위해 어떻게 해야 하나? 나는 뭘 정리하고 앞으로 뭘 만들고 만들지 않을지…. 아, 생각 정리가 잘 안 되네요.

코치: 네, 심플하게 관리되어 마음 편히 살기 위해 뭘 정리할지와 앞으로 뭘 만들거나 만들지 않을지를 찾기 원하시는 거예요?

고객: 네, 맞아요.

코치: 네, 그럼 결과물로는 뭐가 나오면 될까요?

고객: 정리할 것 목록과 만들거나 만들지 않을 것의 기준?

코치: 네, 목록과 기준이 나오는 거네요.

이 사례는 40분 코칭이다. 만약에 20분 코칭이라면, 주제를 좁혀야 할 것이다.

코치: 심플하게 관리된다는 건 ○○ 님에게 어떤 거예요?

고객: 현재는 내가 관리할 수 있는 이상의 것들을 막 만들어내서 복잡하고 힘든 거 같아요. 관리하기 위해 에너지를 너무 쏟는 거 같아요. 심플하게 관리된다는 건 제 주변에 정말 필요한 것과 나한테 중요한 것들만 두어서 에너지를 많이 쓰지 않고도 멋지게 돌아가는 거라고 생각해요.

코치: 오, 필요하고 중요한 것들로 멋지게 돌아간다!

현실 인식 **쏟아내기**

코치: 현재 심플한 삶을 방해하는 방해꾼은 뭐예요?

고객: 물건이 너무 많은 거. 특히 제 물건이 여기저기 있는 건데요. 제 공간이 여러 군데 있어서 더 그래요. 안방 베란다에 제 책상이 있는데 작고 다른 짐들이 많아서 책이랑 작업 컴퓨터는 거실에 있어요. 안방, 부엌에도 제 물건들이 많죠.

코치: ○○ 님의 물건이 다 들어갈 적정 공간이 없는 거네요? 일터와 섞여 있고요.

고객: 맞아요. 집안 모든 공간에 내 물건이 있고, 모든 공간이 제 일터죠.

코치: 어떤 마음이 드세요?

고객: 아쉽고 답답해요. 여러 가지 방법을 찾아봤는데, 딱히 답이 없어요. 나중에 이사 가거나 애들이 독립해나가면 제 방을 마련할 수 있겠지요. 남편도 서재가 없어서 거실을 쓰는데, 거기 제 컴퓨터가 있어요. 남편이 줌(zoom)을 하거나 하면 저는 베란다 공간으로 가 있고요. 아, 남편도 거실에 제 책이랑 어질러져 있는 거 보면, 내색은 않지만 힘들겠네요.

수렴하기

코치: 그러시군요. 이렇게 이야기를 하시다 보니 무엇이 정리되세요?

고객: 내가 어지르고 있구나. 어질러진 게 나를 우울하게 하고 힘을 빼는구나. 나뿐만 아니라 남편도 힘들겠구나. 지금 상황에서 최선이 되도록 해야겠다는 거요.

코치: 정리를 위해 뭐가 필요할까요?

고객: 어느 정도까지 버려야 할지 기준과 방법뿐만 아니라 마음의 결단도 필요한 것 같아요.

대목표 찾기

코치: 이렇게 살게 된다면 우리 ○○ 님에게는 어떤 삶의 변화가 있을까요?

고객: 제가 몇 주 전에 그걸 경험했어요. 혼자 조용히 여행하는 시간을 가졌는데,

그렇게도 안 되던 일찍 잠들기가 되더라고요. 생각 정리도 되고요. 식단도 짜서 집안일도 좀 더 잘할 수 있었어요. 네, 그런 일과가 계속된다면 성과가 좀 나오겠죠.

코치: 어떤 성과가 나올까요?

고객: 아이들이 크면 제 직업을 가지고 일해야지 했는데, 그때가 되었는데도 저는 집안일, 정리, 청소에서 허우적대고 있어요. 그런 허우적댐에서 벗어난다면, 제 직업을 가지고 눈에 보이는 성과를 낼 거 같아요.

코치: 심플하게 정리된 곳에서 직업적으로 성과를 내시는 모습을 한번 그려보시죠. 눈을 감고 상상해보시겠어요?

고객: 네.

코치: 어떤 모습이에요?

고객: 제 공간이 분리되어 확보되어 있고요. 부엌도 깨끗해서 '일 더해야 하는데' 하는 압박감이 들지 않아요. 제 방에서 타이핑을 하고 있어요. (중략)

코치: 그런 ○○ 님을 스스로 뭐라고 부르시겠어요?

고객: 안정되게 몰입해서 내 일을 하는 전문인요.

코치: 네, 감정을 담아 다시 말씀해주시겠어요?

고객: 나는 안정되게 몰입해 일하는 전문가다!

삶의 이정표라 할 수 있는 대목표가 도출되었다. 이때의 감정을 충분히 느끼게 하는 것은 고객의 실행에 에너지원이 된다.

실행 계획

코치: 이렇게 말씀을 쭉 하시고, 오늘 '심플하게 관리되는, 마음 편한 삶을 위해 뭘 정리하고 앞으로 뭘 만들거나 만들지 않을지'라는 주제를 다시 보시면 어떤 마음이 드세요?

고객: 저는 아까 하도 답답해서 이 문제를 빨리 해결해야겠다 했거든요. 근데 이게 '태도의 문제이고, 단기간에 될 것도 그렇다고 미룰 것도 아니다. 절실하고

내 삶에 참 중요한 과제'라는 생각이 들어요. 다른 거 하려던 것보다 오늘 당장 하루 동안 할 수 있는 급한 정리를 하고, 방침을 정해 앞으로 지켜야겠구나 싶어요.

코치: 당장 정리를 하고 싶으시네요. 앞으로도 이어가고 싶으시고요.

고객: 네, 우선순위가 올라갔어요. 오늘 당장 할 일을 찾고 싶어요.

고객에게서 자신의 적정 공간이 없다는 것과, 더 나아가 아이들이 다 크면 하고 싶던 전문인에 대한 열망이 발견되었다. 간단히 넘어갈지, 큰 바구니에 담아 다루어볼지, 혹 주제를 수정할 마음이 있는지도 점검할 필요가 있다. 고객이 오늘 당장 할 일을 찾아 정리하고 싶다는 마음이 올라왔으므로 여기서는 실행 계획 단계로 진행했다. 이 이슈들은 고객의 마음의 상자에 담겨 필요한 순간이 오면 꺼낼 것이다.

정리의 비전

코치: 네. ○○ 님이 전문가로서 몰입할 수 있는 심플한 환경은 어떤 모습인지 표현해봐주시겠어요?

고객: 탁자 위에 꼭 필요한 물건만 있는 것, 옷은 옷장에 들어가 있고, 싱크대와 주방엔 할 일이 남아있지 않고, 이동해야 할 물건들이 없는 상태. 아침에 일어났을 때 치우거나 청소기를 돌려야 할 일이 없고, 다른 물건들이 탁자에 없어서 올려둔 휴대폰이 바로 보이는 상태….

코치: 현재 상태는요?

고객: 수납할 곳에 비해 물건들이 많아서 넘치고요. 제가 이곳에서 저곳으로 가져다둔 물건들, 모든 책상, 화장대, 피아노 위에 물건들이 올려져 있는 상태. 그러니까… 물건이 많다는 것과 이동이 문제네요.

코치: 원하시는 심플하고 마음 편한 상태를 위해 오늘 어떤 작업을 우선 하고 싶으세요?

고객: 버려도 되는 걸 정리하는 거? 근데 작업이 너무 많겠어요.

small step

코치: 단시간에 꼭 필요한 작업을 했다면, 눈앞에 어떤 광경이 보일까요?

코치의 역할 중 하나가 큰 목표를 이루기 위해 단계를 나누어 나아갈 수 있게 하는 것이다. 작업이 너무 많겠다고 하는 고객에게 코치는 단시간에 꼭 필요한 작업부터 한 발 떼도록 작은 발걸음으로 다운시켰다(small step 전략). 실행 단계가 긴 코칭이다. 어떤 단계를 밟는지 보며, 나라면 이때 어떻게 진전시켰을지 생각해보자.

고객: 탁자 위에 아무것도 없어요. 책상 위에 필기도구만 있어요. 이쪽 책상은 노트북. 아, 제가 쓰는 책상이 4개예요. 책장에 책이 꽂혀 있어요. 화장품은 상자에 있고 옷 서랍 위에 있던 것도 싹 들어가서 깨끗해요.

코치: 부엌은요?

고객: 식탁 위에 아무것도 없고 설거지는 되어 있어요.

코치: 그 밖에는요?

고객: 바닥은 청소기를 돌려서 깨끗해요.

코치: 이 일들을 정리전문가가 한다면 어떻게 할까요?

고객: 유튜브에서 본 어떤 분은 한 종류씩 모아서 하더라고요. 설거지와 부엌 정리부터요. 방의 옷, 화장품, 책, 서류. 청소기까지 돌린다 해도 전체 2시간 정도면 하겠는데요? 제가 좀 느리고 시간을 짧게 잡지만, 곁길로 새지 않으면 몇 시간 안 걸려 금방 할 거 같아요.

코치: 곁길로 샌다고요?

고객: 하하~ 제가 산만한 데가 있어요. 일하는 중에 자주 곁길로 새곤 하죠.

장애물 제거

코치: 아하, 그럼 어떻게 방지해요?

고객: 흠… 일할 차례를 적어 붙이고 체크해야겠어요.

코치: 오, 좋네요. 어떻게 적으시겠어요?

고객: 방의 옷 10분, 화장대 10분, 책 10분, 부엌일 30분, 거실 서류 30분, 청소기 30분, 기타 30분.

코치: 이렇게 2시간여 집중해서 일하고 둘러보신다면 마음이 어떠실 거 같아요?

고객: 후련할 거 같아요. 묵직하던 게 날아갈 거예요. 남편도 나가고 아침이니까 더 빨리 할 수 있어요.

코치: 뭔가 신나는 느낌도 드네요. 그런데 말이죠, 이를테면 책 정리는 10분 만에 할 수 있는 건데 잘 안 된 건 뭐 때문이었을까요?

고객: 치워도 계속 가져오고 아침엔 이 책상에서, 저녁엔 저 책상에서 보려고 가지고 다니니까요. 책장에 꽂아도 어차피 또 가져올 거니까 그대로 두는 거죠.

유지 방법 찾기

코치: 그러네요. 지금 책상 위에 있는 책을 한번 보시면서, 깨끗함을 유지할 방법을 찾아보신다면요?

고객: 공부해야지 하고 가져왔는데 다른 일 하느라 안 보고 쌓여 있는 게 많아요. 보다 말거나.

코치: 어떻게 다르게 해보고 싶으세요?

고객: 그 자리에서, 그러니까 책꽂이 앞에서 보고 더 보겠으면 가져온다. 도서관에서 책 고를 때 서서 보듯이 말예요. 오~ 좋은데요!

코치: 바로 방법을 찾으시네요. 지금 목소리가 밝고 에너지가 높게 들려요. 그 에너지로 탄력받아 다음 스텝을 밟는다면요?

고객: 옷은 서랍에 넣기 귀찮으면 옷상자 하나에 넣어서 온 방에 어질러지는 걸 막고요. 그런 다음에… 오늘 하려던 컴퓨터 정리에 버릴 것과 만들거나 만들지 말 것을 적용해 생각해보면 되겠어요. 시간이 꽤 걸릴 거 같아요. 그나마 지난번에 분류를 좀 해놔서 훨씬 낫긴 해요. 너무 많아요.

small step

코치: 중요한 파일 하나 생각해보시죠.

고객: 사진? 글쓰기 파일? 아니, 일단 업무에 중요한 파일부터 정리하고, 정리된 건 이름에 되었다는 표시를 해야겠어요.

긴 정리의 대장정이 마무리되었다. 고객의 마음속에 있는 부담들이 쏟아져 나오고, 원하는 모습이 나오고, 옷, 화장대, … 컴퓨터가 마음의 정리 바구니에 담겼다. 물건들이 정리되기 전에 고객의 마음이 정리되어 보인다.

코치: 오늘 할 일과 앞으로의 실행 계획과 기준, 방법들을 도출하셨어요. 먼저 오늘 실행하기로 한 건 뭐였죠?

고객: 정리 목록 써서 2시간 정도 방 물건들을 정리하고, 설거지하고 나서 청소기를 돌린다. 그런 다음에 컴퓨터 파일을 정리한다.

마무리

코치: 앞으로 유지하기 위해서는 어떤 일들을 꼭 하시겠어요?

고객: 책은 책장 앞에서 보다가 계속 볼 거면 가져가기. 보고 책장에 다시 꽂기. 컴퓨터 정리는 중요한 디렉토리부터 하나씩 필요 없는 거 삭제하고, 문서를 만들면 직관적으로 제목을 써서 분류해 넣기.

코치: 네, 오늘 이렇게 마음 편한 삶을 위해 심플한 관리를 이야기하며 오늘 할 일과 앞으로 유지하기 위한 일들을 얘기했어요. 어떤 유익이 있으셨는지요?

고객: 지금 마음이 훨씬 가볍고 편하게 느껴져요. 삶에 대해 중요한 것, 정리가 내 일에 미칠 영향까지 생각했고, 그래서 오늘 당장 하고 싶은 일을 찾은 게 너무 좋았어요. 오늘 정리와 앞으로 유지 방법이 완벽하게 저와 환경을 바꾸지 않는다 해도 훨씬 나은 마음으로 가는 걸음이 될 거라고 생각해요.

코치: 오늘 느끼신 것과 정리가 ○○ 님의 심플하고 에너지 몰입하는 삶의 한 걸음이 되시길 저도 응원합니다.

고객: 네네, 감사합니다.

(3) 아이가 학교에 안 가려 해요

코칭하기 어려운 이슈들이 있다. 일테면 자녀에 관한 어려움이 이야기될 경우, 일단 제삼자 이슈지만, 그 제삼자가 약하고 돌봐줘야 하는 대상인 데다 고객과 깊은 연결이 있고, 심각하게 느껴질 상황도 많아 코치도 동요할 수 있다(이렇게 자신에게 어려운 주제가 있을 때는 왜 어려운지 스스로 살펴보고, 슈퍼비전을 받는 것도 도움이 된다).

나에게 이런 주제들이 힘들 때는 아이가 겪는 상황이 심각하거나 말과 행동이 위험해 보일 때 '아이를 보호해야 한다'는 마음의 알람이 울려서다. 그러나 영향력을 끼쳐야 하는 건 고객이다. 고객도 자녀의 과제를 다 해결할 수 있는 것이 아니고 영향력을 끼칠 수 있는 범위가 있다. 고객이 주체가 되어 일하도록 코치는 감정에 휘둘리지 않게 중심을 잡으며, 과제를 분리하고, 조언이나 충고하지 않고, 코칭을 해야 한다.

과제란 자신이 해야 할 일이다. 과제 분리는 그 과제의 소유자가 누구인지를 분명히 하고 그가 자기 일을 하도록 구별하는 것이다. 코치도 자신과 고객 간의 과제를 분리해야 하고, 고객도 자신과 타인의 과제를 분리해야 한다. 자신의 과제를 자기 역할로 수행할 때 변화와 성장을 기대할 수 있다.

여기까지 마음 준비가 되었는데도 코칭을 망치는 경우는 고객의 상황 설명이 계속되는 것을 그냥 놔둘 때였다. 고객 자신이 깊이 관여되어 있거나 복잡한 감정과 책임이 있는 이슈의 경우, 상황 설명에서 맴돌기 쉽다. 그리고 코칭에 익숙하지 않은 고객은 코치가 들었으니 조언과 방법을 말해주기를 기대하고 설명하는 경우도 있다.

코치는 코칭의 목적과 목표를 명확히 하고, 초기 합의를 잘하는 것이 중요하다. 고객이 이 코칭에서 무엇을 얻길 원하는지, 감정의 해소인지, 현실 정리인지, 분석인지, 아이를 움직이기 위한 방법인지 확실히 묻고 합의한다.

정리해보면 다음과 같다.

① 공감은 하되 감정에 휘둘리지 않는다.

② 과제를 분리한다.

③ 충고 · 조언 · 판단하지 않는다.

④ 코칭의 목적과 목표를 분명히 합의한다.

주제 합의

코치: 오늘 어떤 이야기하고 싶으세요?

고객: 좀 어려운 주제예요. 저희 애가 학교에 안 가겠다 하고, 실제로 두어 달 전부터 드문드문 결석하기 시작하더니 이젠 아예 방에서 나오지도 않아요.

코치: 아, 저런.

고객: 너무 힘들어요. 말도 안 하고. 상담도 받았는데 안 가겠다고 해요. 밥도 잘 안 먹고 날카로워서 말 걸기도 어려워요. 담임 선생님과도 상담했는데, 1년에 몇 번까지 결석이 허용되는지 얘기하시더라고요

코치: 마음이 많이 쓰이시겠어요. 여러 가지 생각하고 해보셨을 텐데, 오늘 저와는 무엇에 집중하길 원하세요?

고객: 애가 다시 학교에 가도록 하는 방법을 찾고 싶어요. 여러 가지 해봤지만 학교에 가는 건 말도 못 꺼내게 신경질을 내요. 결석 허용 범위는 많이 여유 있지만, 그래도 시간은 금방 가니까요.

주제 심화

코치: 학교에 간 다음은요?

고객: 어… 공부를 못하던 애도 아니고, 중학교까지는 잘했는데 고등학교 올라가서 자신감을 잃은 거예요. 좀 더 열심히 하고 성적이 올라 자신감이 생기면 그래도 좀 낫지 않을까요? 그러다 보면 대학도 가고. 아이가 다니는 학교는

꽤 괜찮은 학교거든요. 좋은 고등학교 보내려고 이사까지 했어요.

코치: 아이는 그 학교에 대해 어떻게 생각해요?

고객: 다니기 싫고, 친구들 있는 학교에 가고 싶다고 했어요. 친구가 하나도 없다고요. 학기 초에 중학교에서 알아왔던 애들 무리가 있어서 끼질 못한다는 말을 했어요.

코치: 그런 상황이 있었군요. 다시 학교에 가면 그 상황이 어떻게 달라지죠?

고객: 상황은… 아이의 주변 상황은 모르겠어요. 별로 달라지지 않을 거 같아요. 그래도 선생님이 아이 상황을 아셨으니 좀 배려해주시지 않을까요? 아이들도… 아니, 어쩌면 더 어려운 상황이 될 수도 있겠네요.

코치: 어떻게요?

고객: 더 외톨이가 될 수도 있겠어요. 이상한 애 취급을 할 수도 있고. 아이가 검정고시 얘기도 하더라고요.

코치: 네. 여러 길이 있을 수 있을 텐데, 아이가 이렇게 살았으면 하고 원하시는 모습은 어떤 건가요?

고객: 저는 애가 공부를 잘하지 못해도 괜찮아요. 건강하게, 행복하게 살면 되죠.

코치: 네. 건강하게, 행복하게 사는 건 어떤 거예요?

고객: 아프지 않고, 주변 사람들과 즐겁게 지내고, 좋아하는 일, 자기 할 일 잘하며, 보람도 느끼고 여유 있게 사는 그런 삶요….

코치: 네, 그런 면에서 아까 말씀하신 학교에 가게 한다는 것을 다시 보시면 어떤 생각이 드세요?

고객: 음… 그게 중요한 건가 하는 생각이 들어요. 내가 바라는 건 아이의 건강과 행복인데, 저는 준비되지 않은 아이를 꺼내서 어쩌면 더 나쁜 상황에 밀어 넣으려는 것일 수도 있겠다 싶어요.

코치: 그렇다면, 오늘 코칭대화에서는 무엇을 얻고 싶으신지요?

고객: 네. 저는 아이가 건강하고 행복했으면 좋겠어요.

코치: 네, 아이가 건강하고 행복하게 사는 것. 범위가 넓겠어요. 아이의 건강과 행복을 위해 고객님이 주체가 되어 행하는 데 도움이 되도록 오늘 1시간 동안

대화의 구체적인 목표를 세우신다면요?

고객: 아이가 학교 안 가는 현재 상황에서 아이의 행복을 위해 도울 최선의 방법 찾기?

코치: 네, 아이가 학교에 안 가는 현재 상황에서 아이의 행복을 위해 도울 최선의 방법 찾기에 집중해 이야기 나눠볼까요?

고객: 네.

코치: 최선의 방법이라는 건 어떤 의미를 가진 걸까요?

고객: 음… 이제까지 야단도 치고 설득도 하고, 맛있는 거 먹으러 가자고 회유도 했지만, 다 잘 안 되었어요. 애가 방에서 안 나오고 막 소리도 지르고요. 지금은 아이 눈치만 보는 상황이라 이 상황에서 통하는 방법이었으면 좋겠고, 길게 봐서 아이에게 도움이 되는 방법을 찾고 싶어요.

현실 인식

코치: 이런 노력이 아이의 건강하고 행복한 삶을 위해서잖아요? 아이가 원하는 건 뭐래요?

고객: 쉬고 싶대요. 혼자 있고 싶고, 사람들을 안 만나고 싶다 하고요.

코치: 쉬고 싶다… 그건 뭘까요?

고객: 친구들 없는 곳에서 잘 지내보려고 무지 노력한 거 같아요. 담임 선생님은 애가 굉장히 씩씩하고 밝은 모습이어서 이럴 줄은 전혀 몰랐대요. 그렇게 외향적인 애는 아니었거든요.

코치: 아, 그렇게 힘들게 노력했던 거네요. 그런데 '쉬고 싶다'에는 여러 가지가 내포될 수 있잖아요. 어떤 것이 힘들어서 쉬고 싶다고 해요?

고객: 말을 안 해요. 상담도 받았지만 안 가겠대요. 담임 선생님과 상담할 때도 그냥 지쳤다고만 했어요.

코치: 이렇게 힘들 때는 투정이라도 부릴 만한데 말을 안 한다는 건 어떤 의미일까요?

고객: 처음엔 그랬죠. "친구가 없어. 밥도 혼자 먹어. 왜 이 학교 보냈어?" 하고요.

그래도 야단쳐서 보냈죠. 그러다가 아프다 하고, 며칠 결석하고 안 간다 안 간다 하다가 어느 날부턴 학교 가라니까 소리 지르고 물건까지 부수며 방안에 틀어박혔어요.

코치: 이렇게 상황과 아이와의 대화에 대해 얘기하시니 어떤 마음이 드세요?

고객: 처음부터 말을 안 한 건 아니었구나 싶어요. 안 들으니까 마음을 닫았구나. 애가 자신의 말을 할 수 있는 사람이 아무도 없구나.

코치: 아이의 마음이 뭐라고 하나요?

고객: …

목표 설정

코치: 아이에게 어떤 존재가 되고 싶으세요?

고객: 말을 잘 들어주는 내 편.

코치: 말을 잘 들어주는 내 편! 아이가 "그때 엄마가 이렇게 해줘서 정말 도움이 되었어요"라고 한다면 어떤 말일까요?

고객: 엄마가 그때 내 편이 돼서 받아주고 막아줘서 고마워요. 기다려줘서, 지켜줘서, 강요하지 않아서….

코치: 지금 마음이 어떠세요?

고객: 울컥하네요. 조급한 마음을 버려야겠어요. 빨리 나오게 할 게 아니라 먼저 아이가 안심할 수 있도록 닦달하는 걸 멈추고 지켜줘야겠어요.

코치: 네, 먼저 안심하도록. 아이가 안심하고 지내며 행복했던 때가 많이 있었을 거예요. 아이가 정말 행복해 보였던 장면은 어떤 게 떠오르세요?

고객: 어렸을 때 가족과 함께 여행 갔을 때, 맛있는 거 먹고 물놀이하고 도자기 체험하던 날 종일 깔깔 웃고 세상 편하게 너무나 환하게 웃던 모습이 기억나요.

코치: 그렇군요. 그리고 또 행복한 모습은요?

고객: 중학교 때 친구들과 찍은 스티커 사진들을 방 창문에 붙여놨는데, 그 모습도 참 행복해 보였어요. 아!

코치: 뭐가 생각나셨어요?

고객: 그리워하겠구나. 친구들이 그립고, 그런 순간이 그립겠구나. 그 아이한테 그런 환한 웃음들이 있었구나…. 아이가 그런 마음을 친구라는 말로 내게 전달했던 거였는데 듣지 않았구나. 내가 "공부는 중요한 게 아니야" 하면서도 웬만큼은 해야지 하는 생각에 좋은 학교로 억지로 옮겼는데, 그게 너무 미안해요.

코치: 미안한 마음이 드시네요. 아이가 행복했던 순간이 있었어요. 가장 행복했던 장면 하나를 탁 집어 마음에 넣어보시겠어요?

고객: 네.

코치: 지금 마음이 어떠세요?

고객: 그 행복한 모습을 다시 보고 싶어요. 꼭 되찾게 하고 싶어요.

실행 계획

코치: 정말 그러기를 바라요. 그러기 위해 어떤 일들을 해보고 싶으세요?

고객: 아이에게 도움 될 말을 하는 거예요.

코치: 아이에게 정말 도움 될 말은 어떤 게 있을까요?

고객: "네가 좀 나아질 때까지 엄마가 지켜줄게. 엄마는 네 편이야. 하고 싶은 게 생각나면 말해. 인생, 천천히 가도 돼…" 이런 말들? 더는 모르겠어요. 책이나 유튜브라도 찾아봐야겠네요.

코치: 오, 도움 될 거 같은데요? 더 찾아보시는 것도 좋겠고요. 그리고 아이의 행복을 위해 지금 상황에서 할 수 있는 방법은 또 뭐가 있을까요?

고객: 아이에게 맞을 좋은 상담 선생님을 찾는 일요. 지난번 선생님은 아이와 잘 맞지 않았는지 아이의 마음을 열지 못하셨던 거 같아요.

코치: 그럴 수 있죠. 그리고 또요?

고객: 이런 경우에 도움을 받을 수 있는 전문가들이 있을 테니 찾아보고 조언을 받아야겠어요.

코치: 이제까지 했던 일 중에 좀 효과가 있었던 일은 뭐였어요?

고객: 밥은 안 먹는데 좋아하는 음식은 조금씩 먹어요. 샌드위치 좋아하는데 맛있

는 샌드위치랑 아이스크림도 좀 사놔야겠어요. 아, 그리고 애가 조용한 야외를 좋아해요.

코치: 최선의 방법으로 빠른 시간 내에 뭘 해보고 싶으세요?

고객: 맛있는 샌드위치랑 아이스크림을 사놓고 "힘들었지? 엄마는 네 편이야" 하고 말하고 싶어요.

코치: 네, 도와줄 사람이나 사용할 자원이 있다면요?

고객: 남편과 함께 힘을 합쳐야겠어요.

코치: 어떤 힘듦이 있을까요?

고객: 바로바로 효과가 없는 게 더 많을 수도 있어요. 그래도 실망하지 말아야죠. 아이가 그렇게 힘들어하는데, 저는 엄마니까요. 한 가지 안 되면 다른 거 하나 더 해보자 할게요.

마무리

코치: 오늘 아이가 행복해지도록 현재 상황에서 도울 최선의 방법을 찾아 이야기를 나누었어요. 정리를 좀 해주시겠어요?

고객: 아이의 행복을 위해 정말 힘껏 달려야겠다. 엄마가 자기편이라고 믿고 지지가 되도록 서두르지 말아야겠다. 할 일 목록을 만들어야겠어요. 말, 음식, 전문가, 자연, 상담사.

코치: 아이에게 도움이 되는 말을 하고 싶다 하셨어요. 아이에게 마음으로 응원의 말을 해주시겠어요?

고객: "○○야, 미안하다. 엄마가 너무 잘못했어. 그래도 우리 힘을 내자. 엄마도 힘을 내서 우리 행복을 꼭 되찾을 거야."

코치: 서너 달 후 이 일을 잘해내시는 고객님께 말씀하신다면요?

고객: 힘들었어도 아이를 위해 정말 잘했다.

코치: 저도 진심으로 응원합니다. 우리 코칭을 여기서 마쳐도 될까요?

고객: 네, 감사합니다.

4장.

인증코치 실기시험 사례

4장은 한국코치협회의 KAC와 KPC 인증 실기시험 기준과 사례를 담았다. KCA가 제정한 핵심 역량을 반영한 코칭을 실제 시험 장면에서 어떻게 보여주는지를 확인할 수 있다. 자신의 코칭을 심사기준에 맞추어 분석 및 보완해가면서 시험에 대한 자신감과 코칭 실력을 높일 수 있을 것이다.

1.
KAC 실기시험 심사기준

한국코치협회(KCA: Korea Coach Association) 코치인증은 KAC(Korea Associate Coach)와 KPC(Korea Professional Coach), KSC(Korea Supervisor Coach) 세 종류가 있다. 응시는 한국코치협회가 인증하는 프로그램을 수료한 사람들이 지원할 수 있는 ACPK(Accredited Coaching Program in Korea) 지원이나 포트폴리오 지원이 있다. 대다수는 ACPK 방식으로 지원한다. 서류전형 → 필기전형 → 실기전형 단계를 거쳐 최종 합격 여부가 결정된다.

KAC와 KPC 실기전형은 텔레시험으로 약 1시간 코칭 시연을 진행한다(응시자 2명과 심사위원 2명, 총 4명이 전화로 접속한다). KAC의 경우 응시자 2명이 각 15~20분간 코칭을 시연하며, 총점 60점 이상 시 합격이다(2023년 3월 1일자 개정 기준*).

KAC 시험은 한국코치협회의 코치자격증 첫 단계 시험이다. 생소하고 어색한 코칭 언어를 쓰며 낯선 사람들과 실습을 하다가 자격증 시험을 보겠다고 마음먹은 예비 코치님들께 응원을 보낸다. 시험이라는 기회에 요구된 역량을 집중적으로 다지는 것은 코치로서의 성장에 큰 도움이 된다. 본격적인 시험 준비를 하는 시점에서 먼저 한국코치협회의 KAC 심사기준을 살펴볼 것을 권한다.

---

* 2023년 2월 28일자 이전에는 인당 시연 시간 10~15분, 합격 점수 70점 이상이었다.

KAC 시험은 일단, 해야 할 것과 하지 말아야 할 것을 지키며 코칭으로 주제를 풀어나가면 된다. 해야 할 것은 코칭대화모델을 사용하며 경청, 질문, 공감 같은 기본 기술을 사용하는 것이다. 구체적으로는 비밀 보장 언급, 라포, 코칭 합의, 실행 계획 세우기를 단계적으로 하고(코칭대화모델), 그 안에서 경청, 긍정적이고 열린 코칭 질문들, 공감, 인정, 키워드 따라가기, 요약, 침묵 같은 것들(코칭 기술)을 구현한다. 자신감 있는 태도로 시간을 운용하고, 시간을 지키고, 여유 있게 대화하고, 고객일 때는 협력적인 태도로 임한다. 하지 말아야 할 것은 조언, 평가, 판단, 부정적인 언어 사용, 닫힌 질문, 유도 질문, 길고 불분명한 질문 같은 것이다.

2023년 3월부터 KAC 시험 시간은 15~20분으로, 이전보다 5분이 늘어났다. 코칭을 더욱 코칭답게 만드는 역량들이 심사항목에 추가되었고, 코칭 언어의 조합을 사용하는 것에서 벗어나 '코칭을 하도록' 시간을 확보케 한 것으로 보인다.

(신)KAC 심사항목에 추가되거나 포괄적 또는 코칭 철학 구현에 더 적합하게 수정된 항목으로는 성과 관리, 수평적 파트너십, 기법 활용, 의미 확장과 구체화, 통찰 같은 것들이 있다. 이전에도 코칭에 스며있는 역량들이었겠지만, 따로 심사항목으로는 두지 않았던 것도 있고(기법 활용, 통찰), 유사한 심사항목이 있었지만 더 포괄적으로 보겠다는 것도 있다(성과 관리, 수평적 파트너십, 의미 확장과 구체화).

유의할 심사항목을 살펴보자.

6. 성과 관리: (구)심사항목 '6. 주제와 실행 계획의 일관성'과 관련된다. 그러나 실행 계획의 구체화가 세션 목표에 대한 성과와 같은 것은 아니다. 코치는 합의한 코칭 목표를 기준으로 코칭을 일관성 있게 진행하고, 마무리하면서 고객에게 코칭 성과를 확인해야 한다.
7. 수평적 파트너십: (구)심사항목에는 '9. 고객에 대한 배려'가 있었다. 배려는 도와주거나 보살펴주려고 마음을 쓴다는 뜻이고(표준국어대사전) 코칭 시연 장면에서는 주로 "편하게 얘기 나눠주시고, 불편하시

면 얘기하세요" 정도로 초반에 표현되었다. 수평적 파트너십은 코칭 전체 장면에서 코치가 고객을 믿고 동등한 관계로 대하는 것이 말과 태도로 나타나야 한다.

14. 기법 활용: (신)심사기준에 신설된 항목이다. 기존 KAC에서 많이 사용하던 수치화 외에도 알아차림과 통찰을 위해 은유, 비유, 침묵과 그 외 필요한 기법에 익숙해질 필요가 있다.
15. 의미 확장과 구체화: (구)심사항목의 '13. 경청을 잘한다'에서 말한 '고객이 자주, 의미 있게 말한 키워드를 활용하여 질문'하는 것을 포함해 코치는 고객 말의 의미를 구체화하고 확장, 수렴하도록 도와야 한다.
16. 통찰: 통찰이 (신)KAC 심사항목의 하나로 명시되었다는 것은 고무적이다. 알아차림과 "아하!" 하는 새로운 깨달음을 더하는 통찰을 일으키도록 코치가 지원함으로써 코칭이 훨씬 강력해짐을 보게 될 것이다.

다음은 (신)KAC 실기시험 심사기준이다(2023년 3월 1일부터 적용되는 기준).

KAC 실기시험 심사항목

구분	심사항목	설명
코칭 세션 운영	1. 윤리규정 및 태도	- 비밀유지 규정을 고지했다. - 시연 시간에 맞추어 입장했다.
	2. 코칭 세션 동의	- 고객에게 코칭 시작 동의를 얻었다. - 고객에게 코칭 종료 동의를 얻었다.
	3. 코칭 세션 시간 운영(15~20분)	코칭 세션을 주어진 시간(15~20분) 안에 마무리했다.
	4. 전체 세션 운영의 유연성	전체 코칭 세션을 자신감을 가지고 자연스럽게 운영했다.

구분	심사항목	설명
전문 계발	5. 코칭 합의	코칭 주제와 목표를 명료화하고 합의했다.
	6. 성과 관리	코칭 세션을 마무리하면서 코칭 성과를 확인했다.
관계 구축	7. 수평적 파트너십	고객을 수평적인 관계로서 존재를 인정하며 대했다.
	8. 라포 형성	고객과 라포를 형성하며 편안한 코칭 환경을 유지했다.
	9. 신뢰감과 안전감	고객에게 긍정 반응, 인정, 칭찬, 지지, 격려, 신뢰 등의 언어를 사용했다.
적극 경청	10. 반영	어조 높낮이, 속도 맞추기, 추임새 또는 맞장구 등을 치면서 경청하고, 재진술, 요약 등으로 고객의 이야기를 확인했다.
	11. 공감	고객의 생각이나 감정을 이해하며, 이해한 것을 고객에게 표현했다.
	12. 고객의 표현 지원	고객이 자신의 생각, 감정을 표현하도록 도왔다.
의식 확장	13. 질문	긍정적 · 중립적 언어로 개방적 질문을 했다.
	14. 기법 활용	고객의 상황과 특성에 따라 침묵(완급 조절), 은유, 비유 등 다양한 기법을 활용했다.
	15. 의미 확장과 구체화	고객의 말에서 의미를 확장하거나 고객의 말을 구체화 또는 명료화하도록 도왔다.
	16. 통찰	고객이 알아차림이나 통찰을 하도록 도왔다.
성장 지원	17. 자율성과 책임 고취	고객이 행동 설계 및 실행 계획을 세우도록 도왔다.
	18. 행동 전환 지원	고객이 실행 계획을 실천하도록 점검 또는 후원환경을 만들었다.
	19. 변화와 성장 축하	고객의 변화와 성장을 축하했다.
총평	20. 총평	심사의 각 항목에서 포착하지 못한 부분, 전체 실기시험의 종합적인 측면(전체적인 느낌과 분위기), 고객 역할에 대한 수행 등을 반영했다.

출처: "[재공지] 2023년 코치인증자격 실기시험 심사항목 및 항목별 설명 추가 변경", KCA 자격인증 공지사항 게시글(2023.2.9).

다음 2, 3절은 KAC 응시자의 역량 수준에서 나눌 수 있는 대화를 가정하여 작성되었다. 하나의 예시일 뿐이며, 인증 자격에서 요구하는 역량을 발휘하여 자신만의 창의적인 코칭을 연습해보기 바란다.

2.
KAC 실기시험 사례 1: 루틴 만들기

라포, 코칭 합의

코치[1]: 안녕하세요? 코칭을 함께할 ○○○입니다.

고객[1]: 네, 안녕하세요, ○○○입니다.

코치[2]: 반갑습니다. 오늘 15분에서 20분 정도 대화 나눌 건데요. 호칭을 어떻게 불러드리면 좋으실까요?

고객[2]: 제 이름으로 불러주시면 좋겠습니다.

코치[3]: ○○ 님~ 이렇게 불러드릴까요?

고객[3]: 네~ 좋습니다.

코치[4]: ○○ 님, 오늘 어떤 하루 보내고 계신가요?

고객[4]: 오전에 집 청소하고, 가족들이랑 마트에 다녀왔어요. 그리고 시험 시간 맞춰서 마음의 준비를 좀 하고 있었습니다.

코치[5]: 토요일을 알차게 보내고 계시네요. 지금 ○○ 님 마음은 어떠신가요?

고객[5]: 조금 긴장되지만, 기대되는 마음도 있습니다. 저에게는 도전의 시간이니까요.

코치[6]: 아~ 그렇군요. 그 말씀에서 저 역시 기대감이 크게 올라옵니다. ○○ 님의 도전을 응원합니다.

고객[6]: 네. 감사합니다.

코치[7]: 저는 오늘 ○○ 님이 코칭에서 나누는 이야기에 대해 ○○ 님 스스로 해답을 찾는 데 기여하는 좋은 파트너가 되도록 최선을 다하겠습니다.

고객[7]: 네. 알겠습니다.

코치[8]: 오늘 저랑 나누는 코칭대화는 한국코치협회 윤리규정에 따라 개인정보와 코칭 내용에 대한 비밀이 보장됩니다. 그러니 편하게 얘기 나눠주시고 불편한 점이 생기면 언제든 말씀해주세요.

고객[8]: 네, 알겠습니다.

코치[9]: 지금부터 본격적으로 코칭대화를 시작해도 괜찮을까요?

고객[9]: 네. 좋습니다.

주제 합의

코치[10]: 오늘 어떤 이야기 나누고 싶으세요?

고객[10]: 루틴 만들기에 관한 얘기를 나누고 싶어요.

코치[11]: 아~ 루틴 만들기요? 조금 더 자세히 말씀해주시겠어요?

고객[11]: 작년까지 아침에 루틴처럼 해오던 일들이 있어요. 공부와 운동하는 것인데…, 올해부터 못 하고 있거든요. 그래서 이것들을 다시 시작해보고 싶어요.

코치[12]: 네~ 아침 루틴을 다시 시작하기에 관해 이야기하고 싶으시네요. 최근 들어 이것을 생각하신 특별한 계기는 무엇이 있었나요?

고객[12]: 재작년 9월쯤부터 시작했는데, 사실 작년까지는 잘해왔거든요. 그래서 올해도 이것을 새해 계획으로 세웠는데, 실제로는 거의 못 했어요. 자꾸 늦잠을 자고 너무 게을러진 것 같아서 다시 해야겠다는 생각이 들었어요.

세션 목표

코치[13]: 네. 새해 계획으로 세울 만큼 아침 루틴이 꼭 이루고 싶은 목표였네요. 오늘 저랑 코칭에서 무엇을 얻으면 만족하실까요?

고객[13]: 예전처럼 출근하기 전에 아침 루틴을 다시 해봤으면 좋겠어요. 아침 루틴 만드는 방법? 이런 것을 얻으면 좋겠습니다.

코치[14]: 그럼 오늘 코칭에서는 출근 전에 아침 루틴 만드는 방법에 집중해서 이야기 나누면 될까요?

고객[14]: 네, 좋습니다.

주제 심화

코치[15]: ○○ 님이 생각하는 '루틴'이라는 단어는 어떤 의미인가요?

고객[15]: 음… '어떤 것을 정기적으로 반복하는 것, 크게 생각하지 않고 정해진 대로 그냥 하는 것?' 이런 의미를 담고 있어요.

코치[16]: 예전의 아침 루틴을 이야기해주셨는데, 구체적으로 어떻게 해오셨나요?

고객[16]: 출근해야 하는 시간보다 조금 일찍 일어나서 30분 정도 책을 읽고, 30분 정도 홈트를 했어요.

코치[17]: 와~ 대단하시네요. 주무시는 아침 1시간을 소중하게 사용하셨네요.

고객[17]: 네. 맞아요.

코치[18]: ○○ 님에게 아침 루틴이 중요한 이유는 무엇인가요?

고객[18]: 아무래도 저녁 시간은 뭔가를 고정적으로 하기가 힘들어요. 퇴근 시간이 일정하지 않아서 헬스장을 끊어도 몇 번 못 가게 되고 힘들더라고요. 아침 시간은 제가 활용할 수 있거든요. 근데 요즘은 거의 늦잠을 자서 이럴 시간이 없어요.

코치[19]: 아침에 책 읽기와 운동을 루틴으로 하게 되면 삶에 어떤 변화가 기대되나요?

고객[19]: 교양이나 지식 같은 것도 좀 쌓일 것 같고, 운동을 계속하니까 몸도 더 건강해지겠네요.

목표 설정

코치[20]: 네~ 지식이 더 쌓이고 더 건강해지겠네요. (잠시 침묵) 그것을 통해 무엇을 얻고 싶으세요?

고객[20]: 아는 것이 더 많아지면 회사 일 하는 데도 도움이 될 거고…, 사람들과 이야기할 때도 다양한 대화 소재가 생길 것 같아요. 대화의 공감대가 넓어지겠네요.

코치[21]: 건강은요? 건강해지면 무엇을 더 해볼 수 있을까요?

고객[21]: 체력이 받쳐주니까 같은 일을 해도 더 지치지 않고 하게 될 것 같아요.

코치[22]: 방금 말씀하신 지식과 건강이 지금보다 더 좋아진 모습을 떠올려보면 어떤 모습이 그려지나요?

고객[22]: 몸은 지금보다 더 슬림해져서 뱃살도 조금 들어가 있고요…. 그래서 스타일이 괜찮은 모습이요. 지금은 회사에 출근할 때 정장은 잘 안 입지만, 입을 일이 있어도 아저씨 몸매여서 스타일이 안 나거든요. 살이 좀 빠지면 예전 30대 몸매까지는 안 되더라도 꽤 괜찮은 중년의 몸매일 것 같아요.

코치[23]: 아~ 정말 멋지네요. 책 읽기와 관련해서는 어떤 모습이 그려지세요?

고객[23]: 책을 꾸준히 읽게 되면 한 달에 적어도 한두 권을 읽게 될 거고, 그게 쌓이면 1년에 20권 정도 읽는 셈이잖아요. 와~ 그 책만 쭉 쌓아놓아도 흐뭇할 것 같아요.

코치[24]: 그러네요. 쭉 이야기해보시니 아침 루틴을 통해 ○○ 님이 궁극적으로 얻고 싶은 것은 무엇이라고 생각하시나요?

고객[24]: 음… 멋진 중년의 모습이요. 신체적으로도 그렇고, 지적으로도 멋있는 중년이요.

코치[25]: 와~ 그러네요. 신체적으로도 지적으로도 멋진 중년 남성이 되고 싶으신 거네요. 이것을 발견하시니 느낌이 어떠세요?

고객[25]: 너무 좋아요. 멋있게 나이 들어가는 그런 사람이 되고 싶어요.

코치[26]: 1년 동안 아침 루틴을 꾸준히 해서 멋있게 나이 든 ○○ 님을 한번 상상해볼까요? 어떤 느낌이에요?

고객[26]: 아! 자신감도 더 생기는 것 같고, 기분도 업되네요. 하하. 상상만으로도 좋아요.

코치[27]: ○○ 님의 목소리도 밝아진 것 같아요. 저도 기분이 함께 업되네요.

고객[27]: 네. 감사합니다.

코치[28]: 아침 루틴 만들기에 관하여 이야기하고 있는데요. 원하는 모습이 10점이라면 지금 현재는 몇 점인가요?

고객[28]: 지금은… 3점이요.

코치[29]: 3점을 주신 이유는요?

고객[29]: 지금은 마음만 있지 노력을 안 해요. 아침에도 일어나야지 하는데, 막상 알람이 울리면 못 일어나고 그냥 더 자거든요.

실행 계획

코치[30]: 간절한 마음이 느껴지네요. 현재 3점을 몇 점으로 올리고 싶으세요?

고객[30]: 음… 7점 정도….

코치[31]: 7점이면 아침 루틴이 어떤 상태인가요?

고객[31]: 아침에 알람이 울리면 힘들지만 일어나서 뭔가를 하는 거요. 의지도 좀 더 강해지고, 행동으로 옮겨서 운동이 되었든, 공부가 되었든 좀 하면 좋겠어요.

코치[32]: 아~ 행동으로 실천하고 싶어 하시네요. 7점으로 올리기 위해 어떤 아침 루틴을 세워보시겠습니까?

고객[32]: 갑자기 1시간 일찍 일어나는 것은 무리가 있는 것 같아요. 일단 30분 정도 일찍 일어나서 운동하기부터 시작하는 것이 좋겠습니다.

코치[33]: 그럼 30분 일찍 일어나서 운동하기… 이것을 일주일에 몇 번 정도 하시겠어요?

고객[33]: 주중에 5일은 해야죠. 주말은 낮 시간을 활용할 수 있으니까 월요일부터 금요일까지 이렇게 하면 되겠어요.

코치[34]: 네. 좋은데요. 이것 외에도 아침 루틴으로 시도할 것은 무엇이 있을까요?

고객34: 음… 제가 출근 시간이 30분 정도 걸리거든요. 운전해서 가는데, 이 시간을 활용해보면 좋겠습니다. 요즘 오디오북 어플 같은 것들이 많이 있잖아요. 그것들을 써보는 것도 괜찮겠네요.

코치35: 와~ 새로운 방안을 생각해내셨네요. 아침 루틴을 이렇게 하게 되면 말씀하신 7점의 모습에 얼마나 가까워지나요?

고객35: 음… 이 정도 하면 7점 가까이 될 것 같아요.

코치36: 오늘 코칭에서 어떤 실행 계획이 나왔나요?

고객36: 주 5회 30분 운동하기와 운전하면서 오디오북 듣기요.

코치37: 작년까지 아침 루틴을 잘해왔다고 하셨는데, 그때 ○○ 님을 성공적으로 이끈 힘은 무엇이었나요?

고객37: 시간적 여유요…. 그때는 지금보다 퇴근을 좀 일찍 해서 여유가 있었어요. 그래서 제가 마음먹은 대로 쭉 가져갈 수 있었던 것 같아요.

코치38: 퇴근을 일찍 하는 것이 아침 루틴에 어떤 영향이 있나요?

고객38: 퇴근을 일찍 해야 아침 루틴이 가능하겠어요.

코치39: 이 부분은 어떻게 하고 싶으세요?

고객39: 늦게 퇴근하더라도 적어도 12시에는 잠을 자야 다음 날 아침 일찍 일어나는 데 지장이 없겠네요.

코치40: 네. 이것들을 잘하기 위해 누구의 도움이 있으면 좋을까요?

고객40: 일단은 아내에게 이야기해야겠어요…. 이런 계획을 세웠으니 자는 시간이랑 아침에 일어나는 것을 도와달라고 하면 좋겠습니다.

코치41: 네~ 아내분도 분명히 잘 도와주실 것 같아요. 아침 루틴이 잘되고 있는 것을 ○○ 님 스스로 어떻게 확인할 수 있을까요?

고객41: 캘린더에 입력하고 실행한 날은 체크하는 형태로 하면 알 수 있겠네요.

마무리

코치42: 네~ 그래요. 출근 전에 아침 루틴 만드는 방법으로 코칭대화를 나누었습니다. 이것과 관련하여 어떤 성과가 있었나요?

고객[42]: 멋지게 나이들고 싶다는 마음, 멋진 중년이 되고 싶다는 생각이 드니 행동으로 옮기고 싶은 마음이 커졌습니다.

코치[43]: 이런 변화를 이루어내신 것을 축하드립니다! 약속한 코칭 시간이 다 되어 갑니다. 오늘 코칭에서 새롭게 발견한 것은 무엇입니까?

고객[43]: 새해 계획이 유야무야 사라진 상황이었는데, 다시 꺼내서 이야기해보니 작년에 잘해냈던 모습도 생각이 나면서… 저는 충분히 할 수 있는 사람이라는 생각이 듭니다.

코치[44]: 네. ○○ 님 목소리에서 강한 의지가 느껴집니다. 저도 함께 응원해드리겠습니다.

고객[44]: 네. 감사합니다.

코치[45]: 그럼 오늘 코칭을 여기서 마쳐도 될까요?

고객[45]: 네. 좋습니다.

자신이 한 코칭을 각 심사기준의 해당하는 곳에 표시하며 어떤 부분을 더 발전시키면 좋을지 살펴보는 것은 시험 대비에 효과적이면서 코칭의 기본을 탄탄히 하는 데 도움이 된다. 자신이 할 코칭을 심사기준을 토대로 구상하거나 구조화해보는 것도 도움이 된다.

KAC 심사기준으로 본 코치의 말 자가 점검: 루틴 만들기

구분	심사 항목	코치의 말
코칭 세션 운영	1. 윤리규정 및 태도	코치[8]: 오늘 저랑 나누는 코칭대화는 한국코치협회 윤리규정에 따라 개인정보와 코칭 내용에 대한 비밀이 보장됩니다. (…)
	2. 코칭 세션 동의	코치[9]: 지금부터 본격적으로 코칭대화를 시작해도 괜찮을까요? 코치[45]: 그럼 오늘 코칭을 여기서 마쳐도 될까요?
	3. 코칭 세션 시간 운영 (15~20분)	

구분	심사 항목	코치의 말
	4. 전체 세션 운영의 유연성	코치[21]: 건강은요? 건강해지면 무엇을 더 해볼 수 있을까요? 코치[35]: (…) 아침 루틴을 이렇게 하게 되면 말씀하신 7점의 모습에 얼마나 가까워지나요? 코치[39]: 이 부분은 어떻게 하고 싶으세요?
전문 계발	5. 코칭 합의	코치[10]: 오늘 어떤 이야기 나누고 싶으세요? 코치[13]: (…) 오늘 저랑 코칭에서 무엇을 얻으면 만족하실까요? 코치[14]: 그럼 오늘 코칭에서는 출근 전에 아침 루틴 만드는 방법에 집중해서 이야기 나누면 될까요?
	6. 성과 관리	코치[42]: (…) 이것과 관련하여 어떤 성과가 있었나요?
관계 구축	7. 수평적 파트너십	코치[2]: 반갑습니다. 오늘 15분에서 20분 정도 대화 나눌 건데요. 호칭을 어떻게 불러드리면 좋으실까요? 코치[3]: ○○ 님~ 이렇게 불러드릴까요? 코치[7]: 저는 오늘 ○○ 님이 코칭에서 나누는 이야기에 대해 ○○ 님 스스로 해답을 찾는 데 기여하는 좋은 파트너가 되도록 최선을 다하겠습니다.
	8. 라포 형성	코치[4]: ○○ 님, 오늘 어떤 하루 보내고 계신가요? 코치[5]: 토요일을 알차게 보내고 계시네요. 지금 ○○ 님 마음은 어떠신가요? 코치[8]: (…) 그러니 편하게 얘기 나눠주시고 불편한 점이 생기면 언제든 말씀해주세요.
	9. 신뢰감과 안전감	코치[6]: 아~ 그렇군요. 그 말씀에서 저 역시 기대감이 크게 올라옵니다. ○○ 님의 도전을 응원합니다. 코치[17]: 와~ 대단하시네요. 주무시는 시간을 아껴 아침 1시간을 소중하게 사용하셨네요. 코치[20]: 네~ 지식이 더 쌓이고 더 건강해지겠네요. (…)
적극 경청	10. 반영	코치[20]: 네~ 지식이 더 쌓이고 더 건강해지겠네요. (잠시 침묵) 코치[27]: ○○ 님의 목소리도 밝아진 것 같아요. 저도 기분이 함께 업되네요. 코치[32]: 아~ 행동으로 실천하고 싶어 하시네요.
	11. 공감	코치[13]: 네. 새해 계획으로 세울 만큼 아침 루틴이 꼭 이루고 싶은 목표였네요. (…) 코치[23]: 아~ 정말 멋지네요. (…) 코치[30]: 간절한 마음이 느껴지네요. (…)
	12. 고객의 표현 지원	코치[11]: 아~ 루틴 만들기요? 조금 더 자세히 말씀해주시겠어요? 코치[12]: (…) 최근 들어 이것이 필요하다고 생각하신 특별한 계기는 무엇이 있었나요? 코치[16]: 예전의 아침 루틴을 이야기해주셨는데, 구체적으로 어떻게 해오셨나요?

구분	심사 항목	코치의 말
의식 확장	13. 질문	코치18: ○○ 님에게 아침 루틴이 중요한 이유는 무엇인가요? 코치22: 방금 말씀하신 지식과 건강이 지금보다 더 좋아진 모습을 떠올려보면 어떤 모습이 그려지나요? 코치23: (…) 책 읽기와 관련해서는 어떤 모습이 그려지세요? 코치37: 작년까지 아침 루틴을 잘해왔다고 하셨는데, 그때 ○○ 님을 성공적으로 이끈 힘은 무엇이었나요? 코치38: 퇴근을 일찍 하는 것이 아침 루틴에 어떤 영향이 있나요?
	14. 기법 활용	코치26: 1년 동안 아침 루틴을 꾸준히 해서 멋있게 나이 든 ○○ 님을 한번 상상해볼까요? 어떤 느낌이에요? 코치28: (…) 원하는 모습이 10점이라면 지금 현재는 몇 점인가요?
	15. 의미 확장과 구체화	코치15: ○○ 님이 생각하는 '루틴'이라는 단어는 어떤 의미인가요? 코치19: 아침에 책 읽기와 운동을 루틴으로 하게 되면 삶에 어떤 변화가 기대되나요? 코치20: (…) 그것을 통해 무엇을 얻고 싶으세요? 코치29: 3점을 주신 이유는요? 코치31: 7점이면 아침 루틴이 어떤 상태인가요?
	16. 통찰	코치24: (…) 아침 루틴을 통해 ○○님이 궁극적으로 얻고 싶은 것은 무엇이라고 생각하시나요? 코치25: (…) 이것을 발견하시니 느낌이 어떠세요? 코치43: (…) 오늘 코칭에서 새롭게 발견한 것은 무엇입니까?
성장 지원	17. 자율성과 책임 고취	코치32: (…) 7점으로 올리기 위해 어떤 아침 루틴을 세워보시겠습니까? 코치33: (…) 이것을 일주일에 몇 번 정도 하시겠어요? 코치34: (…) 이것 외에도 아침 루틴으로 시도할 것은 무엇이 있을까요?
	18. 행동 전환 지원	코치36: 오늘 코칭에서 어떤 실행 계획이 나왔나요? 코치40: 네. 이것들을 잘하기 위해 누구의 도움이 있으면 좋을까요? 코치41: (…) 아침 루틴이 잘되고 있는 것을 ○○ 님 스스로 어떻게 확인할 수 있을까요?
	19. 변화와 성장 축하	코치43: 이런 변화를 이루어내신 것을 축하드립니다! (…)
총평	20. 총평	

3.
KAC 실기시험 사례 2: 체중 감량

라포, 코칭 합의

코치[1]: 안녕하세요? 함께할 ○○○입니다.

고객[1]: 네, 안녕하세요? ○○○입니다.

코치[2]: 반갑습니다. 제가 오늘 뭐라고 불러드리면 편하실까요?

고객[2]: 고객이라고 해주시겠어요?

코치[3]: 네, 고객님. 오늘 코칭대화에서 저는 한국코치협회 윤리규정을 따르고 개인정보와 들은 내용에 대해 비밀을 지키겠습니다. 편하게 얘기 나눠주세요. 불편한 점이 생기면 언제든 말씀해주세요.

고객[3]: 네.

코치[4]: 날씨 좋은 주말이네요. 주말엔 보통 어떻게 지내세요?

고객[4]: 저는 토요일엔 듣고 싶은 코칭 강의도 듣고 궁금했던 거 유튜브로 공부하기도 하고, 맛있는 거 배달시켜서 먹으며 좀 편안히 지내곤 해요.

코치[5]: 와~ 쉬는 날도 보람차게 보내시네요. 그렇게 하루를 보내시면 어떤 마음이 드세요?

고객[5]: 쉬는 시간이라고 그냥 보내지 않았다? 왜, '그냥 놀다 보내는 날도 많은데 공부를 좀 하면 뭔가 날 좀 성장시켰다. 의미 있는 일을 했다'는 뿌듯함이 있어요. 맛있는 거 먹으며 편안한 여유도 누리고요.

코치[6]: 네, 그러네요. 오늘 이 시간도 여유와 편안함 속에 함께 의미 있는 시간을 만들었으면 해요. 그런 마음으로, 우리 코칭대화 시작해볼까요?

고객[6]: 네네.

주제 합의

코치[7]: 오늘 어떤 이야기 나누고 싶으세요?

고객[7]: 체중 감량에 관한 얘기예요.

코치[8]: 네, 체중 감량요, 좀 더 자세히 말씀해주시겠어요?

고객[8]: 살을 빼고 싶어요. 코로나 동안 집안에만 있으면서 배달시켜 먹기도 하고 운동을 안 했더니 10킬로가 불었어요. 이제 대면 활동이 점점 많아지고 나가야 하는데, 달라진 몸이 영 불편해요.

코치[9]: 아이고, 그러셨군요. 10킬로! 이 주제를 생각하시게 된 구체적인 계기는 어떤 게 있으셨어요?

고객[9]: 며칠 전 정말 오랜만에 외출을 하려는데 맞는 옷이 없는 거예요. 조이고, 답답하고. 한참 만에 겨우 맞는 옷을 입고 나갔는데, 우울하더라고요. 이게 정말 자신감이랑 연결되는구나 하고 느꼈어요.

코치[10]: 우울하고 자신감이 떨어지는 마음이셨네요. 어떻게 되면 좋으시겠어요?

고객[10]: 진짜 살이 빠지면 좋겠는데 쉽지 않아요. 전엔 10킬로 감량, 한 달에 3킬로, 뭐 이런 목표를 세웠는데 잘 안 돼요. 계속 올라가는 추세가 내려가는 추세로 바뀌어서 일단 2, 3킬로만이라도 빠지는 걸 보면 좀 계속할 힘이 날 거 같아요.

세션 목표

코치11: 네, 먼저 한 걸음을 성공하는 거네요! 그걸 위해 오늘 코칭에서는 뭘 얻고 싶으세요?

고객11: 기복이 있겠지만 매주 한 번씩 체중을 쟀을 때 영점 몇 킬로라도 내려가게 되는, 꾸준히 할 수 있는 방법을 찾고 싶어요.

코치12: 그 목표를 간단히 좀 정리해서 말씀해주시겠어요?

고객12: 체중 감량의 꾸준한 방법 찾기?

코치13: 네, 체중 감량의 꾸준한 방법 찾기에 집중해 이야기 나눠볼까요?

고객13: 네.

주제 심화

코치14: 꾸준히 한다는 건 어떤 건가요?

고객14: 매일매일 하는 게 정말 중요한 거 같아요. 하다가 안 하게 되면 실망하고 매일 하다 하루 이틀 안 하면 멈추게 될 테니까요. 전에도 이것저것 해보았지만… 실패하는 저를 보면 맘에 안 들고 답답해요…. 그래서 이제 꾸준히 하는 걸 찾고 싶어요.

코치15: 답답한 마음이 드시는군요. 체중 감량은 고객님께 어떤 의미가 있는 거죠?

고객15: 살이 찌니까 더 나이 들어 보이는데 그러지 않았으면 하고요. 나가는 데나 건강에 제약 없이 자유롭게 제가 잘할 수 있는 전문영역에서 성취하며 사는 기본이 되는 거 같아요.

코치16: 여러 시도 중에서 잘되었던 건 어떤 거였죠?

고객16: 매일 스트레칭하고 걸어서 5킬로쯤 빠졌던 경험이 있어요.

코치17: 와, 그런 힘이 있는 분이네요. 그때 꾸준히 할 수 있었던 핵심은 무엇일까요?

고객17: 버디와 코칭을 했는데, 6개월쯤 다이어트를 주제로 했어요. 처음에는 작게 시작해서 조금씩 늘려갔어요. 스트레칭 5분에서 시작해서 25분까지

하고, 걷기도 추가하려고 장치를 마련하자고 하다가 아이가 학교 갈 때 배웅 나가서 산책하는 걸로 묶었어요. 작게 시작한 게 중요하고, 조금 익숙해지면 조금 더 긴 거, 다른 것과 함께 더하는 게 유효했어요. 근데, 버디와 코칭을 계속했던 게 또 다른 핵심이 아닐까 싶어요.

코치18: 헬리콥터를 타고 긴 인생 가운데서 이런 상황들을 보신다면 어떤 모습으로 보이세요?

고객18: 아, 단기간에 어떻게 해보려고 안달하는 모습이 보이네요. 잘 안 되면 금방 낙심하고 '에라, 모르겠다' 하고요. 좀 길게 보고 가야겠어요. (중략)

목표 설정(대목표)

코치19: 그런 성찰을 하셨네요! 축하드려요. 체중 감량을 통해 자유롭게 성취하며 정말 이루고 싶은 건 뭐예요?

고객19: 제 인생을 좀 더 온전히 살고 싶어요. 아이들과 애 아빠에게 맞추는 게 우선이었죠. 이제 아이들이 좀 컸으니 제 일도 하며 제 인생을 찾고 싶어요. 가족을 돌보지만 제 것도 있는 삶요.

코치20: 고객님께 온전히 인생을 사는 건 뭐예요?

고객20: 자신의 고유함으로 자기가 하고 싶은 것이 삶에 한 부분이라도 온전히 담겨 있는 삶요. '올해는 코칭에서 이런 것을 이루어야지. 그걸 위해 이번 한 달은 이런 것을 해내야지. 이번 주에는, 오늘은…' 해도 가족들 식사 시간에 맞춰 시간을 변경하고 설거지하고 다음 끼에 먹고 싶다는 걸 준비하고, "뭐 해놔줘" 하면 그거 하다 보면 내 거 하려던 시간은 다 없어지고 종일 먹고 치우다가 시간의 끄트머리에서 하루가 다 간 걸 애석해하는 삶 말고요.

코치21: 아이고! 하고 싶은 것을 하며 사는 고객님의 삶을 한번 떠올려보신다면 어떤 모습이에요?

고객21: 카페에서 글을 쓰고 있어요.

코치22: 어떤 분위기예요?

고객22: 커피 향이 좋고, 사람들은 많지 않고 따뜻해요.

코치23: 지금 마음이 어떠세요?

고객23: 여유가 있고 행복해요.

코치24: 목소리에서 행복이 전해져요. 그런 삶을 은유로 표현해보신다면요?

고객24: 내 향기가 있는 삶?

코치25: 내 향기가 있는 삶요! 다시 한번 마음을 담아 말씀해주시겠어요?

고객25: 내 향기가 있는 삶.

대안탐색

코치26: 이렇게 말씀하시니 어떤 것들이 정리되세요?

고객26: 체중 감량이 잘 안 되어 답답하기만 했는데, 제가 원하는 삶을 살기 위해 필요한 일을 하려던 거고, 하고 싶다는 마음이 막 드네요. 그리고 어떻게 했을 때 성공했는지를 생각해보니 몇 가지 다르게 해보고도 싶고요.

코치27: 그렇군요. 답답하셨는데, 지금 목소리는 힘이 있고 밝으세요.

고객27: 아, 그런가요?

코치28: 네, 어떻게 다르게 해보고 싶으세요?

고객28: 누구와 함께하거나, 친구나 밴드에 인증하면 좋겠어요.

코치29: 그러고요?

고객29: 다른 행동과 묶어서 운동하도록 찾아보는 거요.

코치30: 묶을 만한 행동이 뭐가 있을까요?

고객30: 아침에 가까운 스터디카페를 가는 건 어떨까 싶어요. 그때 오가면서 걷기 시작하는 거예요. 작게 시작하는 거지요.

코치31: 오, 네! '작게 시작! 꾸준히'의 한 방법이 되겠어요. 그리고 만약 전문가가 조언해준다면 뭐라 할까요?

고객31: "나이에 맞는 체중 감량을 해라." 아, 전문가의 유튜브를 찾아봐야겠네요.

코치32: 그런 방법도 찾으셨네요.

고객32: 네네.

실행 계획

코치[33]: 어떤 것을 먼저 해보고 싶으세요?

고객[33]: 스터디카페 가는 게 제일 쉬울 것 같아요.

코치[34]: 언제 해보시겠어요?

고객[34]: 내일 아침에 가겠어요.

코치[35]: 네, 바로 실행하시네요. 방해가 나타나면 어떻게 하시겠어요?

고객[35]: 그럴 수도 있다. 낙심하지 말고 아침에 안 되면 오후에라도 가자.

코치[36]: 잘 실행하시는 걸 다른 사람이나 제가 어떻게 알 수 있을까요?

고객[36]: 아, 아까 찾은 방법을 그다음에 하는 거죠. 인증톡 보내기. 뭔가 습관을 들이고 싶은 모임을 찾아보거나 체중 감량하고 싶다는 버디가 있으니 같이 하면 되겠어요.

코치[37]: 말씀하신 방법을 꾸준히 하시면 한 달 후에는 몇 킬로 정도 감량되어 있을까요?

고객[37]: 2킬로는 빠져있지 않을까요?

코치[38]: 와, 2킬로 정도 빠지면 힘을 받아 계속할 거라 하셨잖아요?

고객[38]: 맞아요! 그러네요. 힘을 받아 계속할 수 있겠어요!

코치[39]: 2킬로 빠진 순간을 상상해보세요, 기분이 어떠세요?

고객[39]: 오, 흐뭇해요. 2킬로인데, 시작되는 느낌이에요.

마무리

코치[40]: 오늘은 꾸준한 체중 감량 방법을 찾아 얘기해보았는데요. 실행 계획을 간단히 정리해주시겠어요?

고객[40]: 스터디카페 가면서 걷는 것부터 시작해 걷기를 늘려가는 거예요.

코치[41]: 그런 실행은 고객님의 삶과 어떻게 연결되는지 상기해주시겠어요?

고객[41]: 온전한 제 삶을 사는 것과 연결되었어요. 여유롭게 전문인으로서 사는 자유롭고 성취하는 삶 말이에요.

코치[42]: 네, 오늘 정해진 코칭 시간이 되어가서 마무리하고자 하는데요.

고객[42]: 네.

코치[43]: 오늘 코칭을 통해 유익했던 점은 어떤 게 있으세요?

고객[43]: 혼자가 아니라 같이, 다른 행동과 묶어서 하는 게 필요하고, 다이어트가 진짜 내 삶을 사는 것과 연결되었다는 것을 느꼈어요. 스터디카페 가면서 걷고, 늘려가는 방법이 나와서 즐겁고 꾸준히 할 수 있겠고요. 감사합니다.

코치[44]: 네, 발견을 축하드리고요. 꾸준한 체중 감량으로 원하시는 삶을 사실 것을 응원합니다. 오늘 이렇게 코칭 마쳐도 될까요?

고객[44]: 네, 감사합니다.

이 코칭에서 코치의 말을 KAC 심사 항목에 연결해보면 다음과 같다.

KAC 심사기준으로 본 코치의 말 자가 점검: 체중 감량

구분	심사 항목	코치의 말
코칭 세션 운영	1. 윤리규정 및 태도	코치[3]: 네, 고객님. 오늘 코칭대화에서 저는 한국코치협회 윤리규정을 따르고 개인정보와 들은 내용에 대해 비밀을 지키겠습니다.
	2. 코칭 세션 동의	코치[6]: (…) 우리 코칭대화 시작해볼까요? 코치[44]: (…) 오늘 이렇게 코칭 마쳐도 될까요?
	3. 코칭 세션 시간 운영 (15~20분)	코치[42]: 네, 오늘 정해진 코칭 시간이 되어가서 마무리하고자 하는데요.
	4. 전체 세션 운영의 유연성	코치[11]: 네, 먼저 한 걸음을 성공하는 거네요! 그걸 위해 오늘 코칭에서는 뭘 얻고 싶으세요? 코치[19]: (…) 체중감량을 통해 자유롭게 성취하며 정말 이루고 싶은 건 뭐예요? 코치[28]: 네, 어떻게 다르게 해보고 싶으세요?
전문 계발	5. 코칭 합의	코치[7]: 오늘 어떤 이야기 나누고 싶으세요? 코치[11]: (…) 오늘 코칭에서는 뭘 얻고 싶으세요? 코치[12]: 그 목표를 간단히 좀 정리해서 말씀해주시겠어요? 코치[13]: 네, 체중 감량의 꾸준한 방법 찾기에 집중해 이야기 나눠볼까요?
	6. 성과 관리	코치[43]: 오늘 코칭을 통해 유익했던 점은 어떤 게 있으세요?
관계 구축	7. 수평적 파트너십	코치[2]: 반갑습니다. 제가 오늘 뭐라고 불러드리면 편하실까요? 코치[33]: 어떤 것을 먼저 해보고 싶으세요?

구분	심사 항목	코치의 말
	8. 라포 형성	코치[4]: 날씨 좋은 주말이네요. 주말엔 보통 어떻게 지내세요? 코치[5]: 와~ 쉬는 날도 보람차게 보내시네요. 그렇게 하루를 보내시면 어떤 마음이 드세요? 코치[6]: 네, 그러네요. 오늘 이 시간도 여유와 편안함 속에 함께 의미 있는 시간을 만들었으면 해요.
	9. 신뢰감과 안전감	코치[5]: 와~ 쉬는 날도 보람차게 보내시네요.(…) 코치[9]: 아이고, 그러셨군요. 코치[17]: 와, 그런 힘이 있는 분이네요.
적극 경청	10. 반영	코치[19]: 그런 성찰을 하셨네요! 코치[24]: 목소리에서 행복이 전해져요. 코치[25]: 내 향기가 있는 삶요! 코치[27]: 그렇군요. 답답하셨는데, 지금 목소리는 힘이 있고 밝으세요. 코치[32]: 그런 방법도 찾으셨네요.
	11. 공감	코치[10]: 우울하고 자신감이 떨어지는 마음이셨네요. 코치[15]: 답답한 마음이 드시는군요.
	12. 고객의 표현 지원	코치[19]: 그런 성찰을 하셨네요! 축하드려요. 체중 감량을 통해 자유롭게 성취하며 정말 이루고 싶은 건 뭐예요? 코치[29]: 그러고요? 코치[31]: 오, 네! '작게 시작! 꾸준히'의 한 방법이 되겠어요. 그리고 만약 전문가가 조언해준다면 뭐라 할까요?
의식 확장	13. 질문	코치[22]: 어떤 분위기예요? 코치[23]: 지금 마음이 어떠세요? 코치[30]: 묶을 만한 행동이 뭐가 있을까요?
	14. 기법 활용	코치[24]: (…) 그런 삶을 은유로 표현해보신다면요?
	15. 의미 확장과 구체화	코치[9]: (…) 이 주제를 생각하시게 된 구체적인 계기는 어떤 게 있으셨어요? 코치[14]: 꾸준히 한다는 건 어떤 건가요? 코치[15]: (…) 체중감량은 고객님께 어떤 의미가 있는 거죠? 코치[20]: 고객님께 온전히 인생을 사는 건 뭐예요?
	16. 통찰	코치[17]: (…) 그때 꾸준히 할 수 있었던 핵심은 무엇일까요? 코치[18]: 헬리콥터를 타고 긴 인생 가운데서 이런 상황들을 보신다면 어떤 모습으로 보이세요? 코치[23]: 지금 마음이 어떠세요? 코치[26]: 이렇게 말씀하시니 어떤 것들이 정리되세요?

구분	심사 항목	코치의 말
성장 지원	17. 자율성과 책임 고취	코치[21]: 네, 하고 싶은 것을 하며 사는 고객님의 삶을 한번 떠올려보신다면 어떤 모습이에요? 코치[28]: 네, 어떻게 다르게 해보고 싶으세요? 코치[33]: 어떤 것을 먼저 해보고 싶으세요? 코치[39]: 2킬로 빠진 순간을 상상해보세요, 기분이 어떠세요?
	18. 행동 전환 지원	코치[34]: 언제 해보시겠어요? 코치[35]: 네, 바로 실행하시네요. 방해가 나타나면 어떻게 하시겠어요? 코치[36]: 잘 실행하시는 걸 다른 사람이나 제가 어떻게 알 수 있을까요? 코치[41]: 그런 실행은 고객님의 삶과 어떻게 연결되는지 상기해주시겠어요?
	19. 변화와 성장 축하	코치[19]: 그런 성찰을 하셨네요! 축하드려요.(…) 코치[44]: 네, 발견을 축하드리고요. (…) 응원합니다.
총평	20. 총평	

4.
KPC 실기시험 심사기준

KPC 실기전형은 텔레시험으로 약 1시간 코칭 시연을 진행한다(응시자 2명, 심사위원 2명, 총 4명이 전화로 접속한다). 응시자 2명은 각 25~30분간 코칭을 시연하며, 총점이 65점 이상이면 합격이다.

자격이 뭐가 중요하냐고 생각할 수 있다. KAC 자격만 가지고도 또는 자격증 없이도 십수 년 코칭을 '잘'해왔다는 분들도 봤다. 왜 KPC를 해야 할까?

코칭을 전문적으로 하려 한다면, 일반의가 전문의 자격을 따듯 필요한 교육을 받고 일정 시간 수련을 통해 상위 자격을 갖춤으로써 자신의 전문성을 공식화할 필요가 있다. 또한 코칭은 사람을 성장 · 발전시키는 영역이므로 코치 자신도 계속 스스로를 성장 · 발전시켜야 한다. 성장에는 시기에 맞는 과업이 필요하다. 자격증 준비 중에 여러 코치들과 만나며 내 수준을 가늠하고 더 노력하게 된다. 선배 코치들에게 코칭을 받고 배우며 코칭이 다듬어지고 안 좋은 습관이나 방식도 점검된다. 나의 강약점도 발견할 수 있다. 인증시험을 코칭을 발전시키는 좋은 기회로 삼자.

KAC가 코칭 언어와 기본 기술로 코칭대화모델을 따라 코칭대화를 할 수 있는가가 기준이라면, KPC는 코칭대화모델을 사용하면서도 얽매이지 않고 자연스럽게 목표를 분명히 검토하는가, 고객의 대답과 언어로부터 깊은 질문으로 들어가는가, 공감과 인정을 제대로 할 수 있는가, 문제에 몰두하지 않고 고객이라는 존재를 중요시하는가, 직관을 사용하는가와 같은 기본적인 차이가 있다.

2023년 3월 1일부터 KPC 실기심사 시연 시간이 25~30분으로 기존보다 10분 늘어났다. 늘어난 10분 동안 무엇을 해야 하는가? (구)KPC 심사기준에 추가된 심사 항목은 9. 호기심, 14. 기법 활용이다. 그리고 (신)KAC와 비교하면 9. 호기심, 17. 관점 전환과 재구성, 18. 정체성과의 통합 지원 항목이 추가되었다.

9. 호기심: KAC나 (구)KPC 시험에는 따로 규정되지 않았던 항목이다. 깊은 경청 가운데 고객의 존재와 주제에 대한 관심과 궁금해하는 마음이 호기심 질문으로 나타나야 한다.
14. 기법 활용: (구)KAC, (구)KPC에는 없었으나 (신)KAC, (신)KPC에는 포함된 항목이다. 침묵, 은유, 비유와 같은 기법을 자연스럽게 사용할 수 있도록 훈련하자.
17. 관점 전환과 재구성: 고객이 다르게 보도록 하는 것 외에도 신념, 사고의 틀을 재구성할 수 있도록 코치의 관찰과 기술이 필요하다.
18. 정체성과의 통합 지원: (구)KPC에서는 '14. 코칭주제와 관련해 고객의 존재(being)을 다룬다'는 심사항목이 있어서 코칭 주제와 관련된 고객의 가치, 비전, 정체성 등의 확인이 필요했다. 정체성과의 통합 지원은 발견하고 통찰한 것을 가치관 및 정체성과 '통합'하도록 돕는 과정을 포함한다.

다음은 (신)KPC 실기시험 심사기준이다(2023년 2월 9일 자격인증 공지사항 재공지, 2023년 3월 1일부터 적용).

KPC 실기시험 심사 항목

구분	심사 항목	설명
코칭 세션 운영	1. 윤리규정 및 태도	- 비밀유지 규정을 고지했다. - 시연 시간에 맞추어 입장했다.
	2. 코칭 세션 동의	- 고객에게 코칭 시작 동의를 얻었다. - 고객에게 코칭 종료 동의를 얻었다.
	3. 코칭 세션 시간 운영 (25~30분)	코칭 세션을 주어진 시간(25~30분) 안에 마무리했다.
	4. 전체 세션 운영의 유연성	전체 코칭 세션을 자신감을 가지고 자연스럽게 운영했다.
전문 계발	5. 코칭 합의	코칭 주제와 목표를 명료화하고 합의했다.
	6. 성과 관리	코칭 세션을 마무리하면서 코칭 성과를 확인했다.
관계 구축	7. 수평적 파트너십	고객을 수평적인 관계로서 존재를 인정하며 대했다.
	8. 신뢰감과 안전감	고객에게 긍정 반응, 인정, 칭찬, 지지, 격려, 신뢰 등의 언어를 상황에 맞게 사용했다.
	9. 호기심	고객의 주제와 존재에 대해 관심과 호기심을 보였다.
적극 경청	10. 반영	어조 높낮이, 속도 맞추기, 추임새 또는 맞장구 등을 치면서 경청하고, 고객의 이야기를 재진술 · 요약하거나 직면하도록 도왔으며, 침묵(space)을 활용하면서 경청했다.
	11. 공감	고객의 생각이나 감정, 의도나 욕구를 이해하며, 이해한 것을 고객에게 표현했다.
	12. 고객의 표현지원	고객이 자신의 생각, 감정, 의도, 욕구를 표현하도록 도왔다.
의식 확장	13. 질문	긍정적 · 중립적 언어로 개방적 질문을 했다.
	14. 기법 활용	고객의 상황과 특성에 따라 침묵(완급 조절), 은유, 비유 등 다양한 기법을 활용했다.
	15. 의미 확장과 구체화	고객의 말에서 의미를 확장하거나 고객의 말을 구체화 또는 명료화하도록 도왔다.
	16. 통찰	고객이 알아차림이나 통찰을 하도록 도왔다.
	17. 관점 전환과 재구성	고객이 관점을 전환하거나 재구성하도록 도왔다.
성장 지원	18. 정체성과의 통합 지원	고객의 학습과 통찰을 자신의 가치관 및 정체성과 통합하도록 지원했다.
	19. 자율성과 책임 고취	고객이 행동 설계 및 실행 계획을 세우도록 도왔다.
	20. 행동 전환 지원	고객이 실행 계획을 실천하도록 점검 또는 후원환경을 만들었다.

구분	심사 항목	설명
총평	21. 총평	심사의 각 항목에서 포착하지 못한 부분과 전체 실기시험의 종합적인 측면(전체적인 느낌과 분위기)과 고객 역할에 대한 수행 등을 반영했다.

출처: "[재공지] 2023년 코치인증자격 실기시험 심사항목 및 항목별 설명 추가 변경", KCA 자격인증 공지사항 게시글(2023.2.9).

다음 5, 6절은 앞에서 소개한 KAC 시험 사례와 동일한 주제로 KPC 응시자의 역량 수준에서 나눌 수 있는 대화를 가정하여 작성되었다. 동일한 주제에 대해 KPC 지원자는 고객과 이슈를 어떻게 다르게 다루고 있는지, 코칭 장면에서 보여주는 역량은 무엇인지를 앞의 KAC 시험 스크립트와 비교하여 공부하는 것이 도움이 될 것이다.

5. KPC 실기시험 사례 1: 루틴 만들기

라포, 코칭 합의

코치[1]: 안녕하세요? 코칭을 함께할 ○○○입니다.

고객[1]: 네, 안녕하세요? ○○○입니다.

코치[2]: 반갑습니다. 오늘 25분에서 30분 정도 대화 나눌 건데요. 호칭을 어떻게 불러드리면 좋으실까요?

고객[2]: 제 이름으로 불러주시면 좋겠습니다.

코치[3]: ○○ 님~ 이렇게 불러드릴까요?

고객[3]: 네~ 좋습니다.

코치[4]: 제가 있는 곳은 오늘 맑고 화창하네요. ○○ 님 계신 곳 날씨는 어떤가요?

고객[4]: 네~ 제가 있는 곳도 날씨가 좋아요. 포근하네요.

코치[5]: 그렇군요. 포근한 날에 어떤 하루 보내고 계신가요?

고객[5]: 오전에 집 청소하고, 가족들이랑 마트에 다녀왔어요. 그리고 시험 시간 맞춰서 마음의 준비를 좀 하고 있었습니다.

코치[6]: 토요일을 알차게 보내고 계시네요. 지금 ○○ 님 마음 날씨는 어떤가요?

고객[6]: 조금 긴장이 되지만, 기대되는 마음도 있습니다. 저에게는 도전의 시간이니까요.

코치[7]: 아~ 그렇군요. 그 말씀에서 저 역시 기대감이 크게 올라옵니다. ○○ 님의 도전을 응원합니다.

고객[7]: 네. 감사합니다.

코치[8]: 저는 오늘 ○○ 님이 코칭에서 나누는 이야기에 대해 ○○ 님 스스로 해답을 찾는 데 기여하는 좋은 파트너가 되도록 최선을 다하겠습니다.

고객[8]: 네. 알겠습니다.

코치[9]: 오늘 저랑 나누는 코칭대화는 한국코치협회 윤리규정에 따라 개인정보와 대화 내용의 비밀이 보장됩니다. 그러니 편하게 얘기 나눠주시고 불편한 점이 생기면 언제든 말씀해주세요.

고객[9]: 네. 알겠습니다.

코치[10]: 지금부터 본격적으로 코칭대화를 시작해도 괜찮을까요?

고객[10]: 네. 좋습니다.

주제 합의

코치[11]: ○○ 님, 오늘 저와 어떤 이야기 나누고 싶으세요?

고객[11]: 루틴 만들기에 관한 얘기를 나누고 싶어요.

코치[12]: 아~ 루틴 만들기요? 조금 더 자세히 말씀해주시겠어요?

고객[12]: 작년까지 아침에 루틴처럼 해오던 일들이 있어요. 공부와 운동하는 것인데…, 올해부터 못 하고 있거든요. 그래서 이것들을 다시 시작해보고 싶어요.

코치[13]: 네~ 아침 루틴을 다시 시작하기에 관해 이야기하고 싶으시네요. 최근 들어 이것이 필요하다고 생각하신 특별한 계기는 무엇이 있었나요?

고객[13]: 재작년 9월쯤부터 시작했는데, 사실 작년까지는 잘해왔거든요. 그래서 올해도 이것을 새해 계획으로 세웠는데, 실제로는 거의 못 했어요. 자꾸 늦잠을 자고 게을러진 것 같아서 다시 해야겠다는 생각이 들었어요.

코치[14]: 와~ 1년 넘게 잘해오셨네요. 공부와 운동 루틴을 해오시면서 어떤 변화가 있었나요?

고객[14]: 작년 연말에 읽은 책을 세어보니 스무 권 정도 읽었더라고요. 제가 책을 잘 안 읽는 편인데, 이거 하면서 책 읽는 재미가 생겼어요.

코치[15]: 정말 뿌듯하셨겠어요. 올해 들어서 못하고 있다고 말씀하셨는데, 어떤 이유가 있었을까요?

고객[15]: 사실은 올해 팀장님이 새로 오셨어요. 일이 많아져서 매일매일 야근하기 일쑤예요. 거의 9시, 어느 때는 10시 넘어서 퇴근해요. 늦게 퇴근하니까 늦게 자고, 그래서 아침에 일찍 일어나는 것이 힘들어졌어요.

코치[16]: 아이고, 힘드셨겠어요. 그런 자신의 모습을 떠올리면 어떤 느낌이세요?

고객[16]: 많이 아쉬워요. 일이 너무 많은 것도 조금 짜증이 나고요. 피곤에 찌들어 있는 제 모습도 마음에 안 들고요.

세션 목표

코치[17]: 저도 많이 아쉽네요. 오늘 코칭에서 무엇에 집중하면 이 시간이 만족스러울까요?

고객[17]: 마음을 다잡고 다시 할 수 있게 자극이 더 필요한 것 같아요. 다시 아침 루틴을 잘 지킬 수 있는 방법을 찾고 싶어요.

코치[18]: 오늘 코칭의 주제를 정리해서 말씀해주시겠어요?

고객[18]: 아침 루틴에 대한 제 의지를 높이고 다시 지킬 수 있는 방법 찾기에 대해 이야기 나누고 싶습니다.

코치[19]: 그럼 아침 루틴에 대한 ○○ 님의 의지를 높이고 다시 지킬 수 있는 방법을 찾는 데 우리 대화를 집중해보겠습니다.

고객[19]: 네. 좋습니다.

주제 심화

코치20: ○○ 님이 생각하는 '루틴'이라는 단어는 어떤 의미인가요?

고객20: 어떤 것을 정기적으로 반복하는 것, 크게 생각하지 않고 정해진 대로 그냥 하는 것? 이런 의미를 담고 있어요.

코치21: 어떤 이유로 무언가를 반복하는 루틴을 삶 속에 꼭 가져가고 싶으신 거예요?

고객21: 별거 아닌 것처럼 보이는 것이라도 꾸준히 하면 그게 축적되어 언젠가는 큰 힘이 되는 것 같아요. 반복의 힘 같은 것이 있다고 생각해요.

코치22: 아~ 반복의 힘을 믿으시네요. 예전의 아침 루틴을 이야기해주셨는데, 구체적으로 어떻게 해오셨나요?

고객22: 출근해야 하는 시간보다 1시간 정도 일찍 일어나서 30분 정도 책을 읽고, 30분은 홈트를 했어요.

코치23: 1시간 아침 루틴을 쭉 반복하셔서 ○○ 님에게는 어떤 힘이 생겼나요?

고객23: 작년에 이걸 하면서 몸도 더 건강해진 것 같고, 저 스스로 성취감을 많이 느꼈어요. '나도 무언가를 꾸준히 할 수 있는 사람이구나' 하는 마음에 자신감도 생겼고요.

코치24: 루틴을 통해 성취감과 자신감을 얻으셨네요.

고객24: 사실 직장인은 회사에서 주어진 일만 하잖아요. 회사 일 말고 다른 분야는 아무것도 모르는데, 회사를 나왔을 때 무기력해질 것 같아요. 남들은 무슨 자격증도 공부하고 대학원도 다니고 하던데, 저는 그렇게 할 여력은 안 되고… 그래서 아침 시간에 책 읽고 운동이라도 하면 '나름대로 자기계발을 하고 있구나' 하는 생각에 위안이 돼요.

코치25: 미래 준비를 위해 자기계발을 꾸준히 하고 싶어 하시네요. '위안'이라는 말씀은 어떤 뜻을 담고 있나요?

고객25: 다들 열심히 살잖아요. 멈춰있으면 도태될 것 같기도 하고요. 뭐라도 해야 제 마음이 좀 편해지는 것 같아요.

코치26: 그러시군요. 지금 그 마음은 ○○ 님이 삶에서 중요하게 생각하는 어떤 가치와 연결되나요?

고객26: 음… '발전하는 삶을 살자'. 편안함은 끝이 없다고 생각해요. 잠은 잘수록 더 자고 싶고, 쉬면 쉴수록 더 쉬고 싶잖아요. 힘들지만 조금씩이라도 발전하는 그런 사람이 되고 싶어요.

코치27: '발전하는 삶'이 ○○ 님이 추구하는 가치인 거네요. 이것을 발견하시니 지금 느낌이 어떠신가요?

고객27: 발전하는 삶… 맞아요. 그걸 위해 나의 하루를 시작한다고 생각하니 굉장히 심플해졌어요.

코치28: 심플해졌다는 것은 어떤 점에서 의미가 있을까요?

고객28: 결과를 미리 생각하다 보면 잡념이 많아져요. '한다고 될까? 이런 게 큰 의미가 있나?' 이런 것들이요. 그런데 결과는 나중 일이고, '그냥 나는 지금 할 일을 한다, 그냥 한다'는 생각으로 하면 머리가 좀 가벼워질 것 같아요.

코치29: '발전하는 삶을 위해 아침 루틴을 그냥 한다~' 마음속으로 이 말을 하시면서 지금 머리를 한번 가볍게 돌려보시겠어요? (잠시 침묵) 얼마나 가벼운가요?

고객29: 네. 해보니 좀 편안해졌습니다. 하하~

코치30: 아침 루틴에 대한 의지를 높이고 싶다고 하셨는데, 지금 ○○ 님의 의지는 코칭 전과는 얼마나 달라졌나요?

고객30: 얘기를 나누다보니 루틴을 꼭 다시 해야겠다는 의지가 더 강하게 생기네요.

코치31: 네! 저도 ○○ 님 목소리에서 강한 의지가 느껴집니다.

고객31: 네. 감사합니다.

목표 설정

코치32: 1년 정도 이렇게 아침 루틴을 꾸준히 가져가시면 ○○ 님은 어떤 모습으로 발전해 있을까요?

고객32: 지식적인 측면이나 체력적인 측면이나 지금보다는 더 나은 사람이 되어 있을 것 같아요. 아는 것이 더 많아지면 회사 일 하는 데도 도움이 될 거고… 사람들과 이야기할 때도 다양한 대화 소재가 생길 것 같아요. 대화의 공감대가 넓어지겠네요.

코치33: 네. 그렇군요. 3년 정도 꾸준히 하게 되면 ○○ 님은 어떤 모습인가요?

고객33: 3년이라… 3년을 꾸준히 할 수 있을까 하는 생각도 들긴 하지만… 그럴 수 있으면 좋겠네요.

코치34: 지금 ○○ 님의 의지라면 충분히 하실 수 있을 것 같은데요. 어떠세요?

고객34: 네. 그렇겠죠. 3년 후에는 교양 있고, 스타일 괜찮은 중년 남자의 모습이면 좋겠습니다. 자격증도 하나쯤 있으면 좋겠고, 배도 많이 안 나온 자기관리 잘하는 40대 후반 남자의 모습이면 좋겠네요.

코치35: 너무 기대되는데요. 교양 있고, 스타일 괜찮은 40대 후반의 ○○ 님 모습을 한 장의 사진으로 남긴다면 어디서 어떤 포즈와 어떤 표정으로 카메라를 보고 계실까요?

고객35: 음… 어디가 좋을까요? 아! 해외 콘퍼런스에서 외국 사람들과 좀 더 편하게 프리토킹하는 제 모습을 사진으로 남기고 싶어요.

코치36: 오~ 그래요. 어떤 콘퍼런스인가요?

고객36: 제가 구매기획 일을 하는데, 구매 관련된 국제 콘퍼런스 중의 하나예요. 전에도 한 번 갔는데, 영어가 부족하다 보니 조금 아쉬웠거든요.

코치37: 그러셨군요. 아까 자격증 이야기도 하셨는데, 3년 후 ○○ 님은 어떤 자격증도 갖고 계실까요?

고객37: 아! 자격증… 기왕이면 제 분야인 구매 쪽 국제 공인자격증이면 좋겠네요.

코치38: 와~ 국제자격증도 갖고 계시니 전문성도 더 높아졌겠네요. (잠시 침묵) 3년 후 콘퍼런스에서 ○○ 님의 표정은 어떤가요?

고객38: 밝고 활기차고 자신감 있고… 그래요.

코치39: 밝고 활기차고 자신감 있는 표정… (잠시 침묵) 그렇게 콘퍼런스에 참여하고 계신 ○○ 님의 사진에 제목을 붙여본다면 어떤 이름이 좋을까요?

고객39: 갑자기 오래전에 봤던 드라마 제목이 떠올라요. 「신사의 품격」이라는 드라마인데… 그 제목을 붙여주고 싶네요.

코치40: '신사의 품격'이요. 신사의 품격이 가득한 ○○ 님의 모습을 상상해보니 느낌이 어떠세요?

고객40: 아~ 너무 좋습니다. 상상만으로도 흥분되고 기쁘네요.

코치41: 듣고 있는 제 마음도 설레네요. '신사의 품격'은 발전하는 삶이라는 ○○ 님의 가치와 어떻게 연결되나요?

고객41: 조금씩 조금씩 발전하는 삶을 살다 보니 나도 모르게 품격 있는 사람이 되어 있을 것 같다는 생각이 들어요.

코치42: 아까 말씀하셨던 작은 반복의 힘이네요. 그것이 품격으로 이어지는 거네요. 지금 ○○ 님의 아침 루틴에 대한 의지는 아까와 얼마나 달라졌나요?

고객42: 더 지키고 싶은 마음이 커졌어요.

대안 탐색

코치43: 그 말씀 들으니 저도 기쁘네요. 신사의 품격! 그 모습을 위해 오늘 코칭의 주제인 아침 루틴 다시 지키기와 관련해서 무엇을 해보시겠습니까?

고객43: 일단은 일찍 일어나기부터 시작해야겠습니다.

코치44: 얼마나 일찍 일어나실까요?

고객44: 6시에 기상하는 것으로 하겠습니다.

코치45: 네. 또 다른 방법은요?

고객45: 저녁에 일찍 자야 하는데, 요새는 늦게 퇴근해서 TV나 유튜브 보고, 야구 보는 걸로 시간을 보내요. 이런 것들을 줄여야겠습니다.

코치46: 네, 그래요. 루틴의 고수들은 어떤 방법을 활용할까요?

고객46: 요즘은 혼자 하는 것이 아니라 챌린지처럼 하는 사람들이 많다고 하더라고요. '미라클 모닝' 앱 같은 것이 있는지 한번 찾아봐야겠습니다. 이렇게 강제성을 주는 방법도 괜찮을 것 같아요.

코치47: 작년에 아침 루틴을 잘할 수 있었던 원동력을 활용해본다면 무엇을 해보시겠습니까?

고객47: 재작년에는 5시 30분에 일어나서 7시에 출근하기 전까지 1시간 반을 계획을 세워서 했어요. 그러다가 작년부터는 조금 느슨해지긴 했지만… 처음 한두 달은 습관을 잡는 시간이라 힘들었어도 일단 습관이 잡히면 그다음은 훨씬 수월했던 기억이 납니다. 시간이 필요하니 너무 급하게 생각하지는 말아야겠습니다.

코치48: 신사의 품격을 위해 더 해보고 싶은 것은요?

고객48: 아까 자격증 이야기를 했는데, 정말 자격증 공부를 좀 해볼까 하는 생각이 들어요.

코치49: 아, 그래요? 자격증이 왠지 ○○ 님의 잔잔한 마음에 작은 돌을 던진 듯한데요.

고객49: 네. 맞아요. 전혀 생각해보지 못한 것이었거든요. 저에게 자극이자 동력이 될 것 같아요.

코치50: 자극이자 동력을 쭉 이어가기 위해 자격증 공부를 루틴으로 해본다면 어떤 방안이 있을까요?

고객50: 지금 생각나는 자격증이 있는데, 시험에 대한 정보가 없어서 그걸 좀 찾아봐야겠네요.

코치51: 그래요. 아침 루틴 다시 만들기에 관하여 다양한 실행 계획을 말씀해주셨어요. 어떤 것들이 나왔는지 말씀해주시겠어요?

고객51: 방금 이야기한 구매 국제자격증 정보 찾아보기, 6시에 기상하기, 저녁 늦게 TV나 유튜브 안 보기, 그리고 '미라클 모닝' 앱 찾아보기… 이런 것들이 나왔네요. 아~ 그리고 영어도 꾸준히 해야겠네요.

코치52: 그리고 루틴과 관련해서 급하게 생각하지 않고 한두 달 시험 기간을 가지면서 천천히 해나가기… 이것도 말씀하신 것 같아요. 어떠세요?

고객52: 네. 그것도 있었죠.

실행 계획

코치53: 그중에서 가장 먼저 해보고 싶은 것은 무엇인가요?

고객53: 일찍 자는 거요…. 의미 없이 유튜브나 TV 안 보기… 이것부터 해야겠습니다. 그리고 국제자격증 따려면 어떻게 해야 하는지 서칭을 좀 해야겠네요.

코치54: 이 두 가지를 실행하는 데 방해되는 것이 있다면 어떻게 하시겠어요?

고객54: 자격증 서칭하는 것은 제가 그냥 하면 될 것 같고요. 유튜브는 알고리즘의 노예가 되지 말아야 할 텐데요.

코치55: 누구의 도움을 받으면 실행에 도움이 될까요?

고객55: 아~ 저희 아이에게 약속하면 좋겠어요. 아이한테 유튜브 좀 그만 보라고 이야기하는데, 제가 자제하지 못하면 그런 말할 자격이 없는 것 같아요. 11시 30분 이후로 유튜브를 보지 않겠다고 아이에게 약속하겠습니다.

코치56: 지혜로운 방법을 찾으신 것 같습니다. 이 약속은 언제 하실까요?

고객56: 오늘 저녁 먹으면서 하겠습니다.

코치57: 자격증 서칭은 언제 하실까요?

고객57: 오늘 코칭 끝나고 오후에 바로 해보겠습니다.

코치58: 즉시 실행하시네요. 멋지세요. 아침 루틴이 잘되고 있다는 것을 ○○ 님 스스로 어떻게 확인할 수 있을까요?

고객58: 캘린더에 입력하고 실행한 날은 체크하는 형태로 하면 알 수 있겠네요.

코치59: 매일매일 날짜마다 체크되어 있는 캘린더가 그려지는데요….

고객59: 하하. 감사합니다.

마무리

코치60: 아침 루틴에 대한 의지를 높이고 다시 지킬 방법에 관하여 이야기 나눴습니다. 코칭대화를 통해 얻은 성과는 무엇인가요?

고객60: 신사의 품격이 강하게 뇌리에 남습니다. 해외 콘퍼런스에서 외국 사람들과 미팅하는 모습을 상상해보니 목표의식이 생기네요.

코치61: 아! 의욕이 막 올라가는 것 같아요. 루틴을 실천하고자 하는 의지에 스스로 점수를 매긴다면 10점 만점에 몇 점을 주시겠어요?

고객61: 10점 만점을 주고 싶습니다!

코치62: 이렇게 변화를 이루어내신 것을 축하드립니다! 아침 루틴을 꾸준히 해나가는 ○○ 님 자신에게 어떤 격려와 응원의 말씀을 해주시겠어요?

고객62: 음… "작은 루틴이 큰 발전을 이룬다. 그러니까 쭉 나아가자!" 이런 말을 해주고 싶습니다.

코치63: 와~ 저도 파이팅의 박수를 보내드리고 싶습니다. 작은 루틴으로 큰 발전을 이뤄나가는 ○○ 님은 주변 사람들에게 어떤 존재인가요?

고객63: 나중에 우리 아이들이 커서 '아빠가 늘 뭔가를 하시는 모습이 좋았어요~' 라고 말해주면 좋겠네요. 아이들에게 강요하기보다는 서서히 스며들면서 영향을 주면 좋겠다는 생각도 드네요.

코치64: 아~ 그러시군요. 서서히 스며들며 영향을 주신다~ 멋지세요. 다음번에 혹시 제가 ○○ 님과 코칭을 진행한다면 그때 이것과 관련해서 어떤 도움을 드리면 좋을까요?

고객64: 얼마나 잘 지키고 있는지 점검하고 응원해주시면 좋겠습니다.

코치65: 네~ 기꺼이 함께하고 싶습니다. 약속한 코칭 시간이 다 되어갑니다. 오늘 코칭에서 새롭게 발견한 것은 무엇인가요?

고객65: 요즘 아무것도 하지 않고 정체되어 있었는데, 제가 이런 것을 못 견뎌하는 사람이라는 것을 알게 되었습니다. 목표에 의해 동기부여가 되는 사람 같기도 하고요. 그리고 자격증 공부는 생각하지 못했는데, 발전을 원하는 저에게 큰 자극이 되었어요.

코치66: 네. 정체가 아닌 발전을 원하는 ○○ 님을 저도 응원하겠습니다. 오늘 코칭 주제에 관하여 더 나누고 싶은 이야기는 무엇이 있으신가요?

고객66: 충분히 이야기 나눈 것 같습니다.

코치67: 그럼 이제 우리의 코칭대화를 마쳐도 될까요?

고객67: 네, 좋습니다.

KPC 심사기준으로 본 코치의 말 자가 점검: 루틴 만들기

구분	심사항목	코치의 말
코칭 세션 운영	1. 윤리규정 및 태도	코치[9]: 오늘 저랑 나누는 코칭대화는 한국코치협회 윤리규정에 따라 개인정보와 대화 내용의 비밀이 보장됩니다. (…)
	2. 코칭 세션 동의	코치[10]: 지금부터 본격적으로 코칭대화를 시작해도 괜찮을까요? 코치[67]: 그럼 오늘 코칭을 여기서 마쳐도 될까요?
	3. 코칭 세션 시간 운영 (25~30분)	
	4. 전체 세션 운영의 유연성	코치[29]: (…) 지금 머리를 한번 가볍게 돌려보시겠어요? (잠시 침묵) 얼마나 가벼운가요? 코치[35]: (…) 한 장의 사진으로 남긴다면 어디서 어떤 포즈와 어떤 표정으로 카메라를 보고 계실까요? 코치[37]: (…) 3년 후 ○○ 님은 어떤 자격증도 갖고 계실까요? 코치[52]: (…) 이것도 말씀하신 것 같아요. 어떠세요?
전문 계발	5. 코칭 합의	코치[17]: (…) 오늘 코칭에서 무엇에 집중하면 오늘 이 시간이 만족스러울까요? 코치[18]: 오늘 코칭의 주제를 정리해서 말씀해주시겠어요? 코치[19]: 그럼 아침 루틴에 대한 ○○ 님의 의지를 높이고 다시 지킬 수 있는 방법을 찾는 데 우리 대화를 집중해보겠습니다.
	6. 성과 관리	코치[60]: (…) 코칭대화를 통해 얻은 성과는 무엇인가요? 코치[61]: (…) 루틴을 실천하고자 하는 의지에 스스로 점수를 매긴다면 10점 만점에 몇 점을 주시겠어요?
관계 구축	7. 수평적 파트너십	코치[2]: (…) 호칭을 어떻게 불러드리면 좋으실까요? 코치[3]: ○○ 님~ 이렇게 불러드릴까요? 코치[8]: 저는 오늘 ○○ 님이 코칭에서 나누는 이야기에 대해 ○○ 님 스스로 해답을 찾는 데 기여하는 좋은 파트너가 되도록 최선을 다하겠습니다.
	8. 신뢰감과 안전감	코치[7]: 아~ 그렇군요. 그 말씀에서 저 역시 기대감이 크게 올라옵니다. ○○ 님의 도전을 응원합니다. 코치[34]: 지금 ○○ 님의 의지라면 충분히 하실 수 있을 것 같은데요. 어떠세요? 코치[35]: 너무 기대되는데요. (…) 코치[56]: 지혜로운 방법을 찾으신 것 같습니다. (…) 코치[63]: 와~ 저도 파이팅의 박수를 보내드리고 싶습니다. (…)

구분	심사항목	코치의 말
	9. 호기심	코치[15]: (…) 올해 들어서 못하고 있다고 말씀하셨는데, 어떤 이유가 있었을까요? 코치[21]: 어떤 이유로 무언가를 반복하는 루틴을 삶 속에 꼭 가져가고 싶으신 거예요? 코치[28]: 심플해졌다는 것은 어떤 점에서 의미가 있을까요?
적극 경청	10. 반영	코치[22]: 아~ 반복의 힘을 믿으시네요. (…) 코치[25]: 미래 준비를 위해 자기계발을 꾸준히 하고 싶어 하시네요. (…) 코치[31]: 네! 저도 ○○ 님 목소리에서 강한 의지가 느껴집니다. 코치[39]: 밝고 활기차고 자신감 있는 표정… (잠시 침묵) (…) 코치[64]: 아~ 그러시군요. 서서히 스며들며 영향을 주신다~ (…)
	11. 공감	코치[15]: 정말 뿌듯하셨겠어요. (…) 코치[16]: 아이고, 힘드셨겠어요. (…) 코치[17]: 저도 많이 아쉽네요. (…)
	12. 고객의 표현지원	코치[12]: 아~ 루틴 만들기요? 조금 더 자세히 말씀해주시겠어요? 코치[13]: (…) 최근 들어 루틴이 필요하다고 생각하신 특별한 계기는 무엇이 있었나요? 코치[22]: (…) 예전의 아침 루틴을 이야기해주셨는데, 구체적으로 어떻게 해오셨나요? 코치[27]: (…) 지금 느낌이 어떠신가요? 코치[36]: 오~ 그래요. 어떤 콘퍼런스인가요?
의식 확장	13. 질문	코치[14]: (…) 공부와 운동 루틴을 해오시면서 어떤 변화가 있었나요? 코치[23]: 1시간 아침 루틴을 반복해서 쭉 하게 되면 ○○ 님에게는 어떤 힘이 생겼나요? 코치[25]: (…) '위안'이라는 말씀은 어떤 뜻을 담고 있나요? 코치[47]: 작년에 아침 루틴을 잘할 수 있었던 원동력을 활용해본다면 무엇을 해보시겠습니까?
	14. 기법 활용	코치[39]: (…) 그렇게 콘퍼런스에 참여하고 계신 ○○ 님의 사진에 제목을 붙여본다면 어떤 이름이 좋을까요? 코치[49]: 아, 그래요? 자격증이 왠지 ○○ 님의 잔잔한 마음에 작은 돌을 던진 듯한데요. 코치[61]: (…) 루틴을 실천하고자 하는 의지에 스스로 점수를 매긴다면 10점 만점에 몇 점을 주시겠어요? 코치[62]: (…) 아침 루틴을 꾸준히 해나가는 ○○ 님 자신에게 어떤 격려와 응원의 말씀을 해주시겠어요?

구분	심사항목	코치의 말
	15. 의미 확장과 구체화	코치[20]: ○○ 님이 생각하는 '루틴'이라는 단어는 어떤 의미인가요? 코치[26]: 그러시군요. 지금 그 마음은 ○○ 님이 삶에서 중요하게 생각하는 어떤 가치와 연결되나요? 코치[28]: 심플해졌다는 것은 어떤 점에서 의미가 있을까요?
	16. 통찰	코치[27]: (…) 이것을 발견하시니 지금 느낌이 어떠신가요? 코치[65]: (…) 오늘 코칭에서 새롭게 발견한 것은 무엇입니까?
	17. 관점 전환과 재구성	코치[33]: (…) 3년 정도 꾸준히 하게 되면 ○○ 님은 어떤 모습인가요? 코치[41]: (…) '신사의 품격'은 발전하는 삶이라는 ○○님의 가치와 어떻게 연결되나요? 코치[46]: 네, 그래요. 루틴의 고수들은 어떤 방법을 활용할까요?
	18. 정체성과의 통합 지원	코치[63]: (…) 작은 루틴으로 큰 발전을 이뤄나가는 ○○ 님은 주변 사람들에게 어떤 존재인가요?
성장 지원	19. 자율성과 책임 고취	코치[43]: (…) 그 모습을 위해 오늘 코칭의 주제인 아침 루틴 다시 지키기와 관련해서 무엇을 해보시겠습니까? 코치[50]: 자극이자 동력을 쭉 이어가기 위해 자격증 공부를 루틴으로 해본다면 어떤 방안이 있을까요? 코치[53]: 그중에서 가장 먼저 해보고 싶은 것은 무엇인가요? 코치[57]: 자격증 서칭은 언제 하실까요?
	20. 행동 전환 지원	코치[54]: 이 두 가지를 실행하는 데 방해되는 것이 있다면 어떻게 하시겠어요? 코치[55]: 누구의 도움을 받으면 실행에 도움이 될까요? 코치[58]: (…) 아침 루틴이 잘되고 있는 것을 ○○ 님 스스로 어떻게 확인할 수 있을까요? 코치[64]: (…) 다음번에 혹시 제가 ○○ 님과 코칭을 진행한다면 그때 이것과 관련해서 어떤 도움을 드리면 좋을까요?
총평	21. 총평	

6.
KPC 실기시험 사례 2: 체중 감량

라포, 코칭 합의

코치[1]: 안녕하세요? 함께할 ○○○입니다.

고객[1]: 네, 안녕하세요? ○○○입니다.

코치[2]: 반갑습니다. 제가 오늘 뭐라고 불러드리면 편하실까요?

고객[2]: 고객이라고 해주시겠어요?

코치[3]: 네, 고객님. 오늘 코칭대화에서 저는 한국코치협회 윤리규정을 따르고 개인정보와 들은 내용에 대해 비밀을 지키겠습니다. 편하게 얘기 나눠주시고 불편한 점이 생기면 언제든 말씀해주시겠어요?

고객[3]: 네.

코치[4]: 날씨 좋은 주말이네요. 주말엔 보통 어떻게 지내세요?

고객[4]: 저는 토요일엔 듣고 싶은 코칭 강의도 듣고 궁금했던 거 유튜브로 공부하기도 하고, 맛있는 거 배달시켜 먹으며 좀 편안히 지내곤 해요.

코치[5]: 와~ 쉬는 날도 보람차게 보내시네요. 그렇게 하루를 보내시면 어떤 마음이 드세요?

고객5: 쉬는 시간이라고 그냥 보내지 않았다? '그냥 놀다 보내는 날도 많이 있는데 공부를 좀 하면 뭔가 날 좀 성장시켰다. 의미 있는 일을 했다'는 뿌듯함이 있어요. 맛있는 거 먹으며 편안한 여유도 누리고요.

코치6: 네, 그렇군요. 잠깐 말씀에도 고객님이 소중하게 여기는 것들이 비친 듯해요. 고객님께 소중한 가치는 어떤 것들이 있어요?

고객6: 그러네요. 저는 성장, 의미도 중요하고, 한편으론 자유, 평안 같은 것도 중요해요. '잘하고 싶고 성장하고 싶지만 그걸 위해 다 참아' 이런 건 아니고요.

코치7: 네, 고객님의 이 시간도 자유로움 가운데 고객님께 의미 있고 성장에 도움되는 시간이 되면 좋겠습니다. 저도 코치로서 노력하겠습니다. 이렇게 우리 코칭 시작해볼까요?

고객7: 네네.

주제 합의

코치8: 오늘 어떤 이야기 나누고 싶으세요?

고객8: 체중 감량에 관한 얘기를 나누고 싶어요.

코치9: 네, 체중 감량요. 이 주제를 가져오신 구체적인 계기는 뭘까요?

고객9: 코로나 동안 거의 집안에 있으면서 배달도 자주 시키고 운동을 안 했더니 몸무게가 많이 불었어요. 이제 대면 활동이 점점 많아지고 며칠 전 같이 프로그램을 만든 코치님들을 만나는 날이었어요. 영 맞는 옷이 없고 모양이 안 났어요. 그렇게 만난 코치님들은 다 날씬하고 탄탄해 보이는 거예요. 속상하고 창피했어요. 사실 전문 코치가 되겠다고 코로나 전에 8~9킬로를 뺐거든요. 그게 다 붙고 더 붙어서 10킬로가 올라간 거예요.

코치10: 애고, 속상하셨겠어요. 근데 8~9킬로 빼는 거 결코 쉽지 않은데 해내셨던 거네요. 전문 코치가 고객님께 뭐길래요?

고객10: 결혼해 아이들 키우는 동안 저는 아이들을 위하고 남편을 위한 거 외에 제가 좋아하는 거나 잘하는 거와 상관없이 지냈어요. 이제 아이들이 커서 제 직업으로 뭔가를 가져보겠다고 하는 게 전문 코치예요. 그래서 소중하고요.

코치[11]: 그렇군요. 체중 감량과 전문 코치는 어떤 관련이 있는 거예요?

고객[11]: 프로필 사진을 찍고 싶었어요. 강의하고 싶고. 무엇보다 코치는 자기관리가 잘되어야 한다고 생각하는데, 살찌고 건강해 보이지 않는 건 그렇지 못한 거니까요.

코치[12]: 아, 그래서 관리하신 거군요. 빠졌을 땐 어떤 느낌이었어요?

고객[12]: 그땐 좋아 보였어요. 건강도 좋아졌고, 예뻐 보였고, 주변에서도 예쁘다 해줬고, 자신감도 올라갔어요.

코치[13]: 네, 그때 생각하면 마음이 어떠세요?

고객[13]: 행복해지고, '아, 나도 할 수 있어. 더 나이 들기 전에 다시 돌아가고 싶다'는 마음이 들어요.

세션 목표

코치[14]: 뭉클하네요. 할 수 있죠! 그렇게 되도록 이 시간 우리 같이 열심히 이야기해봐요. 이제까지 얼마나 해보신 거예요?

고객[14]: 커피믹스 줄이기, 작은 그릇에 먹기, 여러 번 코칭을 받아보기도 하고 야식 안 먹기, 채소 먹기 같은 것들을 해봤어요.

코치[15]: 그렇군요. 그런 경험들을 해보시고 저와 오늘 코칭에서는 뭘 얻고 싶으세요?

고객[15]: '한 달에 3킬로' 뭐 이런 목표를 세웠는데 잘 안 돼요. 계속 올라가는 추세가 내려가는 추세로 바뀌어서 일단 2, 3킬로만이라도 빠지는 걸 보면 좀 계속할 힘이 날 거 같아요. 기복이 있겠지만 매주 한 번씩 체중을 쟀을 때 조금이라도, 몇백 그램이라도 내려가게 되는, 이번에는 정말 꾸준히 내려가게 하고 꾸준히 지속할 수 있는 방법을 찾고 싶어요.

코치[16]: 그 목표를 간단히 말씀해주시겠어요?

고객[16]: 체중 감량의 꾸준한 방법 찾기?

코치[17]: 네, 체중 감량의 꾸준한 방법 찾기에 집중해 이야기 나눠볼까요?

고객[17]: 네.

주제 심화

코치[18]: 꾸준히 한다는 건 어떤 건가요?

고객[18]: 매일매일 하는 게 정말 중요한 거 같아요. 하다가 안 하게 되면 실망하고 매일 하다가 하루 이틀 안 하면 멈추게 될 테니까요. 일상생활처럼 자연스럽게 하는 게 체중 감량에서 꾸준하게 이어지는 게 아닐까 해요.

코치[19]: 그렇군요. 이번의 체중 감량은 고객님께 어떤 중요성이 있는 거죠?

고객[19]: 심하게 많이 하는 것도 아니고, 실패만 하지 말자는 거니까요. 정말, 아주 작더라도 실패하지 않는다면 힘이 좀 나게 하는 계기가 될 거라서 중요해요.

코치[20]: 아까 8, 9킬로를 뺐다고 하셨어요. 어떤 일을 하셨기에 그렇게 성공적으로 빼신 거죠?

고객[20]: 아, 그건 뭐라 할 수 없는 게 너무 쉽게 뺐어요. 제 인생 첫 체중 감량을 한약으로 쉽게 뺐던 거예요.

코치[21]: 네, 그리고 어떻든 첫 체중 감량을 시도하시고 효과 있는 방법으로 성공하셨네요?

고객[21]: 아, 그러네요!

코치[22]: 그땐 쉽게 했다셨는데 다음에 시도했던 방법들은 얼마나 어려운 걸 감수해야 했는지도 궁금해요.

고객[22]: 음… 한 번도 어렵게 의지를 사용한 적은 없어요. 저는 방법적으로 하나씩 해봤어요.

코치[23]: 보통 다이어트한다고 하면 힘겹게 의지를 사용하잖아요? 고객님은 어떤 차이가 있는 거죠?

고객[23]: 저는 여러 가지 책을 봤어요. 근데 힘들게 참으면서 하는 다이어트들은 실패한다고 되어 있더라고요. 그리고 저희 엄마가 살 뺀다고 생짜로 굶는 건 다반사고, 병원에서 하라는 대로 1년 동안 참은 적도 있었는데, 그 기간이 끝나면 요요가 심했어요.

코치[24]: 그냥 하는 체중 감량이 아니라 공부하고 알아보고 요요 없이 하려는 거네요.

고객[24]: 네. 고생해서 하고 요요로 더 찔 바에야 안 하는 게 낫다고 생각해요.

코치[25]: 그렇군요. 이렇게 말씀하시니 어떤 게 좀 정리되세요?

고객[25]: 그러고 보니 저는 제가 이것저것 했다고 생각했는데, 열심히 한 건 없고 살살 방법을 바꿔서 이렇게 저렇게 해봐야지 하고 시도한 것뿐이었어요. 요요가 올 수 있으니까 하며 의지를 사용하지 않았던 거예요. 와! 약으로 해도 그렇다고 많이 봤는데 아이러니하게도 약으로 뺐고요.

코치[26]: 발견을 축하드려요. 어떤 마음이 드세요?

고객[26]: 요요와 상관없는 경우, 일테면 몇 시 전에 먹는다 같은 경우엔 의지를 좀 써야겠단 마음이 들어요.

코치[27]: 오! 체중 감량에 새로운 국면이 열리겠어요. 새로운 체중 감량을 무언가에 비유해본다면요?

고객[27]: 노 두 개 있는 배?

코치[28]: 노 두 개 있는 배요? 어떤 의미일까요?

고객[28]: 전에는 제가 사공이었어도 노는 쓸 생각을 안 했고, 어쩌다 노 하나를 건드릴 뿐이었어요. 야식은 안 먹는다는 노, 그러다가 가족이 모이면 별 제재 없이 먹었어요. 가족이 모이는 상황이니까. 덜 먹자 해도 맛있는 게 있으면 또 먹고. 참으면 나중에 더 먹을 테니까 하며. 잠을 못 자도 에너지 보충해야 하니까 먹고. 안 했을 때 장치나 견제 없이 뭐를 해야겠다는 생각뿐이니까 노 하나인 건데, 이제 다른 장치도 마련하고 함께 두 개로 저어야지 하는 마음이 생겼어요.

코치[29]: 노 두 개와 사공을 정리해보시면요?

고객[29]: 노 하나는 결심, 하나는 장치와 견제, 사공은 의지로 노를 저어서 원하는 곳으로 가는 거죠.

목표 설정(대목표)

코치30: 멋지네요. 사공이 노를 저어 가고 싶은 곳은 어디예요?

고객30: 10킬로쯤 체중 감량요.

코치31: 10킬로쯤 체중 감량을 통해 이루고 싶은 건요?

고객31: 날렵하게 움직이고, 자기관리 잘되는 전문인? 자신 있고 건강한 모습으로 제 인생을 좀 더 온전히 살고 싶어요. 아이들과 애 아빠에게 맞추는 게 우선이었죠. 이제 아이들이 좀 컸으니 제 일도 하며 제 인생을 찾고 싶어요. 가족을 돌보지만 제 것도 있는 삶요.

코치32: 고객님께 온전히 인생을 사는 건 뭐예요?

고객32: 자신의 고유함으로 자기가 하고 싶은 것이 삶의 한 부분에라도 온전히 담겨 있는 삶요. '올해는 코칭에서 이런 것을 이루어야지. 그걸 위해 이번 한 달은 이런 것을 해내야지. 이번 주에는, 오늘은 뭘 하자' 해도 가족들 식사 시간에 맞춰 시간을 변경하고 설거지하고 다음 끼에 먹고 싶다는 걸 준비하고, "뭐 해놔줘" 하면 그거 하다 보면 내 거 하려던 시간은 다 없어지고 종일 먹고 치우다가 시간의 끄트머리에서 하루가 다 간 걸 애석해하는 삶 말고요.

코치33: 고객님의 희생과 안타까움이 있네요. 하고 싶은 것을 하며 사는 고객님은 어떤 모습이에요?

고객33: 이제 전문 코치가 되기로 작정했으니까 관련해서 책도 읽고, 연습도 많이 해서 코칭도 잘하고, 프로그램도 만들고 강의도 하고, 책도 쓰고요. 매일 즐겁게 코칭 일하는 프리랜서나 코칭 사업장에서 일하고 싶어요.

코치34: 오, 이 에너지! 많은 생각을 해오셨군요. 잘하고 싶으시고요. 이렇게 쭉 말씀하시니 어떤 마음이 드세요?

고객34: 전문 코치로 일을 잘하기 위해 체중 감량을 하고, 요요 없이 꾸준히 할 수 있는 체중 감량을 하되 이제는 결심과 장치를 하자.

코치[35]: 네, 그리고 우리 이렇게 이야기하고 있는데, 고객님이 원하시는 체중 감량의 꾸준한 방법 찾기로 잘 가고 있나요?

고객[35]: 네, 맞아요.

코치[36]: 그럼, 체중 감량도 하고, 전문 일을 잘하는 어느 하루를 그려보시겠어요? 눈을 감으셔도 좋겠어요.

고객[36]: 네.

코치[37]: 어디서 어떻게 하고 있으세요?

고객[37]: 카페… 아니 제 사무실에서 글을 쓰고 있어요.

코치[38]: 사무실은 어떤 모습이에요?

고객[38]: 햇살이 따뜻하고요. 책들이 잘 정돈되어 있고, 여러 번 본 책들이 많아요. 필요 없는 책은 없고, 심플하고 필요한 제 물건들이 있어요.

코치[39]: 고객님의 모습은 어떤가요?

고객[39]: 운동으로 다져진 건강한 몸에 날씬하고, 자세가 바르고, 살짝 긴 머리는 자연스러운 색으로 관리되고, 즐거움과 자신감 있는 부드러운 표정이에요.

코치[40]: 그런 삶을 은유로 표현해보신다면요?

고객[40]: 내 향기가 있는 삶?

코치[41]: 내 향기가 있는 삶요! 다시 한번 마음을 담아 말씀해주시겠어요?

고객[41]: 음… 나의 향기로운 삶!

코치[42]: 어떤 향기에요?

고객[42]: 시원하고 달콤한 향이에요. 허브의 잎과 꿀꽃향이 나는.

코치[43]: 처음에 말씀하신 성장과 의미, 다른 한편엔 자유와 평안의 가치가 향기에도 담긴 듯해요.

고객[43]: 와~ 정말 그 느낌이에요!! 성장의 시원함과 자유와 평안의 달콤함이 잘 어울리는 향, 나의 삶의 향기가 그러면 좋겠어요.

대안탐색

코치[44]: 이렇게 말씀하시면서 어떤 것들이 정리되세요?

고객44: 체중 감량이 잘 안 되어 답답하기만 했는데, 제가 원하는 삶을 살기 위해 필요한 일을 하려던 거고 하고 싶단 마음이 막 드네요. 제가 추구하는 삶을 사는 한 모습이구나 하는 것을 느꼈어요.

코치45: 네, 목소리에 힘이 있으세요. 그 마음으로 체중 감량의 꾸준한 방법을 생각하시면 뭐가 떠오르세요?

고객45: 음, 먹는 것, 운동 다 쉽지 않지만 정말 해야겠고 의지력과 시간이 확보되는 이른 아침에 하는 게 좋겠어요. 장치도 사용하고요.

코치46: 뭘 해보고 싶으세요?

고객46: 음, 저녁을 안 먹거나 일찍 먹기, 산책, 등산, 스트레칭? 그런데 꾸준히 하는 게 잘 안 되곤 했어요.

코치47: 네네. 전에 요요 없이 조금이라도 체중 감량에 성공했거나 어떤 일이든 꾸준히 해서 성공한 경험은 어떤 게 있으세요?

고객47: 8년쯤 전에 매일 스트레칭하고 걸어서 꾸준히 몸무게가 줄어 5킬로쯤 빠졌던 경험이 있어요.

코치48: 와, 그런 성공을 하신 분이시네요. 그때 꾸준히 할 수 있었던 핵심은 뭐예요?

고객48: 버디와 코칭을 했는데, 6개월쯤 운동을 주제로 했어요. 처음에는 작게 시작해서 조금씩 늘려갔어요. 스트레칭 5분에서 시작해서 25분까지 하고, 걷기도 추가하려고 장치를 마련하자 하다가 아이가 학교 갈 때 배웅 나가서 산책하는 걸로 묶었어요. 작게 시작한 게 중요하고, 조금 익숙해지면 조금 더 긴 거, 다른 것과 함께 더하는 게 유효했어요. 근데, 버디와 코칭을 계속했던 게 또 다른 핵심이 아닐까 싶어요.

코치49: 이것이 성공하게 된 데는 고객님의 어떤 자원이 있어서였을까요?

고객49: 음… 저는 약속을 지키려 노력해요. 매일매일 시작이 힘들어서 그렇지 일단 발길을 떼면 열심히 해요. 지속적으로 코칭하는 좋은 코치 친구들도 있고요.

코치50: 와, 좋은 자원을 내 · 외부에 많이 가지고 계시네요. 이렇게 말씀하시고 보니 체중 감량, 어떻게 해보고 싶으세요?

고객50: 작게 시작해 조금씩 키우고, 체중 감량을 먹는 것보다 운동으로 다른 좋아하는 일이나 루틴과 묶어 먼저 시작해보고, 혼자가 아니라 누구와 함께하거나 인증할 버디나 밴드 같은 걸 찾아 인증톡을 보내면 좋겠어요.

코치51: 묶을 만한 행동이 뭐가 있을까요?

고객51: 아침에 가까운 스터디카페를 가는 건 어떨까 싶어요. 그때 오가면서 걷기 시작하는 거예요. 작게 시작하는 거예요,

코치52: 오, 네! '작게 시작! 꾸준히'의 한 방법이 되겠어요. (잠시 침묵) 그리고 만약 전문가가 조언해준다면 뭐라 할까요?

고객52: "나이에 맞는 체중 감량을 해라." 아, 전문가의 유튜브를 찾아봐야겠네요.

코치53: 그런 방법도 찾으셨네요.

고객53: 네, 시간이 좀 걸리겠지만 좋은 방법을 찾을 수도 있겠어요.

실행 계획

코치54: 어떤 것을 먼저 해보고 싶으세요?

고객54: 스터디카페 가는 게 제일 쉬울 것 같아요.

코치55: 언제 해보시겠어요?

고객55: 내일 아침에 가겠어요.

코치56: 네, 바로 실행하시네요. 방해가 나타나면 어떻게 하시겠어요?

고객56: 그럴 수도 있다. 낙심하지 말고 아침에 안 되면 오후에라도 가자.

코치57: 아까 말씀하신 노 두 개 있는 배를 적용해보신다면요?

고객57: 그렇죠! 좀 더 의지를 써야겠어요. 근처에 산도 있고 스터디카페 가는 길에 탄천도 있으니 10분 거리 카페만 갈 게 아니라 산 오르기나 탄천 30분 걷기를 하는 거예요. 30분 걷는 게 뭐 어렵다고 이렇게 몸을 사리겠어요?

코치58: 오~ 텐션 완전히 다른데요?

고객58: 그니까요. 요요 생길까 봐 몸을 사렸던 거지 그게 아닌 것까지 몸을 사리고 조금씩 조금씩 하는 게 습관이 되었어요.

코치[59]: 성찰하신 걸 실행으로 이어가시네요. 잘 실행하시는 걸 다른 사람이나 제가 어떻게 알 수 있을까요?

고객[59]: 아, 아까 찾은 방법을 연결하는 거죠. 인증톡 보내기. 뭔가 습관을 들이고 싶은 모임을 찾아보거나 체중 감량하고 싶다는 버디가 있으니 같이하면 되겠어요.

코치[60]: 말씀하신 방법을 꾸준히 하시면 한 달 후에는 몇 킬로 정도 감량되어 있을까요?

고객[60]: 2킬로는 빠져있지 않을까요?

코치[61]: 와, 2킬로 정도 빠지면 힘을 받아 계속할 거라 하셨잖아요?

고객[61]: 맞아요! 그러네요. 힘을 받아 계속할 수 있겠어요!

코치[62]: 2킬로 빠진 순간을 상상해보세요. 기분이 어떠세요?

고객[62]: 오~ 흐뭇해요. 2킬로인데, 시작되는 느낌이에요.

마무리

코치[63]: 오늘 꾸준한 체중 감량 방법을 찾아 얘기해보았는데요. 실행 계획을 간단히 정리해봐주시겠어요?

고객[63]: 스터디카페 가면서 30분 더 걷는 것부터 시작해 걷기를 늘려가는 거예요.

코치[64]: 그런 실행은 고객님의 삶과 어떻게 연결되는 거였죠?

고객[64]: 온전한 제 삶을 사는 것과 연결되었어요. 여유롭게 전문인으로서 사는 자유롭고 성취하는 삶 말이에요.

코치[65]: 네, 오늘 정해진 코칭 시간이 다 되어가서 마무리하고자 하는데요. 오늘 체중 감량의 꾸준한 방법 찾기에 대해 나누시면서 어떤 유익이 있으셨어요?

고객[65]: 체중 감량이 제가 원하는 전문 코치의 삶과 연결되었고요. 의지와 장치라는 두 개의 노를 써야겠다는 것도 도움이 되었어요. 스터디카페 가는 길의 걷기와 늘리기, 인증이라는 장치를 정했고요.

코치[66]: 성찰하고 말씀하신 대로 꾸준히 실행하면 삶이 어떻게 달라질까요?

고객[66]: 시원한데요? 매일 스터디카페 가서 책 읽고, 걸어 다니면서 셀프 코칭도 하고. 어느 날 저는 많이 준비되어 있고 저도 모르게 전문 코치로 자신 있게 일하고 있을 거 같아요.

코치[67]: 이렇게 살아가는 본인에게 이름을 붙여준다면 뭐라 하시겠어요?

고객[67]: 아까는 노 젓는 사공이었는데, 지금은 여유를 가지고 멋진 유람선을 운전하는 선장이라 하고 싶어요. 많은 좋은 걸 담고 행복한 사람들과 함께하는 유람선! 시원하게 나아가고요.

코치[68]: 여유 있는 유람선의 선장님! 멋지네요.

고객[68]: 하하, 네.

코치[69]: 네, 여유 있는 유람선의 선장님, 감량과 향기로운 삶의 항해를 응원드려요. 오늘 이렇게 코칭 마쳐도 될까요?

고객[69]: 네, 감사합니다.

이 코칭에서 코치의 말과 KPC 심사기준 각 항을 연결하면 다음과 같다.

KPC 심사기준으로 본 코치의 말 자가 점검: 체중 감량

구분	심사 항목	코치의 말
코칭 세션 운영	1. 윤리규정 및 태도	코치[3]: 네, 고객님. 오늘 코칭대화에서 저는 한국코치협회 윤리규정을 따르고 개인정보와 들은 내용에 대해 비밀을 지키겠습니다. 코치[7]: 이 시간도 자유로움 가운데 고객님께 의미 있고 성장에 도움 되는 시간이 되면 좋겠습니다. 저도 코치로서 노력하겠습니다. (…)
	2. 코칭 세션 동의	코치[7]: (…) 이렇게 우리 코칭 시작해볼까요? 코치[69]: (…) 오늘 이렇게 코칭 마쳐도 될까요?
	3. 코칭 세션 시간 운영 (25~30분)	코치[65]: 네, 오늘 정해진 코칭 시간이 다 되어가서 마무리하고자 하는데요. (…)
	4. 전체 세션 운영의 유연성	코치[15]: (…) 그런 경험들을 해보시고 저와 오늘 코칭에서는 뭘 얻고 싶으세요? 코치[35]: 네, 그리고 우리 이렇게 이야기하고 있는데, 고객님이 원하시는 체중 감량의 꾸준한 방법 찾기로 잘 가고 있나요? 코치[46]: 뭘 해보고 싶으세요? 코치[47]: (…) 전에 요요 없이 조금이라도 체중 감량에 성공했거나 어떤 일이든 꾸준히 해서 성공한 경험은 어떤 게 있으세요?

구분	심사 항목	코치의 말
전문 계발	5. 코칭 합의	코치[8]: 오늘 어떤 이야기 나누고 싶으세요? 코치[15]: (…) 저와 오늘 코칭에서는 뭘 얻고 싶으세요? 코치[16]: 그 목표를 간단히 말씀해주시겠어요? 코치[17]: 네, 체중 감량의 꾸준한 방법 찾기에 집중해 이야기 나눠볼까요?
	6. 성과 관리	코치[63]: 오늘 꾸준한 체중 감량 방법을 찾아 얘기해보았는데요. 실행 계획을 간단히 정리해봐주시겠어요? 코치[65]: (…) 오늘 체중 감량의 꾸준한 방법 찾기에 대해 나누시면서 어떤 유익이 있으셨어요?
관계 구축	7. 수평적 파트너십	코치[2]: 반갑습니다. 제가 오늘 뭐라고 불러드리면 편하실까요? 코치[35]: (…) 원하시는 체중 감량의 꾸준한 방법 찾기로 잘 가고 있나요? 코치[54]: 어떤 것을 먼저 해보고 싶으세요?
	8. 신뢰감과 안전감	코치[5]: 와~ 쉬는 날도 보람차게 보내시네요.(…) 코치[10]: 애고, 속상하셨겠어요. (…) 결코 쉽지 않은데 해내셨던 거네요. 코치[14]: 뭉클하네요. 할 수 있죠! 그렇게 되도록 이 시간 우리 같이 열심히 이야기해봐요. (…) 코치[21]: 네, 그리고 어떻든 첫 체중 감량을 시도하시고 효과 있는 방법으로 성공하셨네요. 코치[48]: 와, 그런 성공을 하신 분이시네요. (…)
	9. 호기심	코치[10]: (…) 전문 코치가 고객님께 뭐길래요? 코치[11]: (…) 체중 감량과 전문 코치는 어떤 관련이 있는 거예요? 코치[22]: 그땐 쉽게 했다셨는데 다음에 시도했던 방법들은 얼마나 어려운 걸 감수해야 했는지도 궁금해요. 코치[23]: (…) 고객님은 어떤 차이가 있는 거죠?
적극 경청	10. 반영	코치[9]: 네, 체중 감량요. 코치[24]: 그냥 하는 체중 감량이 아니라 공부하고 알아보고 요요 없이 하려는 거네요. 코치[34]: 오, 이 에너지! 많은 생각을 해오셨군요. (…) 코치[41]: 내 향기가 있는 삶요! 코치[45]: 네, 목소리에 힘이 있으세요. (…) 코치[58]: 오~ 텐션 완전히 다른데요?
	11. 공감	코치[10]: 애고, 속상하셨겠어요. 코치[14]: 뭉클하네요. 할 수 있죠! (…) 코치[33]: 고객님의 희생과 안타까움이 있네요. (…) 코치[34]: (…) 많은 생각을 해오셨군요. 잘하고 싶으시고요.

구분	심사 항목	코치의 말
	12. 고객의 표현 지원	코치[5]: 와~ 쉬는 날도 보람차게 보내시네요. 그렇게 하루를 보내시면 어떤 마음이 드세요? 코치[15]: 그렇군요. 그런 경험들을 해보시고 저와 오늘 코칭에서는 뭘 얻고 싶으세요? 코치[26]: 발견을 축하드려요. 어떤 마음이 드세요? 코치[30]: 멋지네요. 사공이 노를 저어 가고 싶은 곳은 어디예요? 코치[50]: 와, 좋은 자원을 내외부에 많이 가지고 계시네요. 이렇게 말씀하시고 보니 체중 감량, 어떻게 해보고 싶으세요?
의식 확장	13. 질문	코치[13]: 네, 그때 생각하면 마음이 어떠세요? 코치[20]: (…) 어떤 일을 하셨기에 그렇게 성공적으로 빼신 거죠? 코치[51]: 묶을 만한 행동이 뭐가 있을까요?
	14. 기법 활용	코치[27]: (…) 새로운 체중 감량을 무언가에 비유해본다면요? 코치[30]: 멋지네요. 사공이 노를 저어 가고 싶은 곳은 어디예요? 코치[40]: 그런 삶을 은유로 표현해보신다면요?
	15. 의미 확장과 구체화	코치[18]: 꾸준히 한다는 건 어떤 건가요? 코치[28]: 노 두 개 있는 배요? 어떤 의미일까요? 코치[29]: 노 두 개와 사공을 정리해보시면요? 코치[32]: 고객님께 온전히 인생을 사는 건 뭐예요? 코치[44]: 이렇게 말씀하시면서 어떤 것들이 정리되세요?
	16. 통찰	코치[23]: (…) 고객님은 어떤 차이가 있는 거죠? 코치[25]: 그렇군요. 이렇게 말씀하시니 어떤 게 좀 정리되세요? 코치[26]: (…) 어떤 마음이 드세요? 코치[34]: (…) 이렇게 쭉 말씀하시니 어떤 마음이 드세요? 코치[44]: 이렇게 말씀하시면서 어떤 것들이 정리되세요? 코치[48]: (…) 그때 꾸준히 할 수 있었던 핵심은 뭐예요?
	17. 관점 전환과 재구성	코치[21]: 네, 그리고 어떻든 첫 체중 감량을 시도하시고 효과 있는 방법으로 성공하셨네요? 코치[24]: 그냥 하는 체중 감량이 아니라 공부하고 알아보고 요요 없이 하려는 거네요? 코치[25]: 그렇군요. 이렇게 말씀하시니 어떤 게 좀 정리되세요? 코치[52]: (…)그리고 만약 전문가가 조언해준다면 뭐라 할까요? 코치[57]: 아까 말씀하신 노 두 개 있는 배를 적용해보신다면요?

구분	심사 항목	코치의 말
성장 지원	18. 정체성과의 통합 지원	코치[6]: 네, 그렇군요. 잠깐 말씀에도 고객님이 소중하게 여기는 것들이 비친 듯해요. 고객님께 소중한 가치는 어떤 것들이 있어요? 코치[32]: 고객님께 온전히 인생을 사는 건 뭐예요? 코치[49]: 이것이 성공하게 된 데는 고객님의 어떤 자원이 있어서였을까요? 코치[64]: 그런 실행은 고객님의 삶과 어떻게 연결되는 거였죠? 코치[66]: 성찰하고 말씀하신 대로 꾸준히 실행하면 삶이 어떻게 달라질까요? 코치[67]: 이렇게 살아가는 본인에게 이름을 붙여준다면 뭐라 하시겠어요?
	19. 자율성과 책임 고취	코치[31]: 10킬로쯤 체중 감량을 통해 이루고 싶은 건요? 코치[46]: 뭘 해보고 싶으세요? 코치[54]: 어떤 것을 먼저 해보고 싶으세요?
	20. 행동 전환 지원	코치[55]: 언제 해보시겠어요? 코치[56]: 네, 바로 아침에 실행하시네요. 방해가 나타나면 어떻게 하시겠어요? 코치[59]: (…) 잘 실행하시는 걸 다른 사람이나 제가 어떻게 알 수 있을까요? 코치[60]: 말씀하신 방법을 꾸준히 하시면 한 달 후에는 몇 킬로 정도 감량되어 있을까요?
총평	21. 총평	

코칭 실력을 높이는 데 스크립트(축어록)를 사용하는 것은 효과적인 방법이다. 스크립트 보기의 가장 큰 장점은 자신의 코칭을 거울처럼 볼 수 있다는 점이다. 코치더코치 상황에서 몇 번 피드백을 해도 잘 안 고쳐지기에 녹음해 그 자리에서 스크립트로 보여준 적이 있다. 그러자 바로 고쳐졌다.

스크립트로 자신의 장점, 자주 사용하는 말이나 '음음~' 하는 습관 같은 것을 찾을 수도 있고, 글자 수를 세는 온라인 도구를 활용하여 코치와 고객의 말의 분량을 수치로 비교할 수도 있다.

실기시험을 앞둔 상황에서 자신의 코칭을 스크립트로 만들어 심사 항목과 연결하며 점검 및 개선하자. 심사 항목에서 요구하는 수준에 부합하도록 자신의 코칭을 디자인(구조화)해보고, 자신에게 맞는 코칭 흐름을 찾아 연습하면 더욱 꼼꼼한 준비가 된다.

책을 마치며

한여름 불볕더위가 한창일 때 날씨만큼이나 뜨거운 열정으로 우리는 책 쓰기에 돌입했다. 코칭 스크립트로 시작했던 책은 코칭 역량, 프로세스, 인증시험까지 다루는 방대한 작업이 되었다. 날것의 생각은 숙성되고, 표현은 다듬어지고, 사례와 이론은 균형을 잡아갔다. 그 사이 해가 바뀌고, 계절은 이제 완연한 봄이다.

8개월의 여정을 거치며 우리는 어떤 성장을 했나? '앎'에서 '씀'으로 한 걸음 더 나아갔고, 도전과 협력의 파트너십을 경험했다. '코칭다움'을 쓰면서 '코치다움'을 배운 것이다. 이제 '코치다움'으로 깊어지고, '함'으로 넓어지기 위해 노력할 것이다.

우리는 코칭 팟캐스트의 '도전! 코칭살롱'을 통해 서로의 이름을 알게 되었다. 코로나 시대를 살며 1년 넘게 줌과 전화로 코칭 수련을 하고, 함께 책을 쓰다가 출판사로 가는 길에 처음 실물을 마주했다. (지금도 그 기억이 생생하다!) 직접 대면하지 않았어도 연결되었고, 서로 달라도 그대로 인정하며 직접적인 대화를 나누었다. 부족한 부분은 메꿔주고, 격려하며 발전했다. 훌륭한 선생님이자 동료, 코치로서 도전의 과정을 함께 했다. 좋은 파트너와 함께 책을 쓸 수 있어 행운이며, 진심으로 감사하다.

스승 코치님들, KCA역량모델을 만들어 주신 코치님들, 선배와 동료 코치님들, 추천하고 응원해주신 분들, 그리고 우리의 소중한 코칭 고객분들께 감사의 말씀을 드린다. 출간 제안을 바로 수락해 책을 잘 만들어 주신 북코리아 대표님과 편집팀에 감사드린다. 그리고 사랑하는 가족에게 감사를 전한다!

참고문헌

고현숙. 『유쾌하게 자극하라』. 올림, 2007.

고기홍 · 김경복 · 양정국. 『밀턴 에릭슨과 혁신적 상담』. 시그마프레스, 2010.

국제코치훈련원. 『TRAIN 심화』. 국제코치훈련원, 2011.

기시미 이치로, 고가 후미타케. 『미움받을 용기』. 전경아 옮김, 인플루엔셜, 2014.

김경일. 『이끌지 말고 따르게 하라』. 진성북스, 2015.

김상복. 『코칭튠업 21: ICF 11가지 역량과 MCC역량』. 한국코칭수퍼비전아카데미, 2017.

김은정. 『코칭의 심리학(심리학 기반의 코칭 접근)』. 학지사, 2016.

김종명 · 최선영. 『마스터코치의 코칭 레시피: 코칭 이렇게 하면 된다』. 에디터, 2020.

김종배, "예스 세트(Yes-set) 대화 방법". 안산타임스, 2017. 2. 9.

댄 자드라. 『파이브: 왜 스탠포드는 그들에게 5년 후 미래를 그리게 했는가?』. 주민아 옮김, 앵글북스, 2015.

로라 휘트워스, 헨리 킴지하우스, 필 샌더힐. 『라이프 코칭 가이드』. 박현준 옮김, ASIACoachCenter, 2005.

박정영. 『코칭학의 유형 분류를 위한 기초적 접근: 코칭형태분류를 중심으로』. 『코칭연구』 2(1), 2009, 61-77.

______. 『3Cs II Plus』. CiT코칭연구소, 2015.

______. 『3Cs III Coaching Technology』. CiT코칭연구소, 2016.

박정영 외. 『Guidebook for Coaches』. CiT코칭연구소, 2018.

박창규. 『임파워링하라: 한국 최초 국제 마스터 코치의 내면 성장 비법』. 넌참예뻐, 2017.

박창규 · 권경숙. 『강팀장을 변화시킨 열 번의 코칭』. 학지사, 2019.

스즈키 요시유키. 『코칭력: 바로 활용할 수 있는 상황별 코칭스킬 50』. 최재호 옮김, 올림, 2015.

시라가타 도시로. 『부하의 능력을 열두 배 키워주는 마법의 코칭 2: 실천편』. 이봉노 옮김, 새로운 제안, 2008.

아들러. 『아들러 인생방법 심리학』. 한성자 옮김, 동서문화사, 2017

아서 P. 시아라미콜리, 캐서린 케첨. 『당신은 너무 늦게 깨닫지 않기를』. 박단비 옮김, 위즈덤하우스, 2020.

야닉 제이콥. 『실존주의 코칭 입문: 알아차림 · 용기 · 주도적 삶을 위한 철학적 접근』. 박신후 옮김, 한국코칭수퍼비전아카데미, 2021.

에릭 슈미트, 조너선 로젠버그, 앨런 이글. 『빌 캠벨, 실리콘밸리의 위대한 코치』. 김민주 · 이엽 옮김, 김영사, 2020.

이장호 · 이동귀. 『상담심리학』 제5판. 박영스토리, 2014.

제임스 클리어. 『아주 작은 습관의 힘: 최고의 변화는 어떻게 만들어지는가』. 이한이 옮김, 비즈니스북스, 2019.

존 휘트모어. 『성과 향상을 위한 코칭 리더십』. 김영순 옮김, 김영사, 2007.

최인철. 『프레임: 나를 바꾸는 심리학의 지혜』. 21세기북스, 2016.

최현국. 『코칭 워크샵 I』. PMA코칭센터, 2010.

______. 『코칭의 핵심기술』. PMA코칭센터, 2010.

칩 히스, 댄 히스. 『스위치: 손쉽게 극적인 변화를 이끌어내는 행동설계의 힘』. 안진환 옮김, 웅진지식하우스, 2010.

코치에이. 『코칭이 답이다: 회사를 살리는 비즈니스 코칭의 모든 것』. 최재호 옮김, 올림, 2013.

코칭경영원 코치시대. 『그룹 코칭: 최고의 조직을 만드는 집단지성의 힘』. 올림, 2013.

탁진국. 『코칭심리학』. 학지사, 2019.

토니 스톨츠푸스. 『코칭 퀘스천: 코칭의 핵심은 질문이다』. 김환영 · 송관배 · 김주희 옮김, 동쪽나라, 2010.

폴 정. 『폴정의 코칭설명서』. 아시아코치센터, 2009.

헨리 · 캐런 킴지하우스, 필립 샌달, 로라 휘트워스. 『코액티브 코칭: 고객과 코치가 함께 성공하는 코칭의 기술』. 김영순 · 임광수 옮김, 김영사, 2016.

Boyatzis, R. E. "An overview of intentional change from a complexity perspective." *Journal of management development*, 25(7), 2006: 607-623.

Deci, E. L., & Ryan, R. M. *Intrinsic motivation and self-determination in human behavior*. New York: Plenum, 1985.